近世畿内近国支配論

村 田 路 人 著

塙 書 房 刊

目次

目　　次

目　次

第三部　触留帳と触写帳

第四部　幕府上方支配機構論

目次

近世畿内近国支配論

序章　近世畿内近国支配論の研究史整理と本書の課題

一　近世畿内近国支配論と広域支配

本書は、旧著『近世広域支配の研究』（大阪大学出版会、一九九五年）以後に発表した近世畿内近国支配論に関わる諸論文を収録したものである。各論文を本書に収録するにあたっては、可能な限りそれぞれに必要な修正・補足を行い、一書としての体系化を図った。

周知のように、さまざまな領主の所領が入り組んでいた近世の畿内近国地域では、それぞれの領主による支配、すなわち個別領主支配に加え、幕府や幕府から一定の権限を委任された大名による、幕領・私領の別を問わない支配、すなわち広域支配が展開していた。これは、たとえば薩摩藩島津氏が一円的に支配していた薩摩・大隅両国などとは大きく様相を異にする。薩摩藩領などを指して領国といい、畿内近国地域を指して非領国ということがあるが、それはこのような特徴的な支配のあり方を念頭に置いたものである。

さて、近世畿内近国支配論は約六〇年にわたる研究の歴史をもち、もはや近世史研究の一分野として定着したといってよいだろう。近世畿内近国支配論とは、近世の畿内近国すなわち上方八カ国（五畿内および近江・丹波・播磨三カ国）において展開していた幕藩制支配の特質を明らかにする試みであるが、この特質は、もちろん、幕府が全国支配を行う上で、当該地域が政治的・経済的・軍事的に枢要の地であることを認識し、特別な位置づけを行ったことと無関係ではない。したがって、近世畿内近国支配論は、幕府の国家支配や近世国制史の解明を目指す近世国家支配論と密接に関わることになる。いずれの議論を行う場合も、他方の研究を意識しなければ十分なものにはならないのである。

　このことをふまえ、近世畿内近国支配論として追究すべき課題を示すならば、①当該地域における各種支配機関[1]—当然、個別領主支配を担うものと、広域支配を担うものの二種がある—の権限・役割と組織・機構、また、それら支配機関相互の関係の解明、②当該地域において展開していた民衆支配の具体的内容や支配方式の解明、③幕府全国支配における畿内近国の位置づけ（大名配置政策や所領配置政策、朝廷・寺社政策、経済統制策など）の解明、ということになるだろう。

　本書は、右のうちの①と②に関わる研究であるが、二種の支配のうちの広域支配を中心的に取り上げることにする。それは、この広域支配の存在こそが、近世畿内近国支配を特徴づける大きな要因となっていることによる。

次に、広域支配を考えるにあたって留意すべき点について、若干触れておきたい。

支配を問題にする場合、その主体と客体を絶えず明確にしておく必要がある。広域支配については、支配の客体は、（A）村・町や同業者仲間、あるいは寺社など、（B）当該の国や郡に所領を有する個別領主、の二つを想定することができる。ここでは、（A）に対する広域支配を広域支配A、（B）に対するそれを広域支配Bとしておく。従来、この両者は意識して区別されることがなかったが、広域支配の質を考える上で、両者の区別は不可欠である。また、広域支配を取り上げた既往の研究は相当数に上るが、そこで取り上げられた広域支配がAなのかBなのか、その見極めをしなければ広域支配研究の歴史を正しくとらえることはできない。二では、広域支配研究を軸に近世畿内近国支配論の研究史整理を行うが[2]、絶えずこの点に留意しつつ叙述を進めたい。

二　近世畿内近国支配論の軌跡――広域支配研究を中心に――

1　戦前の研究

遠国奉行が一国または複数国にわたる広域支配権を行使していたことは、早くから知られていた。たとえば、大坂町奉行について、大正二年（一九一三）に刊行された『大阪市史』第一[3]は、「大阪町奉行は（中略）老中支配にして大阪三郷及町続を管し、併せて摂津河内両国の仕置は寺社共に其取計に属したれば、権力頗る重し」と述べており、同奉行が、幕府直轄地である大坂三郷および町続きだけでなく、寺社を含めた摂津・河内両国の仕置を行う権限を有していたことを把握していた。また、昭和五年（一九三〇）刊行の『堺市史』第三巻本編第三[4]も、堺奉行（堺政所）について、「寛永十年十二月十六日、石河勝正に対して、老中から下した奉書には、和泉国奉行の事とある。（中略）堺政所は最初は啻に堺のみならず、和泉一国に対しても全般の政務を掌つた事疑ひがない」と述べ、和泉一国にわたる支配権を有していたことを紹介している。

もちろん、当時においては、遠国奉行の広域支配の具体的な内容になると、まだほとんど明らかになっていなかった。ましてや、遠国奉行以外の機関による広域支配などは、存在自体も知られていなかった。それだけでなく、事実誤認すら見られる。『堺市史』第三巻本編第三では、堺奉行の一国支配のうちに和泉国内の幕領支配を含め、同奉行が徐々に幕領支配から離れていったことをもって、同奉行の和泉一国支配が後退したと理解している。幕領支配が後退していったことは事実だが、堺奉行の幕領支配は、同奉行が代官を兼ねていたことによるものである。

このように、戦前の研究には問題があったが、遠国奉行の広域支配の一つである裁判に関しては、かなり研究が進んでいた。三浦周行は、すでに大正八年（一九一九）刊行の『法制史の研究』[5]において、遠国奉行を含む幕府各機関の裁判権や裁判管轄の内容について検討を加え、摂津・河内・和泉・播磨四カ国の裁判管轄については、「和泉、河内、摂津、播磨四国は、大坂町奉行の支配国として、民刑事の訴訟を受理せり。其中和泉一国の山林、土地、水路に関する訴訟紛議は、大坂町奉行に於て裁判し、其他の訴訟は寺社の訴訟と共に、堺奉行に於て裁判せり」としている。三浦が編纂に携わった先の『堺市史』第三巻本編第三でも、堺奉行の裁判管轄について、かなり詳しく説明を行っている。

遠国奉行の裁判管轄に関する研究としては、一九三〇年代における小早川欣吾のものが知られている。小早川は、地域的管轄、事物的管轄、身分的管轄の区別や、管轄のあり方の時期的変遷、また裁判機関相互の関係に留意しつつ、各遠国奉行の裁判管轄を明らかにした[6]。その研究水準は、現在においても十分通用するものである。

以上、簡単ながら、戦前における畿内近国地域の広域支配研究について眺めてみた。このような支配の存在自体は早くから知られており、また裁判管轄については、研究がかなり進んでいたこと、具体的分析の対象が裁判管轄に限定されていたことからわかるように、支配の客体という面から見れば、広域支配のうち、ほとんど広域支配Aだけを取り上げていたことを、ここでは確認しておきたい。

2　一九五〇年代の研究

戦後、近世史では、社会経済史的研究が著しく発展した。このような流れの中、封建制の具体的な展開のあり方を指標に、畿内近国地域を他とは異なる地域として位置づける試みが現われた。安岡重明の畿内非領国論である。これは一九五八年に発表された論文[7]において提起され、翌年刊行された著書『日本封建経済政策史論―経済統制と幕藩体制―』[8]で体系化されたもので、最初の近世畿内近国支配論といってよい。

安岡の論の前提となっているのは、経済発展の地域性は、それぞれの地域における領主の経済政策と密接に関わるという認識である。氏は同書の「序論」で、「商品経済発達の過程に、藩権力は自国経済を統轄して権力の基盤とする傾向を生んだ。それに対し畿内では、大坂市場に近く、特殊な封建制度のため、大名領国的色彩は極めて微弱であった。ここでは、幕府・大名間に封建関係が貫徹されず、領国経済掌握の意欲は、幕府と、大坂をはじめとする直轄諸都市の問屋資本とにスポイルされる傾向にあった。(中略)それではこの地域は幕府の領国としての性格をもったかというと、多数の大名領の存在によってこの傾向も不完全であった。(中略)こうした点に関連して、畿内における封建制についていくつかの指標を求め、その特質を明らかにし、非領国地域と規定したのである」(三～四頁)と述べているように、畿内では諸領主が自己の所領に対して十分な封建支配を貫徹しえず、「特殊な封建制度」が展開していたことをもって、当該地域を「非領国地域」としたのである。

安岡が、その畿内非領国論において、畿内を「特殊な封建制度」が展開していた地域と判断した際に設定した「いくつかの指標」とは、①所領配置、②裁判権、③産業統制、④触の伝達、⑤小物成の上納、の五つであった。それぞれについて、氏は次のように説明し、畿内近国地域の特殊性を強調する。

①所領の入り組み状況と頻繁な領主交代により、領主の強い所領支配が困難である。

②支配違いの公事を京都町奉行や大坂町奉行などが扱うため、領主裁判権は実質的に薄弱で、幕府支配権が私領に浸透していた。さらに、裁判における幕領の優位性も見られる。

③幕府は、全国流通における大坂商人の商業独占権を保護するとともに、菜種・木綿など、重要物産について、大坂・堺の問屋が畿内農村経済に対して直接的統制を行うことを認めていた。この直接的統制は、幕領・旗本領だけでなく、諸藩領にも及んでいた。すなわち、重要物産について、領主の統制権が直轄都市問屋に侵されていた。

④幕府の触（後述の郡触）が直接藩領に伝達され、大名領に幕府の直接支配が及んでいた。

⑤藩領の村々が幕府に小物成を上納し、幕府と領主の二元的支配が見られた。

安岡は、一円的な領国を形成している大名の領主支配を典型的な封建支配とした上で、所領の錯綜性と領主交代の頻繁さ（①）を前提とし、幕府機関による幕領・私領の別を超えた支配権（②④⑤）、および直轄都市商人による経済統制（③）によって、領主支配権を侵害されている畿内近国地域の諸領主による封建支配を特殊なものであるとした。安岡の畿内非領国論の構成要素の一つである②は、前述のように、戦前の法制史研究の成果に依拠したものであり、①も、近江国の事例ながら『滋賀県史』第三巻など[9]により、ある程度知られていたことであるが、①～⑤を総合化・体系化し、「非領国」という新たな概念を提起したことは特筆に値する。

さて、安岡の畿内非領国論において取り上げられた広域支配は②④⑤であったが、それぞれにおける支配の客体は被支配層、すなわち前述の（A）であった。氏は、あくまでも遠国奉行等による村々などに対する直接支配（広域支配A）を問題にしたのであった。これがすなわち領主支配権の侵害ということであり、不十分な領主支配権＝特殊な封建制という見解の大きな根拠となったのである。

また、氏の議論においては、①と②は密接な関係にある。氏は前掲書において、「諸領地の入り組みのため、多くの事件は幕府の管轄下に入り、幕府はこれらの事件をさばくため在地の機関を必要としたとみられる」（前掲書一二〇頁）と述べているように、①の状況が②をもたらしたと見ているのである。④⑤については、①との関係に言及していないが、広域支配の前提として①があると見ていることも、確認しておく必要がある。

3　一九六〇年代の研究

安岡の畿内非領国論の次に位置する近世畿内近国支配論として、八木哲浩の幕府領国論がある[10]。これは、大坂周辺地域の所領構成には一定の秩序があり、当該地域を構成する、（イ）直領、（ロ）旗本領、（ハ）定府大名（大坂定番・大坂加番等）領、（ニ）役職大名（大坂城代・京都所司代等）領、（ホ）畿内に城地をもつ大名の所領、のうち、（イ）～（ニ）は、幕府の直臣団や官僚勢力によって領有された、全体として幕府領国的性格が強い地域であるとする見解である。八木は、それまで畿内の所領構成の特徴として指摘されてきた、所領の錯綜性と領主交代の頻繁さ（前述の安岡畿内非領国論の指標①）という見方に対して疑問を呈し、この幕府領国論を提起したのであった。

八木も断っているように、（イ）～（ニ）を幕府領国的性格が強い地域であるとする考えは、藤野保の「中央地帯における幕府の所領を統一所領＝広義の幕領とみ、そのなかで、直轄領・譜代大名領・旗本領が、そのときどきに応じて存在形態を異にしつつ存在した[11]」という見解を援用したものであるが、藤野の見解との相違点は、（イ）～（ニ）のグループと（ホ）とを明確に区別したことにある。八木は、『尼崎市史』第二巻において、（ホ）の一つである尼崎藩を取り上げ、その領国的性格を強調している[12]。

では、八木の幕府領国論において、当該地域における広域支配は、どのように位置づけられているのだろうか。氏の論は、所領構成上の特徴と、（ホ）の大名領主権の独自性から組み立てられているため、広域支配の内実については分析されていないが、（イ）～（ニ）のグループと（ホ）とでは広域支配の及び方が異なることを示唆したことは、注意しておくべきだろう。また、大名領内に幕府の触が直接伝達されることや、支配違いの村々間の争論を幕府が裁くことが、必ずしも大名の領国支配権を損ねるものでないという指摘にも、耳を傾けておく必要がある。

八木の幕府領国論とほぼ同時期に、朝尾直弘による畿内幕領支配機構に関する研究が出た(13)。これは、一七世紀初期～中期における幕府の畿内西国支配のあり方について、機構面を中心に解明したものである。朝尾は、大坂の陣以後一七世紀中期までの畿内近国において広域支配を担っていた郡代（喜多見勝忠・小堀政一・五味豊直ら）の存在に注目し、①郡代が置かれたのは、前代以来の「小領主」の在地支配と幕藩領主の支配とが矛盾関係にあり、両者の紛争を高次元で処理するためであった、②初期の郡代は、「将軍の全一的な土地所有権の在地における代理人」として、個別領主を超える広域的支配を行っていた、③元和五年（一六一九）には、「国奉行」と称され、郡代的性格を有した大坂町奉行が成立し、以後、郡代および大坂町奉行による合議制が進み、民政機構としての内実を備えていった、④この民政機構は、寛永十一年（一六三四）以降、八人衆（京都所司代、畿内譜代大名永井尚政・直清兄弟、両大坂町奉行、堺奉行、郡代小堀・五味）による合議機関として定着し、畿内西国の民政にあたった、⑤畿内の在地型代官は、それぞれ伝統的に形成されてきた所領と特権を核として、地域的・機能的に複雑に交錯した管轄範囲を構成していたが、寛永十年代以降、裁判権・夫役賦課権・貢納監査権を有する郡代による代官支配が進んだ、⑥「小領主」支配型の村落の解体、および「小領主」と結びついた旧来型代官の支配の解体に対応して、郡代もその役割を終えた、としている。

この朝尾の論は、畿内近国地域の広域支配の研究にとって、いくつかの点で画期となった。その第一は、安岡段階では、広域支配Aだけが問題にされていたのに対し、それに加え、広域支配Bの内容をも明らかにしたことである。具体的には、寺領への役賦課を行おうとする代官と寺院との争いを、郡代が調停したことなどが、朝尾によって明らかになった。

第二は、広域支配の多様性を明らかにしたことである。郡代といわれた喜多見・小堀・五味らによる広域支配、大坂町奉行や堺奉行などの「国奉行」による広域支配、代官による広域支配などが重なり合いながら展開していたことが明らかになった。

第三は、広域支配を所与の前提として分析するのではなく、そのような支配の出現・成立という観点を提示したことである。安岡の畿内非領国論は、領主支配権の不十分さを論証することに重きが置かれたため、広域支配は所与のものとして分析されたが、朝尾は、村落構造のあり方を前提として郡代による広域支配を理解するという手法をとった。「小領主」の存在がもたらした矛盾関係の中で郡代による広域支配が登場し、「小領主」支配型村落の変質に応じて広域支配そのものも変化するという論は、確実な実証を伴ったものではないが、分析手法としては大いに参考にすべきであろう。

4　一九七〇年代・一九八〇年代の研究

一九七〇年代に入ると、朝尾の論を受け、鎌田道隆が、郡代小堀政一・五味豊直の諸権限や、寛文期における京都町奉行の成立をはじめとする幕府上方支配機構の改革など、機構面から広域支配について検討したが[14]、広域支配研究の画期となったのは、幕藩制国家論の代表的な担い手の一人であった高木昭作の国役—国奉行制論[15]である。一九七六年に展開されたこの論は、幕藩制成立期の慶長十年代、幕府が畿内近国を中心とする国々に、給地・蔵入地の別なく一国全体の「国務を沙汰する」国奉行を置き、その国役賦課機能などによって畿内先進地の分業編成を行うとともに、人民の身分編成をも行ったというものである。

高木は、国奉行が、給地・蔵入地の別なく「国務を沙汰する」任務についていた事実を、特に備中国国奉行小堀政一の職務内容の分析を通して明らかにした。氏は、小堀の職務内容を、①国絵図・郷帳の作製・管理、②給人に対する知行地の割り付けと引き渡し、③国の全域からの千石夫および堤普請人足の徴発と城普請・堤普請の指揮、④幕府代官所（代官が支配する村々）の預かり、⑤幕府または駿府からの法令・指令の伝達、の五つにまとめている。

高木が取り上げた慶長期の国奉行は、朝尾が検討した元和期以降の郡代や国奉行に直接つながるものであるが、朝尾と高木とでは、とらえ方がまったく異なっている。前述のように、朝尾は、畿内村落構造の変化に対応する幕府支配機構の整備の一環として郡代・国奉行が登場すると考えたのに対し、高木は、幕藩制国家建設事業の中で、前代以来の国郡制の枠組みを利用しつつ国奉行というものが設置され、活用されたととらえたのである。高木の方法論は、国家的・権力的契機を重視するもので、社会構造の変化についての目配りが十分とはいえないが、氏の論によって、国奉行や、その権限を受け継いだ者の広域支配がなぜ国を単位とするものになったのかについての説明が、はじめて可能になったといえよう。朝尾の方法では、これら広域的な支配権の由来は説明できても、その枠組みについて説明することは困難であった。

ともあれ、高木の国奉行研究によって、備中国の事例を中心としながらも、慶長期における広域支配の研究は、格段に深められたといえる。[16]

ところで、右の①〜⑤は、国奉行小堀の職務・権限であり、この中には、①や④のように支配とはいえないものも含まれている。また、①④以外のものについて見ると、これらはいずれも個別領主に対する権限行使であり、村々等に対する直接的な支配ではないのである。つまり、高木によって明らかになった国奉行の広域支配とは、もっぱら広域支配Bであった。広域支配Aの中心は百姓公事の裁判であるが、高木があげた慶長期の小堀の職務の中には、それは含まれていない。こうして、慶長期の国奉行と元和期以降のそれとの違いが浮かび上がることになったが、この点については、のちに藤田恒春が、百姓公事を扱う国奉行は元和期に登場すると述べている。⑰

高木の国役―国奉行制論は、畿内近国地域における広域支配の研究を促した。筆者も、摂津・河内両国の河川支配をつかさどっていた堤奉行（原則として、大坂代官のうちの二名が兼任する）の職掌や、摂津・河内両国の大河川堤防修復のために採られていた国役普請制度を明らかにしている。⑱広域支配論という観点より見れば、筆者の研究は、必ずしも遠国奉行に限定されない支配機関による広域支配の研究を進展させたといってよいだろう。

これに関連して、水本邦彦による土砂留制度の研究⑲にも注目しておく必要がある。水本は、一七世紀末以降、淀川・大和川水系の水害対策として、畿内近国に本拠がある大名に郡分けをし、それぞれの郡における土砂留（現在の砂防）を行わせた土砂留制度を詳しく解明した。これは大名が広域支配Aを担った例であり、広域支配の担い手は、必ずしも幕府の支配機関とは限らなかったことを示した研究といえよう。

また、杣田善雄は、一七世紀初頭から中期にかけての奈良奉行の制度的確立過程を検討し、同奉行の大和国に対する広域支配の実態と性格を明らかにした。⑳氏の研究は、奈良奉行は春日社・興福寺の存在という大和国に固有の事情に規定されつつ確立したというもので、国家編成論的な観点で国奉行という地方行政組織の成立を考えようとした高木の方法論に対する批判を含んでいた。この杣田の研究は、広域支配の性格は、それぞれの地域における歴史的条件の違いによって、差が生じうることを示唆するものであり、その分析視角は貴重である。その他、福島雅蔵が、大和国芝村藩預所における奈良奉行所や京都町奉行所の触回達の実態を明らかにしている。[21]

一方、藪田貫は、畿内近国における広域支配について、近世社会の構成原理と関わらせた包括的な議論を行った。[22]「『支配国』にはいったい、どのような権限が含まれていたのであろうか」と問いかけた藪田は、大坂町奉行や、京都町奉行の前身としての郡代（小堀政一・五味豊直ら）など、国奉行の権限を受け継いだ存在に与えられた、一国または複数国にわたる権限として、①幕令の通達、②国役・諸役の賦課、③知行割り、④幕領の管掌、⑤寺社の管轄、⑥交通の管掌、⑦新田開発の認可、⑧裁判、の八つをあげ、これら諸種の権限が及ぶ範囲が、その奉行・郡代などの「支配国」であるとした。あわせて、この「支配国」と、寛永中期を画期として形成される「上方八カ国」―集権的な上方民政機構による広域統治圏―との関係を論じた。後者に関しては、裁判管轄における事物的・身分的管轄の進展が、「上方八カ国」を形成させるとともに、一方で、刑事裁判の管轄など、「支配国」を対象とする地域的管轄が残るとした。

この藪田の支配国論は、「支配国」を発見し、「支配国」に及ぼされる諸種の権限の内容を明らかにしたことをもって評価されているようである。[23]藪田自身も、のちに、「かつて筆者は、大阪周辺の村落研究を続けるなかで『支配国』という歴史的概念に想い至り、論文として発表した。一九八〇年のことである。ところがそれは、領主制という視点からのみ光を当てていた研究状況にチョットした『コペルニクス的』転回をもたらしたようである」[24]と述べているように、自身の研究の意義はそこにあると見ている。

しかし、これまでの研究史整理から明らかなように、「支配国」そのものは、戦前の三浦周行の段階ですでに注目されており、「支配国」に及ぼされた諸権限の内実は、安岡・朝尾・高木の三氏、とりわけ朝尾・高木によって、かなり明らかになっていた。藪田論文は史料を博捜した労作であり、氏の研究によって「支配国」に及ぼされた諸権限の内実が一層明らかになったことは確かであるが、分析視角そのものは先行研究によって与えられていたといえる。

筆者は、藪田論文の最大の意義は、「上方八カ国」という広域統治圏の形成、および「上方八カ国」と「支配国」（この用語は、管見の限り一八世紀初期までの史料にはほとんど見えない。一八世紀初期以前については、実際の史料の表現を反映させた「万事仕置国」[25]などの語を用いるのが適当であろう）との関係を、近世国家の特質との関わりにおいて解こうとしたことにあると見ている。朝尾は、寛永中期以降、摂津・河内は大坂町奉行、和泉は堺奉行、近江・丹波は伏見と京都の奉行（すなわち小堀政一・五味豊直、またその後任である水野忠貞・小出尹貞）、大和は奈良奉行がそれぞれ仕置を行う一方、伏見と京都の奉行のみが郡代と呼ばれ、上方全体に支配権を及ぼしていたことに気づいていたものの、「上方八カ国」の形成や、「上方八カ国」と藪田のいう「支配国」との関係には言及しなかった。藪田の研究は、この課題に初めて本格的に取り組んだものであり、その点をこそ評価すべきであろう。ただ、小早川欣吾の裁判管轄に関する理論を援用した氏の見解、すなわち、事物的・身分的管轄の進展が、「上方八カ国」を形成させるという見方は、十分な実証に支えられたものではなく、仮説にとどまっている。

5　一九九〇年代の研究

一九九〇年代に入ると、近世畿内近国支配研究は新たな展開を見せる。顕著な動向として指摘できるのは、支配の実現メカニズムという視角からの研究がさかんになったことである。筆者と岩城卓二の研究が、その出発点として位置づけられる。当時の畿内近国支配研究の中心は広域支配の研究であったため、主に分析対象となったのは、広域支配の実現メカニズムであった。具体的には、広域支配の一つである広域役の実現を担った役請負人や、支配の請負人というべき用聞（用達ともいう。両者はまったく同じものである）などの役割に関心が向けられたのである。筆者は、このような視角による近世畿内近国支配論を請負支配論と呼んでいる。

一九八〇年代まで、広域支配の研究は、広域支配の具体的な内容の検討を通して支配主体の諸権限を知ることが主眼で、支配がどのようにして実現するのかという側面は看過されてきた。たとえば、広域支配の一つである広域役（国役普請人足役や朝鮮人来朝に伴う役など）の賦課についていえば、筆者の研究も含め、役賦課そのものの意義を問うことに重きが置かれ、賦課主体である幕府支配機関と、賦課される村々との間に存在した介在者の役割などは、視野に入っていなかったといってよい。

筆者は、承応二年（一六五三）から享保六年（一七二一）まで毎年摂津・河内両国の幕領・私領村々に課されていた国役普請人足役、および一七世紀初期以降、毎年摂津・河内・和泉・播磨四カ国幕領に課されていた大坂城や幕府蔵の修復役を検討し、これらの役の実現過程において、所領・代官所ごとに役請負人や役代銀立替人が存在したこと、この役請負人や役代銀立替人は、当該の所領・代官所の領主・代官に抱えられ、彼らや大坂町奉行所の支配の一部を請け負っていた用聞と一致する場合があったことなどを明らかにした[26]。また、用聞は、触等の伝達や争論調停などを行うほか、引請村々（その用聞を抱えている領主の所領村々）の百姓が大坂に出た際に滞在所となる百姓宿（大坂宿、郷宿）を兼ねることもあったことを明らかにするとともに、彼らは、領主・代官と村々、あるいは大坂町奉行所と村々との間にあって、それぞれの間の意思疎通を図り、その結果、両者間の矛盾は極力抑えられていたことを指摘した[27]。

一方、岩城は、大坂町奉行の官名によって触れられる本触とは別に、本触の準触というべき用達（用聞）名の触が存在したことに注目し、これを「用達触」と名付けてその歴史的意義を論じた[28]。岩城は、「用達触」は心得のために出されるだけでなく、本触徹底のための具体的施策の指示・命令を意図して出されることもあったことを指摘した。この「用達触」の伝達は、筆者が用聞の機能の一つとした「触等の伝達」のうちの「大坂町奉行所の意思を直接村に伝える」に相当するものであるが、筆者と岩城の用聞（用達）研究によって、①大坂町奉行は広域支配を円滑かつ効果的に進めるため、支配の請負人というべき用聞を活用していたこと、②用聞は、単に大坂町奉行所と村々との間の介在者であっただけでなく、支配者・被支配者間における矛盾回避機能や民意確認機能を有する存在でもあったこと、③役請負人や用聞が所領・代官所ごとに存在したことからわかるように、広域支配は個別領主支配の枠組みに依拠しながら実現していたこと、が明らかになった。

また、用聞が兼ねることの多かった百姓宿も、個別領主や大坂町奉行所と村々との間にあって、個別領主支配や広域支配Aとしての大坂町奉行所支配を支える存在であった。百姓宿に関しては、その後、岩城が詳細な検討を行っている[29]。

ところで、筆者は、大坂町奉行や京都町奉行、あるいは代官などが、郡内の全村に回達方式で伝達していた触、すなわち郡触の伝達メカニズムを検討した[30]。その中で、大坂町奉行の郡触は、大坂町奉行→回達第一村の領主の用聞→回達第一村→回達第二村以下というルートを辿って伝達されたと推測した。郡触は、一見広域支配Aの典型的なものに見えるが、大坂町奉行→回達第一村の領主の用聞という部分は広域支配B、回達第一村の領主の用聞→回達第一村という部分は個別領主支配といってよい。ここにおける用聞は領主役所的存在と位置づけることができ、大坂町奉行所郡触の伝達は、広域支配Bと個別領主支配をその構造のうちに取り込んだ広域支配Aというべきものである。大坂町奉行郡触も、やはり個別領主支配の枠組みに依拠しながら実現していたことが明らかになったのである。ちなみに、「用達触」の伝達ルートは、大坂町奉行所→用聞（用達）→その用聞の引請村々というものであり、ここでも広域支配Bと個別領主支配の組合わせ構造が認められる。支配の実現メカニズムへの着目は、広域支配実現における個別領主支配の枠組みの重要性を浮かび上がらせるとともに、広域支配A、広域支配B、個別領主支配の三者の関係を明らかにすることになったともいえるのである。藪田貫は、河内国に所領がある旗本の代官が、特定の大坂町奉行所与力と「館入」「頼入」の関係を結んでいたことを明らかにし、大坂町奉行所の広域支配と旗本の個別領主支配の関係を論じたが[31]、これもその流れの線上にある。

このようにして、畿内近国地域における広域支配研究は、支配の実現メカニズムという視角からの検討がさかんとなったが、その動向と相俟って、広域支配の内実と本質をより深く掘り下げようとする試みも行われるようになった。その代表的なものは、村々が京都町奉行所や大坂町奉行所に提出した諸届（失人届・変死人届・帯刀人届その他）を分析した熊谷光子の研究である。熊谷は、京都町奉行所による帯刀人政策を分析し、ある人物が帯刀人となるためには、まずその主人から帯刀を認められることが前提であるが、それが社会的に認知されるためには町奉行所による登録が必要であったことを明らかにし、帯刀人把握、帯刀権保証を町奉行の支配権の一つとして位置づけた[32]。

また熊谷は、河内国古市郡の一村が大坂町奉行所に提出した諸届の手続きを丹念に分析し、同奉行所の諸届に対する扱いが変更された明和七年（一七七〇）を境として、実際の諸届のあり方がどのように変化したのかを明らかにした上で、大坂町奉行所の広域支配の特質に言及している[33]。明和七年は、大坂町奉行所への諸届は、領主役人が届ける場合に限り受け付けるようになるとともに、「一領切」変事（他領に関わらない変事）の諸届は受け付けないようになった年である。熊谷は、個別領主は本来、「一領切」変事の処理権を有していたが、実際にはそれを大坂町奉行所に委任することが一般的であり、また、そのため明和七年まで村が直接同奉行所に届を行っていたと想定している。この想定は、実証的には難点があるが、大坂町奉行所の広域支配権の性格を、諸届という新しい切り口から、届け出の主体（個別領主か所領村か）に留意しつつ検討したものとして評価できる。

一九九〇年代の成果としては、水本邦彦の所論[34]も忘れてはならない。水本は、畿内近国地域の支配構造・社会構造を、形骸化した領主の「所有」（個別領主支配）、その上に立つ奉行の広域的な行政（広域支配A）、郷村による実質的な行政の相互関係からとらえるべきことを提起した。一九六〇年代の朝尾直弘の業績を除けば、それまで、畿内近国支配の特質解明にあたっては、広域支配と個別領主支配の関係から考えるのが一般的であったが、水本は郷村による行政という概念を打ち出し、新たな近世畿内近国支配論を試みたのである。ただし、奉行の行政を過大に評価する氏の論には、やや違和感を覚える[35]。

その他、藤田恒春は、一七世紀前半期における畿内近国地域の広域支配の段階的な把握を試みた[36]。これは、近江国を中心とする、百姓公事・触伝達・代官支配のそれぞれの実態分析をふまえ、朝尾の八人衆論および高木昭作の国役―国奉行制論の再検討を行ったものである。藤田の研究は、高木が備中国における小堀政一を例に提示した国奉行像が、他地域においてもそのまま当てはまるものではないことを示した点で意義がある。

また、奈良奉行による大和国の広域支配については、前述のように杣田善雄が一七世紀中期までの時期について明らかにしていたが、一九九〇年代には、大宮守友が一八世紀初期までの実態を、他の広域支配機関の権限との関わりに留意しつつ包括的に論じ[37]、研究の深化が見られる。

6　二〇〇〇年以降の研究

二〇〇〇年以降の近世畿内近国支配論の傾向として指摘できるのは、（イ）幕府権力による全国支配という観点から畿内近国支配の特質を考えようとする研究、（ロ）大名領内における広域支配実現のあり方を追究した研究、（ハ）個別領主支配の実現を追究した研究、（ニ）幕府上方支配機構についての研究、のそれぞれが進展したことである。

（イ）は、一で述べた近世畿内近国支配論の論点の③に関わるものであるが、その研究の流れを作り出したのは岩城卓二と横田冬彦である。岩城は、一九九〇年代末からその観点に基づいた研究を発表していたが、著書『近世畿内・近国支配の構造』（柏書房、二〇〇六年）で一連の研究を体系化した。具体的には、大坂城代以下の在坂役人の役割や畿内譜代大名の軍事的役割、また大和川堤防の形状やその維持・管理のあり方から読み取れる幕府の統治戦略（大坂を水害から守ることを第一義とする考え方）を解明した[38]。一方、横田は、個別領主支配と広域支配を対立的な関係としてとらえてきた従来の研究を批判し、諸領主と幕府＝奉行所による「統合的支配」ないし「全体的統治」という観点が必要として、譜代大名の配置状況や譜代大名が就いた役職を分析した[39]。この新たな流れは、藤本仁文による京都大名火消研究および郡山藩の京都・奈良防衛任務についての研究[40]や、小倉宗による大坂・京都の軍事機構についての研究[41]に受け継がれた。

岩城や横田の研究は、広域支配研究の進展という観点より見れば、広域支配のあり方の規定要因として、幕府が畿内近国をどのように位置づけようとしたのかを重視すべきという提言でもあり、近世畿内近国支配論の論点の②と③を積極的に結び付けようとする試みといってよい。

（ロ）については、まず塚本明の研究がある。塚本は、彦根藩領における争論の処理過程と京都町奉行郡触の伝達の実態を分析し、京都町奉行「支配国」の中で同藩領が特別扱いされていたことを明らかにした(42)。また、岩城は、先の『近世畿内・近国支配の構造』で、尼崎藩においては大坂町奉行所の広域支配は貫徹していたとはいえないことを明らかにし、大宮守友は、大和国宇陀松山藩の藩政日記の分析から、奈良奉行の触が藩役人や藩領内の村々にどのように伝達されたのかを明らかにした(43)。広域支配は、幕領・私領の違いによって、また私領にあっては領主の違いによって、その実現のあり方が異なるのか否か、また異なるとすれば、どのように異なるのかという点は、広域支配研究の課題の一つであったが、二〇〇〇年代になってようやく本格的な分析が加えられるようになったのである。

（ハ）については、一九九〇年代末から旗本支配研究に取り組んできた熊谷光子の仕事をあげることができる。一九九〇年代までの近世畿内近国支配研究は、広域支配研究に偏る傾向があり、個別領主支配研究は手薄であった。前述のように、畿内近国地域の支配を特徴づけていた最大のものは広域支配の存在であったから、これはある程度やむをえないことであったが、あまりにもバランスを欠いていた。畿内に本拠がある譜代大名に着目した（イ）の研究が出てきた背景にはこのような研究状況があるが、この問題点を解決しようとしたのが熊谷である。熊谷は、在地代官に焦点を当てて畿内の旗本知行所支配のあり方を論じた(44)。この研究は、関東における知行所支配の分析に偏っていた旗本支配研究としても意義がある。

ところで、非領国地域における個別領主支配の特徴を明らかにした筆者の研究も、（ハ）に属するものとしてあげておきたい。筆者は、大坂周辺地域において見られる鳴物停止令は、将軍など国家的重要人物の死に際して出されたものであっても、広域支配機関である大坂町奉行によって発せられることはなく、各個別領主が自身の判断に基づいて発したが、それは大坂町奉行が大坂に出したものに準拠していたこと、その際、個別領主に抱えられた用聞が大きな役割を果たしていたことを明らかにした[45]。これは、国家的重要人物の死のような、全領主・全人民に共通する事柄に関しては、非領国地域にあっても、事実上、広域支配と同様の均質な支配が実現する可能性があったことを示したものである。

（二）は、近世畿内近国支配論の論点の①に関わるものである。筆者は、元禄期の一時期、伏見奉行および堺奉行が廃止され、それぞれ京都町奉行および大坂町奉行にその機能が吸収された上方支配機構改革は幕府の全国的な遠国奉行改革の一環であったことを明らかにするとともに[46]、京都町奉行の上方八カ国代官統轄機能の変化を軸に、享保期における上方支配機構の再編過程を論じた[47]。また、中後期に限定されるが、小倉宗が法制史的な観点から、上方代官の支配権を上方遠国奉行や勘定所との関係において明らかにするとともに[48]、京都所司代と京都町奉行、大坂城代と大坂町奉行といった、幕府上方支配機関相互の職務上の指揮・監督関係などを明らかにしている[49]。

三　本書の分析視角・方法と構成

本書の目的は、近世畿内近国支配の特質を解明することである。本書では、「触の伝達メカニズムとその構造」および「幕府上方支配機構とその構造」の二側面からこの問題を論じるが、ここでは、二の研究史整理をふまえ、本書の分析視角と方法および本書の構成について述べたい。

「触の伝達メカニズムとその構造」に関しては、まず、取り上げる支配の種類について述べておく。本書では、畿内近国地域において展開していた二種の支配、すなわち個別領主支配と広域支配のうち、後者を中心的に取り上げる。それは、二でも指摘したように、広域支配の存在こそが当該地域の支配を特徴づけていたことによる。

ところで、一で述べたように、広域支配には広域支配Aと広域支配Bの二種があったが、広域支配Bは幕藩制的支配の中では決して特殊なものではない。というのは、これは、一定の広域的な支配権を与えられた幕府の出先機関などが、その地において、関係の国や地域に所領を有する諸領主に対し、幕府中央に代わって支配権を行使するものであり、その限りにおいては、幕府の個別領主に対する支配の一つの形にすぎないからである。これに対し、広域支配Aは、広域支配権行使の主体は同じであるが、村々などに対する直接的な支配であり、裁判を除けば、幕藩制的支配の中では特殊なものであるといってよい。その意味で、広域支配Aは、近世畿内近国支配の特質解明にとって、きわめて有効な手がかりになりうると考えられる。以上の理由から、本書では主に広域支配Aを取り上げる。

次に、広域支配Aを中心とする支配を取り上げる際の基本的な方法は、旧著と同様、「支配の実現メカニズム」であるが、本書では、さらに一歩進め、その構造的な面にも注目する。すなわち、「支配の実現メカニズムとその構造」を基本的な方法とする。また、広域支配Aの内容はさまざまであるが、本書では特に触の伝達を取り上げる。

ここで、畿内近国地域における触を分類しておこう。触には、個別領主支配権に基づいて発せられるものと広域支配権に基づいて発せられる触の二種があった。前者を領分触、後者を広域触とする。また、後者については、広域支配Aに対応するものと広域支配Bに対応するものがあり、それぞれ広域触A、広域触Bとする。この分類に基づけば、本書では、広域触Aの伝達のあり方を、触がどのようなルートを辿って伝達されたのか、伝達にはいかなる者が介在したのかなどの伝達メカニズムだけでなく、その構造をも解明するということになる。

この構造の意味について、やや立ち入って説明しておこう。まず、ある支配機関がある地域の村々に触を出す場合、いうまでもなくそれは当該支配機関が有する触発給・伝達権に基づいてなされる。しかし、当該支配機関は、触発給・伝達権さえ有していれば触伝達対象地域に触を伝達することができるとは限らず、触伝達のための実際的な手立てが必要となることがある。とりわけ、各個別領主支配のもとにある村々に対して直接的に触が伝達される広域触Ａの場合は、それが必要とされた。具体的には、広域触Ａを伝達するにあたっては、広域支配Ｂや個別領主支配の助けを借りる必要があった。つまり、広域触Ａの伝達は、広域支配Ａ、広域支配Ｂ、個別領主支配の組合わせによって実現していたといえるのであり、このような触伝達における各支配の組合わせ構造の解明が課題となるのである。

また、広域触Ａの一つである京都町奉行郡触が摂津国や河内国などに伝達される際には、代官が郡触（代官郡触）によってこれを伝達するよう村々に命じた。これは、京都町奉行が上方八カ国代官を統轄していたことによるものであるが、触伝達のあり方が幕府広域支配機関相互の関係に規定されていたことを示す例である。触の伝達メカニズムの構造という場合、このような規定性も含まれる。

ところで、触の伝達メカニズムについては、ほかにも解明すべきことがある。村に達した触が、果たして村民に伝えられたのか否か、また伝えられたとして、どの程度正確に伝えられたのかという問題である。これは支配の実現に関わる重要問題であるが、これを解明するためには、同一回達ルート上にある複数の村に残された触留帳の記載を比較検討するのが有効である。また、触留帳のモノに即した史料学的な検討も必要となってくる。このような試みは、これまでほとんどなされることがなかったが、本書では触留帳論としてこの問題に取り組みたい。その作業によって、これまで近世史研究者が触研究のためにあたり前のように利用していた史料の限界性なども明らかになるはずである。

なお、本書において取り上げる触の中心は広域触Aであるが、こればかりにこだわると、畿内近国地域における支配の全体的な構造が見えなくなるとともに、当の広域触Aの位置づけさえもできなくなってしまうことにもなりかねない。そこで、本書では個別領主支配に基づく触、すなわち領分触についても一部取り上げることにする。具体的には、ある共通する事柄について、異なる領主や幕府代官が出した触の比較検討を通じ、支配実現の特質を検討する。そのような触が非領国地域である畿内近国地域で出される場合、非領国地域なりの特徴が出るかどうかを確かめるのがねらいである。

次に、本書のもう一方の柱である「幕府上方支配機構とその構造」についてであるが、本書では、広域支配を担っていた諸機関の権限・役割およびそれら諸機関相互の関係を、幕政改革と関わらせつつ論じる。これは、一に掲げた、近世畿内近国支配論として追究すべき課題の①を果たそうとする試みといってよい。

本書では、まず一国あるいは複数国に対する包括的な支配権である万事仕置権に注目し、これが各広域支配機関の間でどのように異なっていたのかを、ここでも広域触Aの伝達のあり方を手がかりに検討する。

また、幕府上方支配機構は、元禄期および享保期に大きな再編が行われた。前者の最大のものは、伏見・堺両奉行が数年間廃止され、その権限がそれぞれ京都町奉行・大坂町奉行に吸収された機構改革である。この改革は、当時の幕府上方支配が抱えていた諸問題への対応として行われたという見方が有力であるが、元禄期の幕政改革の一つとしての遠国奉行改革の一環と見た方がよい。本書では、そのような観点からこの機構改革の実相を明らかにする。

後者は、いわゆる享保の国分けである。これは、享保七年（一七二二）に、上方八カ国における、地方についての公事訴訟（水論・山論・境論など）の裁判管轄の範囲の変更であるが、本書では、京都町奉行の上方八カ国代官統轄機能という観点から問題にする。

以上をふまえ、次に本書の構成について述べる。本書は、「第一部　広域支配と触伝達」「第二部　非領国地域における領分触伝達の特質」「第三部　触留帳と触写帳」「第四部　幕府上方支配機構論」の四部構成をとることにする。

第一部では、①広域触の一つである代官郡触の実態の解明（第一章）、②広域触の分類・整理と広域触伝達の論理の解明（第二章）、③広域支配実現のメカニズムとその論理の解明（第三章）、の三つを試みる。

第二部では、ある共通する事柄について、異なる領主や幕府代官が出した領分触の比較検討を通じ、支配実現の特質を検討する。具体的には、将軍や老中などの国家的重要人物が死去した際に出される鳴物停止令（第一章）、および延享元年（一七四四）に勘定奉行神尾春央が幕領を巡見する際に出した巡見先触（第二章）を取り上げる。

第三部では、触留帳および触写帳を史料学的観点をふまえつつ取り上げる。村に達した触が触留帳に洩れなく正確に書き留められたのかどうかを、複数の村に残された触留帳の記載の比較検討を通じて明らかにする。その際、帳面の綴じられ方、下げ紐の有無、文字の筆跡や筆遣いなど、触留帳の現物に即した分析も行う（第一章）。また、河内国交野郡藤坂村には寛永後期の触写帳が残されているが、この時期の触写帳は珍しい。この触写帳の記載には大坂町奉行郡触の写なども含まれており、一七世紀初期の触を知る上で貴重なものである。本書では全文を翻刻し、史料紹介を行う（第二章）。

第四部では、幕府上方広域支配機関相互の関係を幕政との関わりにおいて検討する。堺奉行の和泉国一国に対する広域支配権、すなわち万事仕置権の内実（第一章）、幕府の遠国奉行改革の一環として行われた元禄期における伏見・堺両奉行の一時廃止と復活（第二章）、京都町奉行の上方八カ国代官統轄機能という観点から見た享保七年の国分けの意義（第三章）を検討したのち、元禄・享保期の幕府上方支配機構の再編の意義について整理する（第四章）。

（1）「支配機関」という場合、普通はその支配を行う組織（たとえば大坂町奉行所）を指すが、本書では、当該支配機関の統轄者（たとえば大坂町奉行）のみについていう場合も「支配機関」の語で表現することにする。

（2）近世畿内近国支配論についてのまとまった研究史整理として、岩城卓二「畿内・近国支配構造研究の課題─非領国論・幕府領国論・支配国論が提起したもの─」（『歴史科学』一七三、二〇〇三年六月、のち、岩城『近世畿内・近国支配の構造』〈柏書房、二〇〇六年〉に収録）、大宮守友『近世の畿内と奈良奉行』（清文堂出版、二〇〇九年）「序章」がある。また、筆者も「コメント　畿内近国支配論について」（『日本史研究』四二八、一九九八年四月）で、一九九〇年代までの簡単な研究史整理を行っている。次節の「二　近世畿内近国支配論の軌跡─広域支配研究を中心に─」における研究史整理は、村田路人「近世畿内近国支配論を振り返って─広域支配研究の軌跡─」（『歴史科学』一九二、二〇〇八年五月）を補訂したものである。なお、同論文では広域支配の客体のうちの（A）について、「村・町や同業者仲間、あるいは所領をもたない寺社など」としたが、本書では本文のように改めた。

（3）『大阪市史』第一（大阪市、一九一三年、のち一九六五年、清文堂出版より復刻）二八四頁。

（4）『堺市史』第三巻本編第三（堺市、一九三〇年）二二〇頁。

（5）三浦周行『法制史の研究』（岩波書店、一九一九年）一〇五六頁。

（6）小早川欣吾「近世の裁判組織と審級及管轄に関する若干の考察（一）（二）（三）」（『法学論叢』三一─六、『同』三二─一、『同』三二─四、一九三四年一二月、一九三五年一月、同年四月）、同「再び近世訴訟に於ける管轄及審級につい

て（一）（二・完）」（『法学論叢』三三―二、『同』三三―四、一九三五年八月、同年一〇月）。
（7）安岡重明「近畿における封建支配の性格―非領国に関する覚書―」（『ヒストリア』二二、一九五八年六月、のち、後掲注（8）安岡『日本封建経済政策史論』に収録）。
（8）安岡重明『日本封建経済政策史論―経済統制と幕藩体制―』（有斐閣、一九五九年）。なお、同書は、一九八五年に晃洋書房より『日本封建経済政策史論〔増補版〕』として増補新版が出された。以下、同書を引用する場合は、増補新版の頁数で示す。
（9）『滋賀県史』第三巻中世―近世（滋賀県、一九二八年、のち一九七二年、清文堂出版より復刻）五一一～五一三頁。
（10）八木哲浩「大坂周辺の所領配置について」（『日本歴史』二三一、一九六七年八月）。
（11）藤野保「江戸幕府」（『岩波講座日本歴史　近世2』岩波書店、一九六三年）三七頁。
（12）『尼崎市史』第二巻（尼崎市、一九六八年）三一四～三一六頁。なお、八木は、のちに発表した「幕府領国と尼崎藩」（『地域史研究』一四―三、一九八五年三月）において、自説を補強している。
（13）朝尾直弘『近世封建社会の基礎構造』（御茶の水書房、一九六七年、のち、『朝尾直弘著作集』第一巻　近世封建社会の基礎構造〈岩波書店、二〇〇三年〉）第五章「畿内における幕藩制支配」。
（14）鎌田道隆『季刊論叢日本文化4　近世都市・京都』（角川書店、一九七六年）。
（15）高木昭作「幕藩初期の国奉行制について」（『歴史学研究』四三一、一九七六年四月）、同「幕藩初期の身分と国役」（『歴史学研究』一九七六年度大会報告特集号、一九七六年一一月）。両論文ともに、のち、高木『日本近世国家史の研究』（岩波書店、一九九〇年）に収録。
（16）高木の国役―国奉行制論の意義と問題点については、村田路人「書評　高木昭作『日本近世国家史の研究』」（『日本史研究』三六三、一九九二年一一月）でも言及している。
（17）藤田恒春「近世前期上方支配の構造」（『日本史研究』三七九、一九九四年三月）。
（18）村田路人「近世摂河における河川支配の実態と性格―堤奉行と川奉行を通して―」（『ヒストリア』八五、一九七九年一二月）、同「摂河における国役普請体制の展開」（脇田修編著『近世大坂地域の史的分析』御茶の水書房、一九八〇年）。両論文ともに、のち改稿して、村田『近世広域支配の研究』（大阪大学出版会、一九九五年）に収録。

(19) 水本邦彦「土砂留役人と農民―淀川・大和川流域における―」（『史林』六四―五、一九八一年九月、のち、水本『近世の村社会と国家』〈東京大学出版会、一九八七年〉に収録）。

(20) 杣田善雄「幕藩制成立期の奈良奉行」（『日本史研究』二一二、一九八〇年四月、のち、杣田『幕藩権力と寺院・門跡』〈思文閣出版、二〇〇三年〉に収録）。

(21) 福島雅蔵「近世後期大和芝村藩の大庄屋支配と触書―宇陀周辺預り領を中心に―」（花園大学文学部史学科編『畿内周辺の地域史像』花園大学文学部史学科、一九八七年、のち、福島『近世畿内政治支配の諸相』〈和泉書院、二〇〇三年〉に収録）。

(22) 藪田貫「『摂河支配国』論―日本近世における地域と構成―」（前掲注(18)脇田編著『近世大坂地域の史的分析』、のち、藪田『近世大坂地域の史的研究』〈清文堂出版、二〇〇五年〉に収録）。

(23) 前掲注(2)岩城「畿内・近国支配構造研究の課題」。

(24) 藪田貫「『御館入与力』について―『支配国』と領主制―」（『日本史研究』四一〇、一九九六年一〇月、のち、前掲注(22)藪田『近世大坂地域の史的研究』に収録）。

(25) たとえば、承応三年（一六五四）八月、老中から大坂城代・大坂定番に与えられた一一カ条の「定」（「武家厳制録」四六号〈石井良助編『近世法制史料叢書第三　武家厳制録・庁政談』創文社、一九五九年所収〉）には、「摂州・河州万事仕置之儀、如有来曽我丹波守・松平隼人正可申付之」とある。曽我丹波守（古祐）・松平隼人正（重次）は、大坂町奉行である。

(26) 村田路人「役の実現機構と夫頭・用聞の役割」（『日本史研究』三四九、一九九一年九月、のち改稿して、前掲注(18)村田『近世広域支配の研究』に収録）。

(27) 村田路人「用聞の諸機能と近世的支配の特質」（『京都橘女子大学研究紀要』一七、一九九〇年一二月、のち改稿して、前掲注(18)村田『近世広域支配の研究』に収録)。
(28) 岩城卓二「大坂町奉行所と用達」(『日本史研究』三四九、一九九一年九月)、同「近世村落の展開と支配構造―支配国における用達を中心に―」(『日本史研究』三五五、一九九二年三月)。両論文ともに、のち、前掲注(2)岩城『近世畿内・近国支配の構造』に収録。
(29) 岩城卓二「近世中後期の村社会と郷宿・用達・下宿」(藪田貫編『民衆運動史3　社会と秩序』青木書店、二〇〇〇年)、同「御用宿」(久留島浩編『近世の身分的周縁5　支配をささえる人々』吉川弘文館、二〇〇〇年)。両論文ともに、のち、前掲注(2)岩城『近世畿内・近国支配の構造』に収録。
(30) 村田路人「代官郡触と幕府の畿内近国広域支配」(『待兼山論叢』三一史学篇、一九九七年一二月)、同「近世の地域支配と触」(『歴史評論』五八七、一九九九年三月)。それぞれ改稿して、本書第一部第一章、第二章。
(31) 前掲注(24)藪田「『御館入与力』について」。
(32) 熊谷光子「帯刀人と畿内町奉行所支配」(塚田孝・吉田伸之・脇田修編『身分的周縁』部落問題研究所、一九九四年)。
(33) 熊谷光子「大坂町奉行所への諸届と『村々』」(『日本史研究』四二一、一九九七年九月)。
(34) 水本邦彦『近世の郷村自治と行政』(東京大学出版会、一九九三年)第九章「畿内・近国社会と近世的国制」。
(35) 水本の仕事については、村田路人「書評　水本邦彦『近世の郷村自治と行政』」(『歴史学研究』六八一、一九九六年二月)をも参照のこと。
(36) 前掲注(17)藤田「近世前期上方支配の構造」。
(37) 大宮守友「奈良奉行の触伝達について」(奈良県高等学校教科等研究会歴史部会『紀要』二八、一九九一年三月)、同「『奈良奉行所記録』解説にかえて―付論　近世前期の奈良奉行―」(大宮守友編『清文堂史料叢書第75刊　奈良奉行所記録』清文堂出版、一九九五年)。両論文ともに、のち、前掲注(2)大宮『近世の畿内と奈良奉行』に収録。
(38) 初出は、岩城卓二「幕府畿内・近国支配における譜代大名の役割―摂津国尼崎藩と和泉国岸和田藩領を中心に―」(『歴史研究』三五、一九九八年三月)、同「在坂役人と大坂町人社会―大御番頭・大御番衆・加番を中心に―」(『歴史研

究』三九、二〇〇二年三月)、同「畿内・近国の河川支配―大和川堤防を中心に―」(『歴史研究』四二、二〇〇五年三月)。
(39)横田冬彦「『非領国』における譜代大名」(『地域史研究』二九―二、二〇〇〇年二月)。
(40)藤本仁文「近世京都大名火消の基礎的考察」(『史林』八八―二、二〇〇五年二月)、同「近世中後期上方における譜代大名の軍事的役割―郡山藩を事例に―」(『日本史研究』五三四、二〇〇七年二月)。両論文ともに、のち、藤本『将軍権力と近世国家』(塙書房、二〇一八年)に収録。
(41)小倉宗「江戸幕府上方軍事機構の構造と特質」(『日本史研究』五九五、二〇一二年三月)。
(42)塚本明「彦根藩と京都町奉行所」(彦根藩資料調査研究委員会編『彦根城博物館叢書4　彦根藩の藩政機構』彦根城博物館、二〇〇三年)。
(43)大宮守友「奈良奉行所と宇陀松山藩」(『日本文化史研究』三九、二〇〇八年三月、のち、前掲注(2)大宮『近世の畿内と奈良奉行』に収録)。
(44)熊谷光子「畿内・近国の旗本知行所と在地代官」(『日本史研究』四二八、一九九八年四月)、同「近世畿内の在地代官と家・村―類型化の試み―」(『市大日本史』四、二〇〇一年五月)、同「畿内近国旗本知行所の在地代官と『村』・地域―摂津国川辺郡下坂部村沢田家を素材に―」(『歴史学研究』七五五、二〇〇一年一〇月)。いずれも、のち、熊谷『畿内・近国の旗本知行と在地代官』(清文堂出版、二〇一三年)に収録。
(45)村田路人「非領国地域における鳴物停止令―触伝達の側面から―」(大阪市史編纂所編『大阪の歴史』五六、二〇〇〇年一〇月)。改稿して本書第二部第一章。
(46)村田路人「元禄期における伏見・堺両奉行の一時廃止と幕府の遠国奉行政策」(『大阪大学大学院文学研究科紀要』四三、二〇〇三年三月)。改稿して本書第四部第二章。
(47)村田路人「幕府上方支配機構の再編」(大石学編『日本の時代史16　享保改革と社会変容』吉川弘文館、二〇〇三年)。改稿して本書第四部第四章。
(48)小倉宗「近世中期大坂代官の幕領支配―大坂町奉行・勘定奉行との関係を中心に―」(『大阪商業大学商業史博物館紀

要』五、二〇〇四年七月、のち、小倉『江戸幕府上方支配機構の研究』〔塙書房、二〇一一年〕に収録）。

(49) 小倉宗「近世中後期の上方における幕府の支配機構」（『史学雑誌』一一七―一一、二〇〇八年一一月）、同「近世中後期上方の幕府機構と京都・大坂町奉行」（『史林』九二―四、二〇〇九年七月）、同「近世中後期幕府の上方支配機構における京都・大坂町奉行」（『日本史研究』五六八、二〇〇九年一二月）。いずれも、のち、前掲注(48)小倉『江戸幕府上方支配機構の研究』に収録。

第一部　広域支配と触伝達

第一章　代官郡触と幕府の畿内近国広域支配

はじめに

周知のように、所領が錯綜していた近世の畿内近国地域では、個別領主による所領支配とともに、京都町奉行所や大坂町奉行所などの幕府広域支配機関、あるいは幕府からある種の支配権を委任された大名（たとえば、一定地域の土砂留、すなわち砂防を任された土砂留担当大名）による、所領の別を超えた広域的な支配が展開していた。筆者は、前者を個別領主支配、後者を広域支配と呼んでいるが、本章では、広域支配の一例として、代官郡触の伝達を取り上げたい。

代官郡触とは、幕府代官が発給した郡触のことであるが、まず郡触とは何かについて述べておこう。郡触とは、幕領・私領の別なく、郡内の全村に回達方式で伝達される触のことである。ここでいう郡とは、いうまでもなく「摂津国住吉郡」などという場合の郡である。郡触という名称自体は筆者が仮に名付けたものであるが、史料に「是迄郡御触之通ニいたし」[1]といった表現も見られ、当時の人々もこのような触を「郡御触」と呼んでいた。なお、一国の全郡（つまりは、一国の全村ということになる）を対象に発せられる郡触は、複数国対象のものも含め、「御国触」と呼ばれていた[2]。摂津国や河内国などに日常的に伝達されていた郡触は、一郡のみを対象とするものは稀で、国触が一般的であった。

郡触については、一定の研究蓄積がある。一九五〇年代後半に畿内非領国論を提起した安岡重明は、畿内が「非領国」地域であることの根拠の一つとして、当該地域における大名領に対する幕府の直接支配、すなわち幕府による大名領主権の侵害をあげた(3)。それを示す事例の一つとして取り上げたのが、大坂町奉行などの遠国奉行による広域的な触、すなわち本章でいうところの郡触の伝達であった。しかし、いうまでもなく安岡の研究は郡触を正面に据えたものではなかったため、郡触研究という観点から見れば、郡触という形式の触の存在を示すに留まっていた。

その後、一九六〇年代後半に提起された朝尾直弘による畿内幕領支配機構論(4)、一九七〇年代後半に提起された高木昭作の国役—国奉行制論(5)、特に後者において国や郡を単位とする広域的な支配が注目されたが、郡触そのものの検討がなされることはなかった(6)。

そのような研究状況を変えたのが福島雅蔵である。福島は一九八〇年代後半に、大和国の芝村藩（藩主は織田氏で、大和国式上郡芝村に陣屋があった）預所の村々に回達された触について、年預（大庄屋）の役割という観点から検討を加えたが、そこで、奈良奉行および京都町奉行が発した郡触の伝達の実態を明らかにしている(7)。

一九九〇年代初めには、筆者や岩城卓二が支配の請負人というべき用聞（用達）の機能に着目したが、その際、用聞（用達）が発する郡触も検討対象となった(8)。同時期に、大宮守友は奈良奉行が発給した触の総合的な検討を行った。大宮は、大和国一五郡に対する広域的な触、すなわち郡触についても検討を加え、伝達ルートの実態を明らかにするとともに、大和国に所領を有する各領主に対して出される触と郡触の関係についても述べている(9)。

さて、郡触の一つである代官郡触であるが、そのほとんどは、京都町奉行の郡触を郡内の全村に回達させるために出されたものである。具体的には、京都町奉行の支配・統轄下にあった幕府代官、すなわち上方八カ国代官

（五畿内および丹波・近江・播磨三カ国、すなわち上方八カ国のうちに支配地村々を有していた代官のこと。本書第四部第三章および同第四章参照）がそれぞれ特定の郡を担当し、京都町奉行の郡触を郡内の全村に回達するよう命じたものである。このほか、事例としてはごくわずかであるが、勘定奉行の触の回達を命じたものもあった（本書第一部第二章参照）。

代官郡触については、その事例が早くから論文に引用され、その限りでは知られていた。前述の安岡は、畿内非領国論を提起する中で京都町奉行郡触を取り上げた際、実は代官郡触も取り上げていた[10]。具体的には、天保十一年（一八四〇）三月二十六日付で京都町奉行が「近江国神崎郡村々寺社・庄屋・年寄」に宛てた郡触の伝達を、「大津御役所」（大津代官役所）が三月二十七日付で「近江国神崎郡村々寺社・庄屋・年寄」に命じた事例を紹介していたのである。しかし、安岡は、この史料については京都町奉行郡触の部分にのみ注目し、これが代官郡触として発せられたこと、すなわち、この史料は代官による広域支配が存在したことを物語るものでもあることには言及していない。その後、代官郡触について論じた研究はない。つまり、代官郡触の研究は皆無といってよいのである[11]。本章では、まずは実態が不明であった代官郡触の具体的な姿を明らかにしたい。

ところで、代官郡触は、安岡が引用した近江国におけるもののほか、摂津・河内・和泉三国においても見出すことができる。京都町奉行の万事仕置国[12]であった近江国における代官郡触と、大坂町奉行または堺奉行の万事仕置国であった摂河泉三カ国におけるそれは区別して検討する必要があるが、ここでは、後者について検討することにする。

本章の目的は、単に代官郡触の実態を明らかにするだけにとどまるものではない。本論の中で明らかにするが、代官郡触は、回達ルートという側面においては、摂津・河内両国（享保七年〔一七二二〕以降は摂津・河内・和泉・

播磨四カ国。ただし、播磨国については、摂津・河内・和泉三カ国と同列に論じられない部分もある）の村々に日常的に回達されていた大坂町奉行郡触とは大きく異なる。そのようなきわめて特徴的な回達ルートを伴う代官郡触という触が存在したのは、当時、上方八カ国代官が京都町奉行の統轄下にあり、幕領支配すなわち個別領主支配だけでなく、広域支配の面においても、同奉行の下部機関としてその一翼を担っていたことの反映である。このことは、畿内近国における広域支配の実現を考える際に、上方八カ国代官の存在を無視してはならないことを示唆している。したがって、本章は、従来もっぱら京都町奉行や大坂町奉行などの幕府広域支配機関の権限・機能という側面から論じられてきた一八世紀の幕府上方支配機構論に、京都町奉行の上方八カ国代官統轄機能という視点を積極的に導入しようとする試みでもある(13)。

代官郡触の実態とその歴史的意義を知るためには、回達ルートの詳細を明らかにする必要がある。代官郡触の具体的分析に入る前に、回達ルート分析に用いる史料について述べておきたい。

畿内近国においては、一定の地理的範囲の村々に宛てられた触は、多くの場合、回達方式により各村に達した。それは、個別領主支配に基づく触の場合でも、広域支配に基づく触の場合でも同様である。触状が村に達すると、当該村では触状の文言のあとに、村役人が触の趣旨を承知した旨あるいは触を拝見した旨を日付とともに記し、署名・捺印して次の村に送った。このような行為が村ごとに行われつつ、触状は村々の間を回された。最終的には、回達最終村が触状を発給者に戻すことにより触伝達は完了する。つまり、村役人が手にした触状には、触の文言が記されていただけでなく、実際の回達ルートに関わる情報が記載されていたのである。そして、その情報は回達最終村に近づくに従って豊富なものとなり、発給者のもとに戻された段階では、全回達ルートに関わる情報が記載されていた。

しかし、発給者のもとに戻された触状は、その後多くが失われたと思われる。当時の文書保管慣行あるいは文書保管規定に基づき、一定期間保管されたのちに廃棄されたものもあるだろうが、何よりも明治維新期における幕藩領主支配の終焉がその決定的契機となったとみられる。とりわけ、上方の遠国奉行や幕府代官が発給したものので、今日にまで伝えられている回達済みの触状は、ほぼ皆無といってよいだろう。それが現存していれば、触回達の実態を物語る史料としては一級のものであるが、それを利用することはまず期待できないといってよい。

ところで、触状を手にした村役人は、触状に触の趣旨を承知した旨を記すとともに、触の文言を自村の触留帳などに書き留めた。これは、触状が各村に宛てて発給されず、回達方式によって村から村へと伝えられていく以上、当然のことであったが、その際、触の文言を書き留めるだけでなく、触回達情報も記載することが多かった。ただし、それは自村を中心とする触授受に関わる情報、すなわち、いつ何村から受け取り、いつ何村に渡したというものであり、当該村に達するまでのすべての回達情報を書き留めることはきわめて稀であった。それは、自村とは無関係の村の触回達に関わる情報などは、その村にとってほとんど意味のあるものではなかったからである。つまり、触留帳などから復元できる触の回達ルートは、当該村を中心とする三カ村分が判明するのがせいぜいのところなのである。

そのような中にあって、摂津国住吉郡平野郷町で毎年作成された「覚帳」(14)は、完全とはいえないまでも、回達第一村から同郷町に至るまでの郡触回達に関わる情報をできるだけ書き留めようとしたものとして貴重である。そこで、ここでは、平野郷町の「覚帳」の代官郡触関係記事を中心に、他村の触留帳の記事をも参照しながら検討を進めたい。なお、近世において平野郷町は七つの町と四つの村から成る巨大複合村であったが、法制的には一村として扱われていた。また、中世の自治都市の伝統をふまえ、数名の惣年寄が平野郷町全体の運営を担っていた。[15]

第一節　享保六年四月に出された二つの代官郡触

享保四年（一七一九）、朝鮮通信使が来朝した。同六年四月、朝鮮通信使来朝に伴う入用の割賦に関する触が、幕府代官鈴木九太夫から「住吉・欠郡」の村々に、二度にわたってもたらされた。最初のものは四月七日付、あとのものは四月十六日付である。「欠郡」とは、この場合、住吉郡の中でかつて「欠郡」と称された地域を指すようであるが、[16]この「住吉・欠郡」の村々は、当時一般的に住吉郡とされていた村々と同じである。すなわち、実質的には、「住吉・欠郡」は住吉郡として差し支えない。享保六年の平野郷町「覚帳」に記載されている四月七日付の代官郡触以下の部分は次のようである。なお、①～⑥の番号は、引用者（村田）が便宜的に付したものである。

（史料1）

①　去亥年（享保四年）朝鮮人御入用割賦御触書壱番

②　京都町奉行中ゟ朝鮮人御入用人馬賃金銀御割賦之義付、御触書壱通、御廻書壱通、村ゝ印形帳壱冊指遣候間、摂津国住吉・欠郡御料・私領村ゝ江㝡寄次第不限昼夜早ゝ相廻シ、留村より京都町奉行中へ持参可申候、尤村落無之様ニ可致候、以上

丑四月七日　鈴木九太夫印

摂津国住吉・欠郡

③

去ゝ亥年朝鮮人来朝之節御入用之人馬賃金銀、如前ゝ国役懸ニ罷成候、依之従江戸御触書壱通到来ニ付、写指越候、可存其旨候、右御触書写取、庄屋・年寄共ゟ銘ゝ地頭ゝ江早ゝ可相達候、村ゝ役懸高・引高等之義幷役金銀掛ケ改請取所之義者追而可相触候条、可得其意者也

丑三月　肥後印（京都町奉行諏訪頼篤）

勘右在江戸ニ付無加印（同河野通重）

御料
私領　村ゝ
　　庄や
　　年寄
　　かたへ

摂津国住吉・欠郡村ゝ
　　庄や
　　年寄
　　かたへ

追而、村ゝ庄や・年寄別帳面ニ致名印、不抜様ニ入念順ゝ無遅滞早ゝ相廻シ、廻リ留ゟ京都奉行所へ急度可持参候、以上

④

去ゝ亥秋朝鮮人来朝ニ付、城州淀ゟ江戸迄道中往来共人馬賃金、五畿内・近江・丹波・播磨・美濃・尾張・参河・遠江・駿河・伊豆・相模・武蔵、右国ゝ江国役懸リニ成候間、可有其心得事

（六カ条略）

以上

⑤　丑三月

御触書壱通、御廻書壱通奉拝見候、地頭方へも可相達候、以上

丑四月十日

住吉郡船堂村庄や

平右衛門印

年寄

重兵へ印

四月十一日奥村　同大豆塚村　同山之内村　同庭井村庭井新田　同砂子村　同遠里小野村　同同村　同同村社領　同同村　同大豆塚村　十二日北花田村

同浅香山　同七道　同苅田村　同同村　同我孫子村　同杁本村　同住吉村　十三日寺岡村　同猿山新田　同松原新田　同南田辺村　同北

田辺村　同鷹合村　同湯屋嶋村　十四日中喜連村　同西喜連村　同東喜連村

御触書壱通、御廻書壱通奉拝見候、地頭方へも可相達候、以上

丑四月十五日

住吉郡平野郷町惣年寄

徳安印

（惣年寄五名の名前略）

⑥　右之御書付丑四月十四日夜亥刻東喜連村ゟ持参、明ル十五日早朝桑津村へもたせ遣ス、夫人足ナノ庄助（平野流町）

②〜⑤は、実際に平野郷町にもたらされた触や印形帳の文言を書き写したもの、①と⑥は、「覚帳」の筆記者が書き加えたものである。当時、平野郷町は下総国古河藩本多忠良の所領であった。まず、簡単に触の内容を紹介しておこう。

②は、朝鮮人来朝人馬賃金銀割賦に関して、京都町奉行から代官鈴木九太夫のもとに、「御触書」「御廻書」

「村〻印形帳」がもたらされたので、「寂寄次第」、つまりすぐ近くの村に早々に回達するよう、鈴木が住吉・欠郡の幕領・私領村々に命じたものである。文中の「御触書」「御廻書」「村〻印形帳」に相当するものが、それぞれ以下の④③⑤である。

④は、幕府が出した領主・代官向けの触である。前書部分で、山城国淀～江戸間の往復の人馬賃金が、上方から関東にかけての一六カ村の国役懸りになったことを述べ、省略した以下の六カ条では、国役懸りの免除・減免規定、国役金（銀）納入先、金銀換算基準、知行高や国役懸り免除村に関する報告義務について記している。

③は、京都町奉行諏訪頼篤・同河野通重からの廻書である。江戸から届いた④の触を差し越すので、その趣旨を承知すること、触書を写し取り、庄屋・年寄からそれぞれの地頭に早々に知らせること、庄屋・年寄は「別帳面」に署名・捺印し、早々に回すことなどを命じている。

⑤は、「村〻印形帳」（③の追而書の「別帳面」）に記載されていた内容を簡略化して写し取ったもので、触の回達ルートが記されている。平野郷町に回達されてきた「村〻印形帳」には、どの村についても、船堂村と平野郷町の例のように記されていたはずであるが、両者以外は日付と村名だけを写している。なお、「遠《同》里小野村　同《同》村　同《同》村社領　同《同》村」「苅《同》田村　同《同》村」とあるが、これは、相給村の遠里小野村および苅田村は、ともに知行村ごとに触状の受け渡しが行われたことを示している。

このあと、四月十六日付で鈴木九太夫から「摂津国住吉・欠郡御料・私領村〻」に触が回された。それは、「従京都町奉行中朝鮮人御入用人馬賃金銀之義ニ付、割賦帳壱冊、御触帳壱冊指遣候間、摂津国住吉・欠郡御料・私領村〻江寂寄次第不限昼夜早〻相廻シ、（以下略）」とあるように、京都町奉行からの「割賦帳」と「御触帳」の回達を命じたものであった。「覚帳」の記載によれば、「割賦帳」は「享保六年丑四月摂津国住吉・欠郡私領村〻役高掛銀割賦帳」の表題をもつもので、四月付で京都町奉行諏訪・同河野が「闕・住吉郡村〻庄屋・年寄」に宛てた触（役高一〇〇石あたりの金額、納入期間などを記す）を最初に掲げたあと、「朝鮮人来朝御入用人馬賃銀之割」として役高一〇〇石あたりの金額および銀額と納入先を記し、そのあと「住吉・欠郡」として各村の役高を記している。

また、「御触帳」は、「覚帳」によれば、「享保六年丑四月摂津国欠・住吉郡村〻触帳」の表題をもつものであった。やはり四月付で諏訪・河野が「摂津国欠・住吉郡村〻庄屋・年寄」に宛てた触（御朱印寺社領のある村は別紙案文の記載様式で報告すべきことや、役懸り免除規定などについて記す）と「寺社領書付案文」を記し、最後に、回達を終えた船堂村から平野郷町までの二三カ村の各村の庄屋・年寄名を記している。

史料1の①では「去亥年朝鮮人御入用割賦御触書壱番」とあったが、これは、四月十六日付触と区別するためである。「覚帳」では、十六日付の鈴木の触の文言の前に、「去亥年朝鮮人御入用割賦御触書弐番」と記している。

さて、史料1に戻ろう。代官鈴木九太夫は、幕府の「御触書」（④、正確には触書の写）、京都町奉行の「御廻書」（③）、「村〻印形帳」（⑤）の三点に、自身の名による触（②）を添え、「住吉・欠郡」村々に回達方式で触れた。「村〻印形帳」は、表題はあったであろうが、中身は白紙の帳面であったと考えられる。この四点セットは、船堂村を回達第一村として、同村を含め二九カ村（相給村は、それぞれ知行村ごとに数えている。なお、庭井村と庭井新田はセットとした）を経て平野郷町に達した。各村では、庄屋・年寄が、「御触書」および「御廻書」を拝見したこと、地頭にも「御触書」の内容を伝えることを日付とともに記し、署名・捺印して次の村に送った。史料1の⑥によれば、十四日の夜亥の刻に東喜連村から四点セットを受け取った平野郷町は、翌十五日早朝、桑津村にそれを回している。

まず、一人の代官が一つの郡を担当して、郡内の幕領・私領村々に触を回すという触伝達方式が存在したことを確認しておきたい。ここで取り上げている朝鮮人来朝人馬賃割賦についての触は、もちろん「住吉・欠郡」だけに回されたものではないはずである。国役割賦の行われた郡では、いずれも同様の形で回されたことが予想される。和泉国大鳥郡中筋村に残された、正徳五年（一七一五）～享保七年「公儀御用触留帳」[17]から、大鳥郡の場合を見てみよう。なお、当時、中筋村は代官桜井孫兵衛の代官所であった。

中筋村「公儀御用触留帳」でも、代官の触、京都町奉行の廻書（「公儀御用触留帳」に写された代官の触では「廻状」と表現）、幕府の触書の順で書き写されている。それぞれ史料1の②③④に対応するものである。「村〻印形帳」の記載内容は写されていない。触留帳への写し取り方も、村によって精粗があることが確認できる。京都町奉行の廻書（廻状）および幕府の触書の文言は、史料1と較べた場合、若干の表記の違いはあるものの同じである。ただし、大鳥郡村々宛の京都町奉行の廻書（廻状）は三月二十九日付となっている（「住吉・欠郡」村々宛のものは三月付）。代官の触は、次のようである。

（史料2）

去〻亥（享保四年）秋朝鮮人来朝之節、御入用人馬賃金之儀ニ付、京都町奉行衆ゟ御触書壱通、廻状壱通、帳面壱冊箱ニ入、我等方ゟ可相触旨申来、則相廻候、一郡切村〻不抜様ニ入念、早〻相廻シ可申候、尤此廻状村名書記、庄屋印判いたし順〻相廻シ、留り村ゟ重而此方江可相返候、以上

丑（享保六年）四月三日　久下藤十郎印

泉州大鳥郡

下石津村印

ここでは、郡触を出した代官は久下藤十郎であった。この史料2と、史料1の②とを較べてみると、京都町奉行からの「御触書」「廻状」（「御廻書」）「帳面」（「村〻印形帳」）の三点を早々に回すように、という趣旨は同じであるが、文面はまったく異なるし、内容にも違いが認められる。史料1では、最終的に三点を京都町奉行に戻すよう指示しているが、鈴木の触の扱いについては何も述べていない。逆に、史料2では、三点を最終的にどうすべきかには触れず、この久下の触については、回達の上、最終的に同人のところまで返すよう命じているのである。京都町奉行の「御廻書」（史料1の③）の追而書に「追而、村〻庄や・年寄別帳面ニ致名印、不抜様ニ入念順〻無遅滞早〻相廻シ、廻リ留ゟ京都奉行所へ急度可持参候、以上」（この部分は、中筋村の「公儀御用触留帳」に記載された京都町奉行「廻状」でもほとんど同文言）とあるので、久下は、わざわざ三点の最終的な扱いについては述べなかったのであろう。また、史料1では言及はなかったが、三点は箱に収められていたことが、史料2からわかる。

朝鮮人来朝入用人馬賃割賦についての二度目の代官郡触は、「住吉・欠郡」では、四月十六日付、大鳥郡では四月十七日付で、それぞれ鈴木九太夫・久下藤十郎から出された。史料はあげないが、表現の仕方は、基本的にそれぞれ前回のものと同じである。この二度目の代官郡触については、他にも例を見出すことができる。

（史料3）

京都町奉行衆ゟ御料・私領御触帳壱冊、私領村〻役高掛リ銀割賦帳壱冊壱箱遣候付、差越候間、写取候節墨付不申、印形麁末無之、雨降候節濡シ不申、尤村順能様ニ相廻シ、請取渡之節書付等取之、入念大切ニ可致候、御触帳可相返候、以上

丑（享保六年）四月十六日　　桜井孫兵衛

摂州(ママ)国西成郡
村々庄や

摂津国西成郡十八条村の享保六年四月「摂津国西成郡村々触帳[18]」の中の一節である。十八条村は、当時鈴木九太夫の代官所であった。ここでは、「御料・私領御触帳」および「私領村々役高掛リ銀割賦帳」に墨を付けてはいけない、捺印をおろそかにしてはならない、雨天時には雨に濡らしてはいけないなど、回達時の注意を特に強調している。

このように、京都町奉行から回達の指示を受けた代官は、それぞれ独自の裁量のもと、自身の言葉で担当の郡に触れたのである。

ところで、これまで、代官が京都町奉行の郡触を当該郡に伝達するための郡触を発していたことについて、具体的な事実を紹介するだけで、その背景や法的根拠については、特に述べるところがなかった。この点に関して、享保七年九月二十四日、老中安藤重行・同水野忠之・同戸田忠真が大坂町奉行北条氏英・同鈴木利雄に対し、地方についての公事訴訟の裁判管轄について申し渡した際の文言[19]を紹介しておこう。いわゆる「享保の国分け」に際してのものであるが、その文言は、「五畿内・近江・丹波・播磨八ケ国之御代官共、唯今迄京都町奉行支配ニ候故、八ケ国御料・私領共ニ、地方ニ付候公事訴訟幷寺社共ニ京都町奉行裁許いたし候得共、自今者八ケ国を四ケ国宛ニ分、（以下略）」というものであった。つまり、当時、「五畿内・近江・丹波・播磨八ケ国之御代官」（筆者のいうところの上方八カ国代官）は「京都町奉行支配」のもとにあり、そのために京都町奉行は代官に自身の郡触を伝達させることができたのである。

第二節　代官郡触の回達ルート

次に、触の回達ルートについて検討してみたい。史料1の②では、「寂寄次第不限昼夜早〻相廻シ」とあるが、史料2では「寂寄次第」の文言はなく、単に「順〻相廻シ」となっている。二度目の代官郡触でも、「住吉・欠郡」宛のものは「寂寄次第不限昼夜早〻相廻シ」、大鳥郡宛のものは「順〻相廻」、西成郡宛のもの（史料3）は「村順能様ニ相廻シ」となっている。「寂寄次第」や「村順能様ニ相廻シ」という表現は、回達順序についての判断が、村々に任されていたことを思わせる。代官郡触の具体的な回達ルートは、どのようなものであったのだろうか。

触の回達ルートについての情報が豊富に盛り込まれている平野郷町「覚帳」によれば、四月七日付代官郡触以下の四点セットと、四月十六日付代官郡触以下の三点セットの、平野郷町の次の村までの回達ルートは、それぞれ以下のAおよびBのようであった。Aは史料1の⑤をもとにまとめたもの、Bは四月十六日付代官郡触の「御触帳」（「享保六年丑四月摂津国欠・住吉郡村〻触帳」）末尾の既回達村関係記事をもとにまとめたもので、村名の表記は原文の通りである。なお、日付は触の趣旨を承知した旨を村役人が記した際の日付である。したがって、その村が触状等を受け取った日であることもあれば、次村に渡した日であることもあるだろう（史料1の⑥によれば、平野郷町の場合、四月十四日夜に触状等を受け取り、翌十五日早朝に桑津村に回達したが、日付は十五日としている）。また、それぞれ同じ村の名が複数回登場しているが、前述のようにこれは相給村で、所領ごとに回達されたことを示す。

A　四月七日付代官郡触以下四点セットの回達ルート

〔四月十日〕　船堂村
〔四月十一日〕奥村→大豆塚村→山之内村→庭井村・庭井新田→砂子村→遠里小野村→同村→同村社領→同村→大豆塚村
〔四月十二日〕北花田村→浅香山→七道→苅田村→同村→我孫子村→杉本村→住吉村
〔四月十三日〕寺岡村→猿山新田→松原新田→南田辺村→北田辺村→鷹合村→湯屋嶋村
〔四月十四日〕中喜連村→西喜連村→東喜連村
〔四月十五日〕平野郷町→桑津村

B　四月十六日付代官郡触以下三点セットの回達ルート
〔四月十九日〕　船堂村→奥村→大豆塚村→遠里小野村→遠里小野村→山之内村→杉本村→住吉村
〔四月二十日〕　住吉郡住吉社領沢口村→我孫子村→庭井村・庭井新田→苅田村→七道→苅田村→前堀村→堀村→寺岡村
〔四月二十一日〕猿山新田村→松原新田村→南田辺村→北田辺村→桑津村
〔四月二十二日〕平野郷町→西喜連村

図1は、当時の摂津国住吉郡の構成村である。図1を参照しながら、AおよびBに示された回達ルートについて分析を行うことにするが、その前に苅田村と七道の間の触状伝達に関して若干述べておきたい。

図1を見ればわかるように、苅田村と七道の間はやや距離があるが、A・Bとも、両者の間で伝達が行われている。当時、苅田村は永井氏領と久下藤十郎代官所の相給村、七道は永井氏領と住吉社領の相給村で、住吉郡内の永井氏領はこの二カ村だけであった[20]。Bの回達ルートが記されている「御触帳」(「享保六年丑四月摂津国欠・住

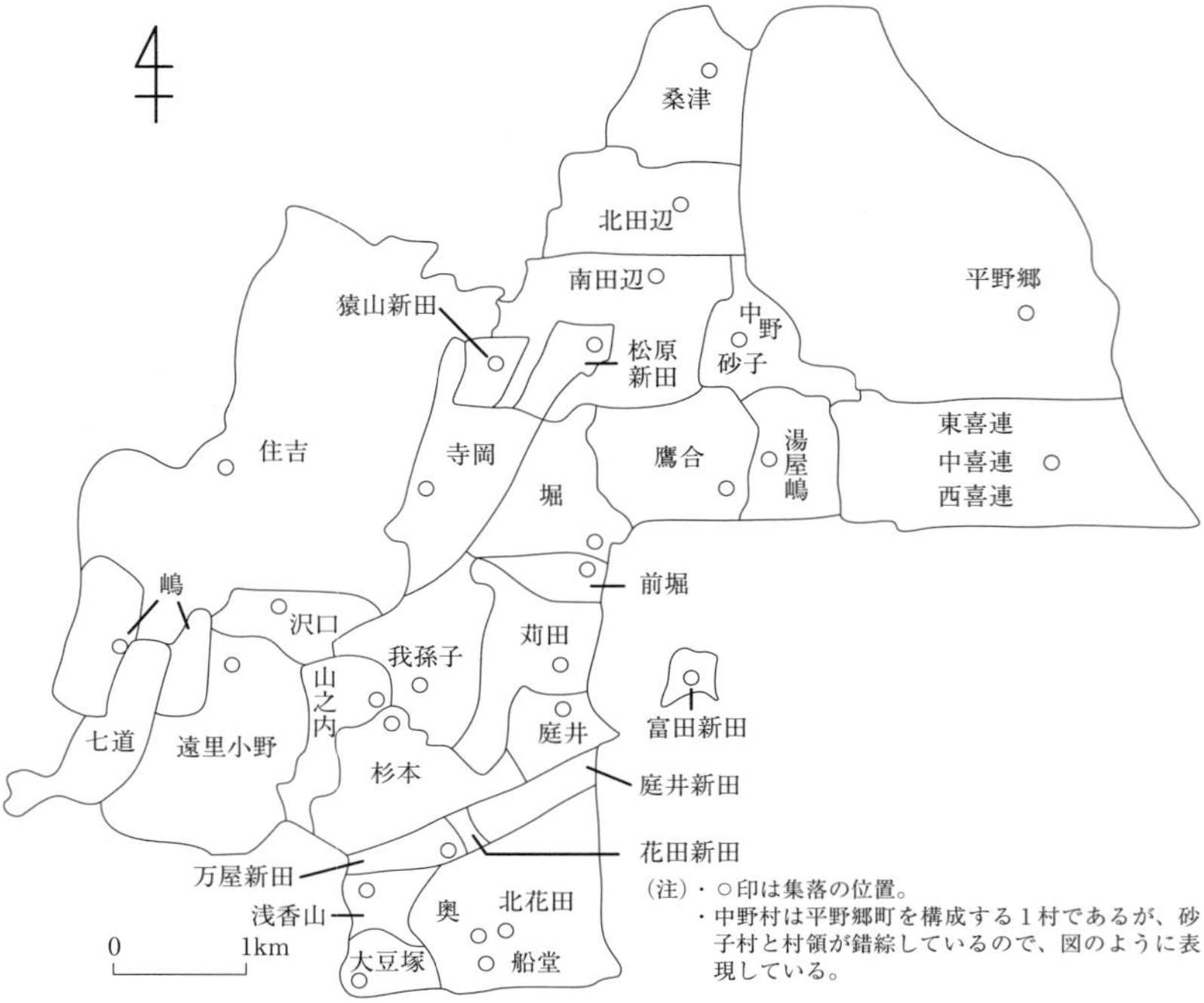

（注）・○印は集落の位置。
・中野村は平野郷町を構成する１村であるが、砂子村と村領が錯綜しているので、図のように表現している。

図１　摂津国住吉郡図

吉郡村々触帳」）末尾部分には、村名だけでなく、署名・捺印をした庄屋・年寄名も記されているが、それによれば、苅田村↓七道↓苅田村と回達された際の最初の苅田村の庄屋・年寄はそれぞれ助左衛門と伝右衛門、七道の庄屋は助左衛門、あとの苅田村の庄屋は又右衛門となっている。このことから、七道永井氏領の庄屋は苅田村永井氏領の庄屋助左衛門が兼帯していたと考えられる[21]。

苅田村永井氏領庄屋が七道の分まで触承知文言を記していたとすると、触状そのものは苅田村から七道に回されることはなかったであろう。つまり、Bの苅田村↓七道↓苅田村の部分は、実は苅田村永井氏領↓苅田村久下代官所で、七道永井氏領には苅田村永井氏領庄屋から別個に触の内容が知らされたものと考えられる。

では、Aの浅香山→七道→苅田村の部分はどうだろうか。これは、Bと同様、浅香山→苅田村永井氏領と回達されたケース、Aの表記通り、実際に触状は浅香山から七道に回され、七道永井氏領から苅田村永井氏領に回されたケースの二つを考えることができる。前者の場合は、苅田村永井氏領庄屋は、まず七道永井氏領の庄屋として触承知文言を記し、そのあとで苅田村永井氏領庄屋として触承知文言を記したことになる。いずれのケースも、可能性としてはありうるが、あとでも触れる同年七月五日付の大坂町奉行郡触の回達ルートが、庭井村→七道→苅田村→同村となっていることを考えれば―つまり、庭井村の次に隣村である苅田村には回されず、離れた七道に回されるという、回達ルートとしてはきわめて不自然である―前者の可能性が高い。

以上のことをふまえ、苅田村と七道の問題については、とりあえず、AもBも七道には触状は回されなかったという理解を前提にすることにしたい[22]。

さて、触状の回達ルートについて、より具体的に理解しやすいように、図2および図3を作成した。図2はAを、図3はBを、それぞれ図示したものである。以下、回達ルートの特徴について考えてみよう。

AとB、また図2と図3を見較べてみると、一見して明らかなように両者は大きく異なっており、あらかじめ定められたルートを辿ったのではないことがわかる。A・Bとも、おおむね隣接村に渡されているが、そうなっていない部分も多いことがわかる。Aでは、大豆塚村→山之内村、山之内村→庭井村・庭井新田、庭井村・庭井新田→砂子村、砂子村→遠里小野村、遠里小野村→大豆塚村（大豆塚村には二回触状が回されているが、これは同村が相給村であることによる）、浅香山→苅田村（Aの表記では浅香山→七道→苅田村）、杉本村→住吉村、北田辺村→鷹合村の部分が、Bでは、大豆塚村→遠里小野村、杉本村→住吉村、我孫子村→庭井村・庭井新田がそれに該当する。

もちろん、隣接村との受け渡しだけを繰り返して触状を一郡内の全村に回達することは不可能であり、幾度か非隣接村との受け渡しが必要となるが、実際のルートを見ると、必要以上に非隣接村との受け渡しが多い。その代表的なものが、Aの十一日の庭井村・庭井新田↓砂子村↓遠里小野村、同十二日の浅香山↓苅田村という部分、特に前者である。庭井村・庭井新田と遠里小野村とは、比較的距離が近いにもかかわらず、かなり離れた砂子村にいったん回したのは、何らかの理由に基づくのであろうが、「㝡寄次第」の原則―以下、「最寄次第原則」と表

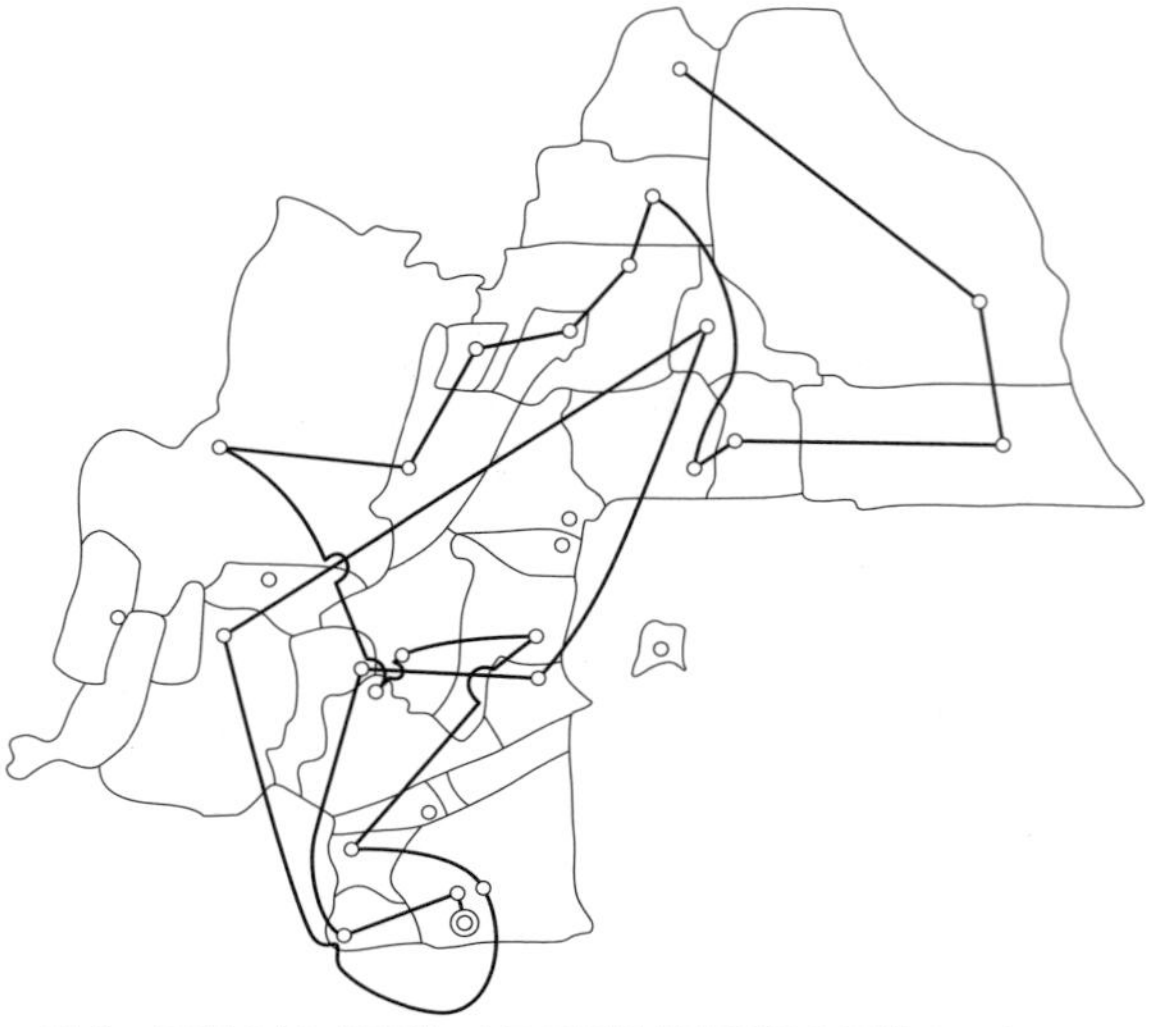

図２　享保６年（1721）４月７日付代官郡触の回達ルート
（注）◎は回達第一村の集落の位置、○はその他の村の集落の位置。なお、大豆塚村には２回触状が回達されている。

図３　享保６年（1721）４月16日付代官郡触の回達ルート
（注）◎は回達第一村の集落の位置、○はその他の村の集落の位置。

記する―をふみはずしていることは確かである。

ところで、郡を単位に、幕領・私領の別なく回される触は、代官郡触に限られるものではない。「はじめに」でも少し触れたように、摂津・河内両国または摂津・河内・和泉・播磨四カ国の村々にとっては、代官郡触はむしろ例外的な存在であり、大坂町奉行が発する郡触が一般的であった。平野郷町享保六年「覚帳」から同時期の例をあげるならば、同年七月五日付で、大坂町奉行鈴木飛驒守利雄・同北条安房守氏英が「摂州住吉郡村〻庄や・年寄・寺社中」に宛てた、江戸の町医師夫婦殺害欠落人探索に関する触状がある。これは、六月付の江戸触を前に掲げた上で、

右之通、今度従江戸被仰下候間、承届候段庄や・年寄・寺社家致判形、郡切村次順〻相廻し、留村ゟ大坂番所へ可持参者也

と記している。「覚帳」には、やはり、同町に至るまでに村役人が署名・捺印した村々の名前が書き写されている。それから知られる回達ルートは、次の通りである。

住吉村↓沢口村↓嶋村↓遠里小野村↓同村↓同村↓同村↓大豆塚村↓同村↓奥村↓船堂村↓北花田村↓杉本村↓山之内村↓我孫子村↓庭井村↓七道↓苅田村↓同村↓前堀村↓堀村↓寺岡村↓猿山新田村↓松原新田村↓南田辺村↓北田辺村↓砂子村↓鷹合村↓湯屋嶋村↓同村↓中喜連村↓西喜連村↓東喜連村↓平野郷町

七道が特異な位置にあるが、これも実際には回達されなかったであろう。図4は、七道には回達されなかったという前提のもと、右の回達ルートを図示したものであるが、きわめて無理のない回達ルートとなっている。このあと、八月五日付で鈴木・北条の両町奉行が「摂刕住吉郡村〻庄屋・年寄・寺社中」に出した、寺社の富籤興行規制に関する郡触は、庭井村↓七道↓苅田村↓同村の部分が庭井村↓苅田村↓七道村（表記は原文通り）↓苅田

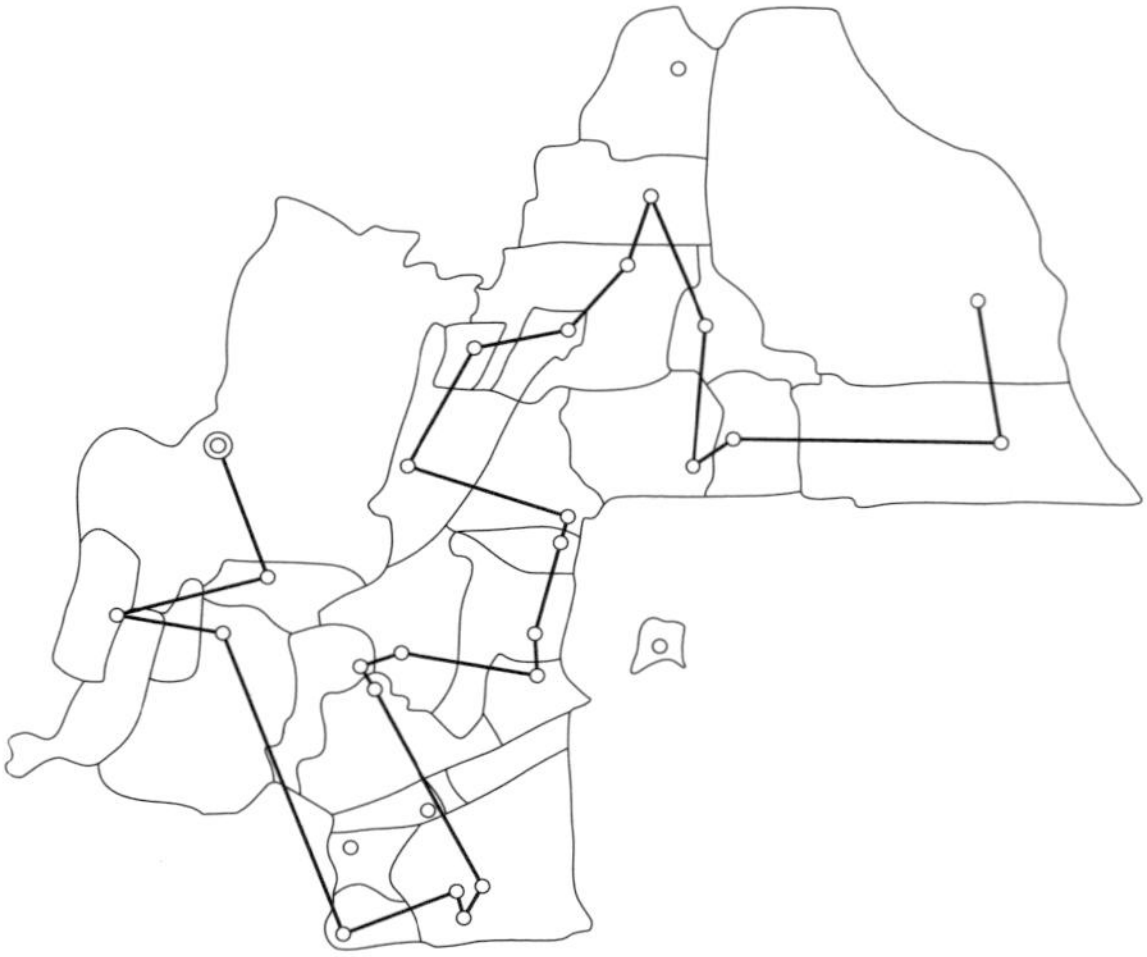

図４　享保６年（1721）７月５日付大坂町奉行郡触の回達ルート
（注）◎は回達第一村の集落の位置、○はその他の村の集落の位置。

村になっているほか、中喜連村→西喜連村→東喜連村の部分が西喜連村→東喜連村→中喜連村となっている。

また、八月二十八日付で、やはり鈴木・北条が京都町奉行の依頼を受けて「摂州住吉郡村〻寺社中」に出した、寺社領の田畑町歩・人数調査に関する触は、八月五日付触とまったく同じ回達ルートで回された（ただし、遠里小野村は三カ村となっている）(23)。喜連三カ村は村域が明確にあるわけではなく、集落も田畠も入り組んでいたため(24)、回達の順序それ自体にはあまり意味がない。つまり、郡触という点では同じである大坂町奉行郡触については、少なくともこの時期においては回達ルートがあらかじめ定まっており、しかもそれは、ほぼ最寄次第原則に則ったものであった。

このように、代官郡触は大坂町奉行郡触に較べ、「寂寄次第」「村順能様ニ相廻シ」という文言にもかかわらず、ややもすればその原則からはずれがちで、その上回達ルートも固定的ではなかったのである。触を受け取った村が、次にどの村に回すかは、その村の判断に委ねられていたということであろう。

では、なぜ代官郡触は最寄次第原則をふみはずした回達ルートで回されることになったのだろうか。それは、右に見たように、この時期の大坂町奉行郡触の回達第一村が住吉村で固定しており、それに応じて回達ルートもほぼ定まっていたところに、船堂村が回達第一村になるという、ふだんではありえない事態が生じたことが原因である。船堂村としては、まず隣接村に回し、その村も隣接村に回すことになるが、そのような回達方法では、早晩混乱が生じることになる。その結果、最寄次第原則をふみはずした回達ルートとなったのである。

代官郡触の回達ルートに関しては、まだ問題が残っている。それは、四月七日付代官郡触以下四点セットの場合も、四月十六日付代官郡触以下三点セットの場合も、代官から最初に渡されたのは船堂村であったことである。和泉国大鳥郡への回達も同様で、代官久下藤十郎は二度とも、まず下石津村に渡している[25]。なぜ最初の村は二度とも同じだったのだろうか。また、そもそもそれはどのような基準で選択されたのだろうか。

この点を考える手がかりは、正徳元年（一七一一）八月付で、代官平岡次郎右衛門と、その子で代官見習であった同彦兵衛が「摂津国豊嶋郡御領(料)・私領并寺社領村々庄屋・年寄」に宛てた、朝鮮人来朝に関する次の郡触にある。これは、宝永元年（一七〇四）から享保十二年（一七二七）までの触その他の記事を記載した摂津国豊嶋郡瀬川村「日記[26]」に収録されているものである。

（史料4）

当秋朝鮮人来聘之御用并人馬之儀ニ付、五畿内・近江・丹波・播磨村高御用ニ付、摂津国豊嶋郡御領(料)・私領并寺社領共江御触書壱通、帳面壱冊箱ニ入、我等共御代官所向寄村ゟ相廻候様ニ、安藤駿河守殿・中根摂津守殿ゟ御申渡候間、（以下略）

すなわち、平岡の代官所の向寄《むより》（「最寄」と同義）村から回すよう、京都町奉行（安藤次行・中根正包）から指示されたというのである。この指示を守るならば、郡触は、代官からその代官が支配する一村にまず渡され、そのあと最寄の村に回されることになる。

代官から回達第一村への郡触の伝達に関連して、次の史料5を紹介しておこう。これは、史料4の段階から四年後の正徳五年に、「朝鮮使来聘御入用人足賃銀割」が摂津国豊嶋郡村々に課された際のもので、やはり先の瀬川村「日記」(27)の記事の一部である。

（史料5）

口上

一朝鮮人来聘御割賦帳御箱共

京都従御郡代衆様平岡彦兵衛様江相渡り、依之我〻共被為　御召成候故今朝罷出、御帳面請取相廻シ申候、随分被御念入、昼夜無滞順〻ニ御廻シ可被成候

右之通、平岡彦兵衛様ゟ被仰付候故、如此ニ御座候、以上

未ノ九月三日

嶋田村庄屋　三右衛門

同村年寄　与左衛門

右御触状・御帳面箱幷嶋田村庄屋中ゟ添状壱通

九月八日ニ請取、半丁村江渡ス

（以下略）

京都郡代衆、すなわち両京都町奉行から箱に入った「朝鮮人来聘御割賦帳」を渡された代官平岡彦兵衛が、同年九月三日朝に嶋田村の庄屋・年寄を呼び、その回達を命じた。嶋田村の庄屋・年寄は、史料5の「口上」を添えて、箱入りの「朝鮮人来聘御割賦帳」を豊嶋郡村々に回達した。正徳期の嶋田村の支配関係は不明であるが、当時同村は代官平岡氏の代官所で、史料4として掲げた代官郡触も、同村を回達第一村として豊嶋郡村々に回達

されたものと考えられる。

代官→その代官の支配下の村（=回達第一村）→回達第二村以下という伝達方法は、享保六年段階でも踏襲されたであろう。享保六年四月に出された二度の代官郡触の回達第一村がいずれの郡も同じであったのは、このことに基づく。[28] また、このやり方をとる以上、郡触を出す代官は、その郡内に支配下の村、すなわち代官所を有する代官でなければならないことになる。京都町奉行は、各郡の担当代官を決定するにあたっては、上方八カ国代官であれば誰でもよかったわけではなく、その郡内に代官所を有する代官を選んだのである。

第三節　代官郡触の歴史的展開

これまで、もっぱら享保六年（一七二一）四月の代官郡触に絞って検討を加えてきたが、本節では、このような形式の触がどのような事情のもとに登場し、その後いかなる展開を遂げたのかについて見てみたい。

享保六年以前の代官郡触の事例を探してみると、管見の限りでは、正徳元年（一七一一）八月に、平岡次郎右衛門と同彦兵衛が「摂津国豊嶋郡御領（料）・私領并寺社領村々庄屋・年寄」に出したもの（史料4）が最も早い。これも先に見たように、やはり朝鮮人来朝関係で、村高と地頭・代官名を書き出すことを命じた京都町奉行の郡触と帳面の回達を指示したものである。この来朝に伴う人足賃銀割賦は同五年九月に行われ（史料5）、そのときも代官郡触が出されたと思われる。[29]

次いで、享保五年二月にも代官郡触が出されたことが確認される。中筋村の正徳五年（一七一五）〜享保七年「公儀御用触留帳」には、二月五日付で久下藤十郎が和泉国大島郡に回した郡触が書き写されている。[30] これも朝鮮人来朝関係で、やはり、村高と地頭名を書き出すよう命じた京都町奉行の郡触と帳面の回達を指示したものである。

享保五年二月の代官郡触の次に位置するのは、第一・第二節で見た同六年四月のもの（これは二回出されている）であるが、その後、同七年にも確認される。同年九月および十一月付の国役普請入用割賦に関する京都町奉行郡触に添えられたものがそれである。かつて明らかにしたように、[31]この年、国役普請制度の変更があり、畿内国役普請制度が発足した。すなわち、畿内大川八川（桂川・木津川・宇治川・淀川・神崎川・中津川・石川・大和川）の年間の総普請費用の一〇分の一を幕府が負担し、残りを五畿内に国役割賦することになったのである。[32]九月十二日、京都町奉行河野通重・同諏訪頼篤は河内国交野郡村々庄屋・年寄に対し、「去丑年（享保六年）洪水ニ付、城州・河州・摂州大川筋御普請御入用銀、五畿内村高江令割賦候間、別帳面ニ村高、地頭之名委細書付可申事、（以下略）」とした郡触[33]を出したが、このとき交野郡村々への京都町奉行郡触回達を担当した久下藤十郎は、同月十三日付で、「去丑洪（水脱）ニ付、城州・河州・摂州大川筋御普請御入用銀御割賦村ゝ高書之儀ニ付、京都町奉行衆ゟ御触書壱通、高書帳面壱冊并御案紙副箱ニ入、我等方ゟ可相触旨申来、則相廻候、（以下略）」との郡触[34]を発している。

十一月、ふたたび京都町奉行河野・諏訪から交野郡村々庄屋・年寄に郡触[35]が出された。これは国役銀の納入を命じたもので、やはり久下が、「去丑年洪水ニ付、城州・河刕・摂州大川筋御普請御入用金御五幾（畿）内惣国役高懸リニ成候付、京都町奉行衆ゟ高役割賦帳面壱冊、触書壱通并案紙副箱ニ入、我等方ゟ可相触旨申来、則相廻シ候、（以下略）」との同月十六日付郡触を添えて回達を命じている。

享保七年十一月に代官郡触が出されたあと確認できる代官郡触は、享保十四年五月付で、京都町奉行本多忠英・同長田元隣が「摂刕西成郡村ゝ庄屋・年寄・寺社・町方」に対して出した触に添えられた代官玉虫左兵衛の郡触[36]である。次の史料6がそれである。

（史料6）

本多筑後守殿・長田越中守殿より印形之触書帳壱冊箱ニ入、我等方迠よこし候付、遣之候間、御料幷私領城下之寺社・町方共、其向寄ニ早々不抜様ニ可相廻候、以上

（享保十四年）酉五月九日　玉虫左兵衛印

摂刕西成郡村々
庄屋
年寄

京都町奉行の郡触の内容は、浪人並河五市郎（誠所）が、『五畿内志』編纂にあたって五畿内を回るので便宜を図るように、と命じたもので、宛名は「摂刕西成郡村々庄屋・年寄・寺社・町方」であった。管見の限りでは、これを最後にその後代官郡触を見出すことはできない。

以上、管見の限りでは、正徳元年八月、同五年九月、享保五年二月、同六年四月（二回）、同七年九月、同七年十一月、同十四年五月の八回にわたり、代官郡触が出されたことが確認できるのであるが、これらは最後のものを除き、いずれも京都町奉行の国役賦課に関わって出されたものであった。つまり、代官郡触とは、主として京都町奉行が賦課主体であった国役の賦課を実現させるために発せられたものだったのである。

では、なぜこのような形式の触が、この時期に限って出されたのだろうか。これについては、とりあえず以下のように考えておきたい。

当時、京都町奉行は、畿内近国のうちの数カ国に対し、幕領・私領の別のない広域支配を行っていた。その一

つが国役の賦課であった。朝鮮人来朝に伴う国役（人馬賃金銀）は上方八カ国に（ただし、播磨国については幕領だけに限定されることがあった）、制度変更後の国役普請に伴う国役（国役普請銀）は五畿内に、それぞれ課された。[37]

ところで、京都町奉行がこれらの国々に国役を課すためには、実際には役賦課のための触を回す必要があった。同奉行は、これらの国々に対し、国役を課す権限とともに、それを命ずる触を伝達する権限も有していたが、触伝達の実際的な手立てを有しているかどうかという点では、京都町奉行の万事仕置国である山城国と大坂町奉行の万事仕置国（摂津・河内両国、享保七年よりは摂河両国に和泉・播磨両国を加えた四カ国）[38]とでは違いがあった。すなわち、前者については、日常的に京都町奉行が郡触を出しており、何の問題もなかったが、後者については郡触伝達の実際的な手立てを有しておらず、これら国々に郡触を回すには、何らかの工夫が必要であった。代官郡触という触伝達形式は、その工夫の一つであったのである。この場合、代官郡触という形が可能であったのは、前述のように、当時、上方八カ国代官が京都町奉行の統轄下にあったことによる。

では、正徳元年よりも前の段階では、京都町奉行はどのようなやり方で万事仕置国でない国々に国役賦課の触を伝達させていたのだろうか。摂津・河内両国の場合、一七世紀末段階では、京都町奉行から大坂町奉行に触の回達を依頼するという形がとられた。朝鮮通信使の正徳度来朝の一つ前の来朝である天和度来朝（天和二年〔一六八二〕来朝）に伴う人馬入用の国役賦課は、翌三年に、五畿内・近江・丹波の七カ国の幕領・私領、および播磨国の幕領を対象に行われたが、摂津国嶋上郡には、次のように触れられている。[39]

（史料7）

（略）右之趣前田安芸守殿・井上志摩守殿ゟ摂刕・河州私領之分へ相触候様ニと被申越候間、令触之候、此触承届ケ候との村〻庄屋・年寄致判形、郡切村次順〻相廻シ、済所ゟ大坂番所へ持参可仕者也

亥《天和三年》
六月三日　主馬様《ママ》
前田安芸守・井上志摩守はそれぞれ前田直勝・同井上正貞で、ともに京都町奉行、「主馬」は大坂町奉行藤堂良直のことである。ここでは、京都町奉行の依頼により、大坂町奉行がその万事仕置国であった摂津・河内両国に入用割賦を触れているのである。京都町奉行の依頼は「摂刕・河州私領之分」への伝達であり、摂河両国の幕領は対象外であった。これは、京都町奉行としては、摂河両国の幕領には同奉行の統轄下にある上方八カ国代官を通じて伝達することが可能であったためではないかと思われる。

ところが、大坂町奉行の指示は「郡切村次順〻相廻シ」とあり、特に私領村を除くようにとは記していない。そのことをふまえると、このときの触は、通常の郡触と同じように、私領村も含めて伝達された可能性もある。いずれにせよ、このときは、代官郡触により京都町奉行郡触を摂河両国に伝達させるという方法はとられなかったのである。

大坂町奉行に触の伝達を依頼するという形から、支配下の代官に触を伝達させるという形への変化は、京都町奉行による上方八カ国代官統轄機能が、京都町奉行の畿内近国広域支配の中で、それ以前に較べ重い意味をもたされ始めたことの反映と見てよいだろう。そして、その画期は元禄十一年（一六九八）ではないかと考えられる。この年の七月二十八日、幕府は京都所司代松平信庸を通じ、上方八カ国代官たちに三カ条の申渡しを与えたが、(40)その第一条と第二条は以下の通りであった。

（史料8）

一上方筋御代官御勘定奉行中江相伺儀者、郡代之事候間、向後弥京都町奉行中江も可相窺之事

一御取毛之儀、一人前〻御預り場所、自今以後ハ其年之検見之趣ニ而存寄之通書付、京都町奉行中江可被差
出之候、なかま申合、差出ニハ不及事

第一条は、「上方筋御代官」（上方八カ国代官）が勘定奉行中に伺うことがあれば、京都町奉行は郡代でもあるから、今後いよいよ京都町奉行中にも伺うようにというもの、第二条は、年貢高について、前々から一人の代官が支配している代官所に関しては、今後は、その年の検見の結果をもとに自身の考えを書きつけ、京都町奉行中に提出せよ、他の代官たちと相談した上で差し出す必要はないというものである。

この申渡しは、元禄十一年に幕府が京都町奉行の上方八カ国代官統轄機能を強化しようとしたことを物語っている。正徳期における代官郡触の登場は、その延長線上にあったと見てよいのではないだろうか。

さて、前述のように、国役賦課に関わる代官郡触は享保七年十一月を最後に姿を消す。このことについて少し触れておこう。

まず、同七年に登場した国役普請入用の国役割賦は、翌年は行われなかったものの、翌々年からは毎年実施された。しかし、その賦課主体に関しては、一回目（享保七年）は京都町奉行が五畿内に賦課したが、二回目（同九年）以降は、摂津・河内・和泉三カ国には大坂町奉行が賦課することとなったのである。[41] そのため、国役普請入用の国役割賦については、代官郡触を出す必要がなくなった。朝鮮人来朝入用の国役割賦も、享保度の次の来朝である寛延度来朝の際の賦課主体は、大坂町奉行となっていた。[42] つまり、国役賦課のあり方の変化により、代官郡触という触形式が必要でなくなったのである。

ところで、代官郡触として最後に確認できるものは享保十四年五月付の史料6であったが、この代官郡触の位置づけについて言及しておく必要がある。これは国役賦課に関わる触の伝達を命じたものではなく、一般の触の

伝達を命じたものであった。

先に史料7を示して、一七世紀末段階においては、京都町奉行から大坂町奉行に摂津・河内両国への触の回達を依頼するという形がとられたことを述べた。これは国役賦課に関わる触の場合であったが、一般の触についても同様の方法がとられることがあった。たとえば、享保六年八月二十八日付で、大坂町奉行北条氏英、同鈴木利雄が「摂州住吉郡村ゝ寺社中」に宛てて郡触を出しているが[43]、これは、寺社領村々の田畑町歩・人数を調べて提出することなどを命じた京都町奉行の八月付「書付」を前文に掲げ、「(略)京都町奉行衆ゟ右書付被指越候間、被得其意、摂河両国　御朱印地之寺社方幷除地之寺社方茂田畑有之分者帳面相認、来九月中京都町奉行衆へ持参可有之候、(以下略)」と記している。

また、享保十年二月六日付で大坂町奉行鈴木利雄、同松平勘敬が摂津国住吉郡村々に出した郡触は、京都町奉行所において遠島や追放などを申し渡された者で存命の者などの人別を書き上げ、同奉行所に申し出るようにとの京都町奉行の触を前文に掲げた上で、「右之通京都町奉行衆ゟ申来候間、可存其旨者也」と記している[44]。

これらの事例をふまえると、京都町奉行の一般の触の伝達を命じた史料6の代官郡触の例も、大坂町奉行への触伝達依頼という形をとることは十分ありえたといってよい。その意味で、史料6の例はむしろ異例というべきであろう。現段階では筆者は、このときあえて代官郡触という方法が採用された理由について十分説明できる材料を持ち合わせていないが、ここでは、享保十四年段階においても、京都町奉行の上方八カ国代官統轄機能がなお維持されていたことを指摘しておきたい。また、これはあくまでも一つの可能性にすぎないが、国役賦課主体の変更により代官郡触を発する機会を失った京都町奉行が、自身の上方八カ国代官統轄機能の維持のため、あえて一般の触についても代官郡触によって伝達させようとしたことも考えられる。

おわりに

正徳~享保期に、大坂町奉行の万事仕置国において確認される代官郡触の実態と、その意義づけについて述べてきた。本章での分析から明らかなように、京都町奉行によって上方八カ国代官が統轄されていたという事実は、幕府の畿内近国幕領支配はもちろんのこと、畿内近国広域支配にも一定の規定性を与えており、この視点を欠いた畿内近国広域支配論は不十分なものとならざるをえないのである。本章を締めくくるにあたり、今後の課題を提示しておきたい。

本論部分で述べたように、代官郡触自体は享保十四年（一七二九）が最後と考えられるのであるが、実は、代官が触を最寄次第原則で近隣の村々に伝達する方式は、その後も残る。たとえば、享保十五年五月三日、代官鈴木小右衛門は、摂津国西成郡十八条村その他の代官所村々に廻状[45]を回し、医書『東医宝鑑』売り広めについて令した三月付の江戸触を掲げた上で、「右之通御書付出候間、写相廻シ候、村々江不残様ニ可申聞候、且又向寄私領村方江も庄屋方ゟ御書付之趣申達、（以下略）」と命じている。これは、代官→代官所村々→最寄私領村々という伝達方式であり、一郡を担当した代官が、まず自分の代官所の一村に伝え、そこから最寄次第原則で、一郡内の全村に順々に回達させるという代官郡触の伝達方式とは大きな違いがあるが、代官から触をもたらされた村が、それを最寄次第に回すという点では共通している。

いずれにせよ、幕府の畿内近国広域支配の一つとしての触の伝達において、依然として代官は大きな役割を占め続けるのである。もちろん、新たな代官触が、京都町奉行の郡触を伝達するために発せられたものでなかったことからもわかるように、京都町奉行と上方八カ国代官の位置関係は変化を見せていた。一方、享保期の勘定所による代官編成の強化も、つとに指摘されているところである。(46) 勘定所・京都町奉行・上方八カ国代官の関係に留意しつつ、さらに大坂町奉行・堺奉行・伏見奉行・奈良奉行の動向も視野に入れながら、代官の広域支配に占める役割を、今後追究していく必要がある。

（1）摂津国西成郡十八条村寛保二年（一七四二）「御廻状写帳」（摂津国西成郡十八条村藻井家文書。ここでは大阪市史編纂所所蔵の写真版を利用。以下同）に書き留められている同年四月四日付代官用達五名廻状。

（2）宝永五年（一七〇八）三月二十三日付で山城国淀藩石川氏用聞の虎屋九兵衛が河内国古市郡村々に宛てた郡触に、「御国触之通、郡切村次順ゝ無相違触落し無之様ニ早ゝ御廻し被成」（宝永五年〜享保十五年〔一七三〇〕河内国古市郡駒ケ谷村「大坂御番所従御触状留帳」羽曳野市役所所蔵駒ケ谷村真銅家文書）とある。本書第一部第二章参照。

（3）安岡重明「近畿における封建支配の性格―非領国に関する覚書―」（『ヒストリア』二二、一九五八年六月、のち、安岡『日本封建経済政策史論―経済統制と幕藩体制―』〔有斐閣、一九五九年、のち、一九八五年に晃洋書房より増補新版〕に収録。晃洋書房版では一三〇〜一三二頁）。

（4）朝尾直弘『近世封建社会の基礎構造』（御茶の水書房、一九六七年）第五章「畿内における幕藩制支配」。

（5）高木昭作「幕藩初期の国奉行制について」（『歴史学研究』四三一、一九七六年四月）、同「幕藩初期の身分と国役」（『歴史学研究』一九七六年度大会報告特集号、一九七六年一一月）。両論文ともに、のち、高木『日本近世国家史の研究』〔岩波書店、一九九〇年〕に収録。

（6）藪田貫は、「『摂河支配国』論―日本近世における地域と構成―」（脇田修編著『近世大坂地域の史的分析』〔御茶の水書房、一九八〇年〕、のち、藪田『近世大坂地域の史的研究』〔清文堂出版、二〇〇五年〕に収録）において、大坂町奉行などによる一国または複数国にわたる権限の一つとして幕令の伝達をあげている。しかし、そこで取り上げている触は幕領を対象としたものであり、郡触ではない。

(7) 福島雅蔵「近世後期大和芝村藩の大庄屋支配と触書―宇陀周辺預り領を中心に―」（花園大学文学部史学科編『畿内周辺の地域史像―大和宇陀地方―』花園大学文学部史学科、一九八七年、のち、福島『近世畿内政治支配の諸相』〔和泉書院、二〇〇三年〕に収録）。

(8) 村田路人「用聞の諸機能と近世的支配の特質」（『京都橘女子大学研究紀要』一七、一九九〇年一二月、のち改稿して村田『近世広域支配の研究』〔大阪大学出版会、一九九五年〕に収録）、岩城卓二「大坂町奉行所と用達」（『日本史研究』三四九、一九九一年九月）、同「近世村落の展開と支配構造―支配国における用達を中心に―」（『日本史研究』三五五、一九九二年三月）。岩城の両論文は、のち、岩城『近世畿内・近国支配の構造』（柏書房、二〇〇六年）に収録。

(9) 大宮守友「奈良奉行の触伝達について」（奈良県高等学校教科等研究会歴史部会『紀要』二八、一九九一年三月、のち、大宮『近世の畿内と奈良奉行』〔清文堂出版、二〇〇九年〕に収録）。

(10) 前掲注(3)安岡『日本封建経済政策史論』増補新版一三〇〜一三一頁。

(11) なお、近江国では、京都町奉行が郡触を出す場合、大津代官や大津代官役所が各郡に郡触を出してその伝達を命ずるという形をとるのが一般的であった。滋賀県下の自治体史の史料編には、代官郡触を収録したものがある。たとえば、山東町史編さん委員会編『山東町史』史料編（滋賀県坂田郡山東町、一九八六年）収録の近江国坂田郡柏原村享保十四年（一七二九）〜同二十年「諸事留書帳」、同村元文六年（一七四一）〜寛保三年（一七四三）「万留牒」には、代官郡触がいくつか写されている（同書八七八〜九六六頁）。

(12) 承応三年（一六五四）八月、老中から大坂城代・大坂定番に与えられた一一カ条の「定」（「武家厳制録」四六、石井良助編『近世法制史料叢書第三　武家厳制録・庁政談』創文社、一九五九年）の第七条に、「摂州・河州万事仕置之儀、如有来曽我丹波守・松平隼人正可申付之、和泉国ハ石川《（河）》土佐守可申付事」とある。曽我と松平はともに大坂町奉行、石川（石河）は堺奉行である。この史料から、本書では一国あるいは複数国全体に対する諸々の権限（これは広域触伝達権をはじめとする広域支配に関わる権限のみに留まらない）を「万事仕置権」、「万事仕置権」を付与された遠国奉行の支配権行使の対象とされた国を「万事仕置国」と呼ぶことにする（以下、これらの用語を使用する際には「　」は付さない）。なお、これを「支配国」ということも可能であるが、「支配国」はその国全体にわたる裁判権もあわせて付与された場合に与えられる呼称と筆者は理解している。

(13) 熊谷光子は、「近世黒鳥村の山論・水論」（『旧和泉郡黒鳥村関係古文書調査報告書─現状記録の方法による─』和泉市教育委員会、一九九五年）で、和泉国の村で発生した山論・水論の裁判のために派遣された代官検使について若干触れている。これは、上方八カ国代官が広域支配を担っていた一例であり、貴重な視点である。

(14) 摂津国住吉郡平野郷町杭全神社所蔵文書。ここでは大阪市史編纂所所蔵の写真版を利用した。

(15)『日本歴史地名大系28　大阪府の地名』（平凡社、一九八六年）の「平野郷町」の項。同書六五四頁。

(16) 前掲注(15)『日本歴史地名大系28　大阪府の地名』の「欠郡」の項。同書九三〜九四頁。

(17) 森杉夫「堺廻り農村の御用留帳（三）」（『堺研究』二〇、一九八九年三月）一一〇〜一一四頁。

(18) 十八条村藻井家文書。

(19) 大坂町奉行所の職務マニュアルというべき「町奉行所旧記」一（大阪市史編纂所所蔵の写本）の「地方之公事訴訟大坂御支配ニ成候書留」の項にこの申渡が収録されている。『大阪市史史料第四十一輯　大坂町奉行所旧記（上）』（大阪市史料調査会、一九九四年六月）二一〜二五頁にその翻刻が掲載されている。なお、本書第四部第三章参照。

(20) 享保二十年（一七三五）「摂津国石高調」（『関西学院史学』三、一九五五年六月）、『新訂寛政重修諸家譜』第十（続群書類従完成会、一九六五年）二八七〜二八九頁。

(21) 翌享保七年九月、京都町奉行の命により、住吉郡各村は村高を書き上げた「摂津国住吉・闕郡高附帳」を提出したが、七道の村高を報告したのは「高槻永井飛騨守知行所」の庄屋助左衛門、年寄甚兵衛、同市兵衛、「住吉社領」の庄屋庄右衛門、年寄長右衛門であった（平野郷町享保七年「覚帳」による）。

(22) 苅田村と七道については、七道住吉社領への伝達という問題が残っているが、分析の手がかりがなく、言及することができない。後考に俟つことにしたい。

(23) この触の宛名は「摂州住吉郡村〻寺社中」で、末尾の文言も「此触状順〻相廻シ、触留之方ら自分不及持参大坂番所へ可被指出候、以上」とあるように、敬意表現を含んだものとなっている。その意味では、通常の「摂劦住吉郡村〻庄屋・年寄・寺社中」宛のものとは異なるが、各村からそれぞれの村に存在する寺社に触状を伝えさせるという形を想定しており、通常の郡触と同じく、村役人が触承知文言を記すという形をとった。

(24) 前掲注(15)『日本歴史地名大系28　大阪府の地名』の「喜連村」の項。同書六六〇頁。

(25) 一度目については史料2参照。二度目については、前掲注(17)森「堺廻り農村の御用留帳（三）」一一三頁。

(26) 宝永元年（一七〇四）〜享保十二年（一七二七）摂津国豊嶋郡瀬川村「日記」（大阪府箕面市瀬川自治会所蔵瀬川村文書）。なお、この史料は、『箕面市史』史料編五（箕面市、一九七二年）二一頁にも掲載されている。

(27) 前掲注(26)『箕面市史』史料編五では三九頁。

(28) 代官によっては、同一郡のうちに複数の支配村を有していることがあった。むしろそのケースの方が多かったであろう。その場合は、代官は郡触を触れ出すごとに回達第一村を変更してもよかったが、あえてそのようなことをする必要もなかったと思われる。

(29) 史料5による限り、このときは代官郡触は出されず、嶋田村庄屋・年寄に対する口頭説明だけで済まされた可能性もあるが、「右御触状・御帳面箱幷嶋田村庄屋中ら添状壱通」の「御触状」が代官郡触に該当すると思われる。

(30) 森杉夫「堺廻り農村の御用留帳（二）」（『堺研究』一九、一九八八年三月）一二一頁。

(31) 前掲注(8)村田『近世広域支配の研究』第一部第三章「国役普請制度の展開」。初出は村田「摂河における国役普請体制の展開」（脇田修編著『近世大坂地域の史的分析』御茶の水書房、一九八〇年）および村田「摂河国役普請制度の再検討」（大阪市史編纂所編『大阪の歴史』四一、一九九四年三月）。

(32) 享保七年九月に、勘定奉行および勘定吟味役が畿内に所領を有する諸領主に出したと考えられる「覚」では、国役普請の対象となる河川は、桂川・木津川・賀茂川・宇治川・淀川・神崎川・中津川・大和川の八川となっている（平野郷帳享保七年「覚帳」）。詳しい事情は不明であるが、このあと、賀茂川と石川の入れ替えが行われた。

(33) 河内国交野郡野村小原家文書（枚方市教育委員会文化財課市史資料室所蔵）。なお、この史料は、注(34)の史料などとともに、「享保七年寅九月十九日　京都町奉行所ゟ相廻り候触書留」と上書された包紙に包まれている。
(34) 野村小原家文書。
(35)「享保七歳寅之十月廿一日　京都町御奉行所御触状之留」（野村小原家文書）。
(36) 享保十四年「従御公儀様御廻状之写」（十八条村藻井家文書）。
(37) 畿内近国に課されていた各種の幕府広域役については、前掲注(8)村田『近世広域支配の研究』第一部第二章「大坂城・蔵修復役と支配の枠組み」。初出は村田「近世畿内の幕府広域役―大坂城・蔵修復役を中心に―」（『京都橘女子大学研究紀要』二〇、一九九三年一二月）。
(38) 享保七年以降の和泉・播磨両国における大坂町奉行郡触伝達に関して若干述べておく。和泉国については、同七年十一月二十九日付で、大坂町奉行鈴木利雄・同北条氏英が和泉国泉郡に二通の郡触を出している。一つは、近江国湖水掘り抜き見分のために派遣された井沢弥惣兵衛・千種清右衛門に便宜を図るよう命じたもの、いま一つは、これまで京都町奉行において裁許していた和泉国における地方についての公事訴訟は、今後大坂町奉行にて裁許することになった旨（これが、いわゆる享保の国分けである）を知らせたものである（『奥田家文書』四〔大阪府同和事業促進協議会・大阪部落解放研究所、一九七一年〕一三六～一三七頁）。播磨国については、いつから大坂町奉行郡触が出されるようになったのかについては未検討である。
(39)「天和弐年・同三年朝鮮人来朝ニ付留書・入用書、当卯三月ゟ大坂御番所様ゟ御触状之留書」（摂津国嶋上郡高浜村西田家文書〔関西大学図書館所蔵〕）。
(40) 元禄十一年七月～十二月「日記下」（国立公文書館内閣文庫所蔵）。
(41) 享保九年（一七二四）閏四月、大坂町奉行松平勘敬および同鈴木利雄が河内国古市郡村々庄屋・年寄に宛てて、前年に行われた国役普請の国役銀の納入を命じる郡触を出したことが、河内国古市郡駒ヶ谷村宝永五年（一七〇八）～享保十五年（一七三〇）「大坂御番所従御触状留帳」（前掲注(2)河内国古市郡駒ヶ谷村真銅家文書）に見えている。

(42) 延享五年（寛延元年、一七四八）の朝鮮人来朝・帰国の際の寄人馬賃銀の割賦は、寛延三年（一七五〇）十一月に大坂町奉行小浜隆品、同中山時庸が行っている（摂津国西成郡江口乃里文書〔大阪市史編纂所所蔵の写真版を利用〕による）。
(43) 平野郷帳享保六年「覚帳」。
(44) 平野郷帳享保十年「覚帳」。
(45) 享保十五年「従御公儀様御廻状之写」（十八条村藻井家文書）。
(46) 大石慎三郎『享保改革の経済政策』（御茶の水書房、一九六一年）第三章「享保改革における地方支配機構の整備について」。

第二章　郡触の伝達論理と支配地域

はじめに

近世の畿内近国地域では、幕領・私領の別なく一郡内の全村を対象に、回達方式により伝達されるという形式の触が存在した。筆者はこのような触を郡触と呼んでいる。畿内近国では、それぞれの領主による支配、すなわち個別領主支配に加え、大坂町奉行・京都町奉行などの遠国奉行や幕府代官、あるいは幕府から土砂留（砂防）に関わる権限を委ねられた土砂留担当大名などによる、幕領・私領の別を超えた支配、すなわち広域支配が展開していた。本書序章で述べたように、広域支配には、村・町や同業者仲間、あるいは寺社などに対するもの（広域支配A）と、当該の国や郡に所領を有する個別領主に対するもの（広域支配B）の二種があったが、郡触の発給・伝達は、広域支配Aの代表的な例といってよい。

郡触は、個別領主が自己の所領内に出す触とは異なり、広域支配機関が個別領主の所領内の村に直接触れるものである。回達第一村への郡触の伝達は、広域支配機関が郡触伝達対象地域に対する広域支配権を有してさえいれば可能であったのか。それとも、他の何らかの論理をあわせ用いなければ郡触を回達第一村にもたらすことはできなかったのか。もしそうだとすれば、その論理とは何だったのか。

また、回達第一村にもたらされた郡触は、そのあと、回達第二村、回達第三村、…と順次回達されていったが、この伝達のあり方に対し、地域の側はどのように関わっていたのか。

前章で述べたように、郡触については一定の研究蓄積があるが、これらの点は明らかになっていない。本章では、このような問題点を克服するため、まず諸種の郡触の全体像の把握に努め、次いで、郡触伝達ルートの実態および郡触伝達に対する地域の関わり、そして郡触の伝達論理について検討することにする。これらの作業を通して、畿内近国地域における広域支配実現の特質を明らかにしたい。分析の対象とする地域は摂津国住吉郡、対象時期は貞享五年（元禄元年、一六八八）から享保二十年（一七三五）までの五〇年足らずの期間とする。

なお、ここでいう触とは、為政者や為政者の意を受けた者が被支配者に対して発給する下達文書のうち、差紙など、特定の人物や村のみに宛てたものを除く文書としておく（第三部第一章参照）。「為政者の意を受けた者」とは、本章で取り上げる郡触についていえば、庄屋や支配の請負を業とする商人、すなわち用聞（用達ともいう）を指す。このような立場の者が発給する文書を触とすることには異論もあるだろうが、ここでは、触発給者の階級・身分よりも、支配の代行という、その実質的な機能に着目し、触の定義づけを行っている。

また、本章では郡触が伝達される地域が、どのように郡触伝達に関わっていたのかをも問題にすると述べたが、この「地域」とは、具体的には郡触発給者の郡触伝達権が及ぶ地理的範囲の全体、あるいはその一つの単位ということになる。ここでは、このような、ある支配権の及ぶ地理的範囲を支配地域と呼ぶことにする。章題を「郡触の伝達論理と支配地域」としたのは、そのような認識に基づく。

利用史料については、前章と同じく、ここでも摂津国住吉郡平野郷町（一八世紀初頭までは平野庄といわれた）で毎年作成された「覚帳」類を主に用いる。御用留というべき「覚帳」には、住吉郡の村々に回達された郡触の文言や触状の授受に関する情報が記されているが、触状授受情報については、通常の触留帳と異なり、平野郷町に至るまでの郡触の全回達ルートが記されている場合が多い。加えて、平野郷町は、回達ルート上の位置としては回達最終村近くであることが多かったことから、「覚帳」は、伝達ルートを検討する上できわめて好都合な史料といえる。本章では、宝永元（一七〇四）・三・五年、享保四（一七一九）～八年、同十・十一・十三年、同十五～十八年、同二十年の各年の「覚帳」（一六冊）、および「覚帳」とほぼ同性格のものである貞享五年（一六八八）五月～元禄四年（一六九一）二月「今井九右衛門様御下知幷諸支書上留帳」（一冊）[1]を主に利用し、検討を進めていきたい。つまり、貞享五年～享保二十年の四八カ年度のうちの二〇カ年度分（ただし、貞享五年度は五～十二月、元禄四年度は正～二月）について分析を行うということになる。

第一節　摂津国住吉郡に伝達された諸種の郡触

まず、本章で検討の対象とする摂津国住吉郡について、その概要を記しておきたい。表1は、宝永五年（一七〇八）、享保七年（一七二二）、同十六年における住吉郡の構成村と、それぞれの村の領主名を記したものである。また、図1は、構成村を地図の形に表したものである。住吉郡は大坂の南に位置する郡で、大坂城を中心として半径五キロメートルから一二キロメートルの範囲内におさまる。大坂に直接接しているわけではないが、大坂近隣郡といってよい。

住吉郡の構成村は、享保十六年段階で三四カ村を数えた。そのうち、庭井新田・花田新田・富田新田・万屋新田は後発の村で、郡触の宛名としては、それぞれ享保六年、同七年、同十年、同十三年の「覚帳」に初めて登場する。表1に明らかなように、住吉郡では、いずれの年も幕領が大半を占めているが、これは、大坂にごく近い

表1　摂津国住吉郡村々の領主（18世紀初期）

村名	宝永5年（1708）4月	享保7年（1722）9月	享保16年（1731）6月
住吉	雨宮庄九郎（代） 長谷川六兵衛（代）	久下藤十郎（代）・住吉社	久下藤十郎（代）・住吉社
沢口	住吉社	住吉社	住吉社
嶋	長谷川六兵衛（代）	（不明）	（不明）
遠里小野	中根正包（預）・今井七九郎 住吉社	久下藤十郎（代）・今井彦次郎 住吉社	久下藤十郎（代）・今井帯刀 住吉社
浅香山	（不明）	久下藤十郎（代）	久下藤十郎（代）
大豆塚	中根正包（預）・今井七九郎	久下藤十郎（代）・今井彦次郎	久下藤十郎（代）・今井帯刀
奥	中根正包（預）	久下藤十郎（代）	久下藤十郎（代）
船堂	中根正包（預）	久下藤十郎（代）	久下藤十郎（代）
北花田	今井七九郎	今井彦次郎	今井帯刀
花田新田	―――	久下藤十郎（代）	久下藤十郎（代）
杉本	雨宮庄九郎（代）	久下藤十郎（代）	久下藤十郎（代）
山之内	中根正包（預）	久下藤十郎（代）	久下藤十郎（代）
我孫子	石原新左衛門（代）	久下藤十郎（代）	久下藤十郎（代）
庭井	中根正包（預）	久下藤十郎（代）	久下藤十郎（代）
庭井新田	（不明）	久下藤十郎（代）	（不明）
苅田	永井直英（高槻藩） 万年長十郎（代）	永井直期（高槻藩） 久下藤十郎（代）	永井直期（高槻藩） 久下藤十郎（代）
七道	永井直英（高槻藩）	永井直期（高槻藩）・住吉社	永井直期（高槻藩）・住吉社
前堀	石原新左衛門（代）	久下藤十郎（代）	久下藤十郎（代）
堀	石原新左衛門（代）	本多忠良（下総国古河藩）	本多忠良（下総国古河藩）
寺岡	雨宮庄九郎（代）	久下藤十郎（代）	久下藤十郎（代）
猿山新田	雨宮庄九郎（代）	久下藤十郎（代）	久下藤十郎（代）
松原新田	雨宮庄九郎（代）	久下藤十郎（代）	久下藤十郎（代）
鷹合	雨宮庄九郎（代）	久下藤十郎（代）	久下藤十郎（代）
砂子	（不明）	久下藤十郎（代）	久下藤十郎（代）
南田辺	（不明）	久下藤十郎（代）	久下藤十郎（代）
北田辺	（不明）	久下藤十郎（代）	久下藤十郎（代）
湯屋嶋	高台寺・小堀仁右衛門（代）	高台寺・久下藤十郎（代）	高台寺・久下藤十郎（代）
西喜連	中根正包（預）	本多忠良（下総国古河藩）	本多忠良（下総国古河藩）
中喜連	小堀仁右衛門（代）	久下藤十郎（代）	久下藤十郎（代）
東喜連	中根正包（預）	本多忠良（下総国古河藩）	本多忠良（下総国古河藩）
平野郷	松平輝貞（上野国高崎藩）	本多忠良（下総国古河藩）	本多忠良（下総国古河藩）
桑津	（不明）	久下藤十郎（代）・妙国寺	久下藤十郎（代）・妙国寺
富田新田	―――	―――	久下藤十郎（代）
万屋新田	―――	―――	久下藤十郎（代）

（注）（代）は代官、（預）は預所の預かり主で、宝永5年段階では京都町奉行（中根正包）の預かり。今井七九郎・同彦次郎・同帯刀は旗本で、彦次郎と帯刀は同一人物。各年の摂津国住吉郡平野郷町「覚帳」より作成。

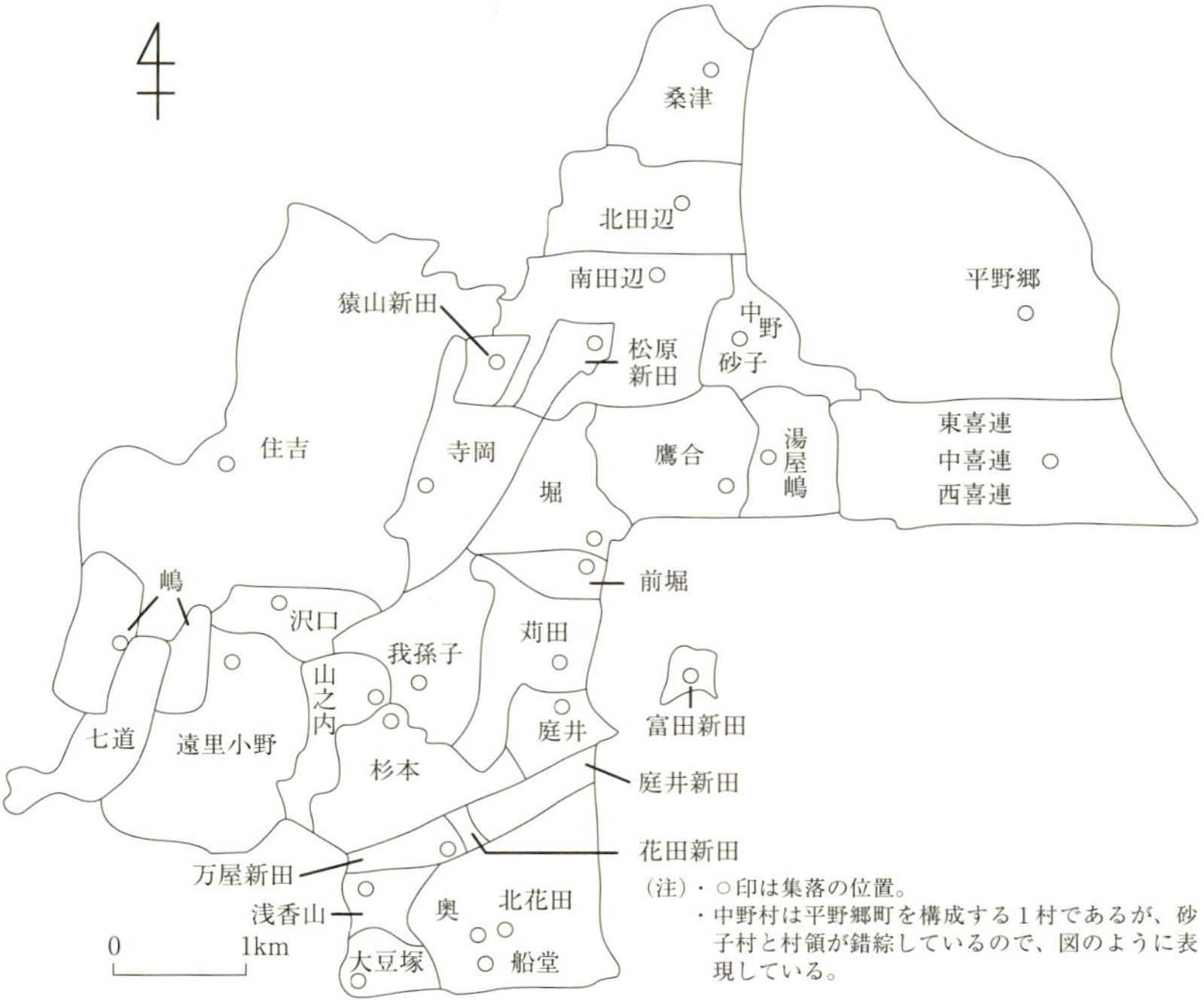

図１　摂津国住吉郡図

地域の特徴を示すものである。ただ、幕領村々の支配も時期的変化があり、宝永五年段階では五名の代官と京都町奉行（中根正包）によって支配されていたが、享保七年および同十六年には、すべて代官久下藤十郎の代官所となっている。

さて、前述のように、畿内近国では、個別領主支配と広域支配という、二種の支配が展開していたが、触もそれぞれの支配に応じて二種存在していた。ここでは、前者に対応する触を領分触、後者に対応する触を広域触と呼んでおく。広域触については、広域支配Aに対応するものを広域触A、広域支配Bに対応するものを広域触Bとしておく。

領分触は、個別領主支配権に基づき、それぞれの領主がその所領に対して出す触である。領主が幕府である幕領は、代官所と預所に分けられるが、代官所においては、当該の代官がその代官所を対象に出す触、預所においては、預大名などがその預所を対象に出す触が領分触ということになる。幕領・私領に限らず、領分触は所領内に設定された支配の単位ごとに回されることが多かった。

一方、広域触のうち広域触Aは、幕領・私領の別なく、一定の地理的範囲を対象とする触である。これは、郡を対象に出されるもの、郡以外の特定の地域を対象に出されるもの、同業者仲間や寺社を対象に出されるものの三つに分けることができる。最初のものを郡触と名付けたことは前述したが、後二者については、それぞれ特定地域触、特定機関・団体触と名付けておく。特定地域触は、主として大坂城代や大坂町奉行の巡見に際し、関係地域に出されるものである。また、広域触Bについては、発給例は少ないが、一例をあげるならば、承応二年（一六五三）六月、国役普請を行うにあたり、大坂町奉行が摂津国あるいは河内国の大河川沿岸に所領を有する領主たちに対し、雑掌または代官を堤奉行宅に行かせるよう命じた触がそれに該当する[2]。

触をこのように分類した上で、郡触について見ていこう。「はじめに」で紹介した「今井九右衛門様御下知并諸支書上留帳」と一六冊の「覚帳」の記載から見出すことのできる郡触は九八例である。この九八例のうちには、二つまたは三つの触がセットで回された例が一一回あり、実際に回された総回数は八六回である。表2は、この九八例について、発給年月日、発給者名、内容、回達ルートを記したものである。なお、回達された郡触のすべてがこれらの帳面に書き写されているのかどうかという問題はあるが（本書第三部第一章参照）、書き写されなかったものがあったとしても、その数はわずかなものと思われる。以下の分析は、とりあえず九八という数字を前提に進めていくことにする。

さて、貞享五年（元禄元年、一六八八）から享保二十年（一七三五）までのうちの二〇カ年度において住吉郡に

表2　元禄～享保期の郡触（摂津国住吉郡平野郷町）

日付	発給者名	内容	触順等
貞享5（1688）9. 11	小田切直利・能勢頼寛	◆殺人者指名手配	東喜連→平野庄→桑津（欠郡宛）
9. 18	小田切直利・能勢頼寛	山中以外での鉄砲打ち	阿部野→平野庄→西喜連（欠郡宛）
10. 13	小田切直利・能勢頼寛	◇年号改元	東喜連→平野庄→田嶋（欠郡宛）
元禄2（1689）5. 15	※平野庄庄屋	大坂町奉行与力見分	平野庄→西喜連→
5. 27	※平野庄庄屋	川掛かり村役高調べ	平野庄→東喜連→
10. 9	能勢頼寛	◆献上箱等の規制	東喜連→平野庄→砂子（欠郡宛）
3（1690）9. 4	小田切直利	山中以外での鉄砲打ち	天王寺→平野庄→西喜連（欠郡宛）
11. 2	小田切直利	◆捨子制禁	平野庄→桑津（触順決定、住吉郡宛）
宝永元（1704）2. 29	松野助義	◆諸事倹約・生類憐れみ等	東喜連→平野郷→桑津
8. 28	太田好敬	◆酒造制限	（記載なし）
9. 7	太田好敬	山中以外での鉄砲打ち	東喜連→平野郷→桑津
3（1706）2. 3	大久保忠香・太田好敬	◆古金銀引替	東喜連→平野郷→桑津
6. 18	大久保忠香・太田好敬	◆古銀・新銀通用	東喜連→平野郷→桑津
9. 3	大久保忠香	山中以外での鉄砲打ち	東喜連→平野郷→桑津
9. 13	大久保忠香	◆酒造制限	東喜連→平野郷（住吉～東喜連30村）
5（1708）閏正. 16	※大黒屋七兵衛	大坂新地開発入札	平野郷→桑津
2. 3	※大黒屋七兵衛	新町屋取り立て入札・大坂新地開発入札	住吉→…→桑津→平野郷→東喜連
2. 11	大久保忠香・太田好敬	◆大銭発行	住吉→…→東喜連→平野郷→桑津
2. 25	※大黒屋七兵衛	◇酒造制限	住吉→…→東喜連→平野郷→桑津
3. 23	※大黒屋七兵衛	神崎川・中津川新田開発入札	住吉→…→東喜連→平野郷→桑津
4. 28	大久保忠香・太田好敬	浪人指名手配	住吉→…→東喜連→平野郷→桑津
5. 25	※大黒屋七兵衛	摂津・河内諸川筋新田開発入札	住吉→…→東喜連→平野郷→桑津
9. 3	大久保忠香・太田好敬	山中以外での鉄砲打ち	住吉→…→中喜連→平野郷→桑津
10. 19	大久保忠香・太田好敬	◆酒造制限	住吉→…→桑津→平野郷→西喜連
10. 晦日	大久保忠香・太田好敬	◆生類憐れみ・馬愛護	住吉→不明→東喜連→平野郷→桑津
享保4（1719）8. 18	北条氏英・鈴木利雄	◆博奕禁止	住吉→…→北田辺→平野郷
5（1720）正.	※諏訪頼篤・山口直重	朝鮮人来朝国役高調べ	遠里小野→不明→北田辺→平野郷→東喜連（住吉・欠郡宛）

享保６(1721)	┌3.	※諏訪頼篤・河野通重	◆朝鮮人来朝国役割賦	船堂→…→東喜連→平野郷→桑津(住吉・欠郡宛)
	└4.7	※鈴木九太夫	上の触の回達を命ず	
	┌4.	※諏訪頼篤・河野通重	朝鮮人来朝国役割賦	船堂→…→桑津→平野郷→西喜連
	4.	※諏訪頼篤・河野通重	御朱印寺社領石高調べ	
	└4.16	※鈴木九太夫	上の２つの触の回達を命ず	
	7.5	鈴木利雄・北条氏英	◆主殺し下人指名手配	住吉→…→東喜連→平野郷
	7.26	鈴木利雄・北条氏英	◆主殺し下人召し捕り	住吉→不明→西喜連→平野郷→桑津（第２村～西喜連24村）
	8.5	鈴木利雄・北条氏英	寺社富札	住吉→…→中喜連→平野郷
	8.28	鈴木利雄・北条氏英	◇寺社領田畑・人数調べ	住吉→…→中喜連→平野郷→桑津（住吉郡村々寺社中宛）
	9.5	北条氏英・鈴木利雄	寺社領田畑・人数調べ	住吉→不明→西喜連→平野郷（住吉郡村々寺社中宛、住吉～西喜連21村）
7(1722)	2.8	北条氏英・鈴木利雄	◆新国史等書籍調査	住吉→…→東喜連→平野郷→桑津
	2.27	北条氏英・鈴木利雄	◆書籍調査につき訂正	住吉→…→東喜連→平野郷→桑津
	9.12	※河野通重・諏訪頼篤	国役普請役高調べ（２通ヵ）	遠里小野→…→西喜連→平野郷、返却（住吉・欠郡宛）
	11.8	鈴木利雄・北条氏英	近江国湖水掘抜役人派遣	住吉→…→東喜連→平野郷→桑津
	┌11.	※河野通重・諏訪頼篤	寺社領国役普請役納入	順序不明、日付のみ判明、西喜連→平野郷（住吉・欠郡宛）
	└11.	※河野通重・諏訪頼篤	国役普請役割賦	
	11.29	鈴木利雄・北条氏英	論所裁判管轄変更(国分け令)	住吉→…→東喜連→平野郷→桑津
8(1723)	3.18	鈴木利雄・北条氏英	◆切れ疵ある小判の通用	住吉→…→東喜連→平野郷→桑津
	7.15	鈴木利雄・北条氏英	◆指名手配者捜索	住吉→不明→東喜連→平野郷(住吉～東喜連31村)
	8.5	鈴木利雄・北条氏英	◆指名手配者召し捕り	住吉→不明→東喜連→平野郷
	9.11	北条氏英・鈴木利雄	◆質流地禁止令撤回	住吉→不明→東喜連→平野郷(住吉～東喜連28村)
	12.	鈴木利雄・北条氏英	国役普請役高調べ	住吉→…→東喜連→平野郷
10(1725)	2.6	松平勘敬・鈴木利雄	御仕置者等調査	住吉→…→東喜連→平野郷→桑津
	5.4	鈴木利雄・松平勘敬	国役普請役高調べ	住吉→…→東喜連→平野郷

5. 29	鈴木利雄・松平勘敬	◇犬調査	住吉→…→七道→平野郷→東喜連
┌8.	松平勘敬・鈴木利雄	寺社領国役普請役納入	順序不明、日付のみ判明、平野郷→桑津
└8. 4	松平勘敬・鈴木利雄	国役普請役割賦	
9. 28	鈴木利雄・松平勘敬	◆興福寺伽藍造立勧化	住吉→…→東喜連→平野郷→桑津
10. 16	松平勘敬・鈴木利雄	◆大判吹き直し	住吉→…→東喜連→平野郷→桑津
享保11(1726)正. 11	鈴木利雄・松平勘敬	◆出雲大社造営勧化	住吉→…→東喜連→平野郷→桑津
3. 16	松平勘敬・鈴木利雄	国役普請役高調べ	住吉→…→東喜連→平野郷
┌5.	松平勘敬・鈴木利雄	寺社領国役普請役納入	順序不明、日付のみ判明、東喜連→平野郷→桑津
└5.	松平勘敬・鈴木利雄	国役普請役割賦	
8. 2	松平勘敬・鈴木利雄	秤使用についての規制	住吉→…→東喜連→平野郷
11. 13	松平勘敬・鈴木利雄	◆興福寺勧化	住吉→…→東喜連→平野郷→桑津
13(1728) 4. 22	松平勘敬・鈴木利雄	国役普請役高調べ	住吉→…→東喜連→平野郷→桑津
┌(記載なし)	(記載なし)	寺社領国役普請役納入	順序不明、日付のみ判明
└6. 27	松平勘敬・鈴木利雄	国役普請役割賦	
9. 19	鈴木利雄・松平勘敬	◆地神経読・盲目の官位等停止	住吉→…→東喜連→平野郷
15(1730) 2. 4	稲垣種信・松平勘敬	◆乾字金通用	住吉→…→東喜連→平野郷
2.	※久下藤十郎	◆医書『普救類方』売り広め	住吉→…→東喜連→平野郷→桑津
2. 16	稲垣種信・松平勘敬	◆医書『普救類方』売り広め	住吉→…→東喜連→平野郷→桑津
4. 12	稲垣種信・松平勘敬	◆医書『東医宝鑑』売り広め	住吉→…→東喜連→平野郷→桑津
4. 15	稲垣種信・松平勘敬	国役普請役高調べ	住吉→…→東喜連→平野郷→桑津（最終村交代指示）
┌6. 8	稲垣種信・松平勘敬	寺社領国役普請役納入	順序不明、日付のみ判明、平野郷→富田新田（桑津村順位早くなる）
└6. 8	稲垣種信・松平勘敬	国役普請役割賦	
6. 15	稲垣種信・松平勘敬	◆金銀銭札遣い	住吉→…→東喜連→平野郷→富田新田
8. 17	稲垣種信・松平勘敬	◆殺人犯指名手配	住吉→…→東喜連→平野郷→富田新田
10.	松平勘敬・稲垣種信	◆誉田八幡宮修営勧化	住吉→…→東喜連→平野郷
12. 29	松平勘敬・稲垣種信	◆天王寺修補勧化	住吉→…→東喜連→平野郷、返却

享保16(1731) 3. 19	稲垣種信・松平勘敬	国役普請役高調べ	住吉→…→東喜連→平野郷→富田新田
4. 19	松平勘敬・稲垣種信	金銀訴訟・願いの際の心得	住吉→…→東喜連→平野郷→富田新田
┌6.	松平勘敬・稲垣種信	寺社領国役普請役納入	順序不明、日付のみ判明
└6. 6	松平勘敬・稲垣種信	国役普請役割賦	
7. 18	稲垣種信・松平勘敬	◆酒値段	住吉→…→東喜連→平野郷→富田新田
9. 3	稲垣種信・松平勘敬	誉田八幡宮修営勧化	住吉→…→東喜連→平野郷→富田新田
11.	稲垣種信・松平勘敬	◆寺社・山伏年礼定め	住吉→…→東喜連→平野郷→富田新田
17(1732) 3. 21	稲垣種信・松平勘敬	国役普請役高調べ	住吉→…→東喜連→平野郷→富田新田
3. 28	稲垣種信・松平勘敬	秤使用についての規制	住吉→…→東喜連→平野郷
6.	稲垣種信・松平勘敬	象洞・白牛洞売り広め	住吉→…→東喜連→、このあと覚帳脱あり、不明
┌7.	稲垣種信・松平勘敬	寺社領国役普請役納入	順序不明、日付のみ判明、→平野郷→富田新田
└7. 9	稲垣種信・松平勘敬	国役普請役割賦	
18(1733)正. 17	稲垣種信・松平勘敬	春造り酒米売り払い	住吉→…→東喜連→平野郷→富田新田
4. 21	松平勘敬・稲垣種信	国役普請役高調べ	住吉→…→東喜連→平野郷→富田新田
┌8.	稲垣種信・松平勘敬	寺社領国役普請役納入	順序不明、大半日付なし、→平野郷→富田新田
└8.	稲垣種信・松平勘敬	国役普請役割賦	
10. 12	松平勘敬・稲垣種信	京都北野天満宮屋根修復勧化	住吉→…→東喜連→平野郷→富田新田
20(1735)閏3. 8	松平勘敬・稲垣種信	国役普請役高調べ	桑津→北田辺→…→湯屋嶋→砂子→平野郷→東喜連と、大きな変化
┌8.	稲垣種信・松平勘敬	寺社領国役普請役納入	順序不明、日付のみ判明、ただし大きな変化、→東喜連→平野郷
└8.	稲垣種信・松平勘敬	国役普請役割賦	
12.	稲垣種信・松平勘敬	◆米値段および疵金通用	桑津→…→砂子→平野郷

(注)・貞享5～元禄4年平野郷町「今井九右衛門様御下知幷諸事書上留帳」、宝永元・3・5年、享保4～8年、同10・11・13年、同15～18年、同20年の各年の平野郷町「覚帳」による。

・※をつけたもののうち、大黒屋七兵衛は代官雨宮庄九郎の用聞、諏訪頼篤・山口直重・河野通重は京都町奉行、鈴木九太夫・久下藤十郎は代官。[で括ったものは、複数の触がセットで回されたことを示す。※をつけたもの以外はすべて大坂町奉行。◆をつけたものは、江戸触を前文(または別紙)に掲げ、その遵守を命じた触、◇をつけたものは、江戸触を前文には掲げていないが、それをふまえた触。触順の項で、→不明→とあるのは、その部分の触ルートが史料に記されていないことを示す。また、→…→とあるのは、触ルートを省略したことを示す。

回された郡触は、発給主体によって、大坂町奉行郡触、京都町奉行郡触、代官郡触、用聞郡触、庄屋郡触の五つに分類することができる。このうち、京都町奉行郡触は代官郡触とセットで回された。まず、大坂町奉行郡触の具体例をあげておこう。

（史料１）

札遣御触書留

但、上書ニ、摂州住吉郡村々　庄屋
年寄
寺社家

金銀銭札遣有之所ゝ先年札遣相止候得共、向後者前ゝ札遣仕来候所ゝハ勝手次第ニ可仕候
但、札遣致候ハヽ、御勘定奉行へ可被達候
右之趣可被相触候、以上
戌六月
右之通従　江戸被　仰下候付、触知せ候、庄屋・年寄・寺社家承届候段致判形、郡切村次順ゝ相廻、触留ゟ大坂番所へ可持参者也
享保十五年
戌六月十五日　（稲垣種信）淡路印
（松平勘敬）日向印

摂州住吉郡村ゝ
庄屋

年寄
寺社家

御触状之趣奉得其意候、以上
六月十五日 住吉村印　六月十五日 沢口村印　藤十郎様下 遠里小野村印　帯刀様御下 遠里小野村印　社領 遠里小野村印　十六日 浅香山印
（二五カ村略）　十八日 中喜連村印　十八日 西喜連村印　十八日 東喜連村印

御触状之趣奉得其意候、以上

六月十八日

本多中務太輔殿御知行所
摂州住吉郡平野郷町
惣年寄 伝左衛門
同 甚十郎

右御触書ニ桑津村ハ名印有之ニ付触残り之村見合候所、富田新田残り有之候故、富田新田へ持せ遣ス

これは、それまで禁止していた金銀銭札の使用をふたたび認めた幕府中央の触（「金銀銭札遣」から「戌六月」までの部分）を、大坂町奉行稲垣種信・同松平勘敬が中継して、住吉郡村々庄屋・年寄・寺社家に触れたものである。この郡触は、住吉村を回達第一村として順次郡内の村々に回達され、東喜連村から平野郷町にもたらされたあと、平野郷町から富田新田に回された。触を受け取った各村では、「御触状之趣奉得其意候、以上」という文言および日付とともに、村役人が署名・捺印して次村に回した。ここには、平野郷町が郡触を受け取った際の記載の例が示されている。

相給村の場合は、遠里小野村の例に示されているように、知行村ごとに回された。また、史料の記載様式から察せられるように、触には具体的な村名が、あらかじめ記されていたわけではなかった。

代官郡触は、京都町奉行郡触の回達を命じたものと、勘定奉行の触の回達を命じたものの二種があった。前者を代官郡触a、後者を代官郡触bとしておく。代官郡触aに関しては、前章で検討したところであるが、京都町奉行の支配下にあった上方八カ国代官のうちの何人かが、それぞれ一郡または複数郡を担当し、京都町奉行が役賦課権を有していた国役（正徳～享保期の朝鮮人来朝に伴う国役と、享保七年の国役普請役）賦課に関する同奉行の郡触の回達を命じたものが中心である。これは、摂津・河内・和泉三カ国には郡触発給・伝達権を有しながらも、そのための実際的な手立てを有していなかった同奉行が、これらの国々に対して国役賦課を実現するために採用した触伝達形式である。いわば、国役賦課権およびそれに付随する触伝達権の及ぶ範囲と、触伝達権が実質的に及ぶ範囲のズレを解消するための工夫の一つであった。

代官郡触bは、享保十五年二月付で久下藤十郎が発したものが、一例見出されるにすぎない。次の史料2がそれである。

（史料2）

（医書『普救類方』売り広めについての享保十五年正月十八日付勘定奉行松波正春・同稲生正武・同筧正鋪・同駒木根政方の触略）

右之通以御書付被　仰渡候ニ付、写相廻し候、村中無残承知可仕候、且又御代官所向寄私領方へも為触知候様ニ被　仰付候間、左之村書之通可令順達候、□寺社領へも此書付相達、村下□早〻順廻、留村ゟ我等御役屋敷江可相返候、以上

戊

二月　久下藤十郎印

住吉郡
住吉村　住吉社領 沢口村　遠里小野　住吉社領 同村　（二五カ村略）　同断（本多中務大夫御知行）平野郷　惣兵衛　二月十六日夜四つ時桑津へ遣ス　桑津　枚本

山之内

右村々庄屋

年寄

右御触状　御役所へ写御披見ニ御入被成候、藤右衛門様御持参、二月十七日吉兵衛

久下は、医書『普救類方』の売り広めについての同年正月十八日付勘定奉行触を掲げた上で、同触の村内への周知と村々への回達を命じ、住吉村以下の三三カ村（相給村は複数扱い）の名前を記している。代官宛と考えられるこの勘定奉行触には、「支配所并向寄之私領」に知らせるよう指示があったため（「向寄」とは最寄りの意）、久下の判断で、郡触という形で触れたものと見られる。

用聞郡触も、かつて用聞の諸機能を分析した際に言及したところである[3]。用聞とは、摂津・河内・和泉・播磨四カ国のうちに所領や代官所を有する領主または代官に抱えられた、「支配の請負人」というべき商人で、彼らの支配（個別領主支配）の一部や大坂町奉行所の支配（広域支配）の一部を請け負っていた。用聞郡触は、大坂町奉行の命により用聞が一郡を対象に触れたものである。当該時期では、宝永五年（一七〇八）だけに集中的に確認できる。一例を示しておこう。

（史料3）

閏正月廿二日雨宮庄九郎様御用聞大坂石町大黒屋七兵へ方ゟ住吉郡村々へ廻り状認、差越候写、東喜

連村ゟ持参、即刻くわつ村へ持せ遣ス

（子閏正月十六日付の大坂京橋片町南側新町屋取り立て入札募集についての触略）

右之通大坂於西御番所ニ御触状私共へ御写させ、用聞方ゟ郡切ニ可申届旨被仰渡候、勿論触留候村ゟ承知仕候との御番所江不及御断之段念を入被仰渡候、尤郡中不残候様ニ御廻シ可被成候、以上

子閏正月十六日

雨宮庄九郎殿

用聞

大坂石町

大黒屋

七兵衛印

摂州住吉郡

村々

御庄屋中

御年寄中

此廻状触留方ゟ私方迄御越可被成候、以上

右之村々御書付被成不残判形可被成候、以上

住吉村印　住吉沢口村印　（二二カ村略）　東喜連村印　平野郷町　源右衛門様印　徳安様印

右廻状即刻くわつ村へ持せ遣ス、夫市仁右衛門（平野市町）

表1にも示されているように、雨宮庄九郎は代官である。その雨宮の用聞大黒屋七兵衛が、大坂町奉行の触を冒頭に掲げ、大坂西町奉行所において、当該の触を用聞から一郡を限って伝達するよう命じられた旨を記している。触の返却については、触留りの村から大坂町奉行所に戻す必要はないと仰せ渡されたと述べ、さらにこの廻状については触留り村から自分のところに戻してほしいと記している。大坂町奉行は、入札を募るような触は、自身の名前で触れるようなものではないと考えていたのであろう。なお、平野郷町では、大坂町奉行郡触を「御触状」と記している（史料1）のに対し、用聞郡触については、史料3にあるように、これを「廻り状」「廻状」と記している。

庄屋郡触は、元禄二年（一六八九）五月に二度触れられたことが確認できるだけである。当時、住吉郡の土砂留を担当していた岸和田藩岡部氏の担当役人（土砂留役人）の意を受け、平野庄（平野郷町）庄屋が住吉郡村々に触れたものである。ここでは同年五月十五日付のものを紹介する。

（史料4）

一大坂御与力衆川御見分ニ御出被成候日限者知れ不申候、何時ニても御見分ニ御出被成候節御案内申様ニと被仰候ハヽ、尤御引手可被申候、若住吉郡之内岡部内膳様御支配之場所ニ御普請所在之哉と御尋被成候ハヽ、御普請所者無之候間、其通可申上候事

右之通住吉郡村〻不残呼寄可申渡候得共難義ニ可被存候間、触状ニ認、住吉郡之分へ平野庄ゟ相廻シ候様ニと、岡部内膳様御内紅杢藤左衛門様・近藤所左衛門様昨日此地へ御出被成被仰付候故、触送り申候間、其御心得可被成候、此触状御披見之上、村書之下ニ印判被成、巡〻御廻シ、留り之村ゟ此方へ御返シ可被下候、

以上

巳（元禄二年）五月十五日

平野庄庄や　伊右衛門印

久左衛門印

東喜連村　中喜連村　西喜連村　湯屋嶋村　鷹合村　堀村　苅田村　庭井村　北花田村

船堂村（後筆）「前堀村」　奥村　大豆塚村　我孫子村　杁本村　山内村　浅香山村　七道村　嶋村　遠

里小野村　沢口村　住吉村　寺岡村　砂子村　南田辺村　北田辺村　桑津村

住吉郡村ゝ覚候分荒増書付申候、定而書落候村ゝも可有之と存候間、書落申候ハヽ、御吟味被成、御書添

被成、住吉郡之分へ不残廻り候様ニ可被成候、以上

右者巳五月十四日、紅杢藤左衛門様・近藤所左衛門様御両人桑津村御通り、夫ゟ北田部（辺）村西口ニて懸御目候上ニ、右之通平野庄ゟ申遣候様ニ被仰付候故、如此書認、相廻シ申候、則右之役人衆ニ立合候ハ、伊右衛門・小左衛門・重兵へ、西喜連村重右衛門へ右触状指遣、則請取取置候、以上

冒頭の一つ書の部分は土砂留役人の言葉で、大坂町奉行所の土砂留担当与力の見分にあたっての注意事項を述べたものである。一つ書のあとの「右之通」以下の部分によれば、本来であれば、岸和田藩土砂留役人が住吉郡村々の村役人を呼び寄せて注意事項を申し渡すべきところであったが、五月十四日に土砂留役人二名が住吉郡を訪れ、注意事項を触状に記して平野庄から住吉郡村々に回達するよう同庄に命じたという。

以上、五種の郡触の概要を述べた。九八例の郡触のうち、圧倒的な多数を占めるのは大坂町奉行郡触で、八一例を数える。次いで多いのは京都町奉行郡触の七例で、両者を合わせると八八例となる。残りの一〇例のうち、代官郡触aは二例（享保六年四月七日付および同年四月十六日付）、代官郡触bは一例（享保十五年二月付）、用聞郡触

なっている。

次に、郡触の発給頻度や内容に関わる事柄についても触れておこう。まず、発給頻度については、「今井九右衛門様御下知幷諸支書上留帳」の各年の記載のうち、一年間を通したものとなっていない貞享五年度分および元禄四年度分を除くと、年間の回達数は、少ない年で一回、多い年で一〇回となっており、さほど頻繁に出されたというわけではなかった。

内容面については、幕府中央で出された、幕府の全国支配に関わる触（ここでは、このような触を江戸触と呼んでおく）をそのまま中継するか、あるいはそれをふまえて出されたものが、九八例中四一例を占めている。残り五七例は、いずれもそれぞれの発給者の支配地域限りのものである。その内訳は、大坂町奉行または京都町奉行が出したものが五三例、代官が京都町奉行の郡触を回すために出したものが二例、庄屋が出したものが二例となっている。最後の庄屋によるものは、住吉郡村々だけに出された。

五七例のうち、最も多数を占めるのは国役普請役に関する郡触で、享保七年（一七二二）以降、毎年必ず出されている。かつて明らかにしたように(4)、同年に国役普請制度に変更が加えられ、摂津・河内両国の幕領・私領から一〇〇石あたり五人または八人の人足を毎年徴発し、両国の大河川の堤防修復を行うという形から、五畿内の大河川の修復に要した費用の一〇分の一を幕府が負担し、残りを五畿内幕領・私領に国役割するという形になった。摂津・河内・和泉の三カ国に対する役賦課主体は、享保七年のみ京都町奉行で、以後は大坂町奉行であった。国役普請役に関する郡触は、①役賦課に先立って国役高の書き上げを命じたもの、②寺社領における国役銀高の書付の提出に関する注意を述べたもの、③国役銀の納入を命じたもの、の三種であった。このうち、②③はセットで回された。

第二節　郡触の回達ルート

1　郡構成村と大坂町奉行郡触回達ルートの決定

郡触は、どのようなルートを辿って回達されたのだろうか。そもそも、郡触発給者は郡触回達ルートをあらかじめ定めていたのか、それとも回達ルートの選択は村々の意思に任されていたのか。享保十五年（一七三〇）二月付のものが一例確認される代官郡触b（史料2）には、「左之村書之通可令順達候」と記されていた。つまり、この郡触については、触状にあらかじめ回達順が記されており、その順に従って回達することが求められていたのである。しかし、これは例外的であり、史料1にあるように、郡触発給時、触状には回達の対象とすべき村の名前は記されないのが普通であった。以下、回達ルートに関わる問題について、主に大坂町奉行郡触を例にとって検討してみたい。

元禄三年（一六九〇）十一月二日付で、捨子制禁の郡触が大坂町奉行小田切直利から出されたが、その際、住吉郡内の回達ルートを定めた郡触も、あわせて回されている。それには、「村次順〻此通ニ可相廻候、以後村付ハ不遺候間、村次之次第庄屋共可令承知候、但、地頭入組之村ハ地頭之名肩書ニいたし、連判可仕候、以上」とあり、住吉村以下三一カ村の名前が記されている。この三一カ村は、表1に掲げた三四カ村から庭井新田・花田新田・富田新田・万屋新田・浅香山・七道を除き（前述のように、庭井・花田・富田・万屋の四新田は、この段階では

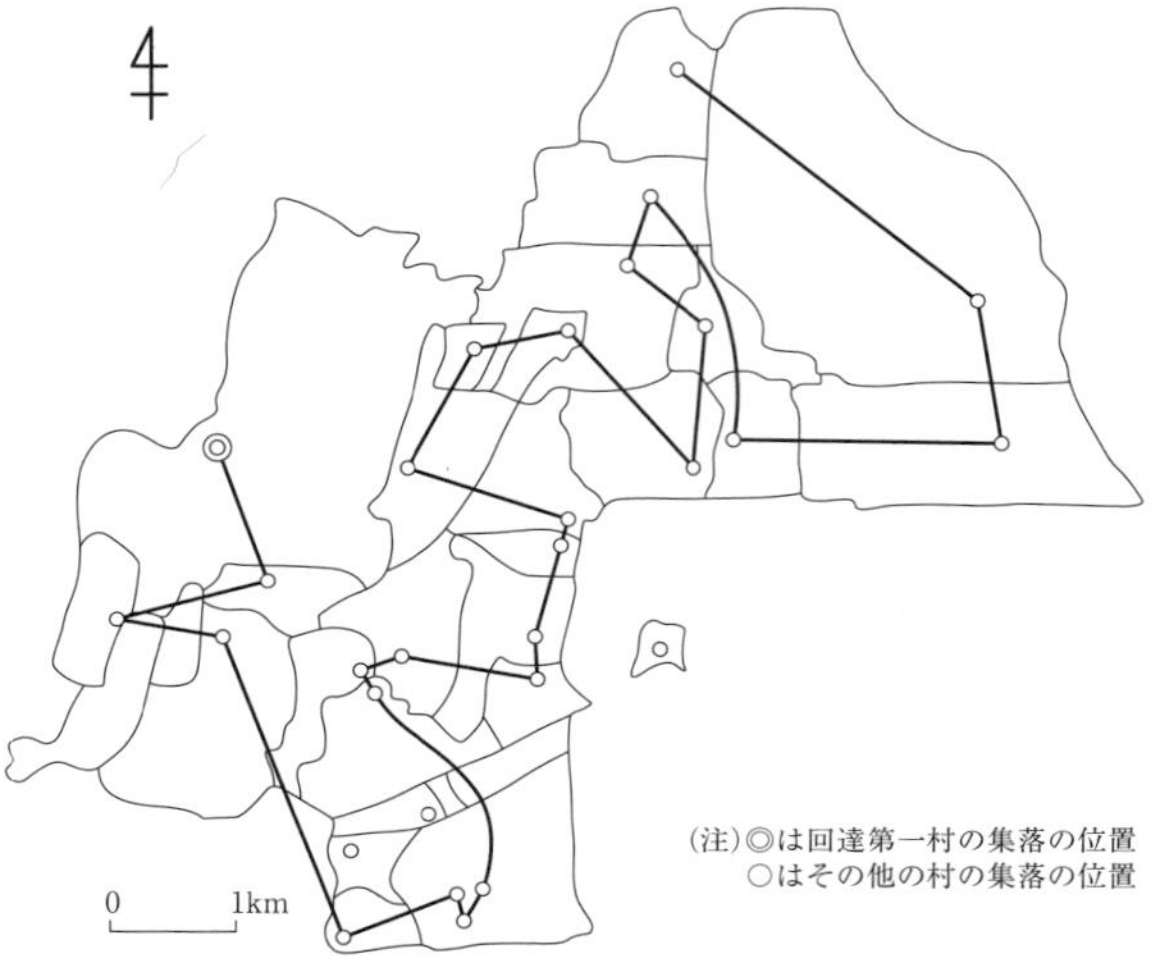

図2　大坂町奉行郡触の公定回達ルート（元禄3年［1690］11月）

成立していない。また浅香山は享保六年〔一七二一〕、七道は宝永五年〔一七〇八〕から回達ルート上の村として登場するようになる）、腹見村・大友村・猪飼野村を加えたものである。その配列は、腹見村以下三カ村を除く村々は表1の通りで、そのあと、腹見村以下三カ村がこの順で続く。

なお、「今井九右衛門様御下知幷諸支書上留帳」では、腹見村以下三カ村の名前を記した部分に紙が貼られ、その貼紙の上には「此三ケ村ハ東成郡へ入申候」と書かれている。おそらく、捨子制禁の郡触とこの郡触に関しては、三カ村を含めて回達されたものの、ほどなく、三カ村を除くという回達ルート修正通知が大坂町奉行所から届いたのだろう。実際、東成郡に属するこの三カ村は、他の村々とは離れたところに位置しており、これを住吉郡所属とするのは甚だ不自然なことであった。

こうして、住吉郡の郡触回達ルートが、大坂町奉行によって定められた。以下、これを公定回達ルートと呼ぶことにするが、図2はそれを地図に示したものである。おおむね隣接村へ回されており、無理のないルートといえる。

ところで、表2にあるように、このときまでの大坂町奉行郡触は、すべて摂津国欠郡が対象となっている。当時の欠郡とは、摂津国の住吉・東成・西成の三郡を合わせたものを指すものであったと考えられている。[5] 現に、貞享五年（一六八八）九月の同奉行郡触は東成郡阿部野村より、また、元禄三年九月の同奉行郡触は同郡天王寺村より平野庄にもたらされているし、貞享五年十月の同奉行郡触は平野庄から同郡田嶋村にもたらされている。

これに対し、郡触回達ルート決定後は、すべて住吉郡が対象となっている。なお、代官郡触aおよびそれとともに回達された京都町奉行郡触は「住吉・欠郡」が対象となっているが、これは住吉郡と同じものを指すと考えられる。郡触回達ルートの決定は、広範囲にわたっていた郡触の対象範囲を本来の郡ごとに分割し、住吉郡の構成村を確定することでもあったのである。[6]

また、郡触回達ルートを定めた郡触にある「以後村付ハ不遣候間」にも注意しておきたい。この文言から、それまで大坂町奉行が郡触を発給した際、同奉行は触状に、触の文言に加え、「村付」、すなわち郡触伝達対象村一覧も記していたものと思われる。あるいは、「村付」は触状とは別の文書として、触状とセットで回達された可能性もあるが、いずれにせよ、郡触発給段階において伝達対象村が明記されていた。ただし、その一覧の配列が、郡触の回達ルートを示したものでもあったのかどうかは定かではない。

2　郡触回達ルートの実際とその特徴

以上のようにして、大坂町奉行によって、とりあえず郡触回達ルートが定められたのであるが、ここでは、その後の実際の回達ルートについて見てみたい。

表3は、宝永五年（一七〇八）中に回された一〇例の郡触の回達ルートである。一〇例のうち、五例が大坂町奉行郡触、残りは用聞（大黒屋七兵衛）郡触である。まず、大坂町奉行郡触について、ルートの詳細がわからな

表3　宝永5年（1708）の郡触回達ルート

	日付	発給者	回達ルート
①	閏正. 16	大黒屋七兵衛	住吉→沢口→遠里小野→山之内→杉本→我孫子→庭井→船堂→北花田→奥→大豆塚→苅田→前堀→堀→寺岡→猿山新田→松原新田→南田辺→北田辺→砂子→鷹合→湯屋嶋→西喜連→中喜連→東喜連→平野郷→桑津
②	2. 3	大黒屋七兵衛	住吉→沢口→嶋→遠里小野→山之内→杉本→我孫子→庭井→苅田→前堀→堀→寺岡→砂子→猿山新田→松原新田→南田辺→北田辺→桑津→平野郷→東喜連
③	2. 11	大坂町奉行	住吉→沢口→嶋→遠里小野→山之内→大豆塚→奥→船堂→北花田→杉本→我孫子→庭井→苅田→七道→苅田→前堀→堀→寺岡→猿山新田→松原新田→鷹合→湯屋嶋→中喜連→西喜連→東喜連→平野郷→桑津
④	2. 25	大黒屋七兵衛	住吉→沢口→嶋→遠里小野→山之内→杉本→我孫子→庭井→苅田→前堀→堀→寺岡→猿山新田→松原新田→南田辺→北田辺→砂子→鷹合→湯屋嶋→中喜連→西喜連→東喜連→平野郷→桑津
⑤	3. 23	大黒屋七兵衛	住吉→沢口→嶋→遠里小野→山之内→杉本→我孫子→庭井→苅田→前堀→堀→寺岡→猿山新田→松原新田→南田辺→北田辺→砂子→湯屋嶋→西喜連→中喜連→東喜連→平野郷→桑津
⑥	4. 28	大坂町奉行	住吉→沢口→嶋→遠里小野→大豆塚→奥→船堂→北花田→杉本→山之内→我孫子→庭井→苅田→七道→苅田→前堀→堀→寺岡→猿山新田→松原新田→鷹合→湯屋嶋→中喜連→西喜連→東喜連→平野郷
⑦	5. 25	大黒屋七兵衛	住吉→沢口→嶋→遠里小野→山之内→杉本→我孫子→庭井→苅田→前堀→堀→寺岡→猿山新田→松原新田→南田辺→北田辺→砂子→鷹合→湯屋嶋→中喜連→西喜連→東喜連→平野郷→桑津
⑧	9. 3	大坂町奉行	住吉→沢口→嶋→遠里小野→大豆塚→奥→船堂→北花田→杉本→山之内→我孫子→庭井→苅田→七道→苅田→前堀→堀→寺岡→猿山新田→松原新田→鷹合→湯屋嶋→砂子→西喜連→東喜連→中喜連→平野郷→桑津
⑨	10. 19	大坂町奉行	住吉→沢口→嶋→遠里小野→大豆塚→奥→船堂→北花田→杉本→山之内→我孫子→庭井→苅田→七道→苅田→前堀→堀→寺岡→猿山新田→松原新田→鷹合→湯屋嶋→砂子→南田辺→北田辺→桑津→平野郷
⑩	10. 晦日	大坂町奉行	住吉→（不明）→東喜連→平野郷→桑津

（注）宝永5年（1708）の平野郷町「覚帳」による。

い⑩を除く四例を検討してみると、⑥⑧⑨は、住吉村から湯屋嶋村までのルートが同じであるものの、それ以下のルートは異なっていることがわかる。③は、住吉村～湯屋嶋村間のルートが⑥⑧⑨とかなり共通しているが、そのうち、遠里小野村～我孫子村間が異なっている。また、⑥⑧⑨の住吉村～湯屋嶋村間のうち、鷹合村までは、元禄三年十一月に大坂町奉行によって定められ、ほどなく修正を受けたルート、すなわち公定回達ルート（図2）に則ったものとなっている。なお、苅田村→七道→苅田村の部分については、実際には触状は七道にもたらされることはなかったと思われる（前章参照）。

要するに、同一年に出されたものであるにもかかわらず、大坂町奉行郡触の回達ルートは一定していなかったのである。ただ、ルートには何の法則性もなかったわけではなく、公定回達ルートに、ある程度依拠していたとも、一方で指摘することができる。

大坂町奉行郡触の回達ルートについては、享保十五年に大きな変化が認められる。同年四月十五日付郡触段階までは、ほとんど平野郷町→桑津村という順序であったが、同年六月八日付のものから、原則として、平野郷町→富田新田という順序になるのである。これは、大坂町奉行が同年四月十五日付郡触の末尾に、「右触帳之儀、触留之由ニ而是迄同し村より大坂江令持参候、毎年之儀候処、一村之可為難義候間、申合、代りゝ可致持参事」と記し、回達最終村を固定しないよう指示したことに基づいている。(7) それまで、いつも回達最終村として町奉行所への触返却義務を負わされていた村が、大坂町奉行に不満を訴えた結果であろうか。第一節で紹介した享保十五年六月十五日付の大坂町奉行郡触（史料1）は、同奉行によるルート変更指示後二番目に出されたものであるが、最後の「右御触書ニ桑津村ハ名印有之ニ付触残り之村見合候所、富田新田残り有之候故、富田新田へ持せ遣ス」という文言は、東喜連村から郡触を受け取った平野郷町が、同郷町に達するまでに順次記された村名書の中に、それ以前の段階であればなかったはずの桑津村の名があること、富田新田にはまだ回達されていないことを確認した上で、同新田に回したことを示しており、ルート変更当初の状況をよく物語っている。

なお、享保末期には回達第一村についても変更があった。表2によれば、住吉郡の場合、大坂町奉行郡触の回達第一村は享保十八年までつねに住吉村であったが、同二十年の郡触では、桑津村が第一村となっている。同十九年の「覚帳」の存在が確認できないため、詳細は不明であるが、同十九年のうちに変更があったものと考えられる。

以上のことから、大坂町奉行郡触の回達ルートについては、同奉行の回達ルートに関わる指示が出されるたびに大きく影響を受けたこと、一方で、元禄三年のルート決定にもかかわらず、現実には地域の判断に任されていたことが指摘できる。

次に、大坂町奉行郡触以外の郡触の回達ルートについて見ていきたい。まず、京都町奉行郡触であるが、これは代官郡触ａとセットで回されたので、両者を一括して論ずることにする。代官郡触ａの回達ルートについては、前章で明らかにした通りである。大坂町奉行郡触や用聞郡触とは異なり、回達第一村は住吉村ではなく、触を発給した代官の代官所のうちの一村であった。本章で検討の対象としている時期の「覚帳」類の記載では、享保六年四月七日付と同年四月十六日付の鈴木九太夫郡触が確認されるが、回達第一村は、いずれも船堂村となっている。回達第一村が船堂村となったことにより、住吉村を回達第一村とする大坂町奉行郡触に慣れ親しんできた住吉郡村々は、大いに戸惑ったことだろう。回達ルートは、大坂町奉行郡触のそれとは大きく異なるものになった。その特徴は、いずれの触にも「最寄次第」に回すようにとの指示文言があるにもかかわらず、実際にはそれを逸脱していたこと、ほとんど日をおかずに出された二通の触ではあるが、その回達ルートは大きく異なっていたことである。

代官郡触bは、享保十五年二月付の久下藤十郎郡触（史料2）が確認されるのみであるが、回達第一村は大坂町奉行郡触と同様、住吉村である。久下が示した回達ルートは、元禄三年（一六九〇）十一月以後に決定された大坂町奉行郡触の公定回達ルートにかなり近い。なお、史料2に示されているように、「左之村書」として記された村々の名前には、平野郷町を除き、郡触回達の日は書かれていない。したがって、この郡触に関しては、厳密にいえば久下が示した通りに回達されたのかどうかはわからないのである。ここでは、定められたルートに沿って回達された可能性が高いというだけにとどめておく。

用聞郡触については、表3をもとに回達ルートを検討する。五例のうち、②④⑤⑦については、住吉村～寺岡村間のルートが同一である。しかし、それ以下の部分については、④⑦は同一であるが、②⑤はいずれもそれとは異なっている。やはり、用聞郡触も回達ルートが一定していたわけではなかったのである。また、共通部分の住吉村～寺岡村間のルートでは、大豆塚・奥・船堂・北花田の四カ村がとばされている。最終的には、これらの村々にも回されたものと思われるが、大坂町奉行郡触に較べ、回達にあたっての地域の裁量が、より強く発揮されているという印象は否めない。これは、発給者が町人身分の用聞であり、触の返却先も用聞であったことに関係しているのであろう。

なお、他郡の例であるが、用聞が郡触を発するにあたり、大坂町奉行郡触の回達ルートに従って触を回すよう要請している例がある。表3の⑤の用聞郡触と同内容で、山城国淀藩石川氏用聞虎屋九兵衛が河内国古市郡に宛てた宝永五年三月二十三日付の郡触[8]には、「御国触之通、郡切村次順〻無相違触落し無之様ニ早〻御廻し被成」とある。だが、この場合も、実際に大坂町奉行郡触の回達ルートに則って回されたかどうかはわからない。

元禄二年五月に出された二つの庄屋郡触については、いずれも平野庄庄屋が出したものであった。回達ルートは不明であるが、地域としては、これまで経験したことのない平野庄を起点とするものであったため、代官郡触aの場合と同様、困惑したことだろう。当然、その回達ルートは、大坂町奉行郡触のそれとは大きく異なるものであったはずである。

以上、実際の郡触回達ルートについて検討した。京都町奉行郡触およびそれとセットにして回達された代官郡触a、用聞郡触、庄屋郡触のいずれも、大坂町奉行郡触と同様、基本的には地域の判断によって回達されたのであった。唯一代官郡触bのみが、代官の定めたルートに沿って回達された可能性が高いというにすぎないのである。

第三節　回達第一村への伝達の論理

本節では、回達第一村への伝達の論理を探ってみたい。まず、代官郡触aおよびそれと一緒に回された京都町奉行郡触の分析から始めよう。

先に、前章での分析をふまえ、代官郡触aの回達第一村は、発給者である代官の代官所のうちの一村であったと述べたが、改めてその根拠を示しておく。正徳元年（一七一一）八月、朝鮮人来朝御用につき、代官平岡次郎右衛門と代官見習い平岡彦兵衛が、「摂津国豊嶋郡御領㊕・私領幷寺社領村々庄屋・年寄」に宛てて、「当秋朝鮮人来聘之御用幷人馬之儀ニ付、五畿内・近江・丹波・播磨村高御用ニ付、摂津国豊嶋郡御領㊕・私領幷寺社領共江御触書壱通、帳面壱冊箱ニ入、我等共御代官所向寄村ゟ相廻候様ニ、安藤駿河守殿・中根摂津守殿ゟ御申渡候間、(略)[9]」と触れている。京都町奉行郡触と帳面の回達を命じた代官郡触であるが、この史料から、代官郡触aは、京都町奉行郡触とともに、代官から支配下の代官所のうちの一村に渡され、そこから最寄りの村へ回達されるものであったことがわかる。また、この形をとる以上、代官郡触を発給する代官は、その郡に代官所を有する代官でなければならないことになる。

次に、用聞郡触については、大坂町奉行郡触と同じく住吉村が回達第一村であったことを、まず確認しておきたい。その上で、宝永五年に五回の用聞郡触を出した大黒屋七兵衛について検討しよう。同人は、閏正月十六日付郡触(史料3)に「雨宮庄九郎殿用聞大坂石町大黒屋七兵衛」とあるように、当時、代官雨宮庄九郎の用聞であった。一方、住吉村はといえば、表1から知られるように、雨宮代官所と長谷川六兵衛代官所の相給村であった。つまり、住吉郡宛の用聞郡触の発給者として大黒屋が選ばれたのは、同人が、あらかじめ回達第一村と決まっていた住吉村を支配する者に抱えられた用聞であったことによると考えられるのである。

以上のことをまとめると、代官郡触aの回達ルートは、《その郡に代官所を有する代官→その代官の代官所のうちの一村→回達第二村以下の村々》、用聞郡触の回達ルートは、享保十八年または同十九年以前であれば、《大坂町奉行郡触の回達第一村を支配する領主または代官の用聞→住吉村→回達第二村以下の村々》ということになる。

この二種の郡触の回達ルートは、形態こそ違え、そこには同一の論理が働いていることに気づく。それは、回達第一村への伝達は、回達第一村とその領主(または代官)との間の支配関係に依拠する形で行われたということである。言い換えれば、この支配関係に依拠することなくして郡触を回達第一村に届けることはできなかったのである。

　ところで、前述のように、平野郷町（平野庄）にもたらされた郡触の大半を占めていたのは大坂町奉行郡触であった。回達第一村への伝達の論理を見るには、大坂町奉行郡触についても検討する必要があるが、平野郷町の「覚帳」類に書き写された大坂町奉行郡触には、手がかりになるような文言はない。回達第一村に残された史料に接していない現在、推測の域を出ないが、代官郡触ａ（および京都町奉行郡触）・用聞郡触についてのこれまでの検討から、次のような見方が成り立つのではないかと考えている。

　すなわち、大黒屋七兵衛が用聞郡触の発給を大坂町奉行から命じられたのが、同人が住吉村を支配する代官雨宮の用聞であったためであるとするならば、当時、大坂町奉行郡触を住吉村にもたらしていたのも、実は大黒屋だったのではないかということである。この推測が正しいとすれば、用聞郡触は、郡触としては珍しいタイプに属するが、ふだん大坂町奉行郡触の回達第一村への伝達を任されていた用聞が、大坂町奉行に代わって触の発給者になった例にすぎないということになるだろう。

おわりに

　以上、貞享五年（元禄元年、一六八八）から享保二十年（一七三五）までの時期における、摂津国住吉郡に伝達された諸種の郡触について検討した。本章における分析によって、郡触回達ルートは、一定の権力的規制はあったものの、基本的には地域の裁量によって決められたこと、発給者から回達第一村への伝達は、回達第一村とその領主との間の支配関係に依拠する形で行われたことが明らかになった。

　前者に関しては、「摂州住吉郡村〻庄屋・年寄」などというように、回達対象さえ明示されていれば、郡触は、地域の判断によって、第一村から最終村まで順次回達されていくのである。郡触の回達は、第一村への伝達と、最終村から発給者への返却の部分は別として、地域自身が有する回達能力に依拠することによって実現していたといえよう。

後者の、回達第一村とその領主との間の支配関係は、いうまでもなく個別領主支配権に基づくものである。結局、郡触の発給・伝達という広域支配は、個別領主支配を前提として実現していたということになる。郡触を発給する広域支配機関は、単に当該機関が支配地域に対して郡触を発給・伝達する権限を有しているというだけでは、実際に郡触を支配地域の村々に回すことはできなかった。広域支配機関はストレートに回達第一村に郡触を伝達することはできず、何らかの手立てが必要だったのである。その手立てとは、個別領主とその所領内の村との間の支配関係を利用することであった。

なお、この支配を行う際の手立てに注目することは、広域支配研究だけでなく、個別領主支配研究においても求められることである。支配機関が、ある地域（支配地域）に支配を行う権限を有しているということと、当該地域に実際に支配を行うことができるということは、別個の事柄としてとらえる必要がある。また、この手立てに対する注目は、「支配の実現メカニズム」という支配研究の方法の一部をなすものである。

本章を終えるにあたり、今後の課題に関連して若干述べておこう。まず前者に関わることであるが、本章では、郡触の回達を担った地域の特質そのものについては分析を行っていない。この点は今後の課題であるが、その際、手がかりとなりうるのは、庄屋郡触である。史料4に示されているように、元禄二年（一六八九）五月十五日、土砂留役人の命を受け、平野庄庄屋が住吉郡に郡触を出した際、庄屋は「住吉郡村〻覚候分荒増書付申候、定而書落候村〻も可有之と存候間、書落申候ハヽ、御吟味被成、御書添被成、住吉郡之分へ不残廻り候様ニ可被成候、以上」という文言とともに、回達対象となるべき住吉郡村々の名前を書き上げている。果たして、ここには前堀村が抜け落ちていたのであるが（同村の名前だけが後筆となっている）、回達途中で補われ、結果的には同郡全村に回達された。第二節第一項で述べたように、この時期の郡触は欠郡宛に出されており、住吉郡だけに限定された郡触の回達経験はなかったはずである。にもかかわらず、庄屋郡触の住吉郡回達は実現し、発給村である平野庄に戻された。また、平野庄庄屋が危惧した通り、前堀村が書き落とされていたとはいえ、同人の郡構成村認識はほぼ正確であった。

このように、地域の側では、それまで経験したことのない範囲の触回達であっても、回達の命にこたえうる態勢が整っていたのである。大和川付替反対運動[10]のように、摂津国や河内国では、この時期にはすでに、水利組合のような恒常的な村々連合だけでなく、共通の利害によって、必要に応じ、随時広範囲の村々が連合することが見られたが、郡触の回達の背景には、地域が有していたこのような能力を想定することができよう。

ただし、注意しておきたいことは、何らかの実体的な地域的結合が基礎としてあり、その上にたって、郡触の回達が可能であったのではないということである。当時の住吉郡には、一郡としての実体的な地域的結合などは存在していなかった。共通の利害関係が生じた際に、随時村々が結び付きうるような潜在的能力こそが、郡触回達実現の基礎的条件として考えられるべきものである。一七世紀段階におけるこのような地域の能力については、従来、ほとんど評価されることがなかったが、今後の地域支配論・地域社会論には、それも視野に入れて論ずる必要があろう。

（1）いずれも摂津国住吉郡平野郷町杭全神社所蔵。ここでは、大阪市史編纂所所蔵の写真版を利用した。以下、特に断らない限り、出典は「今井九右衛門様御下知幷諸支書上留帳」または各年の「覚帳」である。なお、享保二十年度までの「覚帳」で、現在杭全神社が所蔵しているのは、本文にあげた一六冊のみである。

（2）摂津国嶋上郡高浜村西田家文書（関西大学図書館所蔵）。村田路人『近世広域支配の研究』（大阪大学出版会、一九九五年）第一部第三章「国役普請制度の展開」で紹介している。同書一一五頁。

（3）村田路人「用聞の諸機能と近世的支配の特質」（『京都橘女子大学研究紀要』一七、一九九〇年一二月、のち、前掲注(2)村田『近世広域支配の研究』第三部第一章「用聞の諸機能と近世支配の特質」）。

（4）前掲注(2)村田『近世広域支配の研究』第一部第三章「国役普請制度の展開」。

（5）『日本歴史地名大系28　大阪府の地名』（平凡社、一九八六年）九三～九四頁。

（6）「今井九右衛門様御下知幷諸支書上留帳」には、「元禄三庚午年七月　摂州住吉郡村〻寺・道場・庵・家数、人数書上」と題する文書の写が掲載されている。これは、住吉郡各村（その内訳は、前述の元禄三年十一月二日付捨子制禁郡触とともに回された大坂町奉行郡触に記された三一カ村から沢口村を除いた三〇カ村で、配列も同じである）および腹見・大友・猪飼野三カ村の家数、人数、寺・道場・庵数、およびそれぞれの合計を書き上げたものである。その末尾に、「右者大坂御奉行所ゟ摂河両国国絵図被為　仰付候時、天満於物会所ニ村〻庄屋中立合、絵図被致候時書上ケ之写シ也、但平野庄ゟ伊右衛門立合」と記されているところから、この書上は、同年七月、「摂河両国国絵図」作製のために提出されたものであることがわかるが、元禄三年十一月の第一次郡触回達ルート決定は、これに基づいてなされたのだろう。なお、元禄三年の摂河国絵図作製については、矢田俊文が「摂津国絵図と村」（『市史研究とよなか』二、豊中市、一九九四年三月）でごく簡単に触れている。

（7）この郡触末尾の文言は、住吉郡以外の郡に出されたものにも認められる。和泉国大鳥郡上神谷豊田村小谷家文書（国文学研究資料館所蔵）のうちには、享保七年（一七二二）十一月以降に発給された大坂町奉行郡触を写した触写帳（目録番号は二六五〇）が存在するが、そこに写された同年四月十五日付の同内容の和泉国大鳥郡村々庄屋・年寄宛大坂町奉行郡触にも同じ文言が記されている。

（8）宝永五年（一七〇八）～享保十五年（一七三〇）河内国古市郡駒ケ谷村「大坂御番所従御触状留帳」（羽曳野市役所所蔵駒ケ谷村真銅家文書）。

（9）宝永元年（一七〇四）～享保十二年（一七二七）摂津国豊嶋郡瀬川村「日記」（大阪府箕面市瀬川自治会所蔵瀬川村文書）。この史料は、『箕面市史』史料編五（一九七二年）二二頁にも収録されている。

（10）一七世紀後半期、中河内地域の水害問題を解決するため、北流していた大和川の流れを河内国志紀郡柏原村から西流させようとする計画が何度か立てられた。この計画に対する反対運動がたびたびおこされたが、延宝四年（一六七六）三月には、新川によって土地を奪われることになる二九カ村が、付替反対の訴状をしたためている（『八尾市史』史料編、一九六〇年、五四五～五四六頁）。

第三章　近世の地域支配と支配研究の方法

はじめに――「支配の実現メカニズム」という分析視角――

本章では、近世畿内近国地域における広域支配実現の特質を探るとともに、近世支配研究の方法論的提起を行う。広域支配とは、幕府または幕府からある種の権限を委任された大名が一定の地理的範囲に対し、幕領・私領の別なく及ぼす支配のことであるが、本章では、摂津・河内（以下、摂河と略す）両国において展開していた大坂町奉行および堤奉行による広域支配、具体的には、両奉行の連携によって行われた国役普請人足役の賦課と、大坂町奉行による郡触伝達を取り上げる。対象とする時期は、五代将軍徳川綱吉政権末期にあたる宝永期（一八世紀初頭）である。

次に、どのような視角から役の賦課と触伝達を取り上げるのかについて、説明しておこう。支配を問題にする場合、さまざまなアプローチの仕方があるが、これまで主にとられてきた方法は、支配の具体的内容を明らかにし、その歴史的位置づけなどを行うというものであった。いわば、政策史的分析というべきものであるが、この方法には限界がある。支配の全体像を知るためには、それに加え、どのような過程を経て支配が実現・完結していたのか、すなわち「支配の実現メカニズム」という視角からの検討が不可欠である。[1]この方法をとることによって、支配をするものと支配されるものとの間に介在し、支配の実現を支えていた存在も視野に入るようになるとともに、支配をするものと支配されるものの二者だけでは支配を論ずることができないことが理解されるようになるのである。

本章で取り上げるのは、日本近世の限られた時期、限られた地域における、限られた種類の支配である。もちろん、日本近世史研究においては、摂河地域を含む畿内近国地域における支配の特質の解明は、重要な研究テーマの一つとして位置づけられているのであるが、日本近世史を特に専門としない人にとっては、きわめて特殊専門的なテーマと映るかもしれない。しかし、本章の目的は、日本近世史の一分野の研究課題を究明することよりも、むしろ地域支配研究の分析視角と分析方法を示すことにある。

なお、文中の史料引用については、なるべく原文のまま引用することは避け、現代語訳の形で引用することにした。(2)

第一節　近世畿内近国地域における支配の特徴

具体的な検討に入る前に、摂河両国を含む近世畿内近国地域の支配の特徴について触れておこう。畿内近国とは、五畿内（摂津・河内・和泉・山城・大和の五カ国）に近江・丹波・播磨三カ国を加えた八カ国のことで、上方ともいう。この地域の第一の特徴として、所領の錯綜性と領主交代の頻繁さがあげられる。幕領・大名領・旗本領・寺社領・天皇家領・公家領などが入り組み、各村の領主も転封などによって、しばしば交代した。一つの村が、何人かの領主によって分割支配されていること（これを相給という）も珍しくなかった。もちろん、これは畿内近国地域の一般的な傾向を述べたもので、同じ領主家が、同じ領域を長年にわたって支配し続けた例はいくらでもあった。また、所領の錯綜性といっても、隣り合う村同士が異なる領主の支配下にあるという例だけでなく、何カ村かの同一所領ブロックがモザイク状に配置されているという例も多かった。しかし、たとえば薩摩藩主島津氏が支配していた薩摩・大隅両国のように、広大な一円所領が広がり、領主交代もなかった地域と較べると、その違いは歴然であろう。

また、当該地域では、それぞれの領主による支配、すなわち個別領主支配に加え、大坂町奉行・京都町奉行その他の支配機関による、一国または複数国、あるいは一定の地理的範囲に対する所領の違いを超えた支配、すなわち広域支配が展開していた。これが第二の特徴である。たとえば、承応三年（一六五四）八月に老中が大坂城代および大坂定番に宛てて出した一一カ条の「定」の第七条には、「摂州（摂津国）・河州（河内国）の『万事仕置』については、これまで通り曽我丹波守（古祐）と松平隼人正（重次）に申し付けよ。和泉国は石川（河）土佐守（利政）に申し付けよ」とある。[3] 曽我・松平は大坂町奉行、石河は堺奉行である。摂河両国は大坂町奉行、和泉国は堺奉行が、所領の違いにかかわらず「万事仕置」、すなわち広域的かつ包括的な支配を行う権限を有していたのである。摂河両国は大坂町奉行の、また和泉国は堺奉行の〝万事仕置国〟であったということができよう。[4]

広域支配の主体は、大坂町奉行や堺奉行などの遠国奉行だけではなかった。「定」に示された大坂町奉行や堺奉行の〝万事仕置権〟は、包括的な内容の広域支配権であるが、特定の広域支配だけを行う機関もあった。たとえば、本章で取り上げる堤奉行は、摂河両国における大河川の堤防、すなわち国役堤の保全を中心とする河川支配をつかさどっていた。その他、土砂留（砂防）担当大名が、土砂留に関わる広域的な支配権を行使していた。

また、広域支配の対象となったものに注目するならば、広域支配は大きく二つに分類することができる。一つは、村・町や同業者仲間、あるいは寺社などに対するもの、今一つは、当該の国や郡に所領を有する個別領主に対するものである。この点については序章および前章でも述べたところであるが、本書では、前者を広域支配A、後者を広域支配Bとしている。(5) この両者を明確に区別することが、本章の分析における一つのポイントになっている。

さて、摂津国や河内国の村々では、実際にどのような広域支配が展開していたのだろうか。ここでは、宝永三年（一七〇六）段階の摂津国住吉郡平野郷町を例にとって見てみよう。当時、平野郷町は上野国群馬郡高崎藩（藩主松平輝貞）の上方所領のうちの一村であった。宝永三年段階の高崎藩は、下総・下野・上野・武蔵・摂津・河内の六カ国のうちで七万二〇〇〇石を領していた。(6) 上方所領は、摂津国三郡（住吉・豊嶋・川辺の各郡）および河内国六郡（若江・河内・讃良・丹北・八上・丹南の各郡）にわたっており、河内国河内郡六万寺村に上方所領の支配にあたる上方役所があった。

表は、平野郷町の宝永三年「覚帳」の記事から広域支配に関わる記述を抜き出したものである。「覚帳」は、高崎藩上方役所（表では六万寺役所）、および大坂町奉行所をはじめとする各種広域支配機関から平野郷町にもたらされた触や、平野郷町が高崎藩上方役所や幕府広域支配機関に提出した願い書などを写したもので、支配の実態を知る上で貴重な史料である。なお、平野郷町は七町四村から成る複合村であるが、行政的には一つの村として扱われていた。

表の内容を簡単に説明しておこう。二一例のうち、7、11、12、13、18の五例は同業者仲間（船持仲間または馬借仲間）に対する支配、それ以外の一六例は村（平野郷町）に対する支配である。まず、大坂町奉行（あるいは大坂町奉行所）の広域支配から見ておく。4、10、15、16に見える郡触は、郡内全村に対して回達される触のことである（第一部第一章、第二章参照）。一つの郡は、十数カ村から数十カ村の村々によって構成されていたが、前述

表　摂津国住吉郡平野郷町宝永３年（1706）「覚帳」に見える広域支配

No.	月日	記　　事
1	正. 11	中道村廻状が回達される（目付衆の八尾・久宝寺見分につき）。
2	正.	17日付堤奉行触が回達される（当春国役普請所を見分するので、伝馬を出すように）。
3	正.	22日付堤奉行触が回達される（手代が狭山東除川筋普請所を見分するので、伝馬を出すように）。
4	2. 6	３日付大坂町奉行郡触（古金銀引換につき）が回達される。
5	3.	９日付六万寺役所役人書状が届く（国役普請人足役につき堤奉行宅に罷り出ること）。
6	3. 27	平野郷町年寄、堤奉行手代に橋掛替入用につき尋ねる。
7	4.	柏原村・平野郷町・大坂の船持が代官久下作左衛門に柏原船増船を願い出る。
8	5.	平野川筋村々、堤奉行に同川の増水策を願い出る。
9	5.	平野郷町住人ら、大坂町奉行に訴状（大坂居住親族の遺品返却につき）提出。
10	6. 21	18日付大坂町奉行郡触（新銀鋳造、古銀との引換等につき）が回達される。
11	7.	大坂・柏原・平野郷町船持が大坂町奉行に平野川筋新規水車差し止めを願う。
12	7. 18	柏原船年寄・惣船持が大坂町奉行に平野川筋新規水車差し止めを願う。
13	7.	柏原船船持が大坂町奉行に平野川筋新規水車差し止めを願う。
14	7. 26	平野郷町住人が同町年寄および用聞とともに大坂町奉行に下男出奔を届ける。
15	9. 7	３日付大坂町奉行郡触（山中以外での鉄砲打禁止）が回達される。
16	9. 16	13日付大坂町奉行郡触（酒造制限）が回達される。
17	9.	平野郷町年寄・庄屋、大坂町奉行に平野郷町川筋葭刈捨一札を差し上げる。
18	10. 18	平野郷町馬借年寄および柏原村馬仲間年寄ら、堤奉行に古大和川堤撤去を願う。
19	11. 14	京都町奉行が摂津・河内12カ村庄屋・年寄に宛てた11日付差紙の写（水論検使宿泊入用訴訟につき）が回達される。
20	11.	平野郷町、23日付11カ村庄屋宛八尾木村覚（水論検使宿泊入用につき）を京都町奉行に提出する。
21	12. 5	平野郷町年寄および松平氏用聞、平野郷町住人行方不明を大坂町奉行に届ける。

（注）摂津国住吉郡平野郷町宝永３年（1706）「覚帳」（平野郷町杭全神社所蔵文書、大阪市史編纂所所蔵の写真版を利用）による。

のように、摂河地域ではさまざまな領主の所領が入り組んでおり、郡構成村の領主もまちまちであった。郡触は、領主の違いにかかわらず、一郡全体に回達されるものであり、郡触伝達は広域支配Aの代表例といってよい。住吉郡にもたらされる郡触のほとんどは、大坂町奉行からのものであるが、稀に、京都町奉行や、幕府の代官からのものもあった。なお、この段階では、大坂町奉行は先の〝万事仕置権〟に基づいて、摂河両国に対して郡触を伝達する権限を有しており、国触（一国あるいは複数国全体に対して出される触）として郡触を発する際には、摂津国一二郡、河内国一六郡に対して、一斉に同文の触が発給された。

郡触伝達以外の大坂町奉行による広域支配の事例は、1、9、11、12、13、14、17、21である。このうち9は裁判関係、11、12、13は舟運関係、17は河川管理関係、14、21は失人関係である。大坂町奉行は、前述の堤奉行とともに、摂河両国の河川支配の一部を担っていた。実際には、川奉行と呼ばれた大坂町奉行所内の担当与力がこの任にあたったのであるが、特に河水の流れを円滑にするような措置をとることが主たる任務であった。川奉行は、毎年四・五・七・九月に、摂河両国の村々に対し、それぞれの村内を流れる河川に生えている葭を刈り捨てさせたが、(7)17はその例である。また、1は、幕府の目付が見分するにあたって、大坂町奉行所の指示を受けた摂津国東成郡中道村（おそらく目付が最初に通過する村）が出した廻状が平野郷町に達したというもので、同奉行所の直接支配の事例ではないが、大坂町奉行による広域支配に含めておいた。

大坂町奉行による広域支配以外のものとしては、堤奉行によるものがある。これも表にしばしば登場している。2、3、5、6、8、18がそれに該当し、この地域の百姓たちにとって、堤奉行は、大坂町奉行とともに広域支配機関としてなじみ深いものであったことがわかる。堤奉行とは、大坂に役宅がある幕府代官、すなわち大坂代官のうち二名が兼任するもので、前述のように、摂河両国の河川支配を任としていた。(8)

堤奉行の主たる職掌の一つに、国役普請の指揮・監督がある。国役普請とは、幕府が摂河両国の大河川である淀川・神崎川・中津川・大和川・石川の堤防修復および川除普請（護岸・水制工事）のために採用した普請方式である。これら諸河川の堤防は国役堤といわれ、国役堤の修復には、摂河両国から所領ごとに石高を基準に徴発された人足、すなわち国役普請人足が普請に携わった。これについては、次節で詳述するが、国役普請関係の記事は2と5である。この両例以外の事例は、国役普請の対象となった河川、すなわち国役河川以外の河川（橋も含め）の管理に関わるものである。

残る7、19、20のうち、7は、幕府代官による広域支配の例である。平野川を運航する柏原船の増船を同船の船持たちが代官久下作左衛門に願ったものである。柏原船は、河内国志紀郡柏原村を支配していた代官が支配することになっていた。代官の主たる任務は、数万石の幕領を預かり、支配することであるが、ある種の事柄について、広域支配を行うことがあった。本書第一部第一・第二章で取り上げた代官郡触の伝達はその一例である。19、20は、京都町奉行の裁判に関わるものである。当時、上方八カ国における水論・山論・境論等の裁判は、同奉行の扱うところであった(9)。

以上、平野郷町の宝永三年「覚帳」から、この年、平野郷町や、同町に居住する同業者仲間に及ぼされていた広域支配を確認した。もちろん、ここに掲げたのは一年分の記事にすぎず、広域支配の全容を示すものではないが、一年間に限ってもさまざまな機関による多様な広域支配が展開していたことが理解されたであろう。他方、平野郷町では、これとは別に、領主（高崎藩松平氏）による支配、すなわち個別領主支配が展開していたことはいうまでもない。畿内近国地域では、同業者仲間に対する支配を除けば、どの村においても基本的にはこれと同様の状況が見られた。一円的な所領が広がっていた領国地域では、表に示されたような広域支配機関の広域支配権は、個別領主支配権の中に包摂されていたといってよい。

畿内近国地域において、このような支配形態がとられていたのは、もちろん偶然ではなく、当該地域の第一の特徴として掲げた所領の錯綜性と密接な関係がある。すなわち、大河川の堤防修復などは、堤防を抱える沿岸の村やその領主では対処できず、どうしても、強力な権力・権限を背景に普請全体を統轄するものが必要となる。また、村と村、あるいは個人と個人の間で生じるさまざまな紛争は、領主が同一であれば、その領主が裁判や調停を行えばよいが、この地域では、所領の錯綜性により領主違いの争いとなる場合が多かった。その場合、この地の遠国奉行に、一定地域内についての裁判権を与えるのが好都合であろう。このような事情から、特定地域や一国あるいは複数国にわたる広域支配が展開するようになったと考えられる。

もっとも、所領の錯綜性だけが、右のような支配形態をもたらしたわけではない。たとえば、出羽国村山郡は所領の錯綜性をもって知られた地域であるが、畿内近国地域におけるような広域支配の存在は認められない。また、関東も所領錯綜地域といえるが、広域支配の存在は認められるものの、国を単位とした広域支配は存在せず、そのあり方は、畿内近国地域とは大きく異なる。[10] このように、広域支配の由来については、まだまだ検討の余地があるが、ここでは、その点については深入りをせず、広域支配を生み出した主要な要因として、所領の錯綜性が考えられることを述べるにとどめておく。

さて、次節以下で検討するのは、広域支配の実現メカニズムである。具体的には、国役普請人足役の賦課と郡触の伝達の二つを取り上げるが、その際、広域支配Aと同Bの区別、および広域支配と個別領主支配との関わりに特に留意しつつ、論を進めていくことにする。

第二節　国役普請人足役の実現メカニズム——役請負人の存在——

摂河両国において国役普請制度が発足するのは承応二年（一六五三）である。前述のように、この制度（摂河国役普請制度）のもとにおいては、摂河両国から役として徴発された国役普請人足が、摂河両国内にある五つの大河川の堤防の修復などに携わった。国役普請人足役は、石高一〇〇石あたり五人または八人の割で課された。摂河両国の役高（国役普請人足役の賦課対象となる石高）は約六三万石であるので、一〇〇石あたり五人であれば三万人余り、八人であれば五万人余りが普請に従事することになる。ただし、これは延人数である。

この制度は享保六年（一七二一）まで続き、翌年、新制度が発足した。新制度は、五畿内の大河川（摂河両国の五川に、山城国の木津川・桂川・宇治川を加えた八川）の堤防修復等に要する費用のうち、一〇分の一を幕府が負担し、残りを五畿内の村々に国役割するというものである。旧制度下では人足が課されたのに対し、新制度のもとでは一〇〇石あたり銀何匁何分何厘という形で銀が課された。ここで取り上げるのは、旧制度のもとでの国役普請人足役である。

さて、ふたたび表の2と5に注目しよう。2は、堤奉行が宝永三年（一七〇六）春に実施される国役普請所を見分するにあたって伝馬を出すようにというものであるが、この見分は、普請を実施すべき箇所を確定するためのものである。次に5は、同年三月九日付で、高崎藩上方役所に詰めていた松平輝貞家臣の内山弥右衛門と鈴木平次右衛門が、同藩上方所領である河内国河内郡六万寺村庄屋と平野郷町年寄に対して出した通知が、平野郷町に達したというものである。(11)

この通知の内容は、「『摂州・河刕御国役御普請』が、堤奉行の万年長十郎様と長谷川六兵衛様に仰せ付けられたので、摂州分（摂津国にある高崎藩領）から庄屋一人、河州分（河内国にある同藩領）からも一人、来たる十一日朝五つ時に、長谷川六兵衛様宅へ淀屋善左衛門を同道して罷り出られよ。刻限に遅れることのないように。以上」というものであった。つまり、高崎藩上方役所が、摂河両国のうちにある同藩上方所領の代表者（摂津国所領は平野郷町年寄、河内国所領は六万寺村庄屋）に対し、淀屋善左衛門なる者を同道の上、国役普請を指揮・監督する堤奉行のもとに出向くよう命じたのである。

この通知は、もちろん高崎藩上方役所が幕府の指示に基づいて出したものである。その指示を示す史料は、平野郷町には残っていないが、他の地域で確認することができる。すなわち、この年三月八日に、大坂町奉行大久保忠香と同太田好敬が、旗本鈴木清右衛門重栄の代官に対して、「『摂刕・河州国役御普請』を、堤奉行の万年長十郎と長谷川六兵衛が申し付けられたので、（所領ごとに）庄屋を一人ずつ、来たる十八日に六兵衛宅に参り、様子を聞き届けるように申し付けられよ。以上」と命じているのである。(12) 鈴木の所領高は二〇〇石で、所領は摂津国嶋上郡高浜村のうちにあった。(13)

このように、国役普請人足役は、（イ）大坂町奉行が、摂津国または河内国に所領を有する各領主の役人に対して、庄屋を一名、堤奉行のもとに行かせるよう命ずる、(14)（ロ）右の指示を受けた各領主が、自領の庄屋に対し、堤奉行のもとに赴くよう命ずる、（ハ）摂河両国の各所領から出た庄屋たちは、大坂の堤奉行役宅で、普請についての説明を受ける、（ニ）各所領から、所定の数の人足が出る、という手続きにより徴発された。この手続きからもわかるように、国役普請人足役は、前述の二種の広域支配（広域支配A、同B）と個別領主支配の組合わせによって実現していた。すなわち、（イ）は、広域支配機関である大坂町奉行が、摂津または河内に所領を有する諸領主に対して行う支配（広域支配B）、（ロ）は、摂津国または河内国に所領を有する各領主の自領百姓に対する支配（個別領主支配）、（ハ）および（ニ）は、広域支配機関である堤奉行が摂河両国の百姓に対して行う支配（広域支配A）である。

この国役普請人足役の実現メカニズムから、何を読み取るべきか。それは、国役普請人足役が、摂津国または河内国に所領を有する各領主の個別領主支配権に依拠しつつ実現していたことである。個別領主支配権を無視する形で、幕府機関が直接村々に役賦課（すなわち広域支配A）を行っていたわけではないのである。

国役普請人足役の実現メカニズムに関しては、もう一つ、注目すべきことがある。それは、表の5の事例に登場する淀屋善左衛門の存在である。なぜ、摂河両国内にある高崎藩松平氏領の代表者（平野郷町年寄と六万寺村庄屋）は、淀屋を同道して堤奉行のもとに赴く必要があったのだろうか。そもそも淀屋とは、いかなる人物だったのか。

寛文十一年（一六七一）十二月に、河内国丹南藩領の村で作成された「遠目鏡」[15]という史料がある。丹南藩は、河内国丹南郡で一万石を領していた藩で、高木氏が藩主であった。この「遠目鏡」は、庄屋の手控えとして作成されたものであるが、その中に、国役普請人足役についての記述がある。それは、丹南藩領の国役高八三三九石九斗六合八勺に対して、一〇〇石あたり五人の割で人足四一七人が課されていることについて、「先年は、（一〇〇石あたり）八人の割でかかっていたところ、未の年（寛文七年〔一六六七〕）から右のようになった。公儀から一人につき五合の扶持米が下されている。この扶持米に銀九〇〇匁を加え、三郎兵衛（万屋三郎兵衛）が請け負い、勤めている」というものである。

この記述から、国役普請人足役は領主の所領ごとにかかったこと、丹南藩領にかかった国役普請人足役は、藩領村々から出されたのではなく、万屋三郎兵衛という人物が請け負っていたこと、その請負条件は、請負人万屋が銀九〇〇匁と、本来幕府から国役普請人足に与えられる一人あたり五合の扶持米（四一七人分では二石八升五合）を得るというものであったこと、国役普請人足役は、寛文六年までは一〇〇石あたり八人であったが、翌七年から五人になったことがわかる。建前としては、国役普請人足は、所領村々から出ていたのではなく、所領村々に代わって請負人が提供していたのである。建前としては、各領主の所領の役高に応じた数の人足を所領村々から出し、人足には一人一日五合の扶持米が与えられることになっていたが、実際には、請負人が人足数に見合った請負料と人足扶持米を所領村々から得ることと引換えに、所定の数の国役普請人足を出し、普請を請け負うというシステムだったのである。

同様のことは、摂津国尼崎藩青山氏領においても確認することができる。元禄十五年（一七〇二）三月、大和屋重兵衛・山崎屋新右衛門・紀伊国屋長兵衛の三人が、尼崎藩領内の国役普請人足役負担の一単位である上之嶋組の十左衛門および瓦林組の市兵衛に宛てた「請取申御国役御普請一札」[16]から、尼崎藩青山氏領（国役高四万四三八四石五升三合）に課された一〇〇石あたり八人の国役普請人足三五五〇人七分（計算上割り出される数字であるので、七分という端数が生じる）の提供を、大和屋以下の三人が銀四貫六一五匁九分と人足扶持米で請け負ったことがわかる。

各領主の所領村々が、毎年このような形で国役普請人足役の請負料を役請負人に支払っていたとすると、村の財政帳簿である村入用帳類に、そのことが反映するはずである。一例を示すならば、宝永四年（一七〇七）三月に作成された河内国交野郡野村の「戌之年小掛帳」[17]には、戌年（前年の宝永三年）の「国役掛り」は銀一三匁九分で、これが岩田屋利左衛門という人物に支払われたことが記されている。野村は、当時旗本永井氏の所領で、同氏は河内国の若江・茨田・交野三郡のうちで七〇〇〇石を領していた[18]。

所領ごとの役請負人による国役普請人足役の請負は、実は国役普請制度発足当初からのものであった。本制度が発足した承応二年（一六五三）、摂津国嶋上・嶋下両郡にある板倉重宗領にかかった国役普請人足役を誰に請け負わせるかをめぐって、所領内の村々の間で争いが起こった。所領内の庄屋の多くは、当時の堤奉行の一人である中村杢右衛門ゆかりの牢人で、老中も推薦していた河口藤右衛門という人物に請け負わせることに同意したが、一部の庄屋たちはこれに反対し、板倉氏領のうちの一万石分については、池田屋忠右衛門なる者に請負を依頼したのである[19]。この事例は、請負人の存在を前提にして国役普請制度が発足したことを物語るとともに、請負人の選定が、必ずしも所領村々の裁量によるものではなかったことを物語っている。

このように見てくれば、表の5の淀屋善左衛門が、高崎藩上方所領の国役普請人足役を請け負った役請負人であることは明らかであろう。堤奉行の役宅に赴いた平野郷町の年寄と六万寺村庄屋、そして淀屋は、上方所領から出すべき国役普請人足の数、普請丁場、普請期間などについての指示を、堤奉行から受けたと見られる。

では、所領ごとの役請負人の存在を前提として、国役普請人足役が実現していたことを、どのように理解すればよいのだろうか。国役普請人足役が所領ごとに課されたことを考えれば、これは、幕府と個別領主が、円滑かつ確実な国役普請人足役の実現を最優先させたためとしてよいだろう。幕府（この場合は大坂町奉行および堤奉行）にとっては、国役普請を計画通り行うために、定められた数の人足が各所領からすみやかに出される必要があったことはいうまでもないが、個別領主も、国役普請人足役が個別領主を介して賦課される以上、自領村々から確実に人足を出させる責任を負っていた。この幕府と個別領主の双方の必要から、このような請負方式がとられたのであろう。各所領村々に課された国役普請人足役は、まずは役請負人によって実現することになるのである。

国役普請終了後、所領村々は役請負人に請負料を支払うが、たとえ支払いが滞っても、それは役請負人と所領村々との関係に属することであり、国役普請の遂行に影響を与えることはなかった。もちろん、所領村々も、村から百姓を実人足として出すことは、人足の選定など、実際上の諸問題が伴うため、なるべく金銭での負担を望んだことであろう。ただし、これは村から請負人に支払う請負料の額が妥当なものである限りにおいてのことであるが。

ところで、このようなシステムが可能になるためには、摂河両国に課される国役普請人足役を請け負うことができる土木業者が存在していることが必要である。この点に関しては、大坂およびその周辺部は、まさにそのような地であったといってよい。元和六年（一六二〇）から寛永五年（一六二八）にかけ、幕府は多数の大名に大坂城再建のための普請役を課したが、このときは、普請役を課された諸大名がそれぞれの領国から連れてきた人足だけでなく、大坂の土木業者が提供した日用人足も普請に従事した[20]。

また、大坂のみならず、大坂周辺農村にも、多数の人足を調達・動員しうる能力をもった百姓がいた。たとえば、国役普請制度発足の翌年である承応三年（一六五四）、神崎川と中津川に挟まれた地である摂津国西成郡北中嶋の村々（当時、幕府代官豊嶋十左衛門が支配していた）が割り当てられた国役普請所の普請を請け負ったのは、同郡新家村の太郎兵衛という人物であった[21]。太郎兵衛は、北中嶋を開発して新家村を拓いた有力百姓である[22]。

以上、国役普請人足役の実現メカニズムについて見てきた。国役普請人足役は、摂津または河内に所領を有する各領主の個別領主支配権に依拠することにより、また所領ごとに役請負人を介在させることにより実現していたのである。

第三節　郡触の伝達メカニズム——用聞の役割——

前述のように、表の4、10、15、16は郡触、すなわち、郡内全村に対して回達された触である。たとえば、4の郡触は、宝永三年（一七〇六）二月三日付で大坂町奉行大久保忠香・同太田好敬が「摂州住吉郡村々庄屋・年寄・寺社中」に対して出したものである[23]。具体的には、正月付の「覚」を前文に掲げ、「右の通り、今度江戸において仰せ出されたので触れ知らせる。内容を承知したことを庄屋・年寄ならびに寺社家が捺印して示し、その上で郡ごとに村から村へ順々に廻し、触留りの村から大坂番所（大坂町奉行所）へ持参すること」という文章を添えたものである。前文の「覚」とは、「金銀が吹き直されて以来、いまだに世間に古金銀が残っているので、古金銀は残らず引き替えよ。それまでは古金銀と新金銀を混ぜて使用しても構わないので、滞りなく受け払いをするようにせよ。以上」というものである。この郡触は、綱吉政権期の金銀貨改鋳に関するもので、綱吉政権の性格や、当該期幕政の地方における展開のあり方などを窺わせる史料であるが、ここでは、そのような政策史的な観点ではなく、「支配の実現メカニズム」という観点から郡触を問題にしてみたい。具体的には、伝達のあり方の検討を通して支配の特質を探るのである。

「覚帳」には、この郡触写のあとに、「右の御廻状は、二月六日に東喜連村より持参したもので、桑津村へ遣わした」と記されており、この郡触が東喜連村→平野郷町→桑津村という回達ルートを辿ったことが知られるが、それ以上のことはわからない。10、15も同様である。しかし、16の郡触写のあとには、「右の御廻状は、雨宮庄九郎様御代官所（代官所とは、その代官が支配している村々のこと）である摂州住吉郡住吉村より京都御奉行様御支配所である摂州住吉郡東喜連村までの三〇カ村の庄屋・年寄が捺印したあと、平野郷町に届けられた。九月十六日に捺印したが、これは治兵衛様お一人の捺印であった」とあり（治兵衛は年寄の一人）、回達第一村は住吉村であったことがわかる。他の年次の「覚帳」によれば、住吉郡では、基本的に住吉村が回達第一村であった（前章参照）。

ちなみに、郡触の宛名は、単に「摂州住吉郡村〻庄屋・年寄・寺社中」（16は例外的に「摂州住吉郡村〻庄屋・年寄・社家中」となっている）とあるのみで、そこに住吉郡の具体的な構成村が書かれているわけではなかった。他村から郡触を受け取った村は、触状の奥の余白部分に、村役人（庄屋・年寄）が「御触状之趣、奉得其意候、以上」などの承知文言を記すとともに、署名・捺印を行い、次の村に渡した。ここで問題になるのは、どの村に渡すのかということである。郡触には、一応定められた回達ルートが存在したが、それほど厳密なものではなく、回達先の選択はその村の判断に任された。その際、判断の手がかりとなったのは、郡触が回達されてきたときに、触状の奥に記されていた既回達村の名前であったことはいうまでもない。

さて、国役普請人足役が、摂津国または河内国に所領を有する各領主の個別領主権に依拠しつつ、また役請負人を介在させながら実現していたことは、先に見た通りであるが、郡触伝達の場合はどうだったのだろうか。

この点については、平野郷町の各年の「覚帳」に写された大坂町奉行郡触を見る限りでは、そのようなことを窺わせる文言は見出せない。しかし、宝永五年の平野郷町「覚帳」に写されているきわめて珍しいタイプの郡触は、この点についての考察の手がかりを与えてくれる（以下、前章による）。同「覚帳」によれば、この年、一〇回にわたって郡触が平野郷町にもたらされているが、うち五回が大坂町奉行発給のもの、残り五回は、代官雨宮庄九郎の用聞で、大坂の石町に店を構えていた大黒屋七兵衛が出したものであった。いずれも、住吉村が回達第一村である。なお、同「覚帳」は、郡触の回達ルートについての記載が詳細で、一〇回分のうち九回分について、回達第一村から平野郷町まで、あるいは平野郷町の次の村までのルートが記されている。ちなみに、平野郷町は郡触回達ルートの中では最終村に近いところに位置しているため、住吉郡の郡触回達ルートのほぼ全体を知ることができる。

大黒屋発給の郡触は、用聞郡触というべきもので、このタイプの郡触は、一七・一八世紀を通じ、宝永五年だけに確認される。ここではその一例として、同年五月二十五日付のものを取り上げよう。この触は、摂津国嶋上郡の淀川筋にある鵜殿嶋および高浜村・広瀬村外嶋、摂津国平野川筋、河内国石川筋・同祢屋川筋における新田開発予定地の普請の入札を募る同日付の大坂町奉行所触を前文に掲げた上で、「右の通り、大坂西御番所（大坂西町奉行所のこと）において御触状を私どもに写させ、用聞方から一郡を限って申し届けるよう仰せ渡されました。もちろん、触留りの村（回達最終村）より承知した旨を御番所に断るには及ばないことを、念を入れ仰せ渡されました。もっとも、郡中残らずお廻しになって下さい。以上」と書き添えたものである。宛名は「摂州住吉郡村〻御庄屋中・御年寄中」で、宛名を記したあとに、さらに同日付で「村々に回達され、残らず捺印された上で、この廻状を私方にお戻し下さい。以上」と追記している。

用聞大黒屋は、大坂町奉行所の命を受け、同奉行所の触に自身の言葉を添え、自身の名で住吉郡村々に触れたのである。通常の大坂町奉行郡触であれば、回達最終村から同奉行所に戻さねばならないが、この用聞郡触は、その必要はなく、用聞のもとに戻すことになっていた。それはともかく、ここでは、特に大黒屋が郡触発給者として選ばれたことをどう考えるかが問題となる。

このことを考えるにあたっては、大黒屋を用聞として抱えていた代官雨宮庄九郎が、住吉村を支配していたこと、前述のように、このころの大坂町奉行郡触の回達第一村は住吉村であったことが重要である。すなわち、大坂町奉行所は、用聞の名で同奉行所の触を回達させようとしたが、その際、それまでの大坂町奉行郡触回達の慣例に従って住吉村を回達第一村とした。そのため、住吉郡に所領を有する領主たちの用聞の中で、特に住吉村を支配する代官の用聞である大黒屋が郡触発給者として選ばれたと考えられるのである。

この推定は、さらに、通常の大坂町奉行郡触も、大坂町奉行から住吉村の領主（領主が幕府の場合は代官または預り主）の用聞の手を介して住吉村にもたらされていたことを推測させるものである。ふだん、村に回達されてくる大坂町奉行郡触を書き留めた触留帳類には、回達第一村のものでない限り、大坂町奉行所と回達第一村との間に介在する者の存在が記されることがないが、宝永五年には、たまたま用聞郡触という形で郡触が発せられたため、いつもは隠れていた介在者の存在が浮かび上がったと考えられる。

こうして、大坂町奉行郡触は、大坂町奉行→回達第一村を支配する領主の用聞→回達第一村→回達第二村以下の村々というルートを辿って伝達されたことが、ほぼ確認された。この触伝達の実現メカニズムのうちに、広域支配Aの代表例としての大坂町奉行郡触の特質を見出すことが、次の作業となるが、そのためには用聞がいかなる存在であったのかを見ておく必要がある。

かつて述べたように、用聞は用達ともいい、この時期であれば、摂津国または河内国に所領を有する個別領主（ここでは、幕領支配をつかさどった代官も含める）に出入りし、その支配の一部を請け負うとともに、大坂町奉行所の広域支配を支えていた大坂商人である。[24] 図は、享保十三年（一七二八）段階における用聞分布図である。この段階では、大坂西町奉行所（②）は同東町奉行所（①）からかなり離れた場所にあるが、もともとは①の西隣に位置していた。西町奉行所が②の位置に移転するのは享保九年のことである。[25]

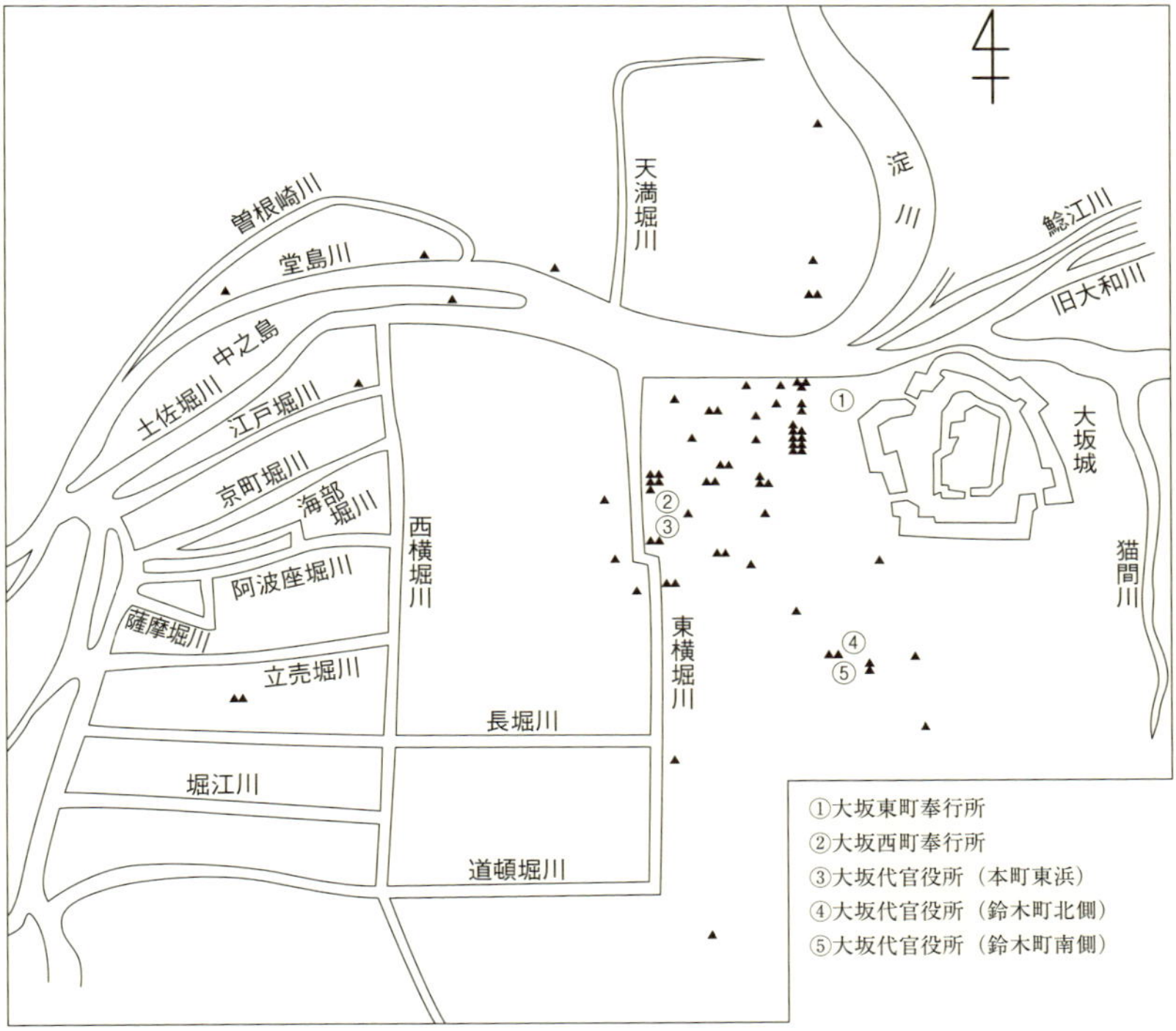

図　用聞分布図（享保期）

・享保13年刊『浪花袖鑑全』（大阪市史編纂所所蔵）に記載されている82名の用聞のうち、摂津・河内・和泉にまったく所領を有していない領主だけに出入りしている者、あるいは用聞出入りの領主の実体が不明の者、計12名を除き（この点の考察は『新訂寛政重修諸家譜』による）、残り70名からさらに用聞の店の位置が漠然としている者２名（それぞれ単に「天満」、「京橋」と記されている）を除いた68名について、それぞれの店の位置を図示した。
・『浪花袖鑑全』では、各用聞の店は町名までしか記されていないので、図示する際にはその町のほぼ中央に▲印をつけた。

図から明らかなように、用聞の多くは、大坂城と東横堀川の間の地に店を構えていた。とりわけ、大坂東町奉行所に近接したあたりに多くの用聞の店が存在した。先の大黒屋の店があった石町も、もとの大坂西町奉行所から一〇〇メートルも離れていないところに位置する町である。ここから、用聞と大坂町奉行所との密接な関係が窺えるのであるが、それを示す一例を紹介しておこう。

先の表の21は、宝永三年十二月五日に、平野郷町年寄徳安および用聞淀屋善左衛門が大坂町奉行に宛てて、平野郷町の住民で三九歳になる与次兵衛が、十二月朔日に町を出たまま帰らないことを届けたという事例である。用聞淀屋とは、この年、高崎藩上方所領の国役普請人足役を請け負った、あの淀屋のことである。同日、徳安を含む四人の年寄が、同様の届を領主役所である「六万寺御役所」すなわち高崎藩上方役所に提出しているが、このときは用聞淀屋は署名していない。つまり、行方不明者の把握に関する限り、用聞は、個別領主支配の中にではなく、大坂町奉行の広域支配の中に位置づけられ、一定の役割を果たしていたといえるのである。この場合、用聞の役割とは、領主役所が大坂町奉行に果たすべき業務を代行することであったとしてよい。つまり、本来であれば、平野郷町の届に誤りがないことを領主役所が保証するために領主役所の役人が署名すべきところ、代わって用聞が署名したと考えられるのである。

このように見てくると、大坂町奉行郡触の伝達における用聞も、領主役所的存在（正確には領主役所の大坂出張所的存在）と位置づけてよいだろう。とするならば、大坂町奉行は郡触を回達第一村にもたらすにあたり、事実上、回達第一村の領主を経由させたと考えることができる。これをふまえ、大坂町奉行郡触伝達の実現メカニズムを時間軸に沿って整理すると、（イ）広域支配Bと位置づけられる「大坂町奉行→回達第一村を支配する領主の用聞」という部分、（ロ）個別領主支配と位置づけられる「回達第一村を支配する領主の用聞→回達第一村」

という部分、（ハ）広域支配Aを背景とした「回達第一村→回達第二村以下の村々」という部分、（ニ）広域支配Aと位置づけられる「回達最終村→大坂町奉行所」という部分、になる。やはり、ここでも国役普請人足役と同様、二種の広域支配と個別領主支配の組合わせによって郡触伝達が実現していた姿を見てとることができる。このことは、とりもなおさず、郡触伝達も個別領主支配権に依拠しつつ実現していたことを物語るものである。そして、この場合も、武士でも百姓でもない介在者が存在した。国役普請人足役の場合は役請負人であったが、郡触伝達の場合は、領主役所的性格を備えた用聞であった。

ところで、淀屋善左衛門が、高崎藩上方所領に課された国役普請人足役の請負人であったと同時に、同藩上方役所に出入りする用聞でもあったことは、きわめて興味深い事実である。国役普請人足役の請負人のすべてが、役を課された所領の領主の用聞であったというわけではないが、一致する例も多い(26)。

この点については、承応二年（一六五三）の国役普請制度発足とともに、摂津国または河内国の所領ごとに国役普請人足役を請け負った土木業者が、毎年請負を繰り返す中で、個別領主の用聞として位置づけられ、個別領主支配や大坂町奉行支配にも関わるようになったと考えてよいだろう。元来、大坂町奉行は広域支配Bの実現のために、摂津国または河内国に所領を有する個別領主に対して、円滑な意思伝達を行うための回路を設けておく必要があった。当初は、現地の領主役所・領主役人や、大坂における領主役所というべき蔵屋敷に、大坂町奉行の意思が伝えられたのであろうが、より円滑な意思伝達のために、町人身分である用聞を活用するようになった。その際、所領ごとの存在であった国役普請人足役の請負人は、用聞とするのに最もふさわしい存在であったものと思われる。用聞は、個別領主に抱えられた商人であったが、大坂町奉行所の下部機関的な存在でもあったため、店も同奉行所の近辺に構えるようになったのであろう。

おわりに――「支配の実現メカニズム」から見えるもの――

以上、「支配の実現メカニズム」という視角から、大坂町奉行および堤奉行がその支配地域に対して行っていた広域支配の特質について検討した。ここでは、国役普請人足役の賦課と郡触の伝達を取り上げたが、いずれも、摂津国または河内国に所領を有する各領主の個別領主支配権に依拠しつつ実現していたことが理解されたことと思う。また、この二つの支配の実現を支えていたのは、役請負人であり、用聞であったが、彼らは所領ごとあるいは領主ごとの存在であり、個別領主支配の枠組みを前提とするものであった。

国役普請人足役の賦課にせよ、郡触の伝達にせよ、従来は、公儀としての幕府による幕領・私領の別を超えた広域支配権という側面に目を奪われがちであった。そして、そのような支配の存在こそが、畿内近国地域を特徴づけるものとされてきたのである。たとえば、畿内を、諸領主が自己の所領に対して十分な封建支配を貫徹しえず、「特殊な封建制度」が展開していた「非領国地域」とした安岡重明の畿内非領国論では、畿内地域が「非領国」であるとする根拠の一つとして郡触の伝達があげられたが[27]、そこでは、郡触の伝達は個別領主支配権を侵害する側面のみが語られていた。しかし、「支配の実現メカニズム」という観点からこれを見直してみれば、郡触の伝達という広域支配が個別領主支配の枠組みを前提として実現していたことに気づく。筆者は、特殊といわれる畿内近国支配も、幕藩制的支配の一般原理によってとらえるべきであると考えている。

最後に、歴史分析における特殊と一般との関係について、一点付け加えておきたい。それは、摂河両国に出された郡触として最も一般的であった大坂町奉行郡触の伝達メカニズムを、宝永五年（一七〇八）だけに確認される用聞郡触の伝達のあり方から推測したことである。きわめて特殊なタイプの郡触である用聞郡触こそが、それを解明する鍵を握っていたのである。これは、特殊の中にむしろ一般が見出されることを示す好例であるといってよいだろう。

（1）筆者は、『近世広域支配の研究』（大阪大学出版会、一九九五年）でこの分析方法を提起するとともに、近世畿内近国地域の支配の特質を論じた。

（2）本章のもとになった村田路人「日本近世の地域支配―大坂町奉行による摂津・河内支配を手がかりに―」は、秋田茂・桃木至朗編『歴史学のフロンティア―地域から問い直す国民国家史観―』（大阪大学出版会、二〇〇八年）第五章として執筆されたものである。同書は、日本史研究者にとどまらない広汎な読者層を想定したものであったため、同論文では、原則として史料原文をそのまま引用することは避けた。今回、同論文を本書に収録するにあたり、広汎な読者層を想定するという趣旨はそのまま生かしつつも、厳密さを期すため、主な史料については、注で原文を掲げることにした。

（3）「武家厳制録」四六（石井良助編『近世法制史料叢書第三　武家厳制録・庁政談』創文社、一九五九年）。史料原文は「一摂州・河州万事仕置之儀、如有来曽我丹波守・松平隼人正可申付之、和泉国ハ石川土《（河）》佐守可申付事」となっている。享保七年（一七二二）、「万事仕置」の対象国が広がり、摂津・河内・和泉・播磨四カ国となった。なお、これ以降、これらの国々は大坂町奉行の支配国といわれるようになる。

（4）大坂町奉行が摂河両国に対して行った実際の「万事仕置」の内容と、堺奉行が和泉国に対して行ったそれは、同じではなかった。本書第四部第一章、同第四章参照。

（5）前掲注(2)村田「日本近世の地域支配」では、広域支配Aについて、「奉行所支配」という表現もあわせて使用したが、本書では「広域支配A」という用語に統一した。

（6）『新訂寛政重修諸家譜』第五（続群書類従完成会、一九六四年）四～五頁。

（7）大坂町奉行所で編纂された職務マニュアルというべき「川筋御用覚書」（『大阪市史』第五、大阪市役所、一九一一年、一九六五年に清文堂出版より復刻、二八一頁）。

（8）以下、堤奉行については、前掲注（1）村田『近世広域支配の研究』第一部第四章「河川支配機構」、国役普請については、同書第一部第三章「国役普請制度の展開」を参照のこと。また、村田路人『日本史リブレット93　近世の淀川治水』（山川出版社、二〇〇九年）においても、堤奉行および国役普請について詳しく説明している。

（9）享保七年（一七二二）九月二十四日、老中安藤重行・同水野忠之・同戸田忠真が大坂町奉行北条氏英および同鈴木利雄に対し、「五畿内・近江・丹波・播磨八ケ国之御代官共、唯今迄京都町奉行支配ニ候故、八ケ国御料・私領共ニ、地方ニ付候公事訴訟并寺社共ニ京都町奉行裁許いたし候得共、自今者八ケ国を四ケ国宛ニ分、（以下略）」と申し渡している（「町奉行所旧記」一〈大阪市史編纂所所蔵の写本〉の「地方之公事訴訟大坂御支配ニ成候書留」の項）。「町奉行所旧記」一は、『大阪市史史料第四十一輯　大坂町奉行所旧記（上）』（大阪市史料調査会、一九九四年六月）にも収録されている。同書二一頁。なお、本書第四部第三章参照。

（10）関東における広域支配については、落合功が「関東地域史研究と畿内地域史研究について」（関東近世史研究会編『近世の地域編成と国家―関東と畿内の比較から―』岩田書院、一九九七年）において簡潔な整理を行っている。なお、関東近世史研究会が二〇一四年度および二〇一五年度の大会において、それぞれ「関東の支配構造―藩領と幕府広域支配―」「幕府広域支配と関東」というテーマを掲げ、関東において展開していた広域支配について論じている。その成果は、『関東近世史研究』七八（二〇一六年五月）、同八〇（二〇一七年七月）に掲載されている。

（11）史料は以下の通りである。

摂州・河刕御国役御普請之儀、堤御奉行万年長十郎様・長谷川六兵衛様被仰付候間、摂刕分ゟ庄屋壱人、河州分ゟ壱人、来ル十一日朝五ツ前長谷川六兵衛様御宅へ淀屋善左衛門同道仕、罷出可被申候、刻限遅ゝ有之間敷候、以上

（宝永三年）
三月九日

内山弥右衛門印
鈴木平次右衛門印

六万寺村
　庄屋印
平野郷町
　年寄之内
　　壱人印
　　　源右衛門様則十一日ニ長谷川六兵衛様へも
　　御出被成候

なお、平野郷町の村政の代表者は数名の年寄（のち、惣年寄と称するようになる）で、これが一般の村の庄屋に相当した。史料の末尾に登場する源右衛門は年寄の一人である。

(12) 摂津国嶋上郡高浜村西田家文書（関西大学図書館所蔵）。史料の原文は、以下の通りである。

摂刕・河州国役御普請之儀、堤奉行万年長十郎・長谷川六兵衛被申付候間、庄屋壱人宛来ル十八日、六兵衛宅江参、
様子聞届候様可被申付候、以上

戌（宝永三年）
　三月八日　　　大（大坂町奉行大久保忠香）大隅守（印）
　　　　　　　　大（同　太田好敬）和泉守（印）
　鈴木清右衛門殿
　　代官

(13)『新訂寛政重修諸家譜』第十八（続群書類従完成会、一九六四年）三七頁。元禄三年（一六九〇）七月「摂州嶋上郡高浜村高付・道法・方角・寺院・人数書上帳」（島本町史編さん委員会編『島本町史』史料編、島本町、一九七六年、一五五頁）。

(14) 前掲注(1)村田『近世広域支配の研究』第一部第三章「国役普請制度の展開」において述べたように、高浜村西田家

文書中には、注(12)に掲げた史料とほぼ同文言、同形式のものが一七通存在する。年次的に元禄五年（一六九二）二月二十二日付のものの次に位置するのは同十一年二月二十九日付のものであるが、前者までは「庄屋一両人」となっているのに対し、後者以降は「庄屋壱人宛」となっている。宝永三年段階では、領内から出すべき庄屋（またはそれに準ずる者）の数は一人でよかったはずであるが、松平氏役人の内山と鈴木は、かつての指示が念頭にあったのか、領内から二名出させている。

(15) 松原市史編さん委員会編『松原市史』第三巻史料編一（松原市、一九七八年）三九五頁。

(16) 武藤誠・有坂隆道編『西宮市史』第四巻資料編1（西宮市、一九六二年）五八九～五九〇頁。なお、前掲注(1)村田『近世広域支配の研究』第一部第一章「役の実現機構と夫頭・用聞の役割」三九～四〇頁で、この史料を解説している。

(17) 河内国交野郡野村小原家文書（枚方市教育委員会所蔵）。

(18)『新訂寛政重修諸家譜』第十（続群書類従完成会、一九六五年）二八一頁。

(19) 摂津国嶋上郡高浜村西田家文書。前掲注(1)村田『近世広域支配の研究』第一部第三章「国役普請制度の展開」一一四～一二二頁参照。

(20) 脇田修「近世初期の都市経済」（『日本史研究』二〇〇、一九七九年四月、のち、脇田『日本近世都市史の研究』（東京大学出版会、一九九四年）に収録）。

(21) 摂津国西成郡十八条村藻井家文書（大阪市史編纂所所蔵の写真版を利用）。なお、新家村の太郎兵衛による国役普請の請負については、前掲注(1)村田『近世広域支配の研究』第一部第三章「国役普請制度の展開」一一四～一二二頁参照。

(22) 阿部真琴「淀川筋上中島の近世初期農村―複合村の分裂」（神戸大学文学会『研究』一〇、一九五六年五月）。

(23) 史料の原文は以下の通りである。

覚

金銀吹直以来、今以世間ニ古金銀相残候間、古金銀不残引替可申候、其内古金銀与新金銀相交遣不苦候間、無滞請払可仕候、以上

戌正月

右之通今度於江戸被　仰出候間、触知せ候、承届候段庄屋・年寄并寺社家致判形、郡切村次順ゟ相廻し、触留之村ゟ
大坂番所江可持参者也

宝永三戌

二月三日（大坂町奉行大久保忠香）大隅印

（同　太田好敬）和泉印

摂刕住吉郡村ゝ
庄屋
年寄
寺社中

右御廻状二月六日東喜連村ゟ持参、桑津村へ遣ス

治兵衛印
久左衛門印

(24) 前掲注(1)村田『近世広域支配の研究』第三部第一章「用聞の諸機能と近世支配の特質」。なお、用聞（用達）については、岩城卓二『近世畿内・近国支配の構造』（柏書房、二〇〇六年）も参照のこと。

(25) 西町奉行所の移転は、妙知焼といわれる享保九年の大坂大火により東西大坂町奉行所が焼失したことがきっかけとなっている。

(26) この点については、前掲注(1)村田『近世広域支配の研究』第一部第一章「役の実現機構と夫頭・用聞の役割」参照のこと。同書でも紹介したが、元禄十五年（一七〇二）三月に、尼崎藩青山氏領の国役普請人足役を請け負った大和屋重兵衛・山崎屋新右衛門・紀伊国屋長兵衛のうち、山崎屋と紀伊国屋は、同藩用聞であった可能性が高い。というのは、この二人は、同九年（一六九六）ころに刊行された『摂津難波丸』上巻（朝倉治彦監修『日本国花万葉記』二、すみや書房、

一九七〇年）に青山氏用聞と記されているからである（同書一二五頁）。

(27) 安岡重明『日本封建経済政策史論―経済統制と幕藩体制―』（有斐閣、一九五九年、のち、一九八五年に晃洋書房より増補新版）第四章「畿内における封建制の構造」。

第二部　非領国地域における領分触伝達の特質

第一章　非領国地域における鳴物停止令──触伝達の側面から──

はじめに

近世において、特定の地位・役職にある者やその近親者が死去した際に、鳴物や普請などを一定期間禁ずる触、すなわち鳴物停止令が出されたことはよく知られている。各個別領主の領内に出される鳴物停止令には、領主やその近親者が死去した際に出されるものと、将軍・天皇などの国家的重要人物やその近親者の死に際して出されるものとの二種があったが、後者を中心に、これまでいくつかの研究成果が積み重ねられてきた。[1]

鳴物停止令が注目されるようになったのは一九八〇年代後半のことで、近世の天皇・朝廷が、政治的・社会的にいかなる存在であったのかという観点からの研究の中で取り上げられた。[2]その後、一九九〇年代初期から中川学をはじめとする論者により、鳴物停止令研究が本格化する。その分析視角は、①地域社会の民衆生活にとって、鳴物停止令はいかなる意味があったのか、[3]②幕藩領主による諸支配の中で、鳴物停止令はどのように位置づけられるのか、[4]③幕府が出した鳴物停止令を藩はどのように受け止めたのか、[5]④死去した人物の地位・役職の違いによって、停止すべき事柄の内容や停止日数に差があるという性格をもつ鳴物停止令は、いかなる構造を有していたのか、[6]等であった。[7]

さて、本章は、所領の錯綜性と頻繁な領主交替、また大坂町奉行や京都町奉行などの幕府支配機関やそれに準ずる機関による、幕領・私領の別を問わぬ支配、すなわち広域支配の存在などによって、一般に「非領国地域[8]」と称される畿内近国地域において、国家的重要人物やその近親者の死に際して発せられた鳴物停止令が、どのように触れられていたのかを検討するものである。従来の鳴物停止令研究は、もっぱら幕府直轄都市や大名領国を対象としており、非領国地域を対象にしたものはなかった[9]。しかし、所領が錯綜し、相給村も珍しくなかった当該地域において、鳴物停止令による音声規制がいかに行われたかを検討することなくして、鳴物停止令の全体像をとらえることはできないであろう。

だが、筆者が畿内近国地域における鳴物停止令を取り上げようとする理由は、右のことにとどまらない。当該地域における触伝達の特質を考える上で、国家的重要人物やその近親者の死に際して出される鳴物停止令の分析が有効であるというのが、もう一つの理由である。

これまで、畿内近国地域の支配の特質をとらえるために、触伝達の研究が行われ、一定の成果を見ていることは確かである。広域支配権に基づく広域的な触の存在が、非領国概念提起の根拠の一つとなったこと[10]はよく知られているところであるが、その後、触の伝達の分析を通して、幕府全国支配における畿内近国支配の相対的独自性[11]、幕府広域支配機関の支配権の内容やその及ぶ範囲[12]、用聞（用達ともいう）による請負支配[13]などが解明された。しかし、従来の研究を振り返ってみるならば、問題点として次の二点を指摘することができる。その第一は、個別領主支配権に基づく触伝達と、広域支配権に基づく触伝達の関係を深く追究しようとする試みがほとんどなされなかったこと、第二は、幕府中央で出された触が、当該地域において触れられる場合、そこに非領国地域なりの特徴が見出されるのか否か、もし見出されるとすれば、それはいかなるものかを問題にすることがなかったことである。この第二の点は、触伝達の側面における非領国地域の幕藩関係は、領国地域のそれと同一の原理でとらえられるか否かの考察が深められていないと言い換えることができよう[14]。

本書第一部第一章〜第三章において筆者は、代官や大坂町奉行などが摂津国住吉郡に触れた郡触（郡内の全村に回達方式で伝達される形式の触）の具体的な回達ルートを明らかにするとともに、回達第一村への伝達の論理の抽出に努めた。これは、右の第一の問題点をいささかでも克服しようとする試みでもあったが、国家的重要人物やその近親者の死に際して出された鳴物停止令の検討は、第二の問題点を克服する試みとなりうるものである。

本論に入る前に、分析の対象とする地域・時期、鳴物停止令関係の用語の使い方について述べておく。畿内近国地域には、幕府をはじめ、さまざまな種類の個別領主の所領が存在したが、本章では、特定大名が大坂周辺地域に有していた所領に触れられた鳴物停止令に限定して検討する。対象時期に関しては、時間的な幅を長くとり、時期的変化を見ることも必要であるが、今回はとりあえず、限られた期間における状況の把握に努めたい。とはいえ、各種鳴物停止令を一通り視野に入れようとすれば、一定の時間的な幅が必要となる。本章では、享保〜延享期、すなわち正徳六年（享保元年〔一七一六〕）から寛延元年（延享五年〔一七四八〕）までの三三年間を対象とする。

次に、用語の使い方に関してであるが、一般に鳴物停止令と称されているものは、単に鳴物の停止だけを命じたものを指すのではない。鳴物と芝居の停止を命じたもの、鳴物・芝居・普請の停止を命じたもの、鳴物・芝居・普請の停止に公事・訴訟の不受理、殺生禁断、自身番の義務などが付け加わったものも、等しく鳴物停止令の名で呼ばれている。本章でも、これらをすべて鳴物停止令と呼ぶことにしたい。また、特に地位の高い人物が死去したときには、期限を設けずに鳴物や普請などの停止を命じることがあった。その場合は、何日かあとに、停止の解除を宣言する触が出されたが、これは停止の期限を最終的に決めたものでもあるので、やはり鳴物停止令に含めておく。しかし、本論を展開する中で、これらさまざまな鳴物停止令を区別する必要が生ずることもあるので、その場合は、内容に応じて、「鳴物停止令」「鳴物・普請停止令」「鳴物赦免令」「普請赦免令」などというように、「 」を付した上で具体的に表現することにする。また、「鳴物停止令」「鳴物・普請停止令」などの停止関係の諸令を総称するときは停止令、「鳴物赦免令」「普請赦免令」などの赦免関係の諸令を総称するときは赦免令と称することにする。

第一節　大坂周辺地域における触の諸類型と鳴物停止令

筆者は、本書第一部第二章⑮において、畿内近国地域における触を、伝達対象地域の性格により分類した。それを図式的に示すと、次のようになる。

領分触（個別領主支配に対応）
広域触（広域支配に対応）
　広域触Ａ（広域支配Ａに対応）
　　郡触
　　特定地域触
　　特定機関・団体触
　広域触Ｂ（広域支配Ｂに対応）

領分触は、個別領主支配権に基づいて出される触のことで、具体的には、領主や幕府代官が、それぞれの支配地（領主の場合は所領〔領分〕、代官の場合は代官所）に出したものである。広域触は、広域支配権に基づいて出される触である。広域支配には、村・町や同業者仲間、あるいは寺社などに対するものと、当該の国や郡に所領を有する個別領主に対するものの二種があり、本書では前者を広域支配A、後者を広域支配Bとしている。広域触Aは前者に対応するもの、広域触Bは後者に対応するものである。

広域触Aのうち、郡触とは、前述のように、郡内全村に回達方式で伝達されるもので、発給主体による分類が可能である。本書第一部第二章では、大坂町奉行郡触、京都町奉行郡触、代官郡触、用聞郡触、庄屋郡触の五つに分類することができるとした（代官郡触は、京都町奉行の郡触の回達を命じたものと、勘定奉行の触の遵守を命じたものの二種がある）。平野郷町に回された郡触のうち、圧倒的多数を占めたのは大坂町奉行郡触で、そのほとんどが、数カ国を対象とする国触であった。特定地域触は、特定の地域に限って出されるもので、これも発給主体により、大坂町奉行特定地域触、堤奉行特定地域触などと分類することができる。大坂城代や大坂町奉行、また堤奉行などの巡見に際し、関係地域に触れられたものが多い。これも郡触と同様、回達方式で触れられた。特定機関・団体触は、寺社や仲間組織に対して出されるものである。

以上のことを前提に、触の諸類型の中で鳴物停止令がどのように位置づけられるかを見てみよう。まず、老中安藤重行の死去に際し、享保十七年（一七三二）八月に平野郷町に出された鳴物停止令を、同年の平野郷町「覚帳」[16]から掲げておく。

（史料1）

先月廿五日

安藤対馬守（老中安藤重行）様御卒去被成候ニ付、於江戸廿五日ゟ廿七日迄三日之内鳴物・高声御停止、普請ハ不苦候由、従
　大御目付様被　仰出候旨、早幸便を以今朝着仕候、右之通上方御領分中へ申付候様ニ御家老中ゟ被仰出候
　間、今四日ゟ六日迄諸事相慎候様ニ可被相触候、以上
　八月（享保十七年）四日
　　　　　　　　　　　　　　　　　役所
　　　　　　　　　　　　　　　惣年寄中

平野郷町は大坂の南に位置する大坂周辺農村で、当時は下総国古河藩本多氏の所領であった。本多氏は下総・武蔵・下野・摂津の諸国で五万石を領し、摂津国では正徳三年（一七一三）以降、住吉・兎原・八部の三郡のうちに所領を有していた[17]。「役所」とは、本多氏が摂津国の所領を支配するため平野郷町に設けた陣屋のことで、「平野役所」または「平野郷役所」と記されることもあった。平野郷町は、「本郷」と称する七カ町および「散郷」と称する四カ村から成り、行政的には一村として扱われていた。「惣年寄」とは、平野郷町全体の村政を任されていた責任者で、惣会所において村政にあたった。惣年寄とは別に、各町にはそれぞれ町年寄、各村にはそれぞれ村年寄がいた[18]。なお、住吉郡内の古河藩所領は、平野郷町および西喜連村・東喜連村・堀村の計四カ村であった（後掲史料3、史料7、史料9参照）。東西喜連村は平野郷町に南接し、東西喜連村から西方向へやや離れたところに堀村があったが（第一部第一章図1、同第二章図1参照）、堀村と三カ村との最短距離は二キロメートル程度のものであった。

史料1では、古河藩平野役所が平野郷町惣年寄に対し、八月四日から同六日までの鳴物・高声の停止を平野郷町に触れるよう命じている。これは、先の触の類型では、いうまでもなく領分触に属する。現存する享保～延享

期（一七一六〜一七四八年）の平野郷町「覚帳」によれば、国家的重要人物やその近親者の死去に際して出された鳴物停止令は一四件二一例確認されるが[19]（後掲表2参照）、それらはすべて領分触として触れられたものであった。「覚帳」には、領分触だけでなく、平野郷町にもたらされた広域触（郡触および特定地域触）も書き留められている。したがって、記載されている一四件二一例すべてが領分触であるということは、国家的重要人物やその近親者の死に際して出される鳴物停止令は、少なくともこの時期においては、広域触の一種である郡触という形では触れられることがなかったことを示す。このことは何を意味するだろうか。もし、大坂町奉行が郡触の形で触れ出したとすれば、享保十七年段階であれば、住吉郡の全村に四日ほどのうちに同内容の鳴物停止令が伝えられたことであろう[20]。しかし、江戸で鳴物停止令に接した各個別領主がめいめい触れるとなれば、これら村々に一律の内容をもった鳴物停止令が四日ほどのうちに伝えられることはまずありえない。鳴物停止令が領分触によって伝達される限り、所領の錯綜した当該地域では、一律の音声規制を実現することはできないのである。もっとも、鳴物停止令が郡触の形で出されたとしても、回達が完了するまでは、触に接した村とそうでない村が併存することになるから、いずれにしても統一的な音声規制を期待することはできないのであるが、領分触として伝達される場合と較べれば格段の違いがある。特に、相給村への伝達を想定すれば、その違いは歴然としている。相給村に郡触の形で鳴物停止令が来る場合は、領主ごとに存在していた各庄屋のもとに、ほとんど同時に触がもたらされるため、同じ村の中で異なった状況が生ずるという事態は起こりえないのである。しかし、現実には、鳴物停止令は郡触によって伝達されることはなく、領分触として伝達されたのであった。

以上、大坂周辺地域にあっては、鳴物停止令が郡触ではなく領分触によって触れられたことを見たが、いまひとつ確認しておきたいことがある。それは、幕府が各個別領主に対して、領内への鳴物停止令の触れ出しを求めたのかどうかということである。この点は、従来の研究では意識して考察されないままに、大名の鳴物停止令への対応などが論じられてきたが[21]、この際、明確にしておきたいと思う。

先に史料1で、老中安藤重行の死去に際し、平野郷町惣年寄中に出された鳴物停止令を検討したが、同令には、江戸において、享保十七年七月二十五日から同二十七日までの三日間の鳴物・高声停止（普請はかまいなし）が大目付から命じられたことが述べられていた。幕府中央では、次のような形で触れられている[22]。

（史料2）

一安藤対馬守卒去付て、国持衆、表向之面々、老中宅え明廿六日、以使者御機嫌可被相伺事

（五条略）

一鳴物は今廿五日より廿七日迄停止候、但、普請は不苦候事

右之趣可被相触候

七月

省略した部分には、将軍吉宗嫡子家重に対する第一条の面々（「表向之面々」とは外様大名のこと[23]）の御機嫌伺い（第二条）、雁之間詰大名・菊之間縁頬詰大名・諸番頭・諸物頭・諸役人の登城（第三条）、第三条の面々の西の丸出仕（第四条）、在国・在邑者の飛札による吉宗・家重に対する御機嫌伺い（第五・第六条）について記されている。この七カ条の条書のあとに、「右之趣可被相触候」とあるが、これは、大目付に対する老中の指示文言である。なお、この点については、史料1で、古河藩本多氏（正確には江戸在勤の同藩留守居役）に鳴物・高声停止のことを命じたのは大目付となっていたことを想起されたい。ここには、老中↓大目付↓本多氏というルートで、鳴物停止令が伝えられたことが示されている[24]。

それはともかく、この七カ条では、吉宗や家重に対する大名および幕府役人の御機嫌伺いや、彼らの江戸での鳴物・普請の停止が命じられているにすぎず、領内への触れ出しなどはまったく求められていないのである。『御触書寛保集成』および『御触書宝暦集成』[25]の「禁裏御吉凶等之部」「御法事并鳴物停止等之部」に収められた享保～延享期の鳴物停止令（以下、『御触書集成』所収鳴物停止令と呼ぶ）は三六件であるが、右のことは、この三六件すべてに当てはまることである。つまり、幕府中央で出された鳴物停止令は、各個別領主に対し、その支配地に触の趣旨を浸透させることが要請されている幕府全国令とは性格を異にするものだったのである[26]。

幕府中央で出された鳴物停止令がこのような特徴を有していた以上、領内への触れ出しは、各個別領主の裁量に任されていたということになる。鳴物停止令は郡触として出されることがなかったことを考えれば、国家的重要人物やその近親者の死に際しての大坂周辺地域における音声規制のあり方は、一に個別領主の判断如何にかかっていたといえよう[27]。

第二節　大坂鳴物停止令の概要

延享四年（一七四七）六月二十四日、古河藩平野役所から、次のような「覚」[28]が住吉郡内の古河藩領分村々に出されている。

（史料3）

覚

紀伊宰相《（徳川宗将）》殿御嫡直松殿御卒去ニ付、大坂町中諸事穏便ニ仕、昨廿三日ゟ廿五日迄鳴物停止被仰付候、依之御

領分中右同事ニ相心得、諸事穏便ニ可仕候、普請之儀者御構無之候、火元之義別而念入可申候、右之趣為可
触知如此御座候、以上
（延享四年）
六月廿四日　　役所印

平野郷町
惣年寄中
西喜連村
東喜連村
堀村
右村々庄屋年寄中

紀伊徳川宗将の嫡男直松の死去に際して出された鳴物停止令であるが、六月二十三日から同二十五日までの鳴物停止を命じた大坂町触に準じて、諸事穏便にするよう触れている。この事例は、古河藩住吉郡領分の鳴物停止令（以下、古河藩住吉郡領分鳴物停止令と呼ぶ）は、大坂に出された鳴物停止令との関わりにおいて検討すべきことを教えている。そこでまず、町触によって大坂に出された鳴物停止令（以下、大坂鳴物停止令と呼ぶ）を取り上げたい。

表1は、享保〜延享期、すなわち正徳六年（享保元年（一七一六））から寛延元年（延享五年（一七四八））までの大坂鳴物停止令の一覧である。これは、『大阪市史』第三[29]に「御触及口達」として収録されている大坂町触から鳴物停止令を抜き出したものである。三三年の間に、三九件五九例の鳴物停止令を確認することができる（④を二例と見なす）。一件ごとに通し番号を付したが、この番号は、発給主体とは無関係に、死去した人物ごとに付け

表1　大坂町触にみる享保～延享期の鳴物停止令

発布年月日			人　物　名	触　の　内　容
①享保元(1716)		5.7	徳川家継（将軍）	（鳴物停止・自身番等について触れる）
		5.23		（家作普請赦免）
		6.5		（傾城町商売赦免）
		6.17		（公事・訴訟21日より裁許）
		6.20		（鳴物所作の者21日より赦免）
		6.26		（町中自身番免除）
②	3(1718)	9.18	水戸中納言（徳川綱条）	（町中穏便、鳴物停止）
③	4(1719)	5.13	源三（将軍徳川吉宗息）	（町中穏便、鳴物停止）
④	5(1720)	正.22	新准后（新中和門院）	（町中穏便、鳴物停止、24日にも鳴物停止の触）
⑤		2.12	女院（承秋門院）	＊町中物静かに、道頓堀芝居その他鳴物12日～14日停止
⑥		7.5	久世大和守重之（老中）	（町中穏便、鳴物停止）
⑦		9.27	松姫（故徳川綱吉養女）	＊町中穏便、鳴物27日～10月2日停止、道頓堀他諸芝居停止、普請は構いなし、10月2日まで公事・訴訟裁許せず
⑧	7(1722)	5.24	井上河内守正岑（老中）	（町中穏便、鳴物停止）
⑨		11.14	芳姫（将軍徳川吉宗娘）	（町中穏便、鳴物停止）
⑩	11(1726)	6.16	浄円院（将軍徳川吉宗生母）	普請・鳴物16日より停止、道頓堀・安治川・曽根崎芝居停止、町中穏便
		6.22		（普請23日より赦免）
		6.29		鳴物明7月朔日より赦免
		7.10		（公事・訴訟12日より裁許）
⑪	13(1728)	5.7	松平伊賀守忠周（老中）	町中穏便、鳴物および道頓堀、安治川・堀江・曽根崎新地芝居7日より3日間停止、普請は構いなし
⑫		7.19	渡辺備中守基綱（大坂定番）	道頓堀芝居19・20両日停止、町中物静かに
⑬		9.17	大久保佐渡守常春（老中）	町中穏便、鳴物および道頓堀、安治川・堀江・曽根崎新地芝居17日より3日間停止、普請は構いなし
⑭	14(1729)	正.24	堀田伊豆守正虎（大坂城代）	町中穏便、鳴物および道頓堀、安治川・堀江・曽根崎新地芝居24日より2日間停止、普請は構いなし
⑮		11.朔	植村土佐守正朝（大坂定番）	道頓堀その他諸芝居、鳴物等朔・2両日物静かに
⑯		11.5	戸田山城守忠真（老中）	町中穏便、鳴物および道頓堀、安治川・堀江・曽根崎新地芝居5日より3日間停止、普請は構いなし
⑰	15(1730)	4.14	水戸宰相（徳川宗堯）	町中諸事穏便、鳴物16日まで停止、普請14・15両日停止、道頓堀、安治川・堀江・曽根崎新地芝居停止
⑱		12.5	尾張中納言（徳川継友）	町中諸事穏便、鳴物3日間停止、普請5・6両日停止、道頓堀、安治川・堀江・曽根崎新地芝居停止
⑲	17(1732)	5.2	戸田大隅守忠囿（大坂定番）	道頓堀その他諸芝居、鳴物等2・3両日物静かに

⑳享保17(1732)	8．朔	安藤対馬守重行（老中）	町中穏便、鳴物および道頓堀、安治川・堀江・曽根崎新地芝居朔日より３日間停止、普請は構いなし
㉑	8．8	法皇御所（霊元院）	８日より町中物静かにし、鳴物および道頓堀、安治川・堀江・曽根崎新地芝居、普請停止、公事・訴訟裁許せず
	8．12		普請13日より赦免、公事・訴訟13日より裁許
	8．19		鳴物20日より赦免
㉒	9．4	敬法門院（女院）	町中穏便、鳴物および道頓堀、安治川・堀江・曽根崎新地芝居４日より３日間停止、普請は構いなし
㉓　18(1733)	10．9	御簾中（徳川家重正室）	普請・鳴物９日より停止、道頓堀・安治川・曽根崎芝居停止、町中穏便
	10．13		（普請赦免〔14日からか〕）
	10．18		（鳴物赦免〔19日からか〕）
㉔　19(1734)	9．14	稲葉佐渡守正親（大坂城代）	町中穏便、鳴物および道頓堀、安治川・堀江・曽根崎新地芝居14日より３日間停止、普請は構いなし
㉕　20(1735)	閏3．4	黒田豊前守直邦（西丸老中）	町中穏便、鳴物および道頓堀、安治川・堀江・曽根崎新地芝居４日より３日間停止、普請は構いなし
㉖	5．25	酒井讃岐守忠音（老中）	町中穏便、鳴物および道頓堀、安治川・堀江・曽根崎新地芝居25日より３日間停止、普請は構いなし
㉗元文２(1737)	4．13	仙洞御所（中御門上皇）	町中物静に、13日より鳴物および道頓堀、安治川・堀江・曽根崎新地芝居、普請停止
	4．17		普請18日より赦免、公事・訴訟18日より裁許
	4．24		鳴物25日より赦免
㉘	6．27	永井播磨守直亮（大坂定番）	道頓堀芝居27・28両日停止、町中物静かに
㉙　4(1739)	5．29	保科弾正忠正寿（大坂定番）	（鳴物停止）
㉚	7．29	米津出羽守政容（大坂定番）	（鳴物停止）
㉛　5(1740)	3．24	太田備中守資晴（大坂城代）	町中穏便、鳴物および道頓堀、安治川・堀江・曽根崎新地芝居24日より３日間停止、普請は構いなし
㉜寛保元(1741)	3．5	一位（故徳川家宣正室）	普請・鳴物５日より停止、道頓堀・安治川・曽根崎芝居停止、町中穏便、公事・訴訟裁許せず
	3．11		普請12日より赦免
	3．18		（鳴物赦免）
	3．25		公事・訴訟27日より裁許
㉝延享元(1744)	4．26	松平伊豆守信祝（老中）	町中穏便、鳴物および道頓堀、安治川・堀江・曽根崎新地芝居26日より３日間停止、普請は構いなし
㉞	9．19	土岐丹後守頼稔（老中）	（不明）
㉟　2(1745)	閏12．23	利根姫（前将軍徳川吉宗養女）	町中穏便、鳴物23～29日停止、道頓堀その他諸芝居停止、普請は構いなし

㊱延享3（1746）	5.15	松平能登守乗賢（老中）	町中穏便、鳴物および道頓堀、安治川・堀江・曽根崎新地芝居15日より3日間停止、普請は構いなし
㊲	6.23	養仙院（故徳川綱吉養女）	＊町中穏便、鳴物23～29日停止、普請は構いなし
㊳　4（1747）	6.23	紀伊直松（徳川宗将息）	町中穏便、鳴物および道頓堀、安治川・堀江・曽根崎新地芝居23日より3日間停止、普請は構いなし
㊴　5（1748）	3.2	御部屋（将軍徳川家重側室）	＊町中穏便、鳴物・普請停止、道頓堀、安治川・堀江・曽根崎新地芝居停止
	3.6		普請7日より赦免、公事12日より裁許
	3.11		鳴物12日より赦免

（注）「御触及口達」（『大阪市史』第三）による。ただし、＊を付したものは、摂津国住吉郡平野郷町「覚帳」により補った（表2参照)。「触の内容」欄で（　）に入れたものは、触の本文がなく、町触頭書からしかその内容を知り得ないものである。なお、本文があるにもかかわらず、「御触及口達」校訂者が掲載を省略した触もある。その場合は、頭書に「体裁触○○に同じ」「体裁触○○に同じかるべし」などと注記されているので、それらに従って復元したうえで掲載した。

た固有の番号というべきもので、あとで古河藩住吉郡領分鳴物停止令を考察する際にも用いることとする。

さて、大坂鳴物停止令については、さしあたり、以下のような特徴を指摘することができる。

第一に、大坂鳴物停止令が、『御触書集成』所収鳴物停止令の大半を含んでいることである。前述のように、享保～延享期の『御触書集成』所収鳴物停止令は三六件であるが、このうち、大坂鳴物停止令の中にないものは、正徳六年四月の大明院宮（輪王寺門跡公弁法親王）[30]、享保二十年九月の尾張国丸（尾張徳川宗春嫡子）[31]、元文二年（一七三七）十二月の尾張竜治代（尾張徳川宗春嫡子）[32]、同三年三月の崇保院宮（前輪王寺門跡公寛法親王）[33]、同年六月の瑞春院（故徳川綱吉側室）[34]、延享三年（一七四六）五月の泰受院（故水戸徳川宗堯正室）[35]の六件にすぎない。六件のうち、瑞春院については、「当地計之事」とあり、最初から江戸だけを対象としたものであった。『御触書集成』所収鳴物停止令は、幕府中央が国家的重要人物と認識した者や、その近親者の死に際して出されたものと考えてよいが、大坂町奉行は、ほぼそれに準じて、大坂に鳴物停止令を出したといえるのである。

なお、天皇家の人物の死に際しての鳴物停止令（④⑤㉑㉒㉗）は、死去日から間もなく出ているため[36]、幕府中央の指示をまって出されたのではないが、結果的には『御触書集成』所収鳴物停止令の人物と一致している。天皇家の人物については、誰が死去した際に鳴物停止令を出すかに関して、あらかじめ幕府中央から大坂町奉行に指示があったものと思われる。

第二は、大坂鳴物停止令が右のような特徴を有しながらも、一方で、大坂という地の地域性を強く反映するものであったことである。大坂鳴物停止令には、大坂城代や大坂定番が死去した際に出されたものが含まれている。両職とも、幕府直轄都市大坂に置かれた幕府の重要役職であるが、これらは『御触書集成』所収鳴物停止令はもとより、京都鳴物停止令（京都で出された鳴物停止令をこのように表現しておく）の中にも見られない[37]。

第三は、どのような地位・役職の者が死去したときに鳴物停止令が出されたのかということであるが、表1では、将軍家（将軍本人〔①〕、将軍側室〔㊴〕、将軍の生母〔⑩〕・子〔③⑨〕、かつて将軍であったものの正室〔㉜〕・子〔⑦㉟㊲〕、将軍嫡子の正室〔㉓〕）、御三家（当主〔②⑰⑱〕、一例だけではあるが当主の子〔㊳〕）、老中（⑥⑧⑪⑬⑯⑳㉕㉖㉝㉞㊱）、大坂城代（⑭㉔㉛）、大坂定番（⑫⑮⑲㉘㉙㉚）、天皇家（法皇・上皇〔㉑㉗〕、女院〔④⑤㉒〕）となっている。

第四は、規制内容についてである。これには、いくつかのパターンがあった。規制が最も厳しかったのは、①の将軍家継が死去したときで、鳴物・芝居・普請・傾城町商売の停止と自身番の義務が命じられ、大坂町奉行所による公事・訴訟の裁許も停止した。これを（イ）としておく。他は、ほとんどが鳴物停止・芝居停止・普請停止・裁許停止を組み合わせたもので、不明のもの（②③④⑥⑧⑨㉙㉚㉞）を除けば、規制の厳しい順に、（ロ）鳴物・芝居・普請・裁許停止（⑩㉑㉗㉜㊴）、（ハ）鳴物・芝居・裁許停止（⑦）、（ニ）鳴物・芝居・普請停止（⑰⑱㉓）、（ホ）鳴物・芝居停止（⑤⑪⑫⑬⑭⑮⑯⑲⑳㉒㉔㉕㉖㉘㉛㉝㉟㊱㊳）、（ヘ）その他（⑫㊲）、の六パターンに分けることができる。ただし、このうち（ハ）と（ニ）はどちらが厳しいともいえない。

規制内容の特徴として、鳴物停止と芝居停止はセットであり、また、普請停止を伴うほどのものは、多くの場合、裁許も停止したことが指摘できる。なお、（ヘ）のうち⑫は、芝居停止と町中物静かにすることを命じたもの、㊲は鳴物停止と町中穏便を命じたものであり、町中物静かや町中穏便の解釈のしかたによっては、ともに（ホ）に含めることができる。

また、規制内容には明確に地位・役職に応じた序列化が窺われ、（イ）は将軍、（ロ）は将軍生母・側室、かつての将軍の正室、法皇・上皇、（ハ）はかつての将軍の娘、（ニ）は御三家当主と将軍嫡子正室、（ホ）は女院、老中、大坂城代、大坂定番、前将軍の娘、御三家当主の子となっている。

以上で、大坂鳴物停止令の概要がつかめたことと思うが、大坂周辺地域に出された鳴物停止令を検討するにあたっては、次の二つのことが重要である。一つは、誰が死去した際に出されるのかということについては、大坂鳴物停止令は、幕府中央の判断にほぼ準じており、したがってその内容が包括的であったといえることである。すなわち、大坂鳴物停止令は、大坂周辺地域に出された鳴物停止令を検討する際の比較の基準としてふさわしいのである。いま一つは、大坂鳴物停止令の中には、（イ）（ロ）（ハ）のように、公事・訴訟の裁許停止を含むものが存在することである。裁許停止は、もちろん三郷住民だけに関わるものではなく、大坂周辺の村々に住む者にとっても重大関心事であったはずであり、周辺地域にどのように触れられたかが問題となろう。

大坂鳴物停止令については、規制内容を中心に、より掘り下げた分析が必要であるが、本章の目的は、あくまでも大坂周辺地域の鳴物停止令の伝達を問題とするものであるので、ここでは、以上の分析にとどめておく。次に、大坂鳴物停止令との比較を念頭に置きつつ、古河藩住吉郡領分鳴物停止令を検討していきたい。

第三節　古河藩住吉郡領分鳴物停止令の伝達

1　古河藩住吉郡領分鳴物停止令と大坂鳴物停止令

表2は、平野郷町「覚帳」から、享保～延享期の古河藩住吉郡領分鳴物停止令を抜き出したものである。「覚帳」は毎年作成されたが、すべてが現存しているわけではなく、享保～延享期の三三年間のうちでは、「発布年月日」欄に記した、享保四～八年、同十・十一年、同十三年、同十五～十八年、同二十年、元文元・二年、寛保三年、延享二～五年の二〇カ年分しか残っていない。したがって、表2に掲げたものが、享保～延享期に出された鳴物停止令のすべてというわけではなく、また、大坂鳴物停止令との比較も、当然のことながら、この二〇カ年分について行うことになる。

最初に、表2の鳴物停止令が、すべて表1にもあることを確認しておきたい。前節で、大坂鳴物停止令が包括的な内容であることを指摘したが、ここにも、そのことが示されている。そのうえで、まず、誰が死去したときに鳴物停止令が出されたのかという点について、両者を比較しつつ検討してみよう。表3は、死去した人物の所属または役職別に、大坂鳴物停止令（表1）と古河藩住吉郡領分鳴物停止令（表2）を整理したものである。右欄には表2の一四件が分類されている。左欄には、「覚帳」が現存する年の鳴物停止令について、表1にはあるが表2にはないものを分類・記載した。左欄に鳴物停止令が片寄っている場合は、該当する所属または役職の人物が死去した際に、古河藩住吉郡領分には鳴物停止令が出されない傾向にあったことを示しているし、逆に、右

表２　摂津国住吉郡平野郷町「覚帳」に見る享保～延享期の鳴物停止令

発布年月日	人物名	触の内容
享保４(1719)		(「覚帳」に記載なし)
⑤ ５(1720) 2.13	新女院御所（承秋門院）	12日付大坂町触(道頓堀芝居その他鳴物12日～14日停止）を触れる
⑦ 9.28	松姫（故徳川綱吉養女）	27日付大坂町触(鳴物27日～10月２日停止、道頓堀他諸芝居停止、普請は構いなし、10月２日まで公事・訴訟裁許せず）を触れる
６(1721)		(「覚帳」に記載なし)
⑧ ７(1722) 5.25	井上河内守正岑（老中）	郷中諸事穏便、鳴物・高声25・26両日停止、普請は構いなし
８(1723)		(「覚帳」に記載なし)
10(1725)		(「覚帳」に記載なし)
⑩ 11(1726) 6.16	浄円院（将軍徳川吉宗生母）	江戸で出された10日付書付(普請10日～16日、鳴物10日～23日停止）を掲げ、慎むよう命ず
6.23		普請23日より赦免
6.29		鳴物停止29日まで
13(1728)		(「覚帳」に記載なし)
⑰ 15(1730) 4.15	水戸宰相（徳川宗堯）	町中諸事穏便、鳴物17日まで停止、普請15・16両日停止
⑱ 12. 6	尾張中納言（徳川継友）	鳴物８日まで停止、普請６・７両日停止
16(1731)		(「覚帳」に記載なし)
⑳ 17(1732) 8. 4	安藤対馬守重行（老中）	国元よりの指示をふまえ、４日～６日諸事慎み(鳴物・高声停止、普請は構いなし）を命ず
㉑ 8.10	法皇御所（霊元院）	鳴物・普請等停止、諸事穏便
8.14		普請14日より赦免、公事・訴訟13日より裁許の由
㉓ 18(1733) 10. 9	御簾中（徳川家重正室）	鳴物・普請停止
20(1735)		(「覚帳」に記載なし)
元文元(1736)		(「覚帳」に記載なし)
㉗ ２(1737) 4.13	仙洞御所（中御門上皇）	13日より鳴物・普請停止、公事・訴訟裁許せず
4.18		普請18日より赦免
4.24		鳴物25日より赦免
寛保３(1743)		(「覚帳」に記載なし)
㉟延享２(1745)閏12.24	利根姫(前将軍徳川吉宗養女)	23日付大坂町触(鳴物23～29日停止、道頓堀その他諸芝居停止、普請は構いなし）を掲げ、鳴物25～27日停止、餅搗等は差し支えなしと命ず
㊲ ３(1746) 6.23	養仙院（故徳川綱吉養女）	大坂町触（鳴物23～29日停止、普請は構いなし）に準ずべし
㊳ ４(1747) 6.24	紀伊直松（徳川宗将息）	大坂町触（町中諸事穏便、鳴物23～25日停止）に準ずべし、普請は構いなし
㊴ ５(1748) 3. 3	御部屋（将軍徳川家重側室）	２日付大坂町触(鳴物・普請停止、道頓堀、安治川・堀江・曽根崎新地芝居停止）を知らせ、鳴物・普請停止

延享5(1748)	3．8		大坂町触(普請7日より赦免、公事・訴訟12日より裁許)の内容を知らせ、心得るよう命ず
	3．12		大坂町触(鳴物12日より赦免)を知らせ、心得るよう命ず

(注)平野郷町杭全神社所蔵の「覚帳」のうち、正徳6年(享保元)から寛延元年(延享5)までの期間内で、現存するすべての「覚帳」の中から、鳴物停止令を抜き出したもの。左端の番号は、表1の番号に対応している。

表3　古河藩住吉郡領分における鳴物停止令の実態

所属・役職	大坂町触にあるが「覚帳」にないもの	「覚帳」記載の鳴物停止令
将軍家	③源三(将軍吉宗息)　⑨芳姫(同娘)	⑦松姫(故綱吉養女) ⑩浄円院(将軍吉宗生母) ㉓御簾中(家重正室) ㉟利根姫(前将軍吉宗養女) ㊲養仙院(故綱吉養女) ㊴御部屋(将軍家重側室)
御三家		⑰水戸宰相(徳川宗堯) ⑱尾張中納言(徳川継友) ㊳紀伊直松(徳川宗将息)
老中	⑥久世重之　⑪松平忠周　⑬大久保常春 ㉕黒田直邦　㉖酒井忠音　㊱松平乗賢	⑧井上正岑　⑳安藤重行
大坂定番	⑫渡辺基綱　⑲戸田忠囿　㉘永井直亮	
天皇家	④新准后(新中和門院) ㉒敬法門院(女院)	⑤新女院御所(承秋門院) ㉑法皇御所(霊元院) ㉗仙洞御所(中御門上皇)

欄に片寄っている場合は、大坂同様、古河藩住吉郡領分にも出される傾向にあったことを示している。

表3では、御三家は左欄が、また大坂定番は右欄が空欄になっている。このことは、御三家の者が死去した際には、古河藩住吉郡領分でも必ず鳴物停止令が出されたこと、大坂定番が死去した際には、同領分には一切出されなかったことを物語っている。後者に関しては、大坂定番は、大坂のみに関わる役職と認識されていたことを物語る。なお、大坂城代については、大坂城代が死去した年の「覚帳」が残存しておらず、比較はできない[38]。

将軍家と老中は、ともに左欄・右欄の両方にまたがっているものの、将軍家は右欄に、老中は左欄に片寄っている。つまり、将軍家の場合はたいてい古河藩住吉郡領分でも鳴物停止令が出され、老中の場合は出されない傾向にあったことが窺えるのである。将軍家についてさらにいうならば、古河藩住吉郡領分に出されなかったのは、将軍家のうち、将軍の子息および息女であった。また、天皇家は左欄に二件、右欄に三件となっているが、法皇・上皇は右欄にある。法皇・上皇クラスは古河藩住吉郡領分でも必ず出されたが、女院は出される場合と、出されない場合とがあったことがわかる。

全体として見れば、大坂鳴物停止令と古河藩住吉郡領分鳴物停止令とは、誰が死去した際に出されたのかということに関しては、所属または役職ごとに一定の傾向を示しつつ、かなりの違いがあったといえるのである。このことは、いうまでもなく第一節での指摘、すなわち、鳴物停止令を領内に触れるか否かは個別領主の判断に任されていたということが前提としてある。

2　伝達上の特徴

次に、古河藩住吉郡領分鳴物停止令の伝達上の特徴について検討しよう。「はじめに」で述べたように、鳴物停止令は停止令と赦免令とに分けられるが、まず停止令から見ていきたい。表2の「触の内容」欄を見ると、停止令の中には、明らかに大坂鳴物停止令を受けて触れられたものがいくつかあることに気づく。⑤⑦㉟㊲㊳㊴がそれである。㊳については、すでに史料3として掲げているので、ここでは㉟の例を紹介する。

（史料4）

利根姫君様御逝去候間、町中諸事穏便仕、今日ゟ来ル廿九日迄鳴物令停止候、道頓堀其外諸芝居可相止候、
普請之儀者構無之候、勿論火之元之儀別而入念可申候

（延享二年）丑閏十二月廿三日

閏十二月廿四日七ツ時過、木曽治様御役所へ吉兵衛御呼被成、被仰渡候ハ、明廿五日ゟ廿七日まて三日之間鳴物停止諸事穏便ニ仕、火之元等念入候様ニ町〻へ申渡候様、尤此節餅搗等ハ差支無之間、是又町〻へ気を付候様被仰渡、則右御触書之写御渡被遊候、右御触書ハ大坂町中へ御触之写也

利根姫君様と申ハ、大御所様紀刕ゟ御養君ニ被遊、陸奥（伊達宗村）様御簾中ニ御遣シ被遊候御方之よし

大御所吉宗養女利根姫の死に際し、大坂に鳴物停止令が出された翌日の延享二年閏十二月二十四日、平野郷町の吉兵衛が「木曽治様御役所」（古河藩平野役所）に呼ばれ、二十五日から三日間の鳴物停止と火の用心などを平野郷町の町々に触れるよう申し渡されるとともに、大坂に出された触の写が手渡されたことがわかる。

その他、表2の「触の内容」欄だけではわからないが、㉗も、大坂鳴物停止令を受けて出されたものと考えられる。四月十三日に、「役所」（平野役所）から惣年寄中に申し渡した内容は、「仙洞御所様去ル十一日ニ崩御ニ付、今日ゟ重而御差免候迄鳴物停止、其外普請等も相止、尤工（公）事・訴訟御聞被成候義茂被差差延候旨被仰渡候間、右之趣相心得（略）」というものであり、鳴物・普請の停止および公事・訴訟受付停止の旨を仰せ渡されたことが示されている。仰せ渡した主体と対象が明記されていないが、同じく十三日付で出された大坂鳴物停止令は、「（略）今日ゟ重而差免候迄町中物静ニ仕、鳴物停止、道頓堀、安治川・堀江・曽根崎新地芝居幷普請相止候、弥以火之元入念可申候、公事・訴訟聞候義差延申候」というものであり、文言の類似性から、ここでの仰せ渡しの主体は大坂町奉行、その対象は大坂三郷町々と考えられる。したがって、㉗は大坂鳴物停止令を受けたものと判断できるのである。

以上の⑤⑦㉗㉟㊲㊳㊴の七件は、古河藩住吉郡領分鳴物停止令の文言の中に、大坂鳴物停止令を受けて出したことが、直接的あるいは間接的に示されているものであるが、示されていない⑰⑱も、大坂に触れ出された翌日

に平野郷町に出され、本文の表現が非常に似通っているところから、おそらく同様であると推測される。⑰について、大坂鳴物停止令と古河藩住吉郡領分鳴物停止令を、それぞれ史料5・史料6として掲げておこう。

（史料5）

水戸宰相《徳川宗堯》殿当月七日御逝去、町中諸事隠《穏》便ニ仕、鳴物之分ハ来ル十六日迄停止、普請等ハ今明日中相止、勿論道頓堀、安治川・堀江・曽根崎新地芝居相止可申候、火之元等入念候様ニ、三郷町中可触知者也

戌《享保十五年》四月十四日

（史料6）

水戸宰相《徳川宗堯》様当月七日御逝去ニ候間、諸事穏便ニ仕、鳴物来十七日まて停止、普請等ハ今明日中相止可申候、尤火之元等入念候様ニ本郷・散郷可被触知候、已上

四月十五日《享保十五年》　役所印

平野郷町
惣年寄中

道頓堀以下における芝居禁止という、大坂だけに関わる部分を取り除いたり、発布日が一日あとになったことに合わせて鳴物・普請の停止期間を一日ずつずらせるといった修正を施したりしてはいるが、大坂に出された鳴物停止令に接した古河藩平野役所が、その文面を平野郷町向けのものに修正して惣年寄中に命じたことは、まず間違いないだろう。

残るは⑧⑩⑳㉑㉓である。このうち、⑩⑳は国元または江戸からの指示を受けて出されたものであることが明らかである。⑳は、第一節で史料1として掲げたものである。八月四日朝に、古河藩家老から老中安藤重行死去

の報が平野役所にもたらされ、それを受けて平野役所が惣年寄中に指示を出したのである。大坂で出されたものよりも三日も遅れて出されているのは、江戸→古河→平野と、古河を経由したからであろう。⑩は、大坂鳴物停止令と同じ日に触れられているところから、江戸から直接平野にもたらされたと見られる。⑧㉑㉓については、その文言からは大坂鳴物停止令を受けて出されたのかどうか判断できない。

次に、鳴物停止や普請停止の解除を令した触、すなわち赦免令について検討しよう。表2では、⑩㉑㉗㊴で赦免令が確認される。このうち㊴は、三月三日付の「鳴物・普請停止令」だけでなく、三月八日付の「普請、公事・訴訟赦免令」および三月十二日付の「鳴物赦免令」も、大坂鳴物停止令に準じて出されたことが「触の内容」欄に示されている。㉗も、前述のように、「鳴物、普請、公事・訴訟停止令」は大坂鳴物停止令を受けて出されたものと考えられるが、赦免についても、大坂鳴物停止令と同じく、普請は四月十八日から、また鳴物は同二十五日からとなっている。また、㉑については、古河藩住吉郡領分では、大坂より二日遅れて「鳴物・普請停止令」が出されており、その発布に至る経緯は不明であるものの、八月十四日付の「普請、公事・訴訟赦免令」第二条目には、「公事・訴詔(訟)昨十三日ゟ大坂御番所御聞被成候由ニ候、左様可被相心得候」とあり、大坂鳴物停止令を受けたものであることは間違いない。

注目すべきは⑩である。⑩の「鳴物・普請停止令」は、前述のように、藩からの指示を受けて出されたものであったが、表1・表2からわかるように、普請赦免日と鳴物赦免日は、それぞれ六月二十三日、七月朔日となっており（享保十一年六月は小の月）、いずれも大坂に出されたものと同じである。これは、普請は十日から十六日までの七日間、鳴物は十日から二十三日までの一四日間停止という幕府中央の「鳴物・普請停止令[39]」の停止日数が、大坂、古河藩住吉郡領分ともに六月十六日から適用された結果、一致したと考えられなくもない。しかし、二十三日に「役所」(平野役所)から惣年寄中に出された「普請赦免令」には、「浄円院様御逝去ニ付、普請御停止之儀今廿三日より御赦免被　仰出候間、早ゝ可被相触候」とある。「被　仰出」の主体は大坂町奉行以外にはありえず、やはりこれは、前日に大坂に出された「普請赦免令」に準拠して出されたと考えられる。また、二十九日に「平野郷役所」から惣年寄中に出された「鳴物赦免令」も、「鳴物御停止之儀今日迄ニ而、来月昨日より御赦免被成候間、其旨可被相触候」とあり、同日に大坂に出された「鳴物赦免令」を受けたものであることは間違いあるまい。

以上、古河藩住吉郡領分鳴物停止令においては、不明のものを除き、停止令の大部分と赦免令の全部が、大坂に出されたものを受けて触れ出されたことが判明した。停止令については、古河藩平野役所では多くの場合、大坂でどのように停止令が出されるかを見た上で触れ出したのである。赦免令はさらにその傾向が強く、大坂町奉行の判断に全面的に依拠していたといえる。

もっとも、触の内容について見るならば、古河藩住吉郡領分に出されたもののすべてが、大坂に出されたものをそのまま踏襲したものであったというわけではない。史料5・史料6で見たように、⑰では、大坂鳴物停止令にあった「道頓堀、安治川・堀江・曽根崎新地芝居相止可申候」(史料5)という文言が、平野郷町惣年寄に対する古河藩平野役所の指示(史料6)では除かれていた。停止期間も、大坂では鳴物が四月十六日まで、普請が同十五日までであるのに対し、平野郷町では鳴物が十七日まで、普請は十六日までとなっている。しかし、「道頓堀」以下の文言が除かれたのは、触の対象地域が異なっているのであるから当然といえるし、鳴物・普請停止の赦免日の違いも、前述のように触れ出された日のズレに起因するもので、停止日数(鳴物は三日間、普請は二日間)という点では、むしろ平野郷町に出されたものは、大坂に出されたものを踏襲しているといえよう。この事情は、

⑱でもまったく同様である。

大坂鳴物停止令をふまえて触れ出しながら、明らかに内容を質的に改変した例は㉟である。この例では、大坂では、鳴物停止は閏十二月二十九日までであったが、史料4にあるように、平野役所は平野郷町に対し、二十七日までの鳴物停止を命じている。これを命じたのが、大坂鳴物停止令の触れ出し日の翌日であったのにもかかわらずである。しかし、この措置は、おそらく年の暮れという特殊事情を考慮した結果であり、また、このような例は、表2の一四件中㉟だけである。[40]

結局、古河藩住吉郡領分鳴物停止令は、大坂鳴物停止令が出されたことを受けて触れ出されたというにとどまらず、内容面においても大坂鳴物停止令に準拠していたといえるのである。

第一節で述べたことと関わらせながら、本節で検討したことをまとめておきたい。そもそも、国家的重要人物やその近親者の死去に際して幕府中央で出された鳴物停止令については、各個別領主は、領内への触れ出しを幕府から求められておらず、領内に触れるか否かは、各個別領主の判断に委ねられていた。たとえば、古河藩平野役所は、老中が死去しても、特定の者以外については住吉郡領分に触れることがなかったが（表3）、それはこのことによる。同藩では、将軍家や天皇家の人物が死去した際でも、人物によっては鳴物停止令を住吉郡領分に出さないことがあった。しかし、鳴物停止令を出すことになった場合は、大坂の動向をにらみつつ、できる限り大坂鳴物停止令に準拠して触を出したのである。なお、古河藩平野役所では、誰が死去した際に鳴物停止令を出すべきかについてあらかじめ基準があり、該当する人物が死去したときには、大坂鳴物停止令にならうことになっていたのであろう。老中については、鳴物停止令を出さないのが原則で、特に藩からの指示があったときに限り出すことになっていたのではないだろうか。

第四節　鳴物停止令と用聞

大坂周辺に存在した古河藩住吉郡領分に出された鳴物停止令が、大坂に出されたものに準拠していたとするならば、次に問題となるのは、大坂鳴物停止令がどのようにして古河藩平野役所に知らされたのかということであろう。以下、延享五年（一七四八）三月に将軍徳川家重側室の死去に際して出された鳴物停止令（表1および表2の㊴）を手がかりに、この点について考察してみよう。(41)

延享五年三月三日、平野役所から平野郷町惣年寄中および西喜連・東喜連・堀の三カ村庄屋・年寄中に、「口上ニ而申渡覚」と題する「鳴物・普請停止令」が出された。

（史料7）

口上ニ而申渡覚

御部屋様去月廿六日御逝去被遊候旨申来り候間、町中諸事穏便仕、重而差免候迄鳴物・普請停止、幷道頓堀、安治川・堀江・曽根崎新地芝居可相止候、弥以火之元等念入可申候、此旨三郷町中可相触候、以上

（延享五年）辰三月二日

右之通大坂町中御触有之候ニ付、触為知候間、村ゝ諸事穏便ニ仕、鳴物・普請等可令停止候、尤差免候儀ハ追而可申渡候、且又火之元之儀ハ不及申候得共、別而念入可申候、以上

三月三日　平野郷
役所印

平野郷町
惣年寄中
西喜連村
東喜連村
堀村
右村々庄屋
年寄中

大坂で出された三月二日付の「鳴物・普請・芝居停止令」を掲げ、古河藩住吉郡領分村々に鳴物および普請停止を命じたものである。

その後、同月八日に、同領分には「普請赦免、公事・訴訟裁許再開令」が出される。次の二つの史料は、「普請赦免、公事・訴訟裁許再開令」が出されたときの模様を物語るものである。

（史料8）

口上

一今日ゟ普請方御免被遊候、尤公事・訴状(訟)ハ来ル十二日ゟ御聞被遊候間、左様思召可被下候、為其如此御座候、以上

辰(延享五年)三月七日　大和屋新右衛門

平野郷惣会所

（史料9）

右飛脚賃百文此者ニ御渡可被下候、以上

口上

一今日ゟ普請方御差免被遊候、尤公事・訴訟ハ来ル十二日ゟ御聞被遊候間、左様御心得可被下候、為其如此御座候、以上

（延享五年）
辰三月七日

大和屋
新右衛門

御役所様

右之通大和屋新右衛門ゟ申越候ニ付為触知候間、此旨可被相心得候、尤此廻書順ゞ差廻シ、留り村ゟ月番役所へ可相返候、以上

三月八日

平野
役所印

平野郷町
惣年寄中
東喜連村
西喜連村
堀村
右村ゞ
庄屋
年寄中

両史料に登場する大和屋新右衛門は、古河藩本多氏の上方領分を担当していた用聞である。用聞（用達ともい

う）については、かつて検討を加えたところであるが(42)、大坂周辺に支配地を有する個別領主に抱えられ、個別領主や大坂町奉行所の意思を、自身が引き請けている個別領主の支配地の村々（引請村々）に伝えたり、引請村々やその百姓が関わった争論の調停などにあたったりした大坂町人である。享保七年（一七二二）までは、引請村々に対して、国役普請人足役を中心とする幕府広域役を請け負ったり、役代銀の立て替えを行ったりすることも多かった。延享四年（一七四七）刊『改正増補難波丸綱目(43)』によれば、「本田中務大輔忠良(多)」の「用聞」大和屋の居所は大坂谷町二丁目であった。

さて史料8・史料9から、三月七日に用聞大和屋が平野郷町惣会所および古河藩平野役所のそれぞれに対し、大坂町触の内容を伝えていることがわかる。大坂町触は三月六日に出されたもので、その本文は、「先達而相触候普請之儀、明七日より差免候、鳴物之儀ハ追而可申渡候、公事裁許之義来ル十二日ゟ可令裁許候、此旨三郷町中可触知者也(44)」というものであった。大和屋の知らせを受けた古河藩平野役所は、同人の「口上」を掲げ、平野郷町惣年寄中および三カ村の庄屋・年寄中に、回達方式でその旨を心得るよう命じている（史料9）。八日に平野役所から触を受け取った平野郷町惣年寄たちが、前日の大和屋からの知らせによって、その内容を先刻承知済みであったことはいうまでもない。

その後、三月十一日には、鳴物停止を十二日から赦免するとの大坂町触が出された(45)。史料は省略するが、このときも、翌十二日にその内容が大和屋から平野郷町惣会所および古河藩平野役所のそれぞれに伝えられ、古河藩平野役所は同日、住吉郡領分四カ村に対し、大和屋の「口上」を掲げた上で、その旨を心得るよう命じている。

ところで、古河藩平野役所から出された三月三日付の「鳴物・普請停止令」（史料7）は、その後に出された二回の赦免令に見るように、大和屋から役所宛の「口上」を掲げて触れるという形をとっていない。一方、大和屋は平野郷町惣会所に対しては、大坂町触の文言をそのまま掲げ、「右之通、昨二日暮まへ町触御座候、尤公事・訴詔《（訟）》御聞不被成候間、左様ニ御心得可被下候、為其如此御座候、以上」として、町触のあったことを知らせているのである。

三月三日付の古河藩平野役所による「鳴物・普請停止令」（史料7）に見る限り、大和屋が大坂町触の内容を同役所に伝えたことは示されていない。しかし、大坂の町々に出された「鳴物・普請・芝居停止令」は知らせず、赦免令だけを知らせたというのは、いかにも不自然である。触の文面には、たしかに大和屋の関与を窺わせるものは何もないが、実際には大坂の「鳴物・普請・芝居停止令」も、大和屋が役所に伝えたことは間違いないだろう。役所から出された三月三日付の「鳴物・普請停止令」（史料7）は、三月八日付の「普請赦免、公事・訴訟裁許再開令」（史料9）および同十二日付の「鳴物赦免令」とは違い、大坂で出された三月二日付の「鳴物・普請・芝居停止令」をそのままの形で載せている。仮に大和屋がこれを役所に伝えたのであれば、史料8・史料9の文面を考えあわせれば、その伝え方は、惣会所に対するものと同じような形式であったと考えられる。とすれば、役所の触は、町触のあとに「右之通、昨二日暮まへ町触御座候、尤公事・訴詔《（訟）》御聞不被成候間、左様ニ御心得可被下候、為其如此御座候、以上」という文言に類した大和屋の文言を掲げ、「右のように大和屋から申してきたので心得よ」という文章で結ぶ形になる。これは、触の文章構造としては複雑であり、役所としては、それを避けるために、町触を直接引用する形をとったのだろう。そのため、大和屋が伝えた事実が、触の文言の中に表現されなかったものと思われる。

以上、家重側室死去に際して大坂に出された鳴物停止令が、古河藩用聞大和屋新右衛門の手によって古河藩平野役所にもたらされたことを確認した。古河藩住吉郡領分鳴物停止令の多くが、大坂鳴物停止令に準拠して出されたことの陰には、このような用聞の情報伝達機能があったのである。[46] ただし、平野郷町「覚帳」に記された一四件二一例の古河藩住吉郡領分鳴物停止令のうち、用聞が関与したことが示されているのは、この家重側室死去に際してのものだけであり、それ以外については、関与を窺わせるものはまったくない。しかし、それは触の文面に記されなかっただけのことであろう。前述のように、触の中に、古河藩平野役所宛の用聞の言葉を記していては、触の文章構造が複雑になる。また、しいて用聞から大坂鳴物停止令がもたらされたことを触に記す必要性があるとも思えない。史料9や三月十二日付「鳴物赦免令」の例は、用聞の名前がたまたま触の文面に現れたものと考えられる。

おわりに

国家的重要人物やその近親者の死去に際して発せられた鳴物停止令が、非領国地域といわれる大坂周辺地域の村々にどのように触れられたかについて、摂津国住吉郡における古河藩本多氏領を例に、分析を進めてきた。大坂周辺地域では、大坂町奉行が郡触の形で村々に一律に鳴物停止令を出すことはなく、当該地域に所領を有する各個別領主が、それぞれ鳴物停止令を出した。幕府中央で出された鳴物停止令は、そもそも各個別領主に対して、領内への触れ出しを求めるものではなかったため、領内に触れるか否か、また触れる場合、鳴物や普請などの停止日数を何日にするかについては、各個別領主の判断に任されていた。これは、当該地域においても例外ではなかったのである。したがって、所領の錯綜した当該地域にあっては、理屈の上では、一律の音声規制を実現することは不可能であった。

しかし、古河藩住吉郡領分についていえば、同領分に出された鳴物停止令は、そのほとんどが大坂に出されたものに準拠していた。誰が死去した際に鳴物停止令が出されるかについては、両者の間には大きな違いがあったが、いったん古河藩平野役所が出すと判断した場合は、大坂鳴物停止令に準拠するのが通例であった。その意味で、一律の音声規制が、部分的にではあるが実現していたということができる。そして、平野役所に大坂鳴物停止令をもたらす役割を担っていたのは、古河藩出入りで同藩上方所領を担当していた用聞だったのである。今回検討したのは古河藩住吉郡領分の例だけであるが、大坂周辺地域に所領を有する個別領主は、いずれも用聞を抱えており、大坂鳴物停止令の内容を個別領主のもとにもたらした用聞は、他にも多数いたものと思われる。ここでは、摂津国豊嶋郡麻田村に陣屋があった麻田藩青木氏領に、同藩用聞が大坂鳴物停止令の内容を伝えた例を紹介しておこう。

寛延四年（一七五一）六月二十日、大御所徳川吉宗が死去した。麻田村に住み、麻田藩の大庄屋を務めていた岩田忠左衛門がつけていた寛延四年「日記」の同月二十四日条に、[47]以下のような記事がある。

（史料10）

一廿四日、くもり、豊嶋屋庄兵衛ゟ左之通申来ル

　大　御所様当月廿日被遊　薨御候間、町中諸事穏便ニ可仕候、普請・鳴物・諸芝居并傾城町商売をも追而差免候迄ハ相止候、此節町中自身番火之元別而入念可申候、公事・訴訟も重而令案内候迄ハ不承候間、右之趣三郷町中可相触候、以上

　　（寛延四年）未六月廿三日

右之通今朝六ツ時御触有之候、御屋敷へ被　仰上可被下候、如斯申来ル、御屋敷江申上候処、当郷中茂鳴

物停止・諸事穏便可仕候、普請等御差免追而可申達由廻状出ス

豊嶋屋庄兵衛は麻田藩の用聞で、大坂嶋町一丁目に店があった。(48) 六月二十三日付で大坂に触れられた鳴物停止令に接した豊嶋屋は、大庄屋岩田に「御屋敷」、すなわち麻田藩陣屋に鳴物停止令の内容を伝えるよう要請した。岩田が陣屋に鳴物停止令の内容を言上したところ、「当郷中」（麻田藩領のうちの一行政区である豊嶋郷。大庄屋岩田は豊嶋郷を管轄していた）(49) にも鳴物停止等を命じる廻状を回すよう指示があった。古河藩住吉郡領分には大庄屋は存在しなかったが、大和屋も豊嶋屋も、大坂鳴物停止令を領主に伝えるという点ではほぼ同様の機能を果たしていたといえよう。

本章を終えるにあたり、今後の課題をいくつか掲げておきたい。

第一は、大名領以外の所領において、鳴物停止令がどのように伝達されたのかという問題である。幕領・天皇家領・公家領・寺社領ではどうであったか、幕領では代官所（代官の支配地）ごとの違いはなかったのか等が問題となろう。(50) また、麻田藩の例を紹介したが、大名領といっても、古河藩住吉郡領分のような、関東に本拠がある大名の所領と、畿内近国に本拠がある大名の所領とでは違いがあったと考えられ、その点の留意も必要となる。

第二は、京都町奉行の郡触伝達対象地域における鳴物停止令の伝達のあり方の問題である。本章で検討した大坂町奉行の郡触伝達対象地域と違い、京都周辺地域では、郡触によって鳴物停止令が回されている例が確認される。(51) この違いは何に基づくものか。両者の違いをふまえつつ、非領国地域における鳴物停止令の伝達上の特質を考えねばならない。その際、堺・伏見・奈良・大津といった都市の周辺村々における伝達のあり方も、視野に入れておく必要がある。

第三は、個別領主を介さない鳴物停止令の伝達の問題である。第四節で、延享五年（一七四八）三月に、将軍

徳川家重側室の死去に際して大坂に出された鳴物停止令が、用聞の手によって古河藩平野役所にもたらされたことを紹介したが、史料8に見るように、用聞は平野郷町の惣会所にも、その内容を知らせていた。役所から触が出されるまでもなく、少なくとも惣会所は、大坂鳴物停止令の内容を知っていたのである。この例は、惣会所が七カ町四カ村から成る平野郷町を束ねる存在であったがゆえの特殊なケースかもしれないが、他の個別領主の支配下にあった村々も、用聞から情報を得ていた可能性はある。かつて指摘したように[52]、享保期以降、用聞は領主の用聞から村々の用聞へと性格を変化させていくと考えられるから、この可能性は高いのではないだろうか。とするならば、用聞―村々というレベルにおける情報伝達によって、村々は来たるべき鳴物停止令に備えていたことも考えられるのである。

最後に、鳴物停止令の分析をふまえ、幕府全国令が畿内近国非領国地域にどのように伝達されたのかについての検討が必要であることを指摘しておきたい。同じく幕府中央で触れられ、幕府から個別領主に伝達されるとはいえ、鳴物停止令は領内への触れ出しを求められていなかったのに対し、幕府全国令は、触の趣旨を領内に浸透させることが求められていた。一方、畿内近国非領国地域では、郡触によって幕府全国令が伝達されていた。同じ内容の触が二つのルートを辿って村々に達したことは、すでに知られているが[53]、現在のところ、それは事実の指摘にとどまるのみである。今後、畿内近国支配論としてこの事象を検討したいと考えている。

（1）ここではとりあえず、国家的重要人物とその近親者というように、両者を区別したが、近親者は、そもそもその国政に果たす実質的な役割の有無・程度とは無関係に、それだけで国家的重要人物であったという見方もできる。その場合は、両者を分けることは無意味となる。これは領主とその近親者についてもいえることである。

(2) 深谷克己「近世の将軍と天皇」(『講座日本歴史』六　近世二〔東京大学出版会、一九八五年〕、のち、深谷『近世の国家・社会と天皇』〔校倉書房、一九九一年〕に収録)、黒田日出男「こもる・つつむ・かくす―中世の身体感覚と秩序―」(『日本の社会史』八〔岩波書店、一九八七年〕、のち、黒田『王の身体・王の肖像』〔平凡社、一九九三年〕に収録)、藤田覚「国政に対する朝廷の存在」(『日本の近世』二　天皇と将軍〔中央公論社、一九九一年〕、のち、藤田『近世天皇論―近世天皇研究の意義と課題―』〔清文堂出版、二〇一一年〕に収録)。

(3) 中川学「江戸幕府『鳴物停止令』の展開とその特質―近世前中期における江戸町触を中心に―」(『歴史』七九、一九九二年九月、のち、中川『近世の死と政治文化―鳴物停止と穢―』〔吉川弘文館、二〇〇九年〕に収録)、大平聡「嘉永六年の遊行上人と鳴物停止」(『新しい歴史学のために』二〇八、一九九二年一二月)。

(4) 今野真「幕藩体制下の生活規制―鳴物停止令と禁字―」(『宮城歴史科学研究』三八、一九九四年一二月)、高野信治「給人領主家の『死』をめぐる儀礼」(『歴史学研究』六六九、一九九五年三月、のち、高野『近世大名家臣団と領主制』〔吉川弘文館、一九九七年〕に収録)。

(5) 林紀昭「法社会史的に見た藩（一）―伊予小松藩の場合―」(『法と政治』四三―四、一九九二年一二月)、中川学「『鳴物停止令』と藩政―幕令に関する藩の対応―」(渡辺信夫編『近世日本の生活文化と地域社会』河出書房新社、一九九五年、のち、前掲注(3)中川『近世の死と政治文化』に収録)。なお、前掲注(4)今野「幕藩体制下の生活規制」も、幕藩関係を意識した部分がある。

(6) 中川学「近世京都における『鳴物停止令』の構造とその展開―近世前中期京都町触を中心に―」(『東北大学附属図書館研究年報』二八、一九九五年一二月、のち、前掲注(3)中川『近世の死と政治文化』に収録)。

(7) 本章のもととなった村田路人「非領国地域における鳴物停止令―触伝達の側面から―」(大阪市史編纂所編『大阪の歴史』五六、二〇〇〇年一〇月)以後の研究のうち、主なものとして塚本明「鳴物停止令と地域社会―伊勢神宮周辺地域を中心に―」(『三重大史学』創刊号、二〇〇一年三月、のち、塚本『近世伊勢神宮領の触穢観念と被差別民』〔清文堂出版、二〇一四年〕に収録)がある。これは、伊勢神宮領における鳴物停止令への対応のあり方を明らかにしたものであるが、所領が錯綜していた伊勢神宮直轄地領周辺地域における慎み内容の均質化の動向にも触れており、本章の課題と関わる部分がある。

(8) 周知のように、非領国概念は、安岡重明が「近畿における封建支配の性格―非領国に関する覚書―」(『ヒストリア』二二、一九五八年六月、のち、安岡『日本封建経済政策史論―経済統制と幕藩体制―』〔有斐閣、一九五九年、のち、一九八五年に晃洋書房より増補新版〕に収録)において提起したものである。なお、藪田貫は「支配国・領主制と地域社会」(関東近世史研究会編『近世の地域編成と国家』岩田書院、一九九七年、のち、藪田『近世大坂地域の史的研究』〔清文堂出版、二〇〇五年〕に収録)において、「非領国」概念の再検討を提起している。

(9) 岩城卓二は「近世村落の展開と支配構造―支配国における用達を中心に―」(『日本史研究』三五五、一九九二年三月、のち、岩城『近世畿内・近国支配の構造』〔柏書房、二〇〇六年〕に収録)において、用達(用聞)の機能を説明する中で、用達(用聞)が大坂に出された鳴物停止令を大坂周辺村に伝えていた例を紹介している。ただし、鳴物停止令を正面に据えた分析ではない。

(10) 前掲注(8)安岡「近畿における封建支配の性格」。

(11) 朝尾直弘『近世封建社会の基礎構造』(御茶の水書房、一九六七年)第五章「畿内における幕藩制支配」。

(12) 藪田貫「『摂河支配国』論―日本近世における地域と構成―」(脇田修編著『近世大坂地域の史的分析』〔御茶の水書房、一九八〇年〕、のち、前掲注(8)藪田『近世大坂地域の史的研究』に収録)、福島雅蔵「近世後期大和芝村藩の大庄屋支配と触書―宇陀周辺預り領を中心に―」(花園大学文学部史学科編『畿内周辺の地域史像―大和宇陀地方―』〔花園大学文学部史学科、一九八七年〕、のち、福島『近世畿内政治支配の諸相』〔和泉書院、二〇〇三年〕に収録)、藤田恒春「近世前期上方支配の構造」(『日本史研究』三七九、一九九四年三月)、大宮守友編著『奈良奉行所記録』(清文堂出版、一九九五年)付論「近世前期の奈良奉行」、村田路人「代官郡触と幕府の畿内近国広域支配」(『待兼山論叢』三一史学篇、一九九七年一二月、改稿して本書第一部第一章)。

(13) 村田路人「用聞の諸機能と近世的支配の特質」(『京都橘女子大学研究紀要』一七、一九九〇年一二月)、同「役の実現

機構と夫頭・用聞の役割」（『日本史研究』三四九、一九九一年九月）、同「奉行所用達の諸機能について─堺奉行所川筋用達の分析を通して─」（『花園史学』一二、一九九一年一一月）。以上、いずれものち、村田『近世広域支配の研究』（大阪大学出版会、一九九五年）に収録。岩城卓二「大坂町奉行所と用達」（『日本史研究』三四九、一九九一年九月、のち、前掲注(9)岩城『近世畿内・近国支配の構造』に収録）、前掲注(9)岩城「近世村落の展開と支配構造」。

(14) 領国を形成している大名が、幕府全国令を領内にどのように触れ出したのかについては、藤井譲治「幕藩制前期の幕令─酒造制限令を素材に─」（『日本史研究』一七〇、一九七六年一〇月、のち、藤井『幕藩領主の権力構造』〈岩波書店、二〇〇二年〉に収録）に詳しい分析がある。前掲注(5)中川学「『鳴物停止令』と藩政」も、秋田藩・盛岡藩・弘前藩といった、領国を形成している藩を分析対象としている。

(15) もとになった論文は、村田路人「近世の地域支配と触」（『歴史評論』五八七、一九九九年三月）。

(16) 平野郷町杭全神社所蔵文書。「覚帳」は、触や領主に提出する願い・届けその他を書き留めたもので、毎年作成された。本章では、大阪市史編纂所所蔵の写真版を利用した。

(17) 『新訂寛政重修諸家譜』第十一（続群書類従完成会、一九六五年）二二三頁。

(18) 平野郷町については、『日本歴史地名大系28　大阪府の地名』（平凡社、一九八六年）六五二〜六五六頁に概略的な説明がある。

(19) 本章でいう鳴物停止令の件数とは、死去した人物ごとに数えた数を指す。何例という場合は、「鳴物停止令」「鳴物・普請停止令」「鳴物赦免令」「普請赦免令」など、個別の鳴物停止令の数のことである。

(20) たとえば、享保十七年（一七三二）三月二十八日付で大坂町奉行から住吉郡村々の庄屋・年寄・寺社家に宛てて出された神善四郎による秤改めに関する郡触は、三〇カ村を経たのち、四月朔日に平野郷町に達している。平野郷町に達したときには、二カ村を残すのみであった（平野郷町享保十七年「覚帳」）。この例から、住吉郡三三カ村への郡触回達は、四日程度で完了したと考えられる（この年の三月は大の月である）。なお、本書第一部第二章で、享保十五年六月十五日付で住吉郡村々の庄屋・年寄・寺社家に宛てて出された金銀銭札遣いに関する大坂町奉行郡触を紹介したが（第一部第二章史料1）、このときは三一カ村を経て同月十八日に平野郷町に達している。未回達村は一村であったが、やはり住吉郡三三カ村への郡触回達は四日程度で完了したと思われる。

(21) 前掲注(5)林「法社会史的に見た藩（一）」、同中川「『鳴物停止令』と藩政」。

(22) 高柳真三・石井良助編『御触書寛保集成』（岩波書店、一九三四年）六〇一号。

(23) 「有徳院殿御実紀巻卅六」（黒板勝美・国史大系編修会編『新訂増補国史大系　徳川実紀』第八篇〔吉川弘文館、一九三三年、のち一九七六年復刻〕）享保十七年七月二十六日条に、「また国持以下外様の大名は、老臣の邸に使して両城の御気色を伺ひ」とある。

(24) 幕府中央で出された触が、どのようにして大名・旗本等に伝達されたのかについては、前掲注(11)朝尾『近世封建社会の基礎構造』第五章「畿内における幕藩制支配」、前掲注(14)藤井「幕藩制前期の幕令」、石井良助・服藤弘司編『幕末御触書集成』別巻解題（岩波書店、一九九七年）第五章「幕府法の伝達」（服藤弘司執筆）、笠谷和比古『近世武家文書の研究』（法政大学出版局、一九九八年）第二章「幕藩関係文書の諸類型」などで分析されている。

(25) 高柳真三・石井良助編『御触書宝暦集成』（岩波書店、一九三五年）。

(26) 中川学は、前掲注(5)「『鳴物停止令』と藩政」において、幕府中央の鳴物停止令に対する藩独自の対応を明らかにしながら、『御触書集成』所収鳴物停止令を全国令と呼んでいる。しかし、全国令とは、全国の幕領・私領を適用範囲とする法令のことであるから、このいい方は適当でない。

(27) 個別領主の判断によって鳴物停止令が出されたとしても、村々がそれを遵守し、実際に音声規制が実現したかどうかは、別個に考察しなければならないことである。また、相給村において、ある領主が鳴物停止令を出し、別の領主が出さなかったとしても、現実には村レベルで統一した対応をとった可能性もある。本章では、あくまでも鳴物停止令の伝達のあり方を問題にしているので、これらの点は考察の範囲外である。

(28) 平野郷町延享四年「覚帳」。

(29) 『大阪市史』第三（大阪市、一九一一年、のち一九六五年、清文堂出版より復刻）。

（30）『御触書寛保集成』四九九号。
（31）『御触書寛保集成』六三〇号。
（32）『御触書寛保集成』六三五号。
（33）『御触書寛保集成』六三六号。
（34）『御触書寛保集成』六四三号。
（35）『御触書宝暦集成』三五七号。
（36）たとえば、㉑の法皇御所（霊元院）の場合は、八月六日に死去し、同月八日に大坂に鳴物停止令が出されている（「御触及口達」『大阪市史』第三、三一九頁）。
（37）享保～延享期に京都で出された町触は、京都町触研究会編『京都町触集成』第一巻～第三巻（岩波書店、第一巻は一九八三年、第二・第三巻は一九八四年）に収められているが、大坂定番はもとより、大坂城代が死去した際にも、鳴物停止令は出されていない。なお、京都所司代については、享保～延享期に京都所司代が在職中に死去した例はないため、他の時期について検討してみると、たとえば寛延二年（一七四九）九月十八日に牧野貞通が死去した際には、死去当日に京都で鳴物停止令が出されたあと（『京都町触集成』第三巻、一九六～一九七頁）、翌日に大坂でも出されている（「御触及口達」『大阪市史』第三、五五六頁）。京都所司代の死に際して大坂で鳴物停止令が出されるのはやや奇異というべきであるが、大坂にあっては、京都所司代は老中に準ずる扱いを受けていたということであろう。
（38）宝暦十年（一七六〇）七月十五日に大坂城代青山忠朝が死去した際には、「古河蔵屋敷」（古河藩の大坂蔵屋敷）が、平野郷、西喜連村、東喜連村、堀村に対し、同日付の大坂鳴物停止令を掲げた上で、「右之通、今日町御触有之候間、可得其意者也」と命じる触を出している（平野郷町宝暦十年「覚帳」による）。なお、この段階の古河藩主は、宝暦九年正月に本多氏のあとをうけて古河に入封した松平（松井）氏であった。
（39）『御触書寛保集成』五五九号参照。
（40）史料4では、餅つきは差し支えないことが述べられている。これは平野郷町向けの独自の措置であるのか、大坂町中での措置をふまえたものであるのか、にわかには判断しがたい。
(41) 以下、特に断らない限り、平野郷町延享五年「覚帳」による。
(42) 前掲注(13)村田「用聞の諸機能と近世的支配の特質」、同村田「役の実現機構と夫頭・用聞の役割」。
(43) 野間光辰監修、多治比郁夫・日野龍夫編『校本難波丸綱目』（中尾松泉堂書店、一九七七年）八三頁。
(44)「御触及口達」（『大阪市史』第三、五四六頁）。
(45)「御触及口達」（『大阪市史』第三、五四六頁）。
(46) 注(9)でも触れたように、岩城卓二は用達（用聞）が大坂鳴物停止令の情報を大坂周辺村に伝えていた例を紹介している。その中には、延享五年（一七四八）三月十二日に大和屋が平野郷町惣会所に「鳴物赦免令」を伝えた事例も含まれている。ただし、岩城の場合、用達（用聞）の情報収集・提供機能は、村による用達（用聞）の活用という側面において注目されており、領主（領主役所）への情報提供機能という側面に対する関心は稀薄である。前掲注(9)岩城『近世畿内・近国支配の構造』三二四～三二五頁。
(47) 池田市史編纂委員会編『池田市史　史料編⑨　大庄屋日記（住吉神社蔵）』（池田市、一九九二年）二二一頁。
(48) 寛延四年「日記」に挟み込まれた同年七月十一日付大坂町奉行宛麻田村七助ら「乍恐口上」（盗難被害届）（前掲注(47)池田市史編纂委員会編『池田市史　史料編⑨　大庄屋日記（住吉神社蔵）』二二四～二二五頁）の差出人に、麻田村庄屋・年寄とともに「嶋町壱丁目用聞豊嶋屋庄兵ヱ」が名を連ねている。
(49) 麻田藩領の行政区分については、池田市史編纂委員会編『新修池田市史』第二巻近世編（池田市、一九九九年）第一章「近世前期の池田」（執筆中川すがね）参照。
(50) 鳴物停止令の問題に限らず、代官所（代官の支配地）ごとの支配の差については、ほとんど研究が行われていない。次章はその一つの試みである。
(51) たとえば、明和七年（一七七〇）七月十六日付で、雑色松村三郎左衛門が京都町触を受け、一橋治済正室死去に際しての鳴物停止令を山城国乙訓郡古市村にもたらしたことが、明和五年（一七六八）～安永五年（一七七六）「御方内御触書写帳」（古市村奥沢氏収蔵文書、長岡京市立図書館所蔵の写真版による）に見える。

(52) 前掲注(13)村田「用聞の諸機能と近世的支配の特質」。

(53) 前掲注(8)安岡「近畿における封建支配の性格」、前掲注(12)福島「近世後期大和芝村藩の大庄屋支配と触書」。

第二章　勘定奉行神尾春央巡見先触の伝達をめぐって

――摂津・河内の事例から――

はじめに

周知のように、いわゆる享保改革期、幕府は新田開発と年貢増徴とによって年貢収量を増やし、財政難を解決しようとした。一連の年貢増収策の中で、特筆すべきものとして、改革最末期の延享元年（一七四四）に行われた勘定奉行神尾若狭守春央らによる五畿内・中国・海道・北国筋幕領巡見[1]と、その結果としての徹底した年貢増徴がある。

同年七月から十二月に及んだ、この神尾の巡見については、いくつかの研究があるが[2]、それらはいずれも、当該期の年貢増収策や、それに対する農民の闘争という観点からなされたものであった。本章では、触の伝達という、これまでとは異なった角度から、この巡見を問題にしてみたいと思う。具体的には、巡見に先立って関係地域の村々に代官などが出した、神尾一行の巡見・通過にあたっての心構え等に関する先触が、摂津国や河内国にどのような形で伝達されたのかを検討する。

筆者が神尾巡見先触の摂津・河内両国における伝達のあり方に注目する理由は、以下の二つである。一つは、神尾巡見先触の内容自体は割合知られているにもかかわらず、発給・伝達主体や伝達対象、あるいは伝達ルートといった、触の趣旨を実現する前提となる部分については、ほとんど意識されずにきたことである。特に、私領にはどのように伝えられたのかという点は、重要である割には顧みられることがなかった。巡見自体は、たしかに幕領村々の実情を調査し、幕領村々に年貢納入その他に関する指示を与えることが目的であったが、実際には私領村々をも通るのであり、それらにも前もって諸注意を与えておく必要があった。幕府の触が、どのようにして私領に伝達されるかは、私領に対する幕府支配の実現の問題であり、この神尾巡見先触の伝達も、その問題を検討する上で有効な素材となりうるものである。

いま一つは、当該地域における代官支配の特質を知る上で、神尾巡見先触の伝達のあり方が有効な素材となりうるのではないかということである。上方八カ国（五畿内および近江・丹波・播磨三国）のうちに支配地を有する代官、すなわち上方八カ国代官は、それぞれの代官所（その代官が支配を委ねられた幕領）を支配していたが、代官所ごとの支配の違いという点については、従来検討されることがなかった。もちろん、同じく幕領といっても、それぞれの地域の実情は異なっており、一律の支配が行われることがないのは当然であるが、では、神尾巡見先触の伝達という、関係地域全体に共通する事柄についてはどうであったのか。代官所ごとの違いという点に着目して、神尾巡見先触の伝達を取り上げることは、上方八カ国代官研究、さらには江戸幕府代官研究に資するところが大きいと考える。

以上のような理由に基づいて、神尾巡見先触の伝達を検討するのであるが、本章では、とりあえず河内国交野郡および摂津国西成郡に伝達された神尾巡見先触を中心的に取り上げることにする。なお、ここでいう神尾巡見先触とは、狭義の先触だけでなく、神尾一行の巡見・通過にあたっての心構え等を記した触全般を指すものとする。また、巡見という語は幕領の見分の意、廻村という語は巡見と私領村の通過の意でそれぞれ用いることとする。

る。

第一節　「延享元年子七月神尾若狭守様御廻村御書付写」

神尾春央一行の廻村の実態については、谷山正道が詳細な分析を行っている。[3] それによれば、一行の人数は、勘定奉行神尾春央、勘定組頭堀江荒四郎以下一〇〇名あまり、延享元年（一七四四）七月十八日に江戸を立ち、信濃・美濃・伊勢・大和・山城・河内・摂津・播磨・美作・備中の国々を廻村したあと、そこで折り返して、播磨・摂津・近江・三河・遠江・駿河・伊豆・相模・武蔵の国々を廻村、十二月二十二日に江戸に帰着したという。

この間の摂津・河内・和泉三カ国における一行の足取りは、次の通りである。すなわち、往路では九月二十六日から二十八日にかけて河内国を廻村したあと、同二十九日から十月八日にかけて摂津国を廻村、復路では、十一月十四日から摂津国を廻村、同十六日から同二十一日まで大坂逗留、同二十二日堺逗留、同二十三日に河内国を通過して、山城国に向かっている。

九月の廻村に備え、河内国交野郡に神尾巡見先触が伝達されたのは七月のことであった。相模国小田原藩大久保氏領であった同郡甲斐田村の竹内家文書の中に、[4]「延享元年子七月神尾若狭守様御廻村御書付写」（以下「御書付写」）と題する帳面（竪帳）が残されている。河内国交野郡および摂津国西成郡には、神尾巡見先触などを書き留めたものがいくつか残されているが、この「御書付写」は、それらの中で最も包括的な内容のものである。そこで、両郡における先触の伝達のあり方を検討するにあたり、まず「御書付写」を以下に紹介しておきたい。①〜⑧の番号は、筆者が便宜的に付したものである。

（史料１）

①

覚

一御用ニ付、今度若狭守国〻被遂廻村候ニ付、宿在共ニ道橋掃除者勿論、繕等決而致間敷候、宿〻泊リ之分者、上下共旅篭相払致止宿候間、平生之旅人被賄候格ニ、所〻有合候品ニ而一汁一菜之外堅無用たるへく候、（以下略）

（四カ条略）

右触書之趣写取、得与末〻者迄申聞、心得違無之様可致候、物而此方ゟ差図無之儀用意仕間敷候、聊ニ而も費之支度仕、宿村入用ニ懸ケ候儀有之、後日相知候ハヽ、遂吟味候間、末〻之者迄急度申付可置候、此触書宿在共ニ名主令印形相廻シ、留リ村方ニ差置、廻村之節我等方江可相返候、以上

子七月　　神尾若狭守内

児玉繁右衛門

塩見仙右衛門

宿〻問（屋）□

村〻（名主）□（年寄）□

②

廻村ニ付

泊リ休掛札之案

一此度見分御用中、宿場・村方江対シ、我侭かさつケ間敷儀毛頭不仕、喧嘩口論并惣而不作法之儀仕間敷候事

（一〇カ条略）

右条〻堅相守可申者也

神尾若狭守内
児玉繁右衛門
塩見仙右衛門

前書之通、供之者共江申渡候間、文言之内宿〻江対シ聊之儀ニ而茂於有之ハ、即刻役人江可申達候

右之趣写取、銘〻令請印相廻シ、留リ村方ニ差置、廻村之節我等方江可相返候、以上

延享元年子七月

児玉繁右衛門
塩見仙右衛門

③

此度廻村ニ付召連候人数書

神尾若狭守

一人数四拾七人

一人足拾五人

内

御朱印
人足八人

賃人足七人

御朱印
一馬八疋

一御証文長持三棹
一牽馬壱疋
（堀江荒四郎・遠藤七郎左衛門・楠伝四郎・「流作場掛り御普請役三人」・「御小人目付四人」のそれぞれの供人数・人足数・馬数等略）
　　右供人数等増減茂可有之候

④

別紙被仰渡候御書付写

覚

一村方廻村ニ付、無用之費等仕間敷旨□（召連候者江）申渡置候儀、委細先触・泊り昼休ミ掛ケ札之□（通少茂）無相遠可相守旨、銘ミ御代官所限可被申渡候□（事）
一万石以上領分有之分江者、別紙書付を以㝡寄領地有之分共へ申達候、右書付相渡候間、是又可被得其意候、万石以下私領村ミ江ハ各㝡寄ゟ可有通達候
一我等并堀江荒四郎・遠藤七郎右（左）衛門・楠伝四郎、其外三人御普請役共銘ミ人馬数別紙認遣候間、先触之外無用之人馬差出間敷旨猶又可被申渡候
（二カ条略）
右之趣支配所限早ミ被相触、村ミ承知之旨請書取之、我等廻村前可被差出候
　子六月

⑤

覚

一御先触壱通
一御掛札壱通
一御上下人数付壱通
一被仰渡候御書付壱通
右四通之御書付ニ有之趣、委細に向寄之御私領村〻江一村限ニ申通置、其段御私領役人中江□（茂）右御私領庄屋方ゟ可申達候様、御私領庄□（屋江）可申聞候、勿論、御私領庄屋幷右役人□（中致承知）候段、返答承届ケ可申候事

子七月

⑥

右御書付私共御代官角倉与一様より交野郡御私領方村〻江可申通段被　仰渡候間、御承知之趣別紙御請書付通、一村限御認御印形被成、村順宜敷早〻御廻、留リ村ゟ寝屋村・楠葉村両村之内江御返し可被成候、以上

延享元年

子七月十二日

角倉与一様御代官所
惣代楠葉村庄屋
太右衛門
寝屋村庄□（屋）
四□（郎兵衛）

追而此帳面当月廿一日御役所江差上申候間、廿日迄ニ両村之内へ御戻シ可被下候、已上

⑦

添状ニ而

覚

一此帳面村順不案内ニ御座候間、宜敷御順村可被下候、以上

子七月十二日

楠葉村太右衛門

寝屋村四郎兵衛

舟橋村　上嶋村　坂村　小倉村　片鉾村　甲斐田村　長尾村　藤坂村　杁村　尊延寺村　穂谷村　津田村　野村　春日村　倉治村　郡津村　森村　茄子作村　打上村　灯油村　山之上村　田宮村　禁野村

私部村

御庄屋中様

⑧

此度　神尾若狭守様御廻村ニ付、右四通御書付之趣被申通致承知候、銘〻御地頭方江早速可申上候、以上

子七月十四日

大久保出羽守様御知行所

甲斐田村庄屋

三右□

同村年寄

半三□

この甲斐田村竹内家文書の「御書付写」と同種のものが、旗本永井氏領であった交野郡野村の小原家文書の中[5]にもある。これは、「延享元年子七月神尾若狭守様御廻村御書写」[6]と題する帳面（やはり竪帳）で、⑦を欠き、⑧の日付および署名者が、それぞれ「子七月十七日」「永井左門殿知行所野村庄屋甚左衛門、同村年寄利左衛門」となっている以外は、ほとんど同文言のものである。つまり、神尾廻村に関わる触などを記した同一の帳面を、甲斐田村・野村の両村が書き写した結果が、それぞれ「延享元年子七月神尾若狭守様御廻村御書付写」と「延享元年子七月神尾若狭守様御廻村御書写」なのである。回達された帳面そのものに記されていた題名は「延享元年子七月神尾若狭守様御廻村御書付写」であったが、野村ではこれを写し取る際に、「御書付写」とすべきところを「御書写」としてしまったのであろう。なお、前者には破損による文字欠損部分が目立つが、後者をもとに傍注で補った。

さて、史料1は、紙幅の都合上、たとえば②では一一カ条あるところを一カ条だけを載せるなど、かなり省略して掲載した。以下、若干補足しながら説明を加えておこう。まず、①の「覚」は、⑤にいうところの「御先触」で、神尾春央の家臣である児玉・塩見の両人が、神尾一行の通り道の宿場と村々に宛てたものである。これは五カ条から成り、神尾一行の廻村にあたって「宿在」（宿場と村々）が心得るべきことを述べたものである。道橋・船渡場の補修その他の特別な準備やもてなしをしてはならないこと、あらかじめ定められている数以上の御朱印人馬・賃人馬を出してはならぬこと、一行の者の無体不法は、遠慮なく申し出ること、宿泊・休憩が行われる宿場・村々や巡見対象の村々は、一行の者に礼物等を渡してはならないことなどが記されている。以下、この「御先触」を五カ条先触と称することとしたい。

②の「廻村ニ付泊リ休掛札之案」は、⑤の「御掛札」のことで、全一一カ条から成る。やはり児玉・塩見の名

前で出されているが、対象は「供之者共」であり、宿場・村方に迷惑をかけてはならないなど、廻村中に心得るべき事柄を事細かく定めている。この一一カ条に、「前書之通」から「即刻役人江可申達候」までの一文を加えたものが掛札に記された文言である。そして、児玉・塩見の両名は、廻村先の村々に、その文言を写して回達し、廻村時に回達最終村から自分たちに返却するよう命じている。以下、この掛札に記された文言を一一カ条泊まり休み掛札案と称することにする。

③は、⑤の「御上下人数付」のことである。堀江荒四郎が勘定組頭であったことは前述の通りであるが、遠藤七郎左衛門は勘定、楠伝四郎は支配勘定であった。神尾は供廻りの者四七名、人足一五名（御朱印人足八名、賃人足七名）、御朱印馬八疋、御証文長持三棹、牽馬一疋を引き連れる予定になっていた。他の者についても同様の記載がなされており、「御朱印」や「御証文」の人足・馬、また「賃人足」「賃馬」の数が記されている。宿場や村々は、ここに示された数以上の人馬は負担する必要がなかったのである。以下、③を上下人数付と呼んでおく。

④は、⑤の「被仰渡候御書付」に該当するもので、五カ条から成る。第一条目の文言からわかるように、これは、各代官に宛てられたものである。差出人の名前は記されていないが、当然勘定奉行ということになろう。事実、第三条目に「我等并堀江荒四郎・遠藤七郎右（左）衛門・楠伝四郎、其外三人御普請役共銘〻人馬数別紙認遣候間」とあり、神尾春央が出したものであることがわかる。めいめい自分の代官所に、「先触」（＝①）や「泊リ昼休ミ掛ケ札」（＝②）の内容を守り、無用の人馬を提供しないよう申し渡すべきこと（第一・第三条。なお、第三条目にある「別紙」とは③のことである）、代官所最寄りの万石以下領主の私領には、万石以上領主宛の「別紙書付」（その内容については後述）の内容を通達すべきこと（第二条）、村々から神尾一行に対し、直接願いや訴訟をしないよう申し渡すべきこと（第五条）などを命ずるとともに、村々から提出される書類の扱いについても記してい

る。以下、この「書付」を代官宛神尾書付と呼びたい。

⑤は、以上の①〜④の趣旨を細かく最寄り私領村々に一村ごとに知らせ、領主の役人には私領庄屋から伝えさせるよう命じたものである。発給者は、廻村ルート上または廻村ルート近くに支配地（代官所）を有する代官、対象は支配地（代官所）村々ということになる。

⑥は、①〜④に⑤を加えたものによって、①〜④の書付を交野郡私領村々に通達するよう代官角倉から命じられた楠葉・寝屋両村庄屋が、「御書付」の趣旨を承知した旨、請書をしたためること、および①〜⑥を回達し、最後の村から両村のいずれかに戻すことを求めたものである。対象は交野郡私領村々で、七月二十一日に角倉代官役所に差し上げるので、二十日までに戻すよう要請している。

⑦は、右の①〜⑤に⑥を加えた「帳面」（⑥の中の文言）に添えられた、楠葉・寝屋両村庄屋の添状である。舟橋村以下の二四カ村庄屋に、「帳面」の回達を要請したものである。

⑧は、当時小田原藩大久保出羽守忠興領であった甲斐田村の庄屋・年寄の請書で、四通の書付（①〜④）の趣旨を承知したこと、早速それを領主にも申し上げることを誓っている。

以上が、甲斐田村竹内家文書中に残された「延享元年子七月神尾若狭守様御廻村御書付写」の全容である。以下、これを前提に考察を進めていきたい。

第二節　神尾巡見先触の河内国交野郡村々への伝達

まず、前節で検討を加えた「延享元年子七月神尾若狭守様御廻村御書付写」（史料1）の記載内容から、河内国交野郡甲斐田村に神尾巡見先触が回されてきたときの状況が、どのようなものであったのかについて、整理しておきたい。

甲斐田村が手にしたのは、①〜⑥が記された帳面、添状（⑦の「覚」）、⑥に登場する「別紙御請書付」の三点であった。「別紙御請書付」は、請書の書式を示した雛形と考えられる。「別紙御請書付」に従って記された文言が⑧である。三点セットを受け取った村々の庄屋・年寄は、帳面の末尾部分に⑧の「此度」から「以上」までの文言、受け取った日、村名、村役人の名前を記し、次の村に送ったのであろう。三点セットは、何カ村かを経て七月十四日までに甲斐田村に達し、同村ではこれらを書き写して次の村に回した。野村には十七日までに達し、甲斐田村同様に書き写したが、添状は写さなかった。また、請文言に関しては、両村とも自村が記した請文言だけを写し、他村の庄屋・年寄が記した部分を写すことはなかった。

さて、右の三点セットが回された⑦の二四カ村は、「交野郡御私領方村〻」（⑥の中の文言）であり、その発給主体は、代官角倉与一の代官所であった楠葉村の庄屋太右衛門、同じく寝屋村の庄屋四郎兵衛であった。この両名は、⑥に「惣代」とあること、楠葉・寝屋の両村はいずれも交野郡に属する村であること、彼らが「交野郡御私領方村〻」への触の伝達を命じられているところから、交野郡内の角倉代官所の惣代であったとしてよい。三点セットは、特定代官の特定郡における代官所の惣代が、当該郡の全私領村々に触を回すという方式によって伝達されたことをまず確認しておいた上で、この触伝達方式について、さらに検討を進めていきたい。

④の第一・第二条において、勘定奉行神尾は各代官に対し、①にあたる「先触」と②にあたる「泊リ昼休ミ掛ケ札」の趣旨を守るよう、それぞれの代官所に申し渡すよう命じると同時に、代官所の村から最寄りの私領にそれを伝達させることも命じていた。⑥の文言中に示されている代官角倉与一の楠葉・寝屋両村庄屋への指示は、

それに基づくものである。ところが、私領への先触伝達については、④の「万石以上領分有之分江者、別紙書付を以寂寄領地有之分共へ申達候、右書付相渡候間、是又可被得其意候、万石以下私領村〻江ハ各寂寄ゟ可有通達候」という文言が示すように、万石以下の私領主の所領への伝達を命ずるのみで、大名の所領への伝達は特に命じていないのである。にもかかわらず、角倉は、万石以上・以下に関わりなく、交野郡のすべての私領村々への回達を楠葉・寝屋両村庄屋に命じたのであった。

ここで、万石以上の者に対して神尾が与えた「別紙書付」の内容を紹介しておこう。この「別紙書付」については、史料1と同じく、甲斐田村竹内家文書の中に写が存在する。「大名領分在之分江相渡候書付写」と題するもので、道橋の掃除等はしないように、無用の役人の提供や、道中・泊まり休み中の使者・音物はお断りする、道筋や泊まり休みの宿場村々には、心構えを細かく触書によって申し渡しているが、必ず守るよう領分限りに申し渡されたい、一行の役人や召し使いたちには書付や掛札により注意を与えているが、どうかと思われることがあれば、遠慮なく役人中に知らせるよう申し渡されたいなどと記されている。

甲斐田村領主大久保氏は大名（相模国小田原藩主）であるので、この「大名領分在之分江相渡候書付写」は、何らかの形で領主側から甲斐田村にもたらされたものであろうが、文書には、端に「延享元子年神尾若狭守様御巡見ニ付御書付之写」との注記があるのみで、詳細は不明である。

次に、回達対象の二四カ村について検討しよう。これは、史料1の⑥では「交野郡御私領方村〻」とされているものである。表1は、この二四カ村を含む交野郡全村（三八カ村）の延享元年時における領主名一覧で、舟橋村から私部村までが回達対象の二四カ村である。二四カ村の配列は、史料1の⑦の村々の配列と同じとした。

表1によれば、二四カ村は、坂村を除き、一村全体が私領の村である。坂村には幕領が存在するが、これはわ

表1　延享元年（1744）当時の河内国交野郡村々の領主名

村　名	領　主　名	村　名	領　主　名
舟橋村	永井尚伴（旗本）・永井直丘（旗本）	山之上村	大久保忠興・越智清百（旗本）
上嶋村	水野忠富（旗本）	田宮村	大久保忠興
坂村	大久保忠興・水野忠富（旗本）・幕府	禁野村	大久保忠興・船越景忠（旗本）
小倉村	大久保忠興	私部村	大久保忠興
片鉾村	大久保忠興・久貝正保（旗本）	星田村	大久保忠興・市橋直挙・石清水八幡宮
甲斐田村	大久保忠興		
長尾村	久貝正保（旗本）	渚村	大久保忠興・日野家（公家）・石清水八幡宮
藤坂村	久貝正保（旗本）		
杉村	久貝正保（旗本）	田口村	久貝正保（旗本）
尊延寺村	永井直丘（旗本）	養父村	幕府・永井尚伴（旗本）
穂谷村	永井直令（旗本）	楠葉村	幕府・船越景忠（旗本）
津田村	久貝正保（旗本）・畠山義紀（旗本）	私市村	幕府・越智清百（旗本）
野村	永井尚伴（旗本）	村野村	幕府（代官角倉与一）
春日村	大久保忠興	宇山村	幕府カ
倉治村	久貝正保（旗本）	中宮村	幕府
郡津村	片桐信与（旗本）・大久保忠興	寺村	幕府
森村	大久保忠興	傍示村	幕府
茄子作村	大久保忠興・長井正宏（旗本）	寝屋村	幕府
打上村	大久保忠興・長井正宏（旗本）	招提村	幕府（代官内藤十右衛門）
灯油村	大久保忠興	下嶋村	幕府

注）『日本歴史地名大系28　大阪府の地名』（平凡社、1986年）および『新訂寛政重修諸家譜』（続群書類従完成会、1964〜1967年）による。大久保忠興は相模国小田原藩主、市橋直挙は近江国仁正寺藩主である。村野村・招提村の代官名は、それぞれ『枚方市史』第7巻（枚方市、1970年）243頁、同196頁による。

ずか五石余の流作新田であり[7]、幕領分として独自の村役人が置かれるようなものではなかったと考えられるので、これも私領村と位置づけられたと考えておく。つまり、二四カ村は、いずれも一人または複数の私領主の支配下にある村であった。ただし、二四カ村の中に入っていない星田村・渚村・田口村も、一村全体が私領の村である。この三カ村が除かれた理由ははっきりしないが、七月付代官小堀十左衛門触（後掲史料2）との関連も考えられる。この点については後述する。

二四カ村および星田・渚・田口の三カ村を除く一一カ村（表1では養父村から下嶋村までの諸村）は、いずれも一村全体が幕領か、あるいは幕領と私領の相給村である。

つまり、三点セットは、一村全体が私領の村に限って伝達され、幕領と私領の相給村には伝達されることがなかったのである。幕領と私領の相給村とは、具体的には永井尚伴領がある養父村、船越景忠領がある楠葉村、越智清百領がある私市村であるが、これらの村々の私領部分には、それぞれの村の幕領部分に支配の代官から別に与えられた神尾巡見先触が伝達されたのだろう(8)。

以上、交野郡の私領村々に、どのような形で神尾巡見先触が伝達されたのかを見た。その特徴を指摘するならば、第一に、一村全体が私領の村に限られるものの、交野郡の全私領村（ただし、星田村・渚村・田口村を除く）に機械的に伝達されたことがあげられよう。神尾一行は、実際には二四カ村すべてを通行するわけではない。実際の通行ルートとは無関係に、交野郡の私領村ということで二四カ村が一括され、伝達対象とされたのである。また、大名領の村には、本来であれば領主ルートのみにより神尾巡見先触がもたらされるはずであったが（史料1の④の「万石以上領分有之分江者、別紙書付を以寂寄領地有之分共へ申達候」）、交野郡角倉代官所惣代ルートによってももたらされた。

第二は、交野郡に代官所（支配地村々）を有していた代官角倉与一が交野郡私領村々への伝達の役割を担ったこと、実際の手続きとしては、角倉が交野郡角倉代官所の惣代に命じて神尾巡見先触を伝達させたことである。本書第一部第一章および第二章で取り上げた代官郡触は、代官が京都町奉行郡触や勘定奉行の触を郡内全村に回達するよう命じたものであった。代官郡触は、いずれの場合も、代官→代官の支配下の村（回達第一村）→回達第一村の最寄りの村（回達第二村）→回達第三村以下という形で郡内村々に回達された。今回、考察の対象としている交野郡私領村々宛の神尾巡見先触は、角倉の意を受け、交野郡角倉代官所の惣代が交野郡私領村々に出したものである。また、伝達対象は一村全体が私領の村に限定されている。これらの点において、この触は代官郡触とは異なるが、代官からその支配下の村に渡され、そこからその最寄りの村にもたらされるという点は、代官郡触と相通ずる部分がある。

第三は、史料1の⑤によれば、本来廻村ルート上または廻村ルート近くに代官所を有する代官は、代官所村々に対し、（イ）「右四通之御書付」の趣旨を各私領村に伝えること、（ロ）そのことを、その村の庄屋から領主の役人にも伝えさせること、（ハ）私領村の庄屋と領主役人が「右四通之御書付」の趣旨を了解した旨を確認すること、を命じることになっていたが、実際には、（ハ）の領主役人に対する確認については不十分に終わっていることである。すなわち、史料1の⑧によれば、触を受け取った私領村の庄屋・年寄は、「右四通之御書付」の趣旨を了解した旨を表明しているが、領主役人への確認については、「銘〻御地頭方江早速可申上候」と述べるに留まっているのである。これが角倉の指示によるものか、それとも惣代レベルの判断の結果なのか、難しいところであるが、角倉が交野郡全私領村への回達を命じたことを考えれば、おそらく前者であろう。

さて、次に問題となるのは、交野郡幕領への神尾巡見先触の伝達が実際にどのようになされたのかということである。史料1の④の第一条による限り、交野郡幕領を支配している代官（表1によれば、少なくとも角倉与一と内藤十右衛門が同郡幕領を支配していた）が自身の管轄する代官所村々に伝達したということになるが、交野郡ではそうとも言い切れない。たとえば、延享元年当時、角倉与一代官所であった村野村の富田家文書の中には、角倉から神尾巡見先触が回達されたことを示す史料はなく、その代わりとして別の代官から回達された神尾巡見先触の写が存在する。以下、この史料について検討しよう。

これは、「神尾若狭守様・堀江荒四郎様ゟ御先触写」と表紙に記された帳面（竪帳）である。まず、神尾若狭守内塩見仙右衛門・同児玉繁右衛門の「覚」（五カ条先触、史料1の①にあたるもの）を掲げたあと、以下のように続く。

（史料2）

泊リ休ニ而掛札文言

覚

一此度見分御用中、宿場・村方へ対シ、我侭かさつケ間敷義毛頭不仕、喧哤口論并惣而不作法之義仕間敷事

（一〇カ条略）

右条〻并誓詞前書之通、召連候もの共堅可相守者也

月日

神尾若狭守内
塩見仙右衛門
児玉繁右衛門

前書之通、供之者共へ申渡候間、文言之内宿〻江対シ聊之義ニ而も於有之ハ、即刻役人江可申達候、此外先触帳面之通可相心得者也

月日

神尾若狭守内
児玉繁右衛門御印
塩見仙右衛門御印

一此帳面村順相廻候（し）、何日何時何村ゟ到来、何日何時何村江相廻シ候段、村名之上ニ認可申候

右之趣写取、銘〻令請印相廻シ、留リ村ニ差置、廻村之節我等方へ可相返候、以上

延享元年子七月

右若狭守様御触状之通文言ニ而

荒四郎様ゟ御触状廻リ候へ共、同事故不写

堀江荒四郎内
福村市右衛門御印

覚

一神尾若狭守殿　触書壱通
一堀江荒四郎殿　触書壱通

右者今度廻村ニ付、触書江戸留主居之者江御渡シニ付相廻シ候間、委細文言之通相心得、麁末無之様ニいたし、急順達可有之候、尤此添書ニ村名之下ニ庄屋・年寄致印形、留リ村ゟ可被相返候、以上

子七月　小堀十左衛門御印

城州乙訓郡
赤井村　志水村　鴨川村　（四六カ村略―表2参照）　伊加賀村　牧方村（枚）　牧方宿（枚）

右村々
庄や
年寄
かたへ

「泊リ休ニ而掛札文言」は史料1の②にあたるものであるが、箇条書のあとの文言は、史料1の②とは若干の異同がある。

ともあれ、神尾春央内塩見・児玉の名前で出された「覚」（五カ条先触）および「泊リ休ニ而掛札文言」（一一カ条泊まり休み掛札案）を回達するよう両名が命じた触書と、堀江荒四郎内福村市右衛門の名前で出された「覚」（五カ条先触）および「泊リ休ニ而掛札文言」（一一カ条泊まり休み掛札案）を回達するよう福村が命じた触書が、京に陣屋のあった代官小堀十左衛門の江戸留守居を通して同人にもたらされ、小堀がそれらを山城国乙訓郡赤井村

表2　延享元年（1744）7月小堀十左衛門触（史料2）の宛名村々

【山城国乙訓郡】 1赤井村　2志水村　3鴨川村　4久我村　5古川村　6菱川村　7上植野村 8勝龍寺村　9下植野村　10古市村　11神足村　12友岡村
【山城国綴喜郡】 13橋本町
【河内国交野郡】 14楠葉村　15招提村　16宇山村　17養父村　18田口村　19中宮村　20村野村　21私市村 22星田村　23寝屋村枝郷
【河内国讃良郡】 24北条村　25龍間村　43深野南新田　44深野新田　45堀溝村　46高宮村　47国松村
【河内国河内郡】 26善根寺村　27日下村　28芝村枝郷　29神並村　30額田村　31出雲井村　32客坊村 33四条村　34六万寺村　35横小路村　36六万寺枝郷　37切川村　38池嶋村　39切川枝郷 40植付村　41芝村　42河内や南新田
【河内国茨田郡】 48中振村　49走谷村　50伊加賀村　51枚方村　52枚方宿

注）村名の左に付けた番号は、宛名の記載の順番。

以下の五二カ村に回達したことがわかる。

五二カ村の内訳は、表2の通りである。赤井村を一番として、宛名に記された村名の記載順に番号を付した。五二カ村のうち、河内国の村々に関しては、田口・星田両村を除き、幕領村または幕領と私領の相給村であった[10]。山城国については判然としないが、同じくそれらの村々で占められていたと考えられる[11]（第四節参照）。

表2からわかるように、宛名の村名の配列は、山城国乙訓郡→同綴喜郡→河内国交野郡→同讃良郡→同河内郡→同讃良郡→同茨田郡となっている。すなわち、これは、京から山城国乙訓・綴喜両郡を経て河内国の北端にある交野郡に入り、讃良郡から河内郡へと真っすぐ南下したのち、再び北上して茨田郡に達するという、神尾一行の巡見予定コースを示すものと見られる。宛名の村々は、神尾一行の見分対象村であった。ただし、表1と表2を対照させればわかるように、交野郡に関していえば、寺村・傍示村・下嶋村は除かれている。この三カ村は見分対象外であったのかもしれないが、はっきりしたことはわからない。

なお、いうまでもないことであるが、村野村が角倉与一代官所、招提村が内藤十右衛門代官所であったことに示されているように（表1）、史料2は代官小堀が自身の支配する村々に宛てたものではない[12]。

ところで、幕領村または幕領と私領の相給村を見分する巡見コース上に、なぜ純然たる私領村である田口・星田両村が存在するのかは不明である。ただし、このことと、史料1の⑦に記された二四カ村の中に両村の名前がないこととは、単なる偶然の関係とは思えない。両村には、すでに小堀から神尾巡見先触が回達されていたために、交野郡角倉代官所惣代からの触は回達されなかったのではないだろうか。ただ、その場合も、渚村が二四カ村の中に見出せないことの説明はできない。

以上、河内国交野郡における神尾巡見先触の伝達のあり方について検討した。とりあえず、一村全体が私領の村々には、代官角倉与一から同代官所惣代を介してもたらされ、一村全体が幕領の村および幕領・私領の相給村には代官小堀十左衛門からもたらされたとしておきたい。

第三節　神尾巡見先触の摂津国西成郡村々への伝達

これまで、河内国交野郡の村々に、どのようにして神尾巡見先触が伝達されたのかを検討してきたが、ここで、他地域における伝達のあり方に目を転じてみたい。

摂津国西成郡十八条村は、延享元年（一七四四）七月当時、代官内藤十右衛門の代官所であった。同村には、内藤その他から何度か神尾巡見先触が伝達され、その写が同村の庄屋を務めた藻井家に残っている[13]。具体的には、同村の延享元年触留帳[14]の中の関連部分および「延享元年七月十五日より初、西成郡野田村始、神尾若狭守殿御申

渡書之覚　扣」と題する帳面（横帳）である。ただ両方とも、触の写し取り方があまり完全なものではないので、触の伝達状況を正確に復元することは困難であるが、十八条村には五回、関連の触が回達されたようである。まずは以下にそれらを紹介しよう。

第一は、七月八日に十八条村に回達された次の触である。これは、十八条村触留帳に書き留められているものである。

（史料3）

（略）

一此帳面村順相廻シ、何日何時何村ゟ到来、何日何時何村江相廻候段、村名之上認可申候

右之趣写取、銘ゝ令請印相廻シ、留リ村方へ差置、廻村之節我等方江可相返候、以上

延享元年子七月

神尾若狭守内

児玉繁右衛門印

塩見仙右衛門印

右御廻状七月八日辰之下刻蒲田村ゟ請取、巳上刻南宮原村渡ス

この触は、先に河内国交野郡における神尾巡見先触伝達のあり方を分析した際に紹介した小堀十左衛門触（史料2）と同形式のもので、省略した部分には、やはり、神尾若狭守内塩見仙右衛門、同児玉繁右衛門の「覚」（五カ条先触）および両名の「泊リ休ニ而掛札文言」（一一カ条泊まり休み掛札案）が記されている。史料2との違いは、

一見、児玉・塩見の両人が直接村々に触れるという形式がとられているように見えることである。しかし、現実にそのような形はありえないだろう。児玉・塩見の名前のあとに、史料2の小堀に相当する人物による回達指示文言が記されていたものと思われる。

また、ここには宛名が記されていないが、回達されてきた触には、当然具体的な村名が記されていたはずである。この触の文言に続いて、十八条村が触留帳に書き記した「右御廻状」以下の部分から、触が、蒲田村→十八条村→南宮原村というルートで回達されたことがわかる。蒲田村も南宮原村も、ともに西成郡に属する村で、十八条村の近くにある幕領村であるが、[15] あとで見る史料4からもわかるように、内藤十右衛門の代官所ではない。つまり、これも西成郡における神尾の巡見予定村々に宛てられたものと考えられる。

第二は、「延享元年七月十五日より初、西成郡野田村始、神尾若狭守殿御申渡書之覚　扣」に書き留められた次の触である。

（史料4）

若狭守殿御申渡書覚

一村方廻村ニ付、無益之費等仕間敷旨召連候者へ申渡シ置候儀、委細先触・泊昼休掛札之通少茂無相違可相守旨銘々御代官所限可申渡事

一万石以上領分有之分（「有之分」のあとに「江者、別紙書付を以㝡寄領地有之分」脱）共ニ申達候、右書付相渡候間、是又可被得其意候、万石以下私領村々へハ各㝡寄ゟ可有通達候

（三カ条略）

右之趣支配所限リニ早々被相触、村々承知候旨請書取之、我等廻村前へ可被差出候、以上

子六月

右書付之通可申渡旨神尾若狭守殿御渡候ニ付、写相廻候、書面之通堅相守、遠背無之様ニ可致候、万一心得違候而触書幷旅宿掛札之趣相背候歟又ハ先触之外無用之人馬差出、其外支配迄不願出直ニ見分場所へ願訴詔等出候族在之候ハヽ、本人ハ不及申、其村〻庄屋・年寄共可為越度候条、村〻小百姓等迄不残厳敷申渡、請書印形庄屋方へ取置可申候、此廻状早速相廻シ、村〻庄や・年寄印形請書連判継立、京都役所へ早〻可相返者也

子
七月　内藤十右衛門印

野田村
（一三カ村略）
右村〻
庄屋
年寄

右四本共村〻同事

このあとの記載によれば、この触には、七月十二日付で内藤の用聞大坂屋善助が「摂劦西成郡御庄屋・年寄中」に宛てて出した、「内藤十右衛門様ゟ御役所御触書遣被遊候ニ付、飛脚を以差遣し申候、（略）」との「覚」が添えられていたことがわかる。帳面の表題に「延享元年七月十五日より初」とあるところから、大坂屋を経由

して、内藤の触が十八条村に達したのは七月十五日であった。省略した宛名の一三カ村は、記載順に海老江・大仁・成小路・今里・小嶋・川口新家・野中・十八条・三ツ屋・御幣嶋・加嶋・大和田・出来嶋新家の各村である。これらの村々に野田村を加えた一四カ村は、いずれも西成郡内の内藤代官所村々であった。

この「若狭守殿御申渡書覚」は、史料1の④の「覚」に相当するもので、先に代官宛神尾書付と呼んだものである。両者はほぼ同文で、「右書付之通」以下が内藤の言葉である。「若狭守殿御申渡書覚」第二条には「万石以下私領村〻へハ各冣寄ゟ可有通達候」とあり、万石以下の私領村々への伝達義務が代官に課されていることを明記しているが、「右書付之通」以下の内藤の言葉の中には、最寄り私領村への伝達については触れるところがない。もっぱら、内藤代官所村々が、神尾一行を迎えるにあたっての心構えを厳格に守るよう求めるのみである。この触を手にした一四カ村は、おそらく最寄り私領村に心構えを伝えることはなかったであろう。なお、十八条村が記した「右四本共村〻同事」なる文言の意味するところは不明である。

第三は、堀江荒四郎内福村市右衛門の名前で出された二つの「覚」である。一つは五カ条先触で（ただし、冒頭部分は、「御用ニ付、今度荒四郎国〻被遂廻村候ニ付」〔傍点村田〕となっている）、いま一つは、一一カ条泊まり休み掛札案（ただし、全一一カ条のうち、はじめの五カ条分しかない）である。これは、先の「延享元年七月十五日より初、西成郡野田村始、神尾若狭守殿御申渡書之覚　扣」に、七月十二日付大坂屋善助「覚」のあとに写されている。一一カ条泊まり休み掛札案のあとに、さらに五カ条先触が繰り返して写され（ただし第五条目の途中までで、あとは省略されている）、最後に「御文言同断、内藤十右衛門印」とある。そして、丁を改めて「堀江荒四郎殿、西成郡野田村始、宿々村〻江相触候書付并泊昼休懸札案文　扣」と記した丁が続き、「延享元年七月十五日より初、西成郡野田村始、神尾若狭守殿御申渡書之覚　扣」と題する帳面は終わっている。

この一連の記載をどのように理解すべきか、難しいところであるが、この帳面には錯簡があると考えるべきであろう。堀江荒四郎内福村市右衛門名の二つの「覚」を記した「宿々村〻江相触候書付幷泊昼休懸札案文」と題する触帳が、内藤によって伝達されたものと思われる。「若狭守殿御申渡書覚」（史料4）と同じく、七月十五日に十八条村にもたらされたところを見ると、両者はセットで回達されたものと思われる。実際、「若狭守殿御申渡書覚」だけでは、「触書幷旅宿掛札之趣」（史料4）の内容がわからないだろう。

第四は、万石以下の私領村々への伝達を目的とする触である。史料を掲げよう。

（史料5）

神尾若狭守殿廻村ニ付、万石以下私領村〻書付趣通達廻状

今度御用ニ付、神尾若狭守□廻村有之候、右往返道筋幷御料所入交リ候私領村方之内、泊休ニ相成候所〻共ニ道橋掃除等無之積リ、其外私領役人中取繕抔有之、馳走ケ間敷儀有之候ハヽ、替道にても廻村可致候間、御用差支候条、精〻右御断之事

一道筋幷泊休共ニ地頭ゟ（ママ）

使者・音物等、所ニ有合候軽キ品ニ而茂被遣候儀決而無之筈ニ候事

一道筋泊リ休幷宿場村〻触書幷掛札之趣相心得、万一供人末〻之内如何之品ニ茂有之候ハヽ、無遠慮私領役人中ゟ可被申達事

一往返幷廻村道順等儀、㝡寄御料村〻ゟ通達可致候、私領ゟ茂御料近村江承合可申事

右ハ万石以上私領役人江於御勘定所若狭守殿被仰渡候趣を以、万石以下私領我等共ゟ通達可致旨被仰渡候条、

若狭守殿御料村方廻村之節、右通筋ニ当リ候㝡寄私料（領）村方へ其村〻ゟ㝡寄不洩様、別紙書付一覧致させ、承

知之旨庄屋・年寄印形書付取之可差出候、無滞早速順廻、留リ村（ゟ脱カ）可相返者也

子七月

内藤十右衛門

これは、十八条村触留帳に記されているものである。触が十八条村に届いたのは、触留帳の前後の記載から、七月八日から同二十五日までの間である。「右ハ」以下の文言に示されているように、「今度御用ニ付」から「私領ゟ茂御料近村江承合可申事」までは、万石以上の私領主の役人への申し渡し（史料1の④中にある「別紙書付」、史料4の第二条の「右書付」）の趣旨をふまえ、万石以下の私領主および私領村々に対し、内藤から示されたものである。道橋の掃除等や馳走がましいこと、私領主からの使者・音物等は断る、供の者にどうかと思われる振る舞いがあれば、遠慮なく私領主の役人から知らせてほしい、往返および廻村の道順は最寄り幕領村々から知らせる、私領からも近くの幕領に尋ねること、というのがその内容である。

史料4の第二条（史料1では④の「覚」第二条）や、史料5の「万石以下私領我等共ゟ通達可致旨被仰渡候条」という文言にあるように、万石以下私領村々への伝達は代官に責任が負わされており、この内藤の触は、それに沿ったものである。内藤の場合、私領への伝達の仕方は、神尾一行の巡見予定コース上にある私領村に最も近い内藤代官所の村から、その私領村に伝えるというものであった。内藤代官所の村々には、私領村に「別紙書付」（史料1の④中にある「別紙書付」）を一覧させた上で、庄屋・年寄が捺印した書付を取ることが求められていた。

第五は内藤の触で、第四のものとして紹介した、万石以下の私領村々への伝達を目的とする触（史料5）に続けて、十八条村触留帳に記されているものである。塩見・児玉名の五カ条先触、同じく塩見・児玉名の一一カ条

泊り休み掛札案、上下人数付を掲げた上で、次のように記している。

（史料6）

右ハ村〻為心得之先達而書付相廻し候、右触書幷掛札之写共ニ追而本紙可相廻候間、右書付之越（趣）急度相守候様ニ可申渡旨被仰渡候、若違背之者有之候ハ、、本人ハ不及申、其村〻庄や・年寄等まて可為越度候間、末〻小百姓迄厳敷申渡、庄や方へ請書印形取置可申候、此廻状無遅滞相廻し、庄や・年寄印形之請書継立、京都役所へ早〻可（衍）差戻可申候

子七月　内藤十右衛門印

右之表書之写

西成郡

宿〻村〻へ相触候書付幷ニ泊昼休掛札案文酉下刻出来嶋村ゟ受取、戌中刻大坂や善介へ渡

この触のうち、塩見・児玉名の五カ条先触と両名の名による一一カ条泊り休み掛札案は、第一のものとして先に紹介した、七月八日に十八条村に回達された触（史料3）とまったく同じである。史料6によれば、これより前に同内容のものを回しており、今回回したのは「本紙」であるという。ただ、この触には上下人数付も記されているにもかかわらず、「右触書幷掛札之写共ニ追而本紙可相廻候間」となっている。触が十八条村に回された日はわからない。十八条村触留帳には、このあとに、七月二十五日に同村に達した触に関する記述があるので、それより前である。触留帳の記載順序よりすれば、第四のものよりはあとであるが、両者が一緒に回達された可能性もある。内藤代官所の一村である出来嶋村より受け取り、内藤用聞の大坂屋善介（善助）に渡したとあるの

で、十八条村は、西成郡の内藤代官所のうちの最終村であったことがわかる。

「先達而書付相廻し候」とある「書付」とは、内容的に見れば第一のもの（史料3）が最も近いが、これは、伝達対象が代官所の枠にとらわれないものであり、可能性は低い。これ以外には、第三のものが考えられる。しかし、これは堀江荒四郎内福村市右衛門の名前による五カ条先触と一一カ条泊り休み掛札案（実際には、はじめの五カ条分だけだが）である。この点は、にわかには判断できない。

以上、摂津国西成郡十八条村藻井家文書から窺うことのできる五つの神尾巡見先触を紹介した。本節の最初で述べたように、史料の記載のあり方に問題があることもあり、触の伝達状況を正確に把握しきれない部分もあるが、整理すると、一応以下のようになるだろう。すなわち、神尾巡見先触には神尾一行の巡見予定村々に宛てたものと、代官内藤が自身の代官所村々に宛てたものがあり、前者は史料3、後者はそれ以外のすべてということになる。また、代官所村々の最寄りの私領に対しては、史料5の内藤の触により伝達が図られた。

次節では、これまでの分析をふまえ、大坂周辺地域における神尾巡見先触の伝達の特質について考えてみたい。

第四節　神尾巡見先触の伝達の特質

これまで見てきた神尾巡見先触を実質的な伝達対象によって分類すると、（A）特定区間内の巡見予定村々（原則として幕領）に伝えることを目的として出されたもの、（B）特定区間内の廻村予定ルート上にある私領村々に伝えることを目的として出されたもの、（C）自身の代官所の中を神尾一行が通る予定になっている代官が、その代官所の村々に宛てたもの、の三つに大別できる。

まず、(A)から見ていこう。これまでに取り上げた事例では、小堀十左衛門が、山城国乙訓郡赤井村から河内国茨田郡枚方宿までの五二カ村(枝郷および宿を含む)に宛てたもの(史料2)と、七月八日に十八条村に回達されたもの(史料3)がそれに該当する。これに類するものが、他地域にも見出されるので、補足的に紹介しておきたい。摂津国川辺郡米谷村に残された、「子七月五日ニ参り候、此廻状湯山ゟ初、宿〻村〻江相触候書附并泊り昼休懸札案文」[16]と表紙に記された史料(横帳)である。これは、本文・日付・発給者とも、十八条村に回達されたもの(史料3)とまったく同文である。十八条村のものには宛名が記されていなかったが、これには、次のような形で宛名が記されている。

(史料7)

(略)

一此帳面村順相廻し、何日何時何村ゟ到来、何日何時何村へ相廻し候段、村名之上ニ認可申候
右之趣写取、銘〻令請印相廻し、留り村方ニ差置、廻村之節我等方へ可相返候、以上

延享元年
子七月　　神尾若狭守内
　　　　　　児玉繁右衛門
　　　　　　塩見仙右衛門

廻初湯山ゟ
湯山町印　船坂村印　川面村印　(三五カ村略)　北野村　曽根崎村　大坂
　宿〻問屋年寄
右

表3　延享元年（1744）7月「宿〻村〻江相触候書附幷泊り昼休懸札案文」（史料7）の宛名村々

【摂津国有馬郡】 1湯山町　2船坂村
【摂津国武庫郡】 3川面村　4見佐村
【摂津国川辺郡】 5米谷村　6北米谷村　7寺畑村　8栄根村　9小花村　18下河原村　19北河原村　20下市場村　21伊丹町　22猪名寺村　23上食満村　24中食満村　25下食満村　26小中嶋村　27善法寺村　28神崎村　29戸内村
【摂津国豊嶋郡】 10池田町　11東山田村（東山村ヵ）　12木辺村　13吉田村　14中河原村　15伏尾村　16古江村　17才田村　30今在家村　31利倉村　32上津島村　33須宝（洲到）止村
【摂津国西成郡】 34堀上村　35野中村　36成小路村　37光立寺新家村　38下三番村　39北野村　40曽根崎村
41　大坂

（注）村名の左に付けた番号は、宛名の記載の順番。下線を引いた町村は、幕領または幕領と私領の相給村。ただし、18、32、33の幕領分はごくわずかのものにすぎない。また、下線を引いた町村および領主が不明の6を除く12カ村は私領村。『日本歴史地名大系28　大阪府の地名』（平凡社、1986年）および『日本歴史地名大系29　兵庫県の地名』（平凡社、1999年）による。

村〻　名主　組頭　庄屋　年寄

追而廻村筋之内若落村有之候ハヽ、㝡寄村方へ可申通候、已上

表3は、湯山町以下、宛名の町村名の一覧である。表2と同様、町村名には記載順に番号を付した。表3からわかるように、神尾一行の廻村予定ルート（追って書きの「廻村筋」）は、湯山町（有馬温泉のある在郷町）を起点に、摂津国有馬郡→同武庫郡→同川辺郡→同豊嶋郡→同川辺郡→同豊嶋郡→同西成郡というコースを経て、大坂に達するというものであった。湯山町から曽根崎村までの四〇カ村のうち、幕領村または幕領と私領の相給村であることがはっきりしているのは二七カ村にとどまり、史料2とはかなり様相を異にしている。

さて、この触を含めた三例の伝達の論理はどのようなものであったのだろうか。小堀十左衛門の触（史料2）の宛名村々の第一番目は、山城国乙訓郡赤井村であった。同村の延享元年七月当時の領主名は不明であるが、享保十四年

（一七二九）「山城国高八郡村名帳」[17]では、玉虫左兵衛代官所・天龍寺領・鷹司家領の相給村となっている。同史料によれば、同年の乙訓郡における幕領は、すべて同人の代官所であった。玉虫は京都代官である。赤井村の近隣の村々では、その後の時期においても京都代官の代官所であったことが確認できるが[18]、延享元年当時も赤井村の幕領部分は京都代官の代官所であった可能性が高い。そして、この段階における京都代官は小堀十左衛門であった。

つまり、小堀の触の回達第一村は、小堀代官所の一村であったとして、おそらく誤りあるまい。とするならば、京から枚方宿までの廻村予定ルートの最初の村である赤井村を支配する代官が小堀であったために、同人が触発給の役割を担ったということになろう。もし、最初の村が別の代官の代官所であれば、その代官が触を出したと思われる。

この小堀の触の伝達原理は、京都町奉行郡触の回達を命じた代官郡触（本書第一部第一章・第二章参照）と同一である。代官郡触の場合も、回達第一村はその代官の支配下にある村であった。というよりも、その郡に代官所（支配地）を有する代官が、京都町奉行から指名されて触を発給したのであった。いま問題にしている触は、廻村予定ルート上の村々という、いわば特定地域の村々に対して、代官が回達方式で伝達するというものである。これは代官特定地域触というべきものであるが（本書第一部第二章参照）、代官郡触も代官特定地域触も、ともに同一の原理で伝達されたのである。

このように見てくると、他の二例の触（史料3、史料7）の発給者が問題となる。触の写を見る限り、二例とも、神尾春央内児玉繁右衛門・同塩見仙右衛門が発給者となっている。小堀の触の場合は、小堀が、神尾内児玉・塩見の触と堀江荒四郎内福村市右衛門の触を回達するよう五二カ村に命じていたが、他の二例は、児玉・塩見が直接村々に触れるという形をとっていた。

だが、現地の町奉行や代官の触伝達権に依拠せずして、勘定奉行のような幕府中央の役職者（ここではその家臣）が畿内近国地域の村々に触を出した例を、筆者は知らない。おそらく二例とも、実際には児玉・塩見の触を伝達するよう命じた代官の触を伴っていたのであろう。伝達を命じる触は、別紙として添えられていたものと見られる。

この二例の触の伝達を命じた二人の代官の名前はわからないが、先の考え方に基づけば、史料7については、触伝達を命じた代官の代官所には、湯山町が含まれていたことになる。

史料2にあるように、小堀は、江戸にいる小堀の留守居を通じて、児玉・塩見の触と福村の触を渡された。そのとき同時に、赤井村～枚方宿の廻村予定ルートも示されたはずである。史料3および史料7の触の伝達を命じた代官も、それぞれ児玉・塩見の触および福村の触を渡され、触伝達対象でもある廻村予定ルートを示されたものと思われる。

（B）は、代官角倉与一の意を受け、交野郡角倉代官所惣代が同郡私領村々に回達したもの（史料1）および代官内藤十右衛門が万石以下の私領村々への伝達を目的として出したもの（史料5）がそれに該当する。

代官が神尾一行の通行にあたっての諸注意を私領村々に触れることについては、五カ条の代官宛神尾書付（史料1の④）の第二条に規定がある。これは、巡見予定ルート近くに所領のある万石以上の領主に渡した別紙書付の内容を承知すべきこと、万石以下の領主の私領村々には、最寄りの代官所（代官支配地）から知らせるべきことというものであるが、実際の万石以下私領への周知方法については、角倉の場合と内藤の場合とでは大きな違いが認められる。

前述のように、角倉の場合は、交野郡にある同人代官所の惣代（楠葉村庄屋および寝屋村庄屋）から交野郡私領村々に代官宛神尾書付の内容を伝達させた（史料1の⑤⑥）。神尾一行の通行にあたっての心構えについての触は、交野郡角倉代官所惣代両名が発給者となり、回達方式により、交野郡の全私領村（ただし、星田・渚・田口の三村、および幕領と私領の相給村を除く）に伝達されたのである。また、交野郡全私領村が対象であることから、その範囲は、一行の通り道とはまずなりえない村々をも含む広いものであった。

これに対して、内藤の場合は、通り道にあたっている私領に最も近い内藤代官所の村が、神尾一行の通行にあたっての心構えを記した「別紙書付」を、その私領村に一覧させるという形がとられた。この方式では、同じ私領村に、二つ以上の内藤代官所の村から「別紙書付」が示されることもありえただろう。また、伝達の対象となった私領は、交野郡の場合とは異なり、まさに通り道にあたっている村々、あるいは通り道にあたると予想される村々に限定された。

このほか、伝達の対象となった私領の領主の知行高の規模についても、角倉の触の場合は、万石以上・以下にかかわらぬものであったのに対し、内藤の触の場合は、万石以下に限定されていた。

最後に（C）についてであるが、これに該当するのは、史料4、それとセットで回されたと考えられる堀江荒四郎内福村市右衛門名の二つの「覚」、史料6で、いずれも内藤が発給したものである。第二節で述べたが、角倉与一代官所では角倉から神尾巡見先触が回達されることはなかったようである。交野郡幕領村々には代官小堀の触（史料2）のみによって神尾巡見先触が伝達されたと思われる。

以上見たように、神尾一行の通行にあたっての心構えを、自身の支配地村々や私領村々にどのような形で周知徹底させるかについては、代官によって違いがあったのである。これが、五カ条の代官宛神尾書付に接した各代官が、それぞれの裁量によって独自の判断をした結果なのか、あるいは上部機関の指示または代官たちの調整によるものなのか、検討の余地が残されているが、ともかくここでは、神尾巡見という共通する事柄について、二人の代官が異なった対応をとったことを確認しておきたい。

おわりに

神尾巡見先触がどのように伝達されたのかを、河内国交野郡および摂津国西成郡の場合を例に検討してきた。本章での分析により、触伝達の実態と、摂津・河内両国における代官支配の特質の一端が明らかになったのではないかと思う。ここでは、改めてまとめることはしないが、今後の課題と関わって、「はじめに」で述べた二つの問題、すなわち幕府の触の私領への伝達と、代官所ごとの支配の違いについて若干言及しておきたい。

前者に関しては、角倉与一の触（史料1の①〜⑤）および内藤十右衛門の触（史料5）が、私領への伝達を意図して出されたものであった。前節で指摘したように、この二つの伝達方式は同じではないが、代官→代官所の村→その村の最寄りの私領村、という形をとっているという点では共通するものである（角倉の触の場合、楠葉村・寝屋村の庄屋から交野郡私領村々に回達されたが、宛名の最初の村は、楠葉村の隣村の舟橋村であった）。実は、このような、代官所の村から最寄りの私領村へという伝達方式がとられたのは、このときが最初ではない。

たとえば、享保七年（一七二二）十月二十八日に、代官石原清左衛門が和泉国泉郡南王子村その他の石原代官所村々に宛てて出した、国分け（京都・大坂両町奉行の地方についての公事訴訟に関わる裁判管轄地域を変更したこと。第四部第三章参照）を知らせる触[19]には、「御代官所村々ゟ国中不残段々申通シ候様ニ之儀ニ候間、向寄之村々江次而有之節咄シ聞せ可申候、以上」とある。この触は、京都町奉行の指示を受けて石原が出したものであるが、石原代官所の村々から、それぞれ「向寄」（最寄りの意）の村々にも知らせるよう命じている。この場合は、「次而有之節」（ついでのときに）とあるように、最寄り村々への伝達指示はあまり強制力を伴っていなかったが、基本的には先の伝達方式と同じである。今後、代官→代官所の村→その村の最寄りの私領村、という形の伝達方式が、どのようにして生み出され、どのような展開を辿ったのかについて検討を行う必要がある。

後者に関しては、本章では、神尾巡見先触という共通する事柄について、二人の代官の対応のあり方を明らかにしたのであるが、他の事例について、もっと検討を積み重ねていく必要がある。たとえば、筆者は前章で、国家的重要人物やその近親者の死に際して出された鳴物停止令について、大坂町奉行が大坂に出したものと、下総国古河藩本多氏が大坂周辺の同氏領に出したものとを比較したが、同様の作業を代官所について行うのも有効であると考える。

なお、代官所ごとの支配の違いという点については、京都町奉行と上方八カ国代官との関係という問題を抜きにしては語れないことも強調しておきたい。京都町奉行は、上方八カ国代官を支配・統轄していたが、享保期以後、その支配力は後退していくと考えられる（本書第四部第四章参照）。神尾巡見先触に対する代官たちの対処の仕方の違いは、ひとつには、このことが影響していると想像されるのであるが、この問題も視野に入れて代官所ごとの支配の違いを検討していきたいと考えている。

（1）延享元年六月ころに神尾が大名たちに与えた書付の写（後掲河内国交野郡甲斐田村竹内家文書）には、「当秋御用ニ付、五畿内・中国・海道・北国筋御料所村〻致廻村候」とある。

（2）森杉夫「神尾若狭の増徴をめぐって」（『歴史研究』九、一九六五年三月、のち、森『近世徴租法と農民生活』〔柏書房、一九九三年〕に収録）、谷山正道「享保改革末期の年貢増徴政策と大和国幕領農村」（『田原本の歴史』二、一九八四年三月）、同「延享元年勘定奉行神尾春央の西国幕領巡見をめぐって—年貢増徴をめぐる東と西—」（『内海文化研究紀要』一八・一九、一九九〇年三月）など。なお、谷山の両論文については、ともに、のち、谷山『近世民衆運動の展開』（髙科書店、一九九四年）に収録。

（3）前掲注（2）谷山『近世民衆運動の展開』第一部第二章。なお、谷山は、「勘定奉行神尾春央備中国幕領巡見史料」（『瀬戸内海地域史研究』第一輯、文献出版、一九八七年一一月）で、備中国浅口郡の巡見関係史料の紹介を行っている。以下に取り上げる史料1・史料4・史料5は、この巡見関係史料と内容的に重なるものである。

（4）枚方市教育委員会市史資料室架蔵。

（5）枚方市教育委員会市史資料室所蔵。

（6）これは、枚方市史編纂委員会編『枚方市史』第九巻（枚方市、一九七四年）二二一～二二五頁にも収録されている。ただし、一部省略されている。

（7）『日本歴史地名大系28　大阪府の地名』（平凡社、一九八六年）八三五頁。

（8）楠葉村は、神尾巡見先触の回達を交野郡私領村々に要請した角倉与一代官所惣代太右衛門の所属村であるが、同村の私領部分（船越景忠領）には、史料1とは別に太右衛門から神尾巡見先触が伝えられたものと思われる。

（9）枚方市教育委員会市史資料室架蔵。

（10）前掲注（7）『日本歴史地名大系28　大阪府の地名』八二三～八八三頁、九三一～九三六頁、九五〇～九六六頁。

（11）天明三年（一七八三）段階においては、勝龍寺・古市・神足・友岡の各村に幕領が存在したことが確認される（長岡京市史編さん委員会編『長岡京市史』資料編三、長岡京市、一九九三年、五頁）。

（12）なお、当時、茨田郡中振村は青木次郎九郎代官所、河内郡額田村は角倉与一代官所であった（枚方市史編纂委員会編『枚方市史』七、枚方市、一九七〇年、一五一頁、枚岡市史編纂委員会編『枚岡市史』四　史料編二、枚岡市、一九六六年、一八九頁)。
(13) 藻井家文書については、ここでは大阪市史編纂所所蔵の写真版を利用した。
(14) この触留帳には表紙がなく、したがって文書名も記されていない。ここでは単に十八条村触留帳と表記する。
(15) 前掲注(7)『日本歴史地名大系28　大阪府の地名』五九〇～五九二頁。
(16) 摂津国川辺郡米谷村和田家文書。ここでは、宝塚市立中央図書館市史資料室所蔵の写真版を利用した。
(17) 山城国葛野郡下山田村山口家文書。ここでは、京都市歴史資料館所蔵の写真版を利用した。
(18) たとえば、寛保三年（一七四三）当時、乙訓郡菱川村の幕領部分は小堀十左衛門の支配するところであった（『史料京都の歴史』第一六巻伏見区、平凡社、一九九一年、五七七頁)。
(19) 享保七（一七二二）～八年南王子村「御触書留帳」（奥田家文書研究会編『奥田家文書』四、大阪府同和事業促進協議会、大阪部落解放研究所、一九七一年、一三四頁)。

第三部　触留帳と触写帳

第一章　触の書き留められ方——触留帳論の試み——

はじめに

いずれの時代においても、為政者が被支配者に対して支配を行うに際しては、為政者はその意志を何らかの手段によって被支配者に示す必要があった。近世についていえば、その意志表示の方法としては、口頭による伝達、高札の掲示、触の伝達などがあったが、最も日常的に用いられたのは触の伝達である。その意味で、触は幕府や領主の支配を分析するにあたっての基本史料といってよい。

触を用いて幕府や領主の村や町、あるいは同業者仲間などに対する支配を検討する際、触の文言の分析を通してその内容・特質を明らかにしようとするのが一般的である。これは、政策史的観点からの触分析といってよいが、この方法によるだけでは支配の内容・特質を十分とらえることはできない。支配研究においては、「支配はどのようにして実現・完結するのか」という、いわば「支配の実現メカニズム」という観点からの分析をあわせ行うことが不可欠であり、当然触分析においても同様のことが求められる。

筆者は、かつてそのような認識のもと、畿内を対象に、触伝達における用聞（個別領主に抱えられ、大坂町奉行や個別領主の支配の一部を請け負っていた商人のことで、用達ともいう）の役割[1]、郡を単位に郡内の全村に対して回達方式で伝達された触、すなわち郡触の回達ルートの実態や、それを通して窺える幕府畿内近国支配の特質などを[2]

明らかにした。

しかし、「支配の実現メカニズム」という観点に立った場合、右のような分析だけでは十分とはいえない。たとえば、村や町、あるいは同業者仲間などにもたらされた触は、それぞれの集団の構成員に知らされたのか否か、知らされたとすれば、どのようにして知らされたのか、またその範囲はいかなるものであったのか、触の種類や内容によって、構成員に知らされるものと知らされないものの区別があったのか、といったことが問題になるが、それらについては十分解明されているとはいいがたい。つまり、触が村や町、あるいは同業者仲間などにもたらされたあとの段階については、解明すべき課題が多く残されているといってよいのである。触伝達に関わるこれら諸課題を解決してはじめて、本当の意味で「支配はどのようにして実現・完結するのか」を明らかにしたといえるのである。

本章では、右の問題点を克服する試みの一つとして、村における「触の書き留められ方」について検討する。触状は多くの場合、回達という方法によってそれぞれの村にもたらされたため、各村では触状の文言を書き留めて次の村に回す必要が生じた。前述の、触が村民に知らされたのか否かなどを問題にする場合、考察の出発点としてまず問題にすべきことは、村に回達された触状が次村に回されるまでに、当該村において洩れなくかつ正確にその文言が書き留められたのかどうかということであろう。触状が回達されても、その文言が書き留められないことがあったり、また書き留められたとしても、それが正確に書き写されないということがあったりすると、村民は触の内容を正しく知ることはできないからである。

もちろん、村民は、必ずしも公的な触伝達制度に則って村にもたらされた触状によってのみその内容を知るとは限らない。場合によっては、個人的に豊富な人的ネットワークをもつ村民が、触の内容を回達前に把握することもあろう。しかし、ほとんどの場合、触状回達時に庄屋などの村役人によって書き留められた触の写を彼らが村民に示したり読み聞かせたりすることによって、村民たちは初めてその内容を知るとしてまず間違いない。「触の書き留められ方」を解明することは、触が村民に周知徹底されたか否かを検討するための前提作業でもある。

ところで、「触の書き留められ方」を問題にするとき、主たる分析対象となる史料は、いうまでもなく、触状が回達されてくるたびに村においてその文言を書き留めた文書である。村で触を書き留める場合、触ごとに独立・完結した写（一紙の形をとることもあれば、数丁の紙を綴じた帳面の形をとることもある）を作成するというケースもあったが、多くはあらかじめ白紙を何枚か重ねて帳面とし、それに順次触を書き留めていくという方法をとった。後述するように、それには触状以外の文書の文言が写されることも多かったが、そのようにして作成された帳面は、一般的に触留帳（触留という場合もある）と呼ばれる。触留帳を扱った従来の研究を振り返ってみると、触留帳に記されている触等の内容を分析したものがほとんどである。(3) つまり、前述の政策史的観点からのアプローチが中心であるといってよい。それ以外のものとしては、触留帳を作成するという行為そのものに着目した研究もあるが、(4)「触の書き留められ方」という観点から検討されたことはない。

叙上の研究史認識と課題意識に基づき、以下、触留帳を素材に「触の書き留められ方」を検討することにするが、本章では触状の同一回達ルート上にある異なる村で作成された同一年次の触留帳の比較検討という方法をとることにする。この点について少し説明しておこう。

たとえば、触状の同一回達ルート上にあるA村とB村のそれぞれの触留帳を比較検討した場合、両村は同じ触状を手にしたはずであるにもかかわらず、A村の触留帳には触が書き留められているのに対し、B村の触留帳には書き留められていないということがあるとすると、B村ではその触を書き留めなかったことになる。これは、B村の触留帳を検討するだけでは知りえないことである。また、A村の触留帳だけを検討する限り、B村のように、当該の触を触留帳に書き留めなかった村が存在したことに気づくことはない。

両触留帳に触が書き留められている場合でも、書き留められた触の文言に異同があるのかないのかが問題になる。異同が、単に平仮名と片仮名の違いや送り仮名の有無といった単純なものではなく、文意の理解に大きく関わるほどのものである場合は、いずれかの触留帳の書き留められ方が不正確ということになる。これも、一方の触留帳だけの分析では知りえないことである。

このように、同一回達ルート上にある複数の村に残された触留帳の比較検討という方法は、「触の書き留められ方」を明らかにする上できわめて有効であるといってよい。

以上のことをふまえ、本章では以下の分析手順をとることにする。

まず、触留帳の概念を確定する。近世史研究において、触留帳という語は一般的に使用されているが、厳密な定義づけはされていない。触を写した帳面としては、触留帳、すなわち触が村に達するたびにそれを書き留めた帳面のほか、触留帳などから、一定期間のうちに村にもたらされた触などを、のちにまとめて書き写した帳面も存在する。筆者はこれを触写帳と呼んでいるが、両者の区別も明確ではない。

触留帳概念の確定という手続きをふまえ、次に、文字の調子を手がかりに、実際に触留帳と触写帳を区別する。これは、「触の書き留められ方」を問題にする本章の分析には触写帳は不適であることによっている。それは、触留帳などから触を触写帳に書き写す際に、取捨選択を行ったり、触の文言を一部省略して写したりする可能性があるからである。

以上の作業を前提に、二つの村で作成された同一年次の触留帳を選び出し、その文書形態や書き留められている記事について検討を加える。ここでは個々の記事の内容よりも、どのような種類の記事がどのように書き留められているのかに注目する。

次に、この二つの触留帳に書き留められた触の文言の比較検討を通して、村では回達された触状の文言をどのように書き留めたのか、すなわち「触の書き留められ方」を明らかにする。なお、ここでは各種の触のうち、後述の広域支配に基づいて出された触を取り上げる。

以上が本章における分析の手順である。本章の最終的な目的は、村における「触の書き留められ方」を明らかにすることであるが、触留帳研究の現状に鑑み、その前提作業である触留帳そのものの史料学的検討もあわせて目的としている。その意味で、本章は触留帳論の試みでもある。

第一節　考察の前提——畿内近国の村々に伝達された触の種類と触概念——

本章で主たる分析対象とするのは、天明八年（一七八八）に河内国交野郡の二つの村で作成された触留帳であるが、本論に入る前に、河内国を含む畿内近国（上方八カ国）の村々に伝達された触の種類について簡単に述べておきたい。

これまでたびたび述べてきたように（本書序章、第一部第一章、第二章）、まず、近世の畿内近国では二種の支配が展開していた。一つは個別領主支配、もう一つは広域支配である。前者は、いうまでもなくそれぞれの領主による所領支配である。後者は、大坂町奉行や京都町奉行、あるいは代官などの幕府機関、または幕府から一定の権限を委任された大名による、一定範囲内の地域に対する所領の別を問わない支配である。広域支配には、村・町や同業者仲間、あるいは寺社などに対するもの（広域支配A）と、当該の国や郡に所領を有する個別領主に対するもの（広域支配B）の二種があった。本章でこれから取り上げる交野郡の二つの村で展開していたのは、いうまでもなく広域支配Aである。

なお、一定の権限を委任された大名による広域支配とは、具体的には土砂留（現在の砂防）管理のことである。これは、畿内近国に本拠がある大名にそれぞれ郡分けを行い、担当郡の土砂留管理を行わせたものである。担当大名は、自身の家臣を土砂留役人（土砂留奉行、土砂方役人）に任命して担当郡を見分させ、土砂流出の可能性がある場所を抱えている村には必要な普請を命じた[5]。

このように、畿内近国では、個別領主支配と広域支配という二種の支配が展開していたのであるが、触もそれに応じて二種存在した。筆者は、個別領主支配に対応する触を領分触、広域支配に対応する触を広域触と呼んでいる。広域触は、広域支配Aに対応するものを広域触A、広域支配Bに対応するものを広域触Bとしている。

広域触Aは、郡触、特定地域触、特定機関・団体触の三つに分けることができる。郡触は郡内の全村に回達方式で伝達される触のことである。特定地域触は、堤奉行（原則として大坂代官のうちの二名が兼任するもので、国役普請の指揮・監督や摂津・河内両国の堤防管理などを行った[6]）が特定河川沿岸村々に回達方式で出していた触などを指す。また、特定機関・団体触は寺社や仲間組織に対して出されるものである。いずれも、触の発給主体による分類が可能である。

ところで、これまで「触」という用語について特に定義づけをすることなく説明を続けてきたが、改めて何をもって触とするかについて述べておきたい。『国史大辞典』の「触」の項[7]では、「広く知らせること。為政者の法令・制規を公布・示達すること、またはその書付。（中略）幕府・諸藩から広く一般に触れる書付を触または御触、御触書といい、特定の役所または関係者にだけ通達する書付を達（たっし）・御達とよんで区別した」と説明されている。辞書・事典類では、おおむねこのような説明がなされており、一般的な定義といってよいが、ここでいう「法令・制規」の範囲が問題になる。当時の用法を考えれば、触には厳密な意味における法令・制規だけではなく、実務的な通知なども含まれていると見るべきである。畿内近国の村々であれば、土砂留役人が廻村前に出す廻村ルートに関する通知がその代表的なものである。当然それらも触留帳に書き留められた。実質的には、為政者の下達文書のうち、差紙など、特定の人物や村のみに宛てた文書以外の文書が触ということになろう。

なお、本章で取り上げる触留帳の中心は、河内国交野郡の村で作成されたものであるので、同郡についても若干言及しておこう。同郡は、河内国の諸郡のうちでは最北部に位置する郡で、現在の大阪府枚方市、同寝屋川市、同交野市にまたがる。文政元年（一八一八）二月「河内国高付帳」(8)によれば、所属村は三八カ村を数えた（本書第二部第二章表1参照）。この交野郡の土砂留を担当していたのは山城国淀藩であった。たとえば、安永四年（一七七五）八月二十五日付で淀藩土砂留役人の渡辺三郎右衛門および熊木孫兵衛が秋の巡見のために交野郡村々に回した廻状の写(9)の末尾には「三十八ヶ村へ」とある。一八世紀以降の淀藩主は、正徳元年（一七一一）に石川氏より戸田氏に交代したあと、享保二年（一七一七）より松平氏（大給松平氏）、同八年より稲葉氏となり、明治維新に至るという変遷を辿った。

第二節　触留帳と触写帳

本章では触留帳を検討対象とするが、そもそもここでいう触留帳とは、どのようなものを指すのか。これについても述べておかねばならない。

1　触留帳の概念

『国史大辞典』には「触留帳」の項はなく、「御用留」の項[10]の解説の中で触留帳に言及している。「御用留」の説明は、「江戸時代の名主・庄屋などの村役人が村政執行上必要な文書や諸事項を書き留めた帳簿。（中略）村方の御用留は、領主・代官から下達された触書・廻状や達書・申渡書・差紙などと、村方から上申した願届書、近村役人との相互文書を控えとして記録したものであるが、日記形態の御用日記もある。また下達文書のみを記録した御触留・廻状留など、上申文書のみを記録した願届書留などは御用留が分化したもので、これらも御用留と表記されている場合もある。（以下略）」というものである。

ここには、①御用留とは、村政執行上必要な下達文書・上申文書・相互文書を写した帳面を指す、②下達文書の写に特化したものは御触留や廻状留という、③②の御触留・廻状留も御用留と称することがあった、という理解が示されている。この理解に従えば、触留帳とは、村役人が村政執行上必要な下達文書を写した帳面のことであり、「御用留」の表題をもつこともあったということになる。また、下達文書だけでなく上申文書や相互文書もあわせて写したものは、御触留や廻状留と称することはなかったということになる。

しかしながら、畿内近国の村々の村方文書の中には、「…触状留帳」「…触書留帳」「…触留」などの表題を有しながら、下達文書以外の文書をも写した帳面はむしろ多く見られる。たとえば、河内国交野郡野村の「乙未安永四年正月吉日　御地頭触状留帳」の表題をもつ帳面[11]には、野村の領主である旗本永井氏の触、永井氏に抱えられた用聞の廻状、永井氏領の大庄屋や庄屋の廻状が写されている。

また、同国同郡森村（領主は相模国小田原藩大久保氏）の「寛政弐戌年　戌触留」の表題をもつ帳面[12]には、小田原藩堂島役所の触、淀藩土砂留役人の触、大坂町奉行郡触のほか、交野郡の郡中議定や、山城国にある大久保氏領の村の庄屋から届いた廻状などが写されている。

もちろん、「…触状留帳」「…触書留帳」「…触留」などの表題を有する帳面で、下達文書だけを写したものも存在する。たとえば、野村の「宝永五年正月吉日　子之年御触状留　野村庄屋」の表題をもつ帳面[13]がそれに該当する。この帳面に記載されているのは、永井氏役人の触と土砂留役人の触のみである。

触留帳の定義をするにあたっては、やはりその名の通り、「触を書き留める」という行為を基本に据えるべきであろう。記載されている文書の基本は触であり、その写し方は、書き留める、すなわち当座に書き写すというものでなければばならない。

「はじめに」で述べたように、触状は、ほとんどの場合、回達方式により村にもたらされた。村にもたらされた触状は、できるだけ速やかに次村に送らねばならなかった。そのため、村では触状に書かれている文言を、触状が届いた当座に書き留める必要があった。

回達方式により村から村へ回される文書を回達文書と呼ぶならば、回達文書は下達文書に含まれる触だけにとどまらなかった。相互文書に含まれる、他村の庄屋などからもたらされた廻状も回達文書である[14]。これも、村にもたらされた当座に書き留められる必要があった。先にも触れたように、野村の「乙未安永四年正月吉日　御地頭触状留帳」の表題をもつ帳面に写し取られた文書はすべて回達文書であるが、そこには触状だけでなく、他村庄屋が出した廻状も含まれていた。

以上のことをふまえ、とりあえずここでは触留帳の定義を、「触状を中心とした回達文書の文面を、文書が回達された当座に回達先の村や町などで書き留めた帳面。ただし、場合によってはそれに加えて回達文書以外の公的文書をも書き留めていることもある」としておく。この定義に示したように、実際には、触留帳にはいくつかのパターンがあり、回達されてきた触状のみの文言を書き留めたものから、回達文書はもとより、回達文書以外の公的文書の文言をも書き留めたものまであった。

2　触留帳と触写帳の区別

村方文書の中には、外見上、1で定義づけた触留帳に類似した帳面が存在する。それは、触留帳などに書き留められた触その他の文書の文言を、のちになって別の帳面に写したものである。ここではこのような帳面を触写帳と呼び、触留帳と区別する。(15)

「はじめに」でも述べたように、従来、触留帳と触写帳を意識的に区別することは少なかった。先の『国史大辞典』の「御用留」の項の説明でも、両者は区別されていない。しかし、触を写した村方文書を用いて研究をする際には、両者を峻別した上で利用する必要がある。それは、前述のように、①触写帳には、触留帳などに書き留められたすべての触が写されているとは限らない、②触写帳に記された触や触状の授受に関わる文言は、触留帳に書き留められたものとまったく同じとは限らない、の二点による。

①については、触写帳作成者が一定の選択基準を設け、それに従って写すべき触を取捨選択するということは大いにありうることである。また、②については、触写帳に触などの文言を書き写す際に、触の文言そのものを改竄することはないにしても、場合によっては、もともとなかった年号などを補ったり、文章の一部を省略したりすることが考えられる。つまり、村で触留帳などに書き留められた触の写が、改めて触写帳に写される際、触写帳作成者による「編集」が行われる可能性があるため、触写帳の利用にあたっては慎重さが求められるのである。

なお、①について付言しておくならば、多くの村で毎年触留帳が作成されたと考えられるにもかかわらず、村方文書の中に触留帳を見出すことが意外に少ないのは、触写帳作成の結果としての触留帳の廃棄が一つの原因となっているのではないかということである。そもそも、毎年作成される触留帳は、一定の年数を経るとかなりの点数を数えるに至る。村によってはそのすべてを保管し続けることもあっただろうが、何らかの整理を行うのが一般的であったと思われる。その整理の方法として、必要と思われる文書のみを触写帳に書き写し、元の触留帳は廃棄するというケースが多かったのではないだろうか[16]。

本章の目的は、あくまでも、村に達した触が村において正しく書き留められたのかどうかを検討することである以上、分析対象は触留帳でなければならない。したがって、まずは触留帳と触写帳の両者を区別し、後者を分析対象からはずす作業を行う必要がある。しかし、記事の内容から両者を区別することは、それほど容易なことではない。ここで、両者を区別する有力な手がかりとなるのは、文字の墨の色や濃淡、文字の線の太さ、あるいは筆跡・筆遣いなど、いわば文字の調子である。触留帳は、触状が村に届けられる等の事由が発生するたびに、触状や触状の授受に関わる文言が書き留められるため、同じ人物が書き留めた場合でも、一件ごとに文字の調子

①

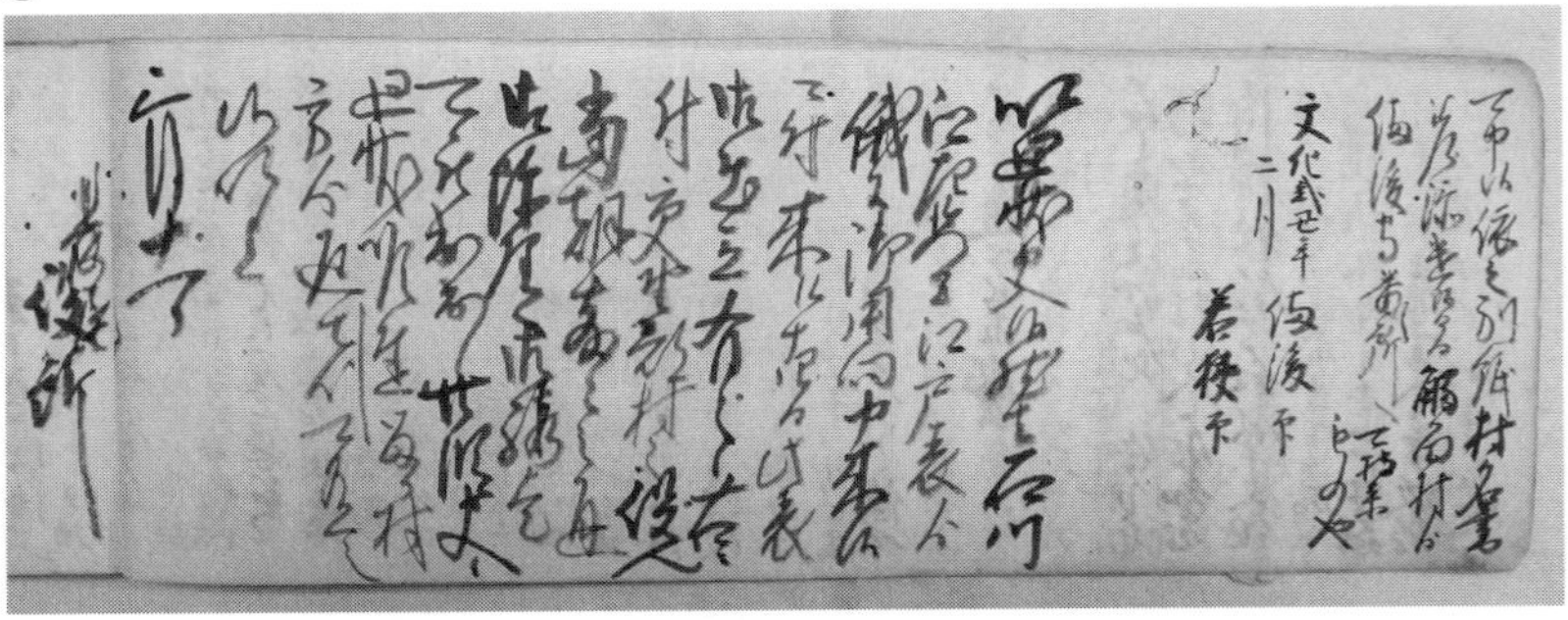

②

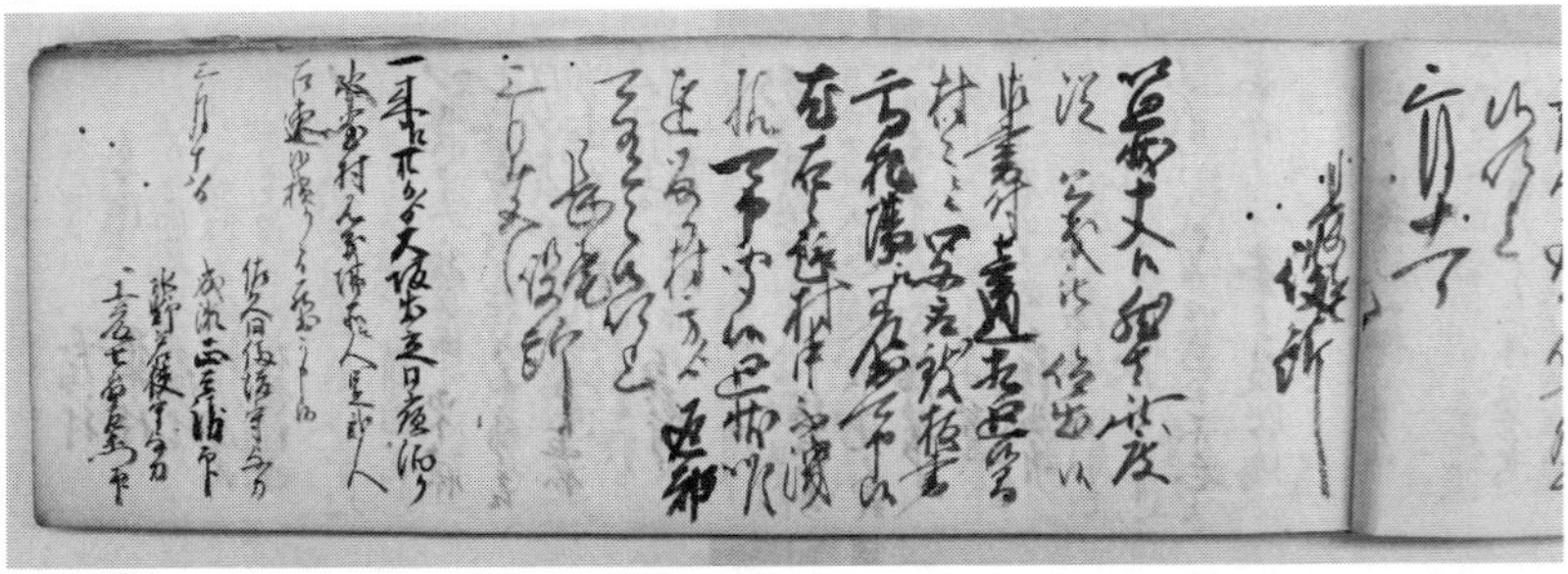

写真１　河内国交野郡田口村文化２年（1805）～３年「御触書幷諸支控帳」（田口村奥野家文書）の第四丁裏（①）および第五丁表（②）

が異なるのが普通である。これに対して触写帳は、何件かの記事を同じ人物が一度にまとめて書き写すことが多いと考えられるため、そのまとまりの中では記事ごとに文字の調子に違いが出ることはほとんどないといってよい。

具体的な例を示そう。写真１は河内国交野郡田口村文化二年（一八〇五）～三年「御触書幷諸支控帳」[17]の第四丁裏（①）およびそれに続く第五丁表（②）の写真である（この場合の丁の数え方は、表表紙の表を第一丁表として数えている。以下同じ）。田口村の領主は旗本久貝氏で、陣屋は交野郡長尾村にあり、長尾役所と呼ばれていた。①には、文化二年二月付の大坂町奉行郡触（大坂町奉行佐久間備後守信近および同水野若狭守忠道が発給したもの）の末尾部

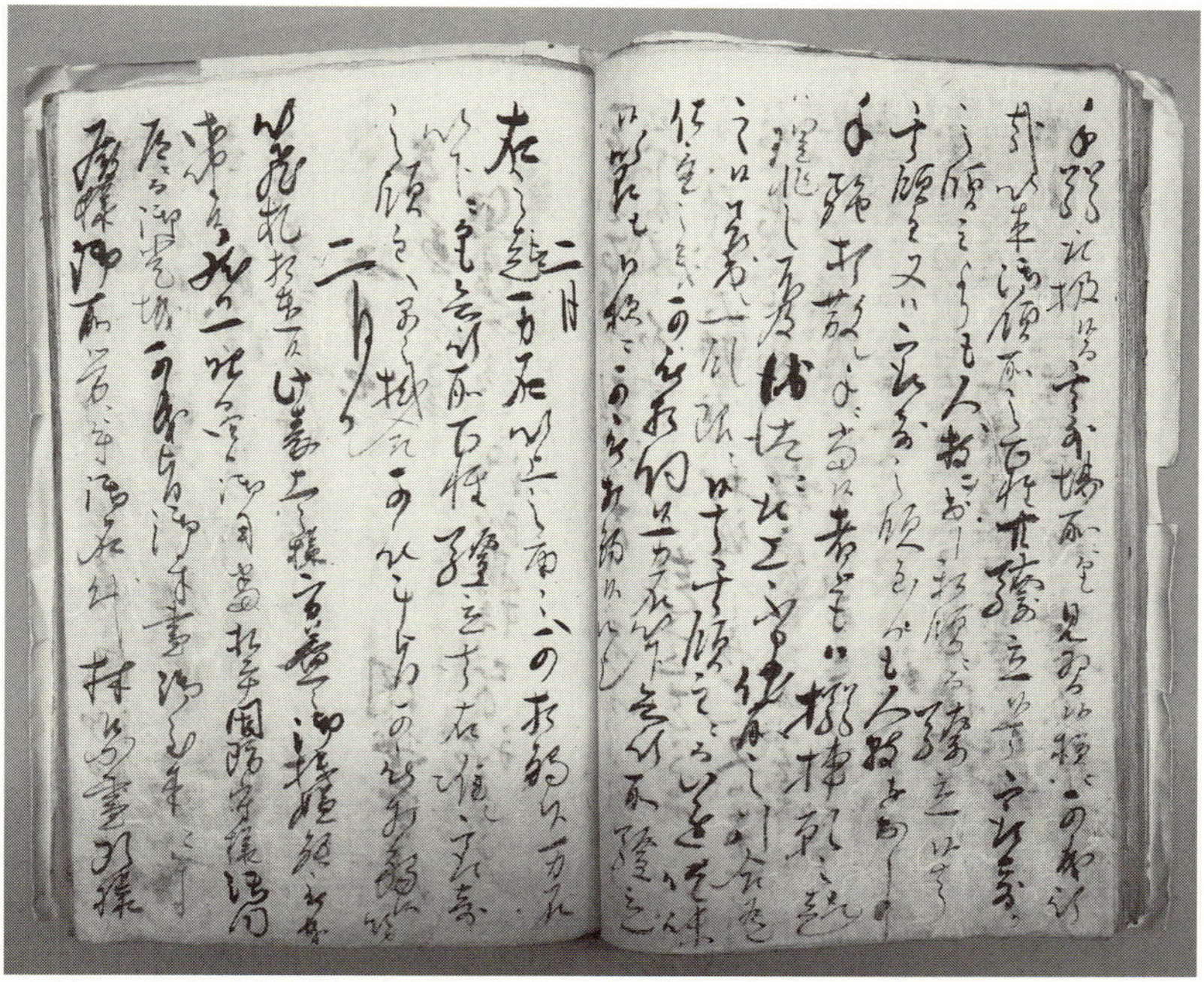

写真２　河内国交野郡津田村宝暦14年（1764）～安永７年（1778）「御触状写書」（津田村小崎家文書）

分と三月十一日付の長尾役所触の大半、②には三月十一日付の長尾役所触の末尾部分と三月十五日付長尾役所触の全部、および三月十八日付の大坂町奉行所土砂方与力触の前半部分が、それぞれ書き留められている。一見して明らかなように、長尾役所触二通は、前の大坂町奉行郡触およびあとの大坂町奉行所土砂方与力触の筆跡とは異なっている。つまり、これらの触の写は、触状が田口村に回達された、まさにその時に帳面に書き留められたものということができるのであり、この帳面は触留帳と判断してよい。

　また、写真2は河内国交野郡津田村の「御触状写書」[18]の一部である。津田村は旗本久貝氏領と旗本畠山氏領の相給村であった。この「御触状写書」は、畠山氏領の庄屋が作成したもので、宝暦十四年（一七六四）から安永七年（一七七八）までの期間における諸文書の写が記載されている。諸文書の内訳は、畠山氏触、大坂町奉行郡触、金銀出入訴状、領主役人宛口上書、村法度、交野郡村々願書付などである。

写真2は、百姓が徒党を組んで強訴・狼藉を働いた際の対処法を定めた明和六年（一七六九）二月付の幕府全国令の後半部分（元の触には、幕府全国令のあとに領主畠山氏の役人の言葉が添えられていたはずであるが、ここでは省略されている）と、それに続く同年五月七日付の畠山織部家督継承に関する岡松四郎兵衛書状の前半部分である。[19]岡松は畠山氏の代官と思われる。「以飛札相達候」（写真の後ろから四行目）以下が岡松の書状の写であるが、文字の調子はその前の幕府全国令の写と変わらない。宝暦十四年から安永七年までの一四年間の文書の写が一冊の帳面に載せられていることからも推測されるが、文字の調子という点から、この「御触状写書」は触写帳としてよい。

なお、触写帳には前述のような問題点があるにしても、それは触写帳の史料的価値が低いことを意味するものではない。あくまでも、本章の目的に照らせば触写帳は分析対象としては不適であるというにすぎない。触留帳などに記載されている触から、どの触をどのような基準で選び出し、触写帳に写したのかということは、村の触認識、ひいては村が領主や奉行所などの支配をどのように捉えていたのかを知る手がかりとなりうるものである。

第三節　天明八年の二つの触留帳

1　河内国交野郡野村天明八年「御公儀御触状留帳」

本節では、同じ年の触留帳二点を取り上げ、記載された触の文言の比較検討をするが、まずはその二点の触留帳について、概略を紹介しておく。従来、触留帳はそこに記載されている触の文面にばかり目が向けられ、一つの文書様式としての触留帳の形態分析が行われることはほとんどなかった。ここでは、そのような現状に鑑み、かつ触の書き留められ方と触留帳の形態とは密接な関係があるという認識のもと、それぞれの触留帳の概略・特徴を紹介するとともに、その形態的な側面についても一定の言及を行いたい。検討の対象とするのは、河内国交野郡野村天明八年（一七八八）「御公儀御触状留帳」（野村小原家文書）および同国同郡田口村天明八年「御触書諸事扣帳」（田口村奥野家文書）の二点である。いずれも、前節の2で述べた文字の調子から触留帳と判断して差し支えない。まず、前者から取り上げよう。

野村小原家には、まとまった数の触留帳が残されている。最も古いものは宝永二年（一七〇五）「御触状留帳」、最も新しいものは文化八年（一八一一）「御触書留帳」で、その数は三四点に上る。野村天明八年「御公儀御触状留帳」はそのうちの一つである。

触留帳の具体的な分析に入る前に、野村の領主支配について触れておく。前述のように、同村を支配していたのは旗本永井氏である。この永井氏は、直右を祖とし、万治元年（一六五八）以来、河内国若江郡、同国茨田郡、同国交野郡のうちで七〇〇〇石を領した[20]。一八世紀後半期における永井氏領の村は一四カ村で、その内訳は若江郡二カ村、茨田郡九カ村、交野郡三カ村であった[21]。

表1は、野村天明八年「御公儀御触状留帳」の記事一覧である。触留帳の形態および表1をもとに、「触の書き留められ方」に留意しつつ本触留帳の概略・特徴をまとめると、以下のようになる。なお、文中1、2などの数字は記事番号である。

表1　河内国交野郡野村天明8年（1788）「御公儀御触状留帳」の記載内容

記事番号	記事の内容（①発給年月日、②発給者名、③宛名、④内容、⑤触の授受に関する記載、⑥備考、の順に記す）
1（大1）	①「天明八年戊申年」、②「土佐印、石見印」、③記載なし、④播州美嚢郡三木町銭屋藤九郎に朝顔油絞りを認めていたが、昨年出奔、今後は前々の通りにせよとの正月付触を触れる。⑤「正月十五日春日村ゟ受取、津田村へ相渡」
2（大2）	①「正月」、②「石見印、土佐印」、③「村ゞ庄屋・年寄・寺社家」、④広東人参売買勝手次第のこととする正月付幕令を触れる。⑤「二月三日春日村ゟ受取、津田村へ相渡申候、以上」
3（大3）	①「天明八戊申年二月」、②「石見印、土佐印」、③記載なし、④米穀〆売り、酒隠造り・増造りを行う者に対する狼藉禁止を命じた正月付触を触れる。⑤「二月十日春日村□、津田村へ相渡申候」
4（大4）	①「天明八戊申年二月」、②「石見印、土佐印」、③記載なし、④京都大火による材木買い占め等を禁止した2月付幕令、上方八ヵ国および丹後山々雑木松杉板、屋根板勝手次第京都に売り出すことを命じた2月付幕令を触れる。⑤「三月五日春日村ゟ受取、同日津田村へ相渡候、上書ゟ四枚目ニ墨附有之候ニ付、其趣春日村へ返事遣し申候」
5（土1）	①記載なし、②「木田宗太夫印、井上雲八印」、③記載なし。ただし、触末尾に「三拾八ヶ村廻ル」とあり。④春廻りとして7日に淀を出発し、土砂留廻村を行うことを触れる。⑤「三月七日長尾村ゟ受取、中宮村へ相渡申候」
6（大5）	①「天明八年三月」、②「石見印、土佐印」、③記載なし、④諸国幕領巡見に関する3通の「覚」（いずれも3月付幕令）を触れる。⑤「三月廿五日春日村ゟ請取、同日津田村へ相渡シ、夫長右衛門」
7（大6）	①「天明八戊申年三月」、②「石見印、土佐印」、③記載なし、④天満北冨田町吉野屋次兵衛銀小貸会所廃止を命じる幕令を触れる。⑤「四月二日春日村ゟ請取、同日津田村へ相渡ス」
8（廻1）	①「申四月廿一日夜酉上刻出」、②「田宮村、禁野村」、③記載なし。ただし、「三十六ヶ村へ廻ル」とあり。④土砂方奉行より、22日（23日の誤りか）の大坂町奉行巡見に備え、道橋等を修繕するよう命じられたことを知らせる。⑤「四月廿二日春日村ゟ請取、津田村へ相渡し」
9（土2）	①「四月廿一日」、②「木田宗太夫印、井上雲八印」、③記載なし。ただし、「三十八ヶ村へ廻ル」とあり。④23日大坂町奉行小田切土佐守土砂留所巡見に備え、念を入れ普請することなどを命ず。⑤「四月廿二日春日村ゟ請取、同日杁村へ相渡し」
10（土3）	①「四月廿八日」、②「井上雲八」、③「三十八ヶ村」、④木田宗太夫土砂留方退役を触れる。⑤「五月朔日津田村ゟ受取、□春日村へ相渡申候」
11（大7）	①「天明戊申年五月」、②「就忌中無印形　石見、土佐印」、③記載なし、④二朱判吹方停止、丁銀吹方開始を知らせる幕令を触れる。⑤「五月十三日春日村ゟ受取」
12（土4）	①「五月十七日」、②「井上雲八印」、③記載なし、④木田宗太夫跡役を高見多仲に申し付けられたことを触れる。⑤「五月十九日津田村ゟ受取、同春日村へ相渡申候」
13（廻2）	①「六月十五日」、②「趣（越ヵ）後や十右衛門、河部（ヵ）屋市郎右衛門」、③記載なし、④「口上」（明16日巡見使通行につき牛留を村方に知らせるよう要請する）。⑤「六月十五日春日ゟ受取、津田村へ相渡」

14（廻３）	①「六月廿日」、②「枚方浜☆」、③記載なし、④巡見使通行につき、21日牛留を村方に申し渡すよう要請する。⑤「廿日津田村ゟ請取、同春日村へ相渡し」
15（廻４）	①「六月廿日」、②「楠葉村次治、下嶋村喜右衛門、招提村弥助」、③記載なし、④巡見使21日高槻宿泊、枚方休憩などを知らせる。⑤「津田村ゟ受取、春日村へ渡し」
16（大８）	①「申六月」、②「土佐印、石見印」、③記載なし、④去る未年（天明７年）国役普請入用銀割賦につき、拝領高・込高・除地高・改出新田高書き出しを命ずる。⑤「申七月朔日春日村ゟ受取、津田村へ相渡申候」
17（大９）	①「天明八戊申年七月」、②「石見印、土佐印」、③「村ゝ庄屋・年寄・寺社家」、④肥類に混ぜ物をして売ったり、買占め・囲い持ちをしたりすることの禁止を触れる。⑤「八月二日春日村ゟ受取、津田村へ相渡申候」
18（大10）	①「天明八戊申年八月」、②「石見印、土佐印」、③「村ゝ庄屋・年寄・寺社家」、④酒造制限徹底を命じた２通の７月付幕令を触れる。⑤「八月九日春日村ゟ請取候、津田村へ相渡し」
19-１（大11-１）	①「申八月」、②「石見、土佐」、③記載なし、④寺社領に課された五畿内国役銀の扱いについて触れる。⑤記載なし（19-２とセット回達のため、19-２の末尾に記載されている）
19-２（大11-２）	①「申八月」、②「石見印、土佐印」、③「村ゝ庄屋・年寄」、④天明６年度国役普請入用銀の納入を命ずる。⑤「八月廿三日春日村ゟ請取、同日津田村へ相渡し」、⑥19の２点はセットで回達。
20（大12）	①「天明八年戊申年八月」、②「石見印、土佐印」、③記載なし、④銅座への廻銅を触れた４月付幕令を触れる。⑤「八月廿八日春日村ゟ受取、津田村へ相渡、新山之新之字ニしゆミ申☆☆☆候、以上」
21（大13）	①「天明八年申八月」、②「石見印、土佐印」、③記載なし、④切金・軽目金通用滞につき、いよいよ安永７年令を守るべしとする８月付幕令を触れる。⑤「八月晦日春日村ゟ受取、津田村へ相渡申候」、⑥⑤の文言のあとに、今回の触は紙袋入なので注意して回達するよう要請した播磨屋九兵衛添状の文言を写す。
22（土５）	①「九月朔日」、②「高見多仲、井上雲八」、③記載なし、④秋廻として廻村するにあたり、土砂留普請所の案内を命じる。⑤記載なし
23（大14）	①「天明八戊申年八月」、②「石見印、土佐印」、③記載なし、④指定の関東菜種油買問屋および在々買次商人廃止を触れた８月付幕令を触れる。⑤「九月五日春日村ゟ受取候」
24（廻５）	①記載なし、②記載なし、③記載なし、④「申十一月九ヶ村割覚」、⑤記載なし
25（廻６）	①「申十二月二日」、②記載なし、③記載なし、④「九月奉公人御出会」造用割につき「口上」、⑤記載なし
26（大15）	①「天明八戊申年十二月」、②「石見印、土佐印」、③「村ゝ庄屋・年寄・寺社家」、④抜荷禁止等に関する12月付の２通の幕令を触れる。⑤「十二月廿三日春日村ゟ請取、同月廿四日津田村へ相渡ス」
27（大16）	①「天明八申年□」、②「石見印、土佐印」、③「村ゝ庄屋・年寄・寺社家」、④燈油値段せり上げ禁止等を触れた11月付幕令を触れる。⑤「十二月晦日春日村ゟ受取、津田村へ相渡□」

（注）記事番号欄の（　）内の「大」は大坂町奉行郡触、「土」は土砂留役人郡触、「廻」は廻状（触以外の回達文書）を示す。また、「大」「土」「廻」のあとの数字は、それぞれの通し番号を示す。☆は判読不能文字。

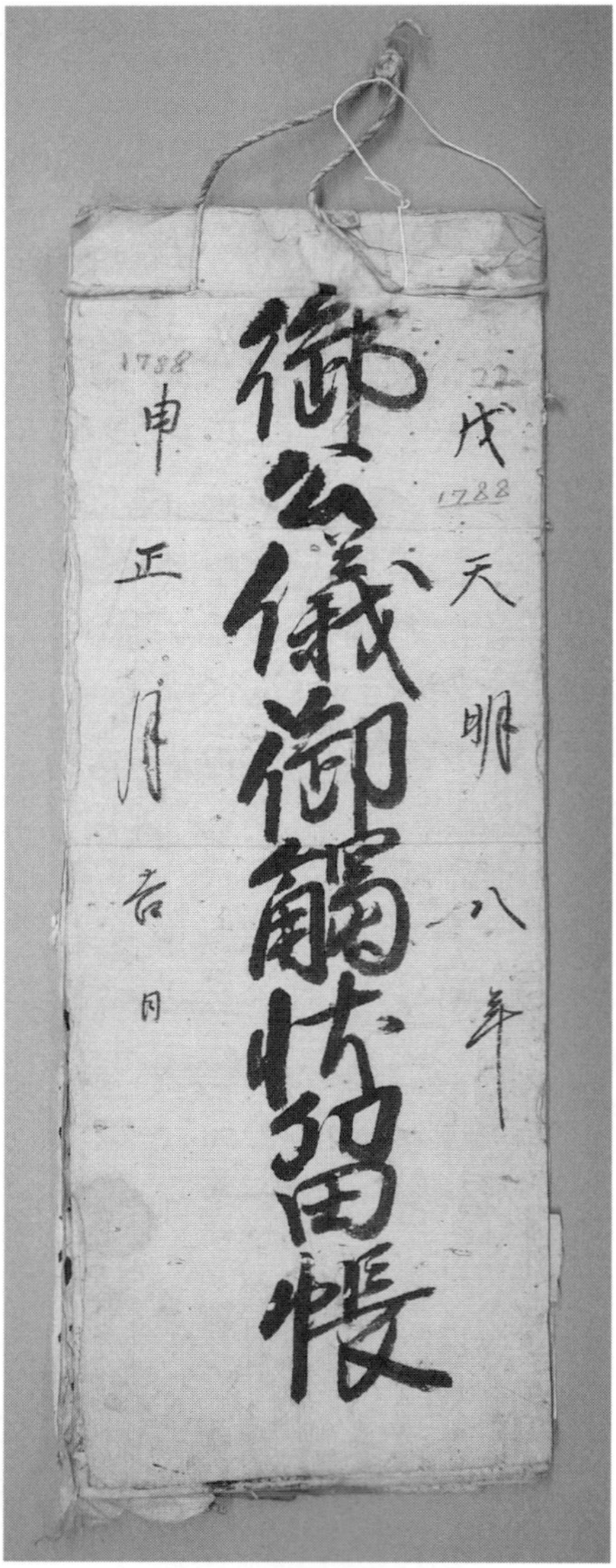

写真３　河内国交野郡野村天明８年（1788）「御公儀御触状留帳」表紙（野村小原家文書）

まず触留帳の形態であるが、横帳形式をとり、小口の三方をこよりでかがった二ツ目綴[22]で下げ紐がある（写真3）。下げ紐は、綴じ紐の延長として一方の綴じ穴の表表紙側・裏表紙側それぞれから延びている二本のこよりを縒り合わせて一本とし、さらにそれをもう一方の綴じ穴から延びて縒り合わされた一本と先端で結び合わせ、輪にしたものである。したがって、綴じ紐と下げ紐は一体のものであり、綴じ紐とは別個に下げ紐が付いているのではない。大藤修は、このような文書形態を「下げ二ツ目綴」と呼ぶことを提案しているが[23]、下げ紐の存在は、本触留帳が常時鉤などに吊され、回達文書が届いたときに即応できるようにしていたことを窺わせる。なお、小原家に残る三四点の触留帳はすべて横帳で、そのうち二九点にはこよりの下げ紐がある。また、下げ紐がない五点のうち少なくとも二点には、かつて下げ紐が存在していた痕跡が認められる。文書の構造上、縦帳には下げ紐

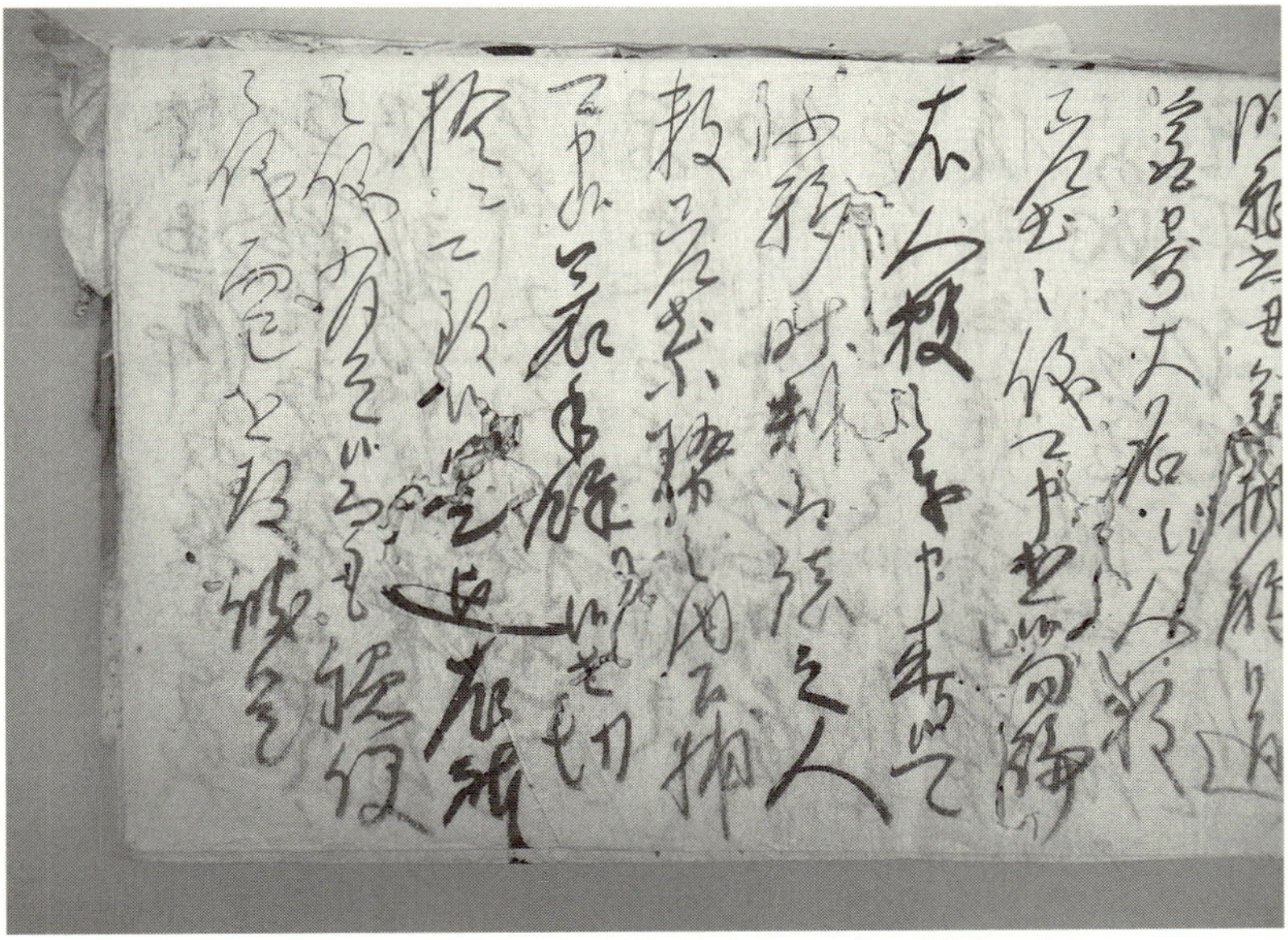

写真4　野村天明8年（1788）「御公儀御触状留帳」第四丁表の「躰」の文字

は馴染まないことから、横帳であることと下げ紐があることは密接な関係があるといってよい。触留帳を常時鉤などに吊すためには、横帳形式でなければならなかったのである[24]。

本触留帳の表紙には「戊申天明八年正月吉日　御公儀御触状留帳」と記されており（写真3参照）、丁数は表紙を含め全二六丁である。第二六丁裏まで文字が記されており、その意味では裏表紙を欠いているといってよい。これは、かつては存在した裏表紙がのちに取れてしまったものか、もともと裏表紙がなかったものか判然としない。また、触留帳によっては、最後の記事を記した丁のあとに白紙が一丁または何丁か続くことがあるが、本触留帳には当然白紙は含まれていない[25]。

ところで、第四丁表の後ろから三行目の一番下の文字は「躰」であるが、この「躰」のくずし字の最後部分の墨が第五丁表の同じ位置に、わずかながら付いているのが認められる（写真4）。これは、触を書き留めた際、第五丁の紙の上に第四丁の紙が重ねられていたが、前者がごくわずかに後者よりも前にはみ出ていたために生じたものである。このことから、本触留帳は、少なくとも何枚かの白紙の横折紙をあらかじめ重ねておいたところに、順次触その他の回達文書を書き留めていったものとしてよい。重ねられた白紙が最初から綴じられていたか否かについては、横帳形式をとり、下げ紐があるところから、前者である可能性が高い。

このことに関連して、写真1を再度確認しておきたい。三月十一日付の長尾役所触について、「長尾役所」の「尾」の文字の末尾が帳面のノドを越えて第四丁裏の最後部分に達しているのが認められる。これも、触留帳が最初から綴じられていたことを示す例といってよい。

次に、本触留帳の記載記事の分析に移ろう。

二七件の記事の内訳は、大坂町奉行郡触一六件（ただし、うち一件は二通の郡触が一緒に回達されたもの）、土砂留役人郡触五件、廻状六件である。ここでいう廻状とは、回達文書のうちの相互文書のことであるが（第二節の1参照）、このうち8は、交野郡の土砂留について何らかの役割を果たしていたと考えられる二村から、土砂留役人の指示を伝えられたもの、13〜15は、巡見使通行に関して、交野郡の村や関係商人から出されたもの、24、25は組合村の入用割賦に関するものである。「御公儀御触状留帳」という表題が付けられている通り、内容が判然としない24、25を除けば、すべて幕府の広域支配に関わる回達文書である。また、非回達文書については記載の対象とはなっていない。

なお、この時期、野村では領主永井氏の支配に関わる回達文書と、広域支配に関わる回達文書を、別々の触留帳に書き留めていた。同村では、もともと触留帳は一冊にまとめていたが、享保十二年（一七二七）から二種類作成するようになった。しかし、寛政九年（一七九七）前後になると、ふたたび一冊にまとめるようになる。[26]この間、別々に触留帳を作成していた理由については不明である。

次に、いつの記事を記載しているのかについて確認しておく。二七件の記事のうち、最初のものは天明八年正月十五日に春日村から受け取った大坂町奉行郡触、最後のものは同年十二月晦日に同じく春日村から受け取った大坂町奉行郡触であり、記事はすべて天明八年のうちに回達された触等を書き留めたものである。つまり、本触留帳は天明八年度触留帳といってよいものである。また、記事の配列は、時間軸に沿ったものとなっており、時間的に前後する記事はない。

最後に、22、24、25を除き、何月何日に何村より受け取り、何村に渡したという、文書の授受に関する記載があることを指摘しておこう。本触留帳は、文書の授受を記録することを原則としていたといえる。

2　河内国交野郡田口村天明八年「御触書諸扣帳」

田口村天明八年「御触書諸扣帳」についても、野村天明八年「御公儀御触状留帳」と同様の検討を加え、文書形態や概略を紹介する。

田口村奥野家には安永四年（一七七五）から文政三年（一八二〇）までの触留帳が一二点残されている。本触留帳はそのうちの一冊である。

第二節の2でも少し触れたが、田口村の領主は旗本久貝氏であった。同氏は正俊を祖とし、寛永十年（一六三三）以降、河内国交野・讃良両郡のうちで五〇〇〇石を領していた。その後、宝永七年（一七一〇）に武蔵国で五〇〇石を加増され、計五五〇〇石となった[27]。

前述のように、陣屋は交野郡長尾村にあり、長尾役所と呼ばれていた。河内国の久貝氏領は、交野郡七カ村、讃良郡五カ村であった(28)。

本触留帳の記載記事は表2の通りである。まず、文書形態の検討から始めよう。写真5の①②に示したように、これも野村天明八年「御公儀御触状留帳」と同じく横帳形式をとり、二ツ目綴で下げ紐がある。ただし、写真5の②で、延長部が下げ紐となっている綴じ紐とともに、それとは別の二つの綴じ紐（帳面を横長に置いた際、二ツ目綴の下側の綴じ穴付近〔写真5①帳面右下部分〕についていえば、延長部が下げ紐となっている綴じ紐用の綴じ穴〔綴じ穴Aとする〕に接した綴じ穴〔綴じ穴Bとする〕から出ている綴じ紐と、そこから右下方向の位置にある綴じ穴〔綴じ穴Cとする〕から出ている白黒まだらの綴じ紐）の存在が認められるように、これは合綴形式の触留帳である。

具体的には、本触留帳は、（イ）表表紙（第一丁）から第二〇丁まで（記事番号では1から26まで）、（ロ）第二一丁から第二三丁まで（同じく27）、（ハ）第二四丁から第二八丁まで（同じく28から32まで）および第二九丁（白紙）、（ニ）第三〇丁および第三一丁（記事番号では33および34）、（ホ）第三二丁（同じく35）、の五つの部分から構成されているのである。

このうち、（イ）は下げ紐のある二ツ目綴の横帳として完結したもの、（ロ）は下綴じ形式の横帳として完結したもので、この両者は、前述の綴じ穴Cから出ている白黒まだらの綴じ紐によって綴じられている。（ハ）（ニ）（ホ）の計九丁は、（イ）（ロ）のセットの追加分というべきもので、それぞれは独立して綴じられたものではない。このうち（ニ）は、二通の文書をそれぞれ二つ折りにして綴じ込んだものである。（イ）～（ホ）は綴じ穴Bから出ている綴じ紐によって綴じられている。なお、表2にも記しているように、（ロ）で使用されている紙のサイズは、（イ）（ハ）（ニ）（ホ）で使用されているものとくらべ、ごくわずかであるが小さい。

（ロ）は、国々御料所村々巡見使通行に関する天明八年三月付の三通の幕令を触れた大坂町奉行郡触を書き留

表２　河内国交野郡田口村天明８年（1788）「御触書諸叓扣帳」の記載内容

記事番号	記事の内容（触・廻状の場合は、①発給年月日、②発給者名、③宛名、④内容、⑤触の授受に関する記載、⑥備考、の順に記す）
1（大１）	①「天明八申正月」、②「石見、土佐」、③「村〻庄屋・年寄・寺社家」、④播州美嚢郡三木町銭屋藤九郎に朝顔油絞りを認めていたが、昨年出奔、今後は前々の通りにせよとの正月付幕令を触れる。⑤記載なし
2（長１）	①「申正月廿七日」、②「長尾御役所」、③記載なし、④正月12日に江戸で松平忠福（若年寄）より渡された同日付の博奕・賭諸勝負禁止書付を触れる。⑤記載なし
3（大２）	①「申二月」、②「石見、土佐」、③「村〻庄屋・年寄・寺社家」、④広東人参売買勝手次第のこととする正月付幕令を触れる。⑤記載なし、⑥「右之趣従江戸被　仰下候ニ付触知候」のあとは省略されている。また、末尾に「右広東人参御触御陣屋ゟ茂御座候」とあり。
4（大３）	①「天明八戊申年二月」、②「石見、土佐」、③「村〻庄屋・年寄・寺社家」、④米穀〆売り、酒隠造り・増造りを行う者に対する狼藉禁止を命じた正月付幕令を触れる。⑤記載なし
5（長２）	（「御陣屋ゟ御下ケ札明十四日相渡与御触書奉畏候　申二月十三日写」と記すのみ。）
6（長３）	①記載なし、②「長尾御役所」、③「両郡村〻」、④２月９日江戸出立の庄藤右衛門が24日に陣屋到着の予定であることを触れる。⑤記載なし
7（廻１）	（２月25日夜、庄藤右衛門が到着したことに関する廻状が藤坂村藤十郎から来たことを記す）
8（土１）	（「淀土砂方御廻状趣」として、土砂留奉行の休泊予定〔７日、招提村で休憩、同日、尊延寺村で宿泊〕を記す）
9（廻２）	①「申三月六日」、②「坂本や伝右衛門」、③記載なし、④大坂定番井上筑後守御用人足について知らせる。⑤記載なし
10（長４）	①「申三月六日」、②「長尾御役所」、③「村〻庄屋・年寄・寺社家」、④京都大火による材木買い占め等を禁止した２月付幕令、上方八ヵ国および丹後山々雑木松杉板、屋根板勝手次第京都に売り出すことを命じた２月付幕令を触れるとともに、当月中に宗門帳を提出すべきこと、博奕と賭の諸勝負禁止の高札を建て置くべきことを命ず。⑤記載なし、⑥２通の幕令を触れた大坂町奉行郡触は記載されず、「御番所様ゟ同日同刻ニ相廻り申候」と末尾に記す。
11（大４）	①「天明八年戊申三月」、②「石見印、土佐印」、③記載なし、④天満北冨田町吉野屋次兵衛小貸銀会所廃止の幕令を触れる。⑤記載なし
12（長５）	①「申四月十三日」、②「長尾御役所印」、③「村名、庄屋・年寄」、④当春京都出火により家が類焼した紀野治左衛門（久貝氏の扶持を受けている）が村々を回り、無心をしているが、心得違いのないようにすることを命ず。⑤記載なし
13（土２）	①記載なし、②記載なし、③記載なし、④大（小）田切土佐守順見通行に際し、村役人が罷り出るよう命ずる。⑤「四月廿三日御触相廻り申候、右者淀土砂方御廻状」
14（土３）	①「申四月廿八日」、②「井上雲八」、③「村々名、庄屋・年寄」、④木田宗太夫土砂留方退役を触れる。⑤記載なし

15（大５）	①「天明八戊申年五月」、②「就忌中無印形　石見、土佐印形」、③記載なし、④二朱判吹方停止、丁銀吹方開始等を知らせる４月付幕令を触れる。⑤「五月十四日長尾村ゟ請取」
16（土４）	①「申五月十七日」、②「井上雲八印」、③記載なし、④木田宗太夫跡役は高見多仲に申し付けられたことを触れる。⑤「同十八日招提村相廻り申候」
17（長６）	①「三月」、②松平惣兵衛、③記載なし、④巡見対象国と、巡見先で尋ねるべき事柄を記す。⑤記載なし、⑥長尾役所触か。
18（長７）	①「申三月」、②記載なし、③記載なし、④記載なし、⑤記載なし、⑥長尾役所触か。「三月七日被　仰出候御書附之写、是ハ大坂御番所様ゟ之御触書通同断御座候、写不申候」と記す。
19（長８）	①「四月」、②記載なし、③記載なし、④銅方取締強化を触れる。⑤記載なし、⑥長尾役所触か。
20（長９）	①「申五月廿日」、②「長尾御役所印」、③「村ゝ名、大庄屋幷庄屋・年寄」、④二朱判についての「覚」が出されたことのみを触れる。ただし、すでに大坂町奉行郡触（15）が回達されているため、触の文面は記さず（「是ハ大坂御番所様ゟ先立御触通同断御座候、仍而写不申候」）。⑤記載なし
21（長10）	①「申六月十三日」、②「長尾御役所印」、③記載なし、④巡見使通行に備え、別紙の通り認め、14日に陣屋に持参するよう触れる。⑤記載なし
22（長11）	①「申六月十九日」、②「長尾御役所印」、③記載なし、④巡見使通行に備え、21日朝七ツ時、倉治村五兵衛宅に役所が指定した者が罷り出るべきことなどを命ず。⑤記載なし
23（長12）	①「申六月十九日」、②「長尾御役所印」、③「村ゝ庄屋・年寄中」、④20～22日、村方に残る役人と組頭は昼夜村方を見回るべきことを命ず。⑤記載なし
24（廻３）	①「申六月廿日」、②「楠葉村次治、下嶋村喜右衛門、招提村弥助」、③「交野郡村ゝ名、御役人中様」、④巡見使が明21日に枚方で休憩することなどを知らせる。⑤記載なし
25（控１）	（天明７年分の「京都☆荷数」を記した「覚」を招提村孫右衛門に遣わした際の控を記す。「申六月廿七日、招提村孫右衛門方へ書付遣シ申候」とあり）
26（控２）	（７月２日付で天明７年度の田口村国役高〔617石４斗９合〕を大坂町奉行に報告した際の控を記す）※ここまでで一つの帳面として綴じられている。
27（大６）	①「天明八戊申年三月」、②「石見、土佐」、③「村ゝ庄屋・年寄・寺社家」、④国々御料所村々巡見使通行についての３通の幕令（いずれも３月付の「覚」）を触れる。⑤記載なし、⑥27の３丁は独立して綴じられている。この３丁は、１～26の部分に較べ、紙のサイズがやや小さい。
28（大７）	①「申八月」、②「石見印、土佐印」、③記載なし、④肥類に混ぜ物をして売ったり、買占め・囲い持ちをしたりすることの禁止を触れる。⑤「三日相廻り」（①の「申八月」に続けて記す）、⑥本文末尾に「此奥ク書御座候共写不申候」と記し、途中で写すのをやめている。
29（大８）	①「天明八戊申八月」、②「石見印、土佐印」、③「村ゝ庄屋・年寄・寺社家」、④酒造制限徹底を命じた２通の幕令（いずれも７月付）を触れる。⑤記載なし、⑥８月23日付で、長尾役所より、24日から酒造方道具類改を行う旨を触れる。
30（長13）	①「申八月廿三日」、②「長尾御役所印」、③記載なし、④24日から酒造方道具類改を行う旨を触れる。⑤触の写のあとに、「右御公儀様ゟ　御触書之趣御地頭様茂御触御座候、八月廿三日」と記す。

31（大９）	①記載なし、②記載なし、③記載なし、④「申年御国役銀」と題し、国役普請銀の納入につき、100石あたり銀額を記すとともに、「来月廿九日迠之内、役銀請取所今橋弐丁目鴻池屋善右衛門、高麗橋三丁目油屋彦三郎方江持参」とのみ記す。⑤「申八月廿四日廻り申候」、⑥同文の一紙文書（34）が帳面末尾に挟み込まれている。
32（大10）	①「天明八戊申年八月」、②「石見印、土佐印」、③記載なし、④近年諸山廻銅不進につき、大坂銅座への廻銅を命じた４月付幕令を触れる。⑤記載なし、⑥幕令を記載したあとは「右之趣従江戸」とのみ記し、以下は省略。
33（大11）	①「申八月」、②「石見、土佐」、③「村〻庄屋・年寄」、④寺社領に課された五畿内国役銀の扱いについて触れる。⑤記載なし、⑥この触については、全紙に書き写したものを二つ折りにし、綴じ込んでいる。
34（大12）	①記載なし、②記載なし、③記載なし、④「申年御国役銀」と題し、国役普請銀の納入につき、100石あたり銀額を記すとともに、「来月廿九日迠之内、役銀請取所今橋弐丁目鴻池屋善右衛門、高麗橋三丁目油屋彦三郎方江持参」と記す。⑤「申八月廿四日廻り申候」、⑥大坂町奉行郡触の一部を書き写した紙を二つ折りにし、33に続けて帳面に綴じ込んでいる。触の文言は31と同一。
35（大13または長14）	①記載なし、②記載なし、③記載なし、④（切金・軽目金通用に関する幕令の一部を写す）、⑤記載なし、⑥長尾役所触、大坂町奉行郡触のいずれかは不明。

（注）記事番号欄の（　）内の「長」は長尾役所触、「大」は大坂町奉行郡触、「土」は土砂留役人郡触、「廻」は廻状（触以外の回達文書）、「控」は控書をそれぞれ示す。また、「長」「大」「土」「廻」「控」のあとの数字は、それぞれの通し番号を示す。35は長尾役所触・大坂町奉行郡触のいずれか不明のため、「長14または大13」と記した。☆は判読不能文字。

めたものであるが、田口村ではこの大坂町奉行郡触を触留帳に書き留めることはせず、これだけで独立した留帳を作成した。おそらく、三通全体の分量が多く、かつ巡見使関係でまとまっていたため、そのようにしたのだろう。また、大坂町奉行郡触は通常一紙文書の形で発給されるが、この郡触は最初から帳面の形をとっていた可能性がある。帳面の形をとっていたため、田口村でもそれに倣ったということも考えられる。

（二）の二通のうちの34は、触の文言の一部のみを書き写したものであるが、それと同一の文言が、触留帳にも書き留められている。31がそれである。33の方は、触留帳には書き留められていない。では、触の文言を写した二通の文書が触留帳に綴じ込まれていることをどのように解釈すべきか。この二通の大坂町奉行郡触は、表１の19に示されているように、セットで回達された。野村では八月二十三日に春日村から受け取り、同日津田村に回したとあるので、田口村にも二十三日前後に達したのであろう。触を受け取った田口村

写真５−②　河内国交野郡田口村天明８年（1788）「御触書諸叓扣帳」の合綴状況

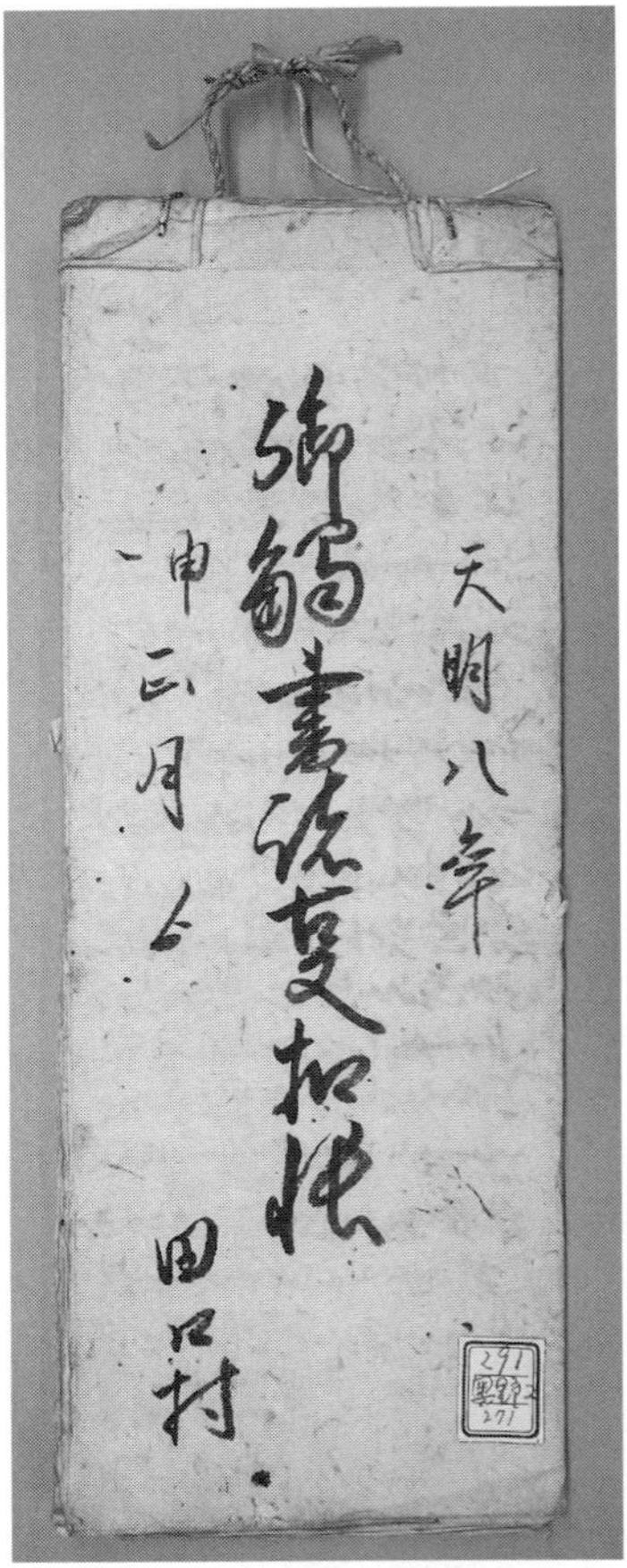

写真５−①　河内国交野郡田口村天明８年（1788）「御触書諸叓扣帳」表紙（田口村奥野家文書）

では、何らかの事情でそれを触留帳に書き留めることができず、まずこの綴じ込まれた紙に触の文言を書き留め、そのあとで34については触留帳に書き写したのではないだろうか。ただし、これは一つの可能性にすぎず、確定的なことをいうことはできない。

本触留帳には三五件の記事が載せられている。その内訳は、35のように発給主体が不明のものもあるが、とりあえず長尾役所触一三件（35を長尾役所触と考えれば一四件）、大坂町奉行郡触一三件（同じく一二件）、土砂留役人郡触四件、廻状三件、控二件である。廻状三件の内訳については、7は久貝氏の支配に関わるもの、9および24は広域支配に関わるものである。控二件のうち、25は他村の者に送った「覚」の概略、26は田口村国役高を大坂町奉行に報告した文書の概略をそれぞれ書き留めたものである。この控二件は非回達文書の写である。

以上のように、本触留帳は、わずかながら非回達文書を含むものの、基本的には触状および廻状、すなわち回達文書の文言を書き留めたものである。その点では野村天明八年「御公儀御触状留帳」と変わるところはないが、「御触書諸支扣帳」という表題にも示されているように、書き留められた触および廻状は、個別領主支配に基づくもの、広域支配に基づくものの双方を含んでいた。なお、現存する奥野家所蔵の触留帳を見る限り、田口村では両者を別々の触留帳に書き留めた例はない。

次に、本触留帳はいつの記事を記載しているのかについて見ておこう。本触留帳のうちの（イ）の最初の記事である1は大坂町奉行郡触であるが、これは野村天明八年「御公儀御触状留帳」にも書き留められている（表1の1）。野村が春日村より受け取ったのは正月十五日であるので、田口村もその前後に受け取ったことは間違いない。また、（イ）の最後の記事である26は、七月二日に国役高を大坂町奉行に報告したというものであった。つまり、本触留帳は、まずは天明八年正月から七月までの回達文書などを書き留め、作成されたとしてよい。

前述のように、このあと（ロ）（ハ）（ニ）（ホ）と続くが、（ハ）に書き留められた五つの記事（28〜32）は、いずれも八月に田口村に回達されたものである。32は大坂銅座への廻銅を命じた四月付幕令を触れたもので、表1では20の記事がそれにあたる。表1の20では、八月二十八日に春日村から受け取ったとあるので、田口村にもその前後に回達されたのだろう。

（ホ）の35は触の一部を記載するのみであるが、表1の21の触と同文である。表1の21は大坂町奉行郡触で、野村は八月晦日に春日村から受け取っている。（ホ）の35が大坂町奉行郡触であれば、その前後に田口村に達したことになる。これが長尾役所からの触であっても、回達日は大坂町奉行郡触の場合とさほど変わらないはずである。

結局、本触留帳は、天明八年正月から同年八月末ころまでに回達された触等を書き留めたものということになる。なお、奥野家に残る触留帳のうち、時期的に本触留帳の前に位置するのは、表紙に「天明七年未正月ヨリ御触書幷諸事控帳　田口村」と記された触留帳である。この触留帳の最初の記事は天明七年三月九日付長尾役所触、最後の記事は翌八年正月十四日付同役所触であるので、基本的には天明七年度の回達文書等を書き留めたものといってよい。

また、時期的に本触留帳の次に位置するのは、表紙に「寛政元年酉戌八月ゟ　御触書幷諸事控帳　田口村」と記された触留帳である。この触留帳の最初の記事は寛政元年（一七八九）八月二十日付長尾役所触、最後の記事は、翌寛政二年九月二十二日付同役所触である。これらのことから、田口村では、天明八年度より、八月から翌年八月または九月までの記事を収める触留帳を作成するようになったと考えられる。

最後に、回達文書の授受に関わる記載について述べておく。本触留帳では、その種の記載があるのは13、15、16、28、30、31、34の七つの記事にすぎない。この傾向は、右にあげた田口村天明七年「御触書幷諸事控帳」、同寛政元年八月～同二年九月「御触書幷諸事控帳」についてもいえることであり、前節で検討した野村天明八年「御公儀御触状留帳」とは対照的である。回達文書のうち、特に触状については、回達最終村から大坂町奉行所や領主役所などの発給機関に戻されたあと、それぞれの機関において触状のチェックが厳密に行われることを考えれば、授受の記録を残しておくことは必須であったはずである。

この点については、現段階ではその理由を詳らかにしえない。あるいは、田口村では別に触状受取帳を作成していたため、特に授受について記録する必要がなかったのかもしれない。ただし、現在、奥野家にはその種の文書は残されていない。

第四節　二つの触留帳の比較検討を通して見た「触の書き留められ方」

1　触はすべて触留帳に書き留められたのか

「触の書き留められ方」を明らかにする上で、触状の同一回達ルート上にある異なる村に残された同じ年の触留帳の記事を比較検討することが有効であることについては、「はじめに」で述べた通りである。本節では、まず1で、天明八年（一七八八）に野村および田口村に回達されたすべての触が、両村においてそれぞれの触留帳に書き留められたのか否かを確認し、2において、両村の触留帳に書き留められた触の文言の異同を確認することにする。なお、ここでは取り上げる触を大坂町奉行郡触に限定する。

表3は、表1および表2をもとに、天明八年に野村および田口村のそれぞれの触留帳に書き留められた大坂町奉行郡触の対応関係を示したものである。田口村の触留帳の記事は同年八月末ころまでであるので、検討対象期間は同年正月～八月末ということになる。以下、わかりやすくするために、（　）内のものも含め、表1の記事番号には「野」の文字を、また表2の記事番号には「田口」の文字を冠することにする。

まず、天明八年正月から八月末までの間に野村に回達された大坂町奉行郡触は一三件（野大1～野大13）であったが、そのうち野大4と野大8を除く一一件が田口村触留帳にも書き留められていることを確認しておきたい（ここでは一紙文書が綴じ込まれている田口大11・田口大12を含めている。また、田口35を大坂町奉行郡触として扱っている）。

表3　2村の天明8年（1788）触留帳に書き留められた大坂町奉行郡触の対応関係

野村に大坂町奉行郡触が回達された日	野村天明8年「御公儀御触状留帳」に書き留められた大坂町奉行郡触の記事番号（表1より）	田口村天明8年「御触書諸亨扣帳」に書き留められた大坂町奉行郡触の記事番号（表2より）
正月15日	1（大1）	1（大1）
2月3日	2（大2）	3（大2）
2月10日	3（大3）	4（大3）
3月5日	4（大4）	※10（長4）に、長尾役所触と同内容の触が同じ日に大坂町奉行所からも達したとの記述あり。
3月25日	6（大5）	27（大6）
4月2日	7（大6）	11（大4）
5月13日	11（大7）	15（大5）
7月朔日	16（大8）	※26（控2）参照
8月2日	17（大9）	28（大7）
8月9日	18（大10）	29（大8）
8月23日	19-1（大11-1）	33（大11）
	19-2（大11-2）	31（大9）、34（大12）
8月28日	20（大12）	32（大10）
8月晦日	21（大13）	35（大13） ※35が大坂町奉行郡触の場合

（注）野村天明8年「御公儀御触状留帳」、田口村同年「御触書諸亨扣帳」をもとにして作成した表1および表2により作成。田口村「御触書諸亨扣帳」の記事は8月までのものであるので、正月から8月までの対応関係を示した。そのため、野村の大14・15・16については取り上げていない。

野大4が田口村触留帳に書き留められていないのは、同記事に「御番所様ゟ同日同刻ニ相廻り申候」（表2の10）とあるように、同日同時刻に長尾役所からも同じ内容の触が届いたからである。長尾役所の触を書き留めたところで、大坂町奉行郡触が回達されてきたが、重複するためにそれを書き留めることはしなかったのであろう。

野大8については、この触が、前年度の国役普請入用銀を賦課するために拝領高・込高・除地高・改出新田高の書き出しを命じたもので、毎年の定例化したものであったことによるものと思われる[29]。田口村では、この触を書き留めることはせず、この触に応じて、七月二日付で同村の国役高を大坂町奉行に報告したことのみを触留帳に記したのであった（表2の26）。

特別の理由がある場合を除いて、両村の触留帳に書き留められたそれぞれの大坂町奉行郡触が正しく対応していることは、野村においては、すべての大坂町奉行郡触を触留帳に書き留めたことを、また田口村においても二件を除くすべての大坂町奉行郡触を触留帳に書き留めたことを物語っている。あくまでも限定された事例の分析に基づくものではあるが、村では、基本的には回達されてきたすべての大坂町奉行郡触を触留帳に書き留めたとしてよいだろう。

2　触の文言の書き留められ方

次に、触留帳に書き留められた大坂町奉行郡触の文言の検討に入ろう。まずは、「触の書き留められ方」の全体的傾向について確認しておく。最初に野大2の文言を掲げる。

広東人参之儀、先年売買停止被
仰出候処、此度御糺之上、病症ニより其功能茂可在之ニ付、下ゝ迠容易ニ相用候ため、前ゝ之通売買勝手次
第可致旨被　仰付之
右之通可被相触候
　正月
右之趣従江戸被
仰下候ニ付触知せ候間、村ゝ庄屋・年寄・寺社家承知之段肩書令印形、郡切村次順ゝ無遅滞相廻し、触留村
ゟ土佐守番所へ（可脱カ）参持（ママ）もの也

正月　石見印（大坂町奉行松平貴弘）
土佐印（同　小田切直年）

村〻庄屋
年寄
寺社家

二月三日春日村ゟ受取、津田村へ相渡申候、以上

売買が禁止されていた広東人参の売買を認めるという幕令を触れたものである。冒頭から「右之趣」の前の「正月」までの部分は幕府中央で出された幕令、「右之趣」以下の部分は大坂町奉行松平石見守貴弘および同小田切土佐守直年が付け加えた言葉である。

これに対し、同じ触状を書き留めた田口大2では、幕令部分はほぼ同文言であるが、「右之趣」以下の部分は次のようである。

右之趣従江戸被　仰下候ニ付触知候
申二月　石見
土佐

村〻
庄屋
年寄
寺社家

右広東人参御触御陣屋ゟ茂御座候

ここでは二点指摘しておきたい。第一点目は、大坂町奉行による触の発給月が野大2では正月となっているのに対し、田口大2では二月となっていることである。野大2には、野村が春日村より触状を受け取ったのは二月三日とある。この記述だけでは、発給月が正月か二月かは微妙なところである（なお、天明八年正月は大の月）。しかし、大坂では正月二十九日に触れられたと見られるところから、(30) 正月と判断して間違いないだろう。田口村では、「正月」と書くべきところ、「二月」と書き誤ったか、あるいは正月であることは承知しながら、触状を受け取った日が二月に入ってからのことであったので、あえて二月と書いたかのいずれかと考えられる。

第二点目は、田口大2では、本来は「右之趣従江戸被　仰下候ニ付触知候」のあとに、「間、村〻庄屋・年寄・寺社家承知之段」以下の文言が続くべきところ、それが省略されていることである。「右之趣」以下の部分は、大坂町奉行郡触の末尾に記される定型的な文言であるため（幕府中央で出された触を大坂町奉行が中継して触れるのではなく、同奉行自身が触れ出す場合は、「右之趣従江戸被　仰下候ニ付」の部分が「右之趣為触候間」などとなる（後掲の野大9参照））、省略しても差し支えないものと考えられたのであろう。

第二点目の記載の省略という点に関して、さらに分析を進めよう。まず、触末尾の定型的な文言（野大2では「右之趣従江戸被　仰下候ニ付触知せ候間、村〻庄屋・年寄・寺社家承知之段肩書令印形、郡切村次順〻無遅滞相廻し、触留村ゟ土佐守番所へ（可脱カ）参持（ママ）もの也」の部分）を他の記事ではどのように書き留めているのかについて確認する。野村触留帳では、いずれの記事についてもこの部分は書き留められているのに対して、田口村触留帳では完全な形で書き留められているのは田口大1、田口大3〜6、田口大8で、他は省略されているか不完全なものである。

発給年月日（表1・表2の①）、発給者名（同じく②）、宛名（同じく③）についてはどうか。野村触留帳では、発給年月日および発給者名は、いずれの記事もすべて書き留められている。しかし、宛名については、野大2、野大9、野大10、野大11―2、野大15、野大16は記されているものの、他は省略されている。

一方、田口村触留帳では、発給年月日および発給者名については、ほとんど書き留められているが、田口大9および田口大12（この両者は同一の触）と田口大13はいずれの記載も欠いている。また、宛名については、田口大4・5・7・9・10・12・13は省略されている。

以上、両触留帳に書き留められた触の文言のうち、触末尾の定式化された文言、発給年月日、発給者名、宛名について、記載の省略の有無という観点から検討を加えた。宛名を除けば、野村触留帳はできるだけ省略をせずに書き留めようとしていたのに対し、田口村触留帳は、発給年月日および発給者名を除き、かなり省略がなされているといってよい。同じく触留帳といっても、「当該村において洩れなくかつ正確にその文言が書き留められたのかどうか」（「はじめに」）という点において、両者の間には大きな開きがあったといえる。

次に、触の本文部分の書き留められ方について見てみよう。ここでは一例として、野大9および田口大7を取り上げる。これは、天明八年七月付で発給され、八月初めに野村および田口村に回達されたものである。それぞれの文面は以下の通りである。なお、書き間違いなどによる訂正箇所を除き、野大9と田口大7とで異同が認められる部分については、それぞれの該当箇所に傍線を引いておいた。

《野大9》

近年肥類高直ニ相成候上、別而干鰯抔者国ゟ積登候仄ニ而者不売払、土砂或者諸品之骨、籾空等を粉ニはたき取交、水を打、目方重ク成候様色ゝ与仕成し、幷油糟も籾空・はたき粉・木之葉等を粉ニいたし交売出、且又干鰯都而肥類・油糟・干粕・醤油粕等之類迠買〆囲持、直段高直を考、売出候者等有之、難義候旨摂河両国之内ゟ願出候、右躰致交物売出候段、不直之仕形、殊ニ一己之徳用を見込、諸人之不顧難義、買〆・囲持等者致間敷義ニ而於無相違ハ不埒之事故其分ニ難差置候間、向後交物等ハ急度相止メ、怔合善悪ニ不拘、国〻ゟ着之侭ニ而売出、勿論直段不引合歟無拠子細等有之、売方延引者格別、買〆・囲持ハ不致様相慎、可成丈下直ニ可売出候、若此上非分之取扱いたし候もの有之、於相顕者、吟味之上急度可令沙汰候

申七月

右之趣為触候間、村〻庄屋・年寄・寺社家承知之段肩書令印形、郡切村次順〻無遅滞相廻し、触留村ゟ石見守番所へ可持参者也

天明八戊申年

七月　石見印

土佐印

村〻庄屋

年寄

寺社家

八月二日春日村ゟ受取、津田村へ相渡申候

《田口大7》

近年肥類高直ニ相成候上、別而干鰯抔者国〻ゟ積登候侭ニ而者不売払、土砂或者諸品之骨《骨》、籾空空等を粉はたき取交、水を打、目方重ク成候様色〻と仕成候、幷油糟糟も籾空・はたき粉・木之葉等を粉ニいたし交売出、且又干鰯都而肥▨類・油糟・干鰯・醤油粕等之類迠買〆囲持、直段高高直を考、売出候者等有之、令

難義候旨摂河両国村〻内ゟ願出候、右躰▨致交物売出候段、不直之仕方形〻、株〻（殊ニ）一己之徳用を見込、諸人之難義、買〆・囲持等者致間敷義ニ而於相違ハ不埒事故其分不差置
此奥ク書御座候共写不申候
申
八月三日相廻り
石見印
土佐印

この郡触は、大坂の肥料問屋が、同所に積み上せられた干鰯や油粕などに混ぜ物等を行い、重量を増やした上で販売したり、肥料の買い占めや囲い持ちをして値段の高いときに売り出したりすることを禁じたものである。「摂河両国之内ゟ願出候」（野大9）、「摂河両国村〻内ゟ願出候」（田口大7）とあるように、摂河両国の村々の訴訟（天明八年の肥料国訴）がきっかけとなって出された触である。

さて、一見してわかるように、両者の間には多くの異同がある。野大9と田口大7の異同の内容と、異同から窺える郡触の触留帳への書き留められ方の特徴をあげるならば、以下のようになるだろう。

第一に、野大9には書き間違いや訂正のあとはまったく見られないが、田口大7は見せ消ちなど抹消された文字が八つも見られることである。「糀空」の「空」の字は最初判読できなかったらしく、二度書いていずれも消したのち、ようやく正しい字を書いている。通常「糀殻」と表記される語が「糀空」と記されていたので混乱したのだろう。「油糟」の「糟」という字も、書いたあと消して、再度書き直している。この触を書き留めた人物は、全体として文字や用語についての知識や理解力がやや低いという印象を受ける。

第二に、右のことと関わるが、田口大7は触の趣旨を十分理解しないままに触を写していたのではないかと考えられることである。野大9の「殊ニ一己之徳用を見込、諸人之不顧難義、買〆・囲持等者致間敷義ニ而於無相違ハ不埒之事故其分ニ難差置候間」は、田口大7では「株〻一己之徳用を見込、諸人之難義、買〆・囲持等者致間敷義ニ而於相遠ハ不埒事故其分不差置」となっている。野大9の該当箇所の文意は、「とりわけ自分自身の利益のみを考えて人々の難儀を顧みず、買い占めや囲い持ちなどをしてはならないが、そのような行為を行ったことが明らかであれば不埒のことであるため、そのまま不問に付すわけにはいかないので」というものであるが、田口大7では「於無相遠ハ」とすべきところを「於相遠ハ」としており、そのため一部文意不明の文章となっている。「殊ニ」（野大9）と「株〻」（田口大7）の違い、「諸人之不顧難義」（野大9）と「諸人之難義」（田口大7）の違いも見すごすことのできるものではない。

第三に、両者の最大の異同は、野大9では郡触の全文を書き留めているのに対し、田口大7では「此奥ク書御座候共写不申候」として、途中から写すのをやめていることである。省略された分量は、郡触の約半分に及ぶ。当然田口村では、仮に郡触を村民に通知するシステムが整っていたとしても、触の趣旨を正しく村民に伝えることはできなかったはずである。

第四に、野大9と田口大7をくらべれば、書き手の能力の問題もあり、野大9の方がはるかに正確であるが、その野大9も完璧であったわけではないということである。先にも述べたように、野大9の「摂河両国之内ゟ願出候」とある部分は、田口大7では「摂河両国村〻内ゟ願出候」となっている。この触は七月二十七日に大坂市中にも触れられ、その文面は『大阪市史』第三所収の「御触及口達」にも収録されているが[31]、該当箇所は、「御触及口達」でも「摂河両国村〻之内ゟ願出候」となっている。また、その直前の部分については、野大9では

「売出候者等有之、難義候旨」となっているが、田口大7では「売出候者等有之、令難義候旨」、「御触及口達」では「売出候者等有之、令難儀旨」となっている。つまり、この両例についていえば、文意の理解にはさほど影響しないものではあるものの、いずれも田口大7の方が触の文面を正確に書き留めているといえるのである。

以上、同一の触状の文言が、野村・田口村のそれぞれの触留帳に実際にどのように書き留められたのかについて比較検討を行った。今回取り上げたものは、やや極端な例に属するかもしれないが、両者の間には大きな異同が認められた。村では触状が回達されてきた際、必ずしも回達されてきた触状の文言通りに触留帳に書き留めたとは限らず、また、その書き留められ方は、村によって違いがあった。触留帳によっては、触状の文意の理解にも影響するほどの異同が認められるものもあったのである。

おわりに

村に回達された触状が、村においてどのように書き留められたのかという問題は、「支配の実現メカニズム」という観点から触を把握する上できわめて重要であるという認識のもと、触留帳における「触の書き留められ方」を検討するとともに、これまで等閑に付されていた触留帳そのものの史料学的検討も試みた。

本章では、触状の同一回達ルート上にある二つの村で作成された触留帳を取り上げ、両者の記事の比較検討という方法を用いて「触の書き留められ方」の実態を明らかにした。ここでは、検討の対象とする触を大坂町奉行郡触に限ったが、回達された触状について、村では基本的には何らかの形ですべて触留帳に記録したこと、しかしながら、触の文面のうち、定型的な文言や宛名などは省略されることが多かったこと、それ以外の部分についても、触留帳によっては不正確な書き留められ方がされたり、一部のみが書き留められたりしたことが明らかになった。不完全な書き留められ方がされている場合は、当然村落構成員に触の趣旨が正確に伝わることはなかったはずである。

本章の分析結果は、触留帳の利用にあたって、これまで以上の慎重さが必要であることを示唆するものである。従来、触留帳に書き留められた触の文言を、村に回達されてきた触状の文言通りのものとして、為政者の政策の分析などに利用してきたというのが実情ではないだろうか。

以下、今後の課題について触れておきたい。

第一は、村では回達されてきた触を村落構成員に周知させたか否か、また、その方法はどのようなものであったのか、触の種類（広域触か領分触か、法規的なものか実務的な通知にすぎないものかなど）によって差があったのかなどを明らかにすることである。第四節の2で取り上げた肥料の販売に関わる大坂町奉行郡触は、肥料の消費者である農民に大いに関わることではあるものの、彼らを規制するために出されたものではない。そのようなこともあって、田口村では途中で写すのをやめたのかもしれない。村役人レベルで受容すべき触の選別が行われていた可能性も視野に入れ、この問題を考える必要がある。

第二は、触留帳の筆記者について検討することである。筆跡から判断して、筆記者が複数いたことがわかる触留帳の例は珍しくない。写真1の触留帳はその一例である。誰が触留帳に触を書き留める「権限」を有していたのかについて、村政機構の問題とも関わらせつつ考えたい。

第三は、触留帳の作成が一般化する過程およびその背景を明らかにすることである。管見の限りでは、畿内近国では元禄～宝永期に各村で触留帳が作成され始めるようになると思われるが、関東における御用留作成の一般化の事例も念頭に置きながら検討する必要がある。

第四は、触留帳の形式と領主支配との関係について明らかにすることである。どの村の触留帳も、ほぼ同様の形式をとっているが、所領ごとの違いも見られる。これは、領主が触留帳の形式を定めている結果である可能性が高い。

第五は、触留帳の形態面などの史料学的検討をさらに深める必要があることである。本章で行った分析はきわめて部分的なものにとどまっており、未検討の課題は多い。

触留帳の本格的研究は始まったばかりである。今後、さらなる研究の進展を目指したい。

（1）村田路人『近世広域支配の研究』（大阪大学出版会、一九九五年）第三部第一章「用聞の諸機能と近世支配の特質」。初出は村田「用聞の諸機能と近世的支配の特質」（『京都橘女子大学研究紀要』一七、一九九〇年一二月）。なお、触伝達と用聞（用達）との関わりについては、岩城卓二が「大坂町奉行所と用達」（『日本史研究』三四九、一九九一年九月）および「近世村落の展開と支配構造—支配国における用達を中心に—」（『日本史研究』三五五、一九九二年三月）において詳しい分析を行っている。両論文ともに、のち、岩城『近世畿内・近国支配の構造』（柏書房、二〇〇六年）に収録。

（2）村田路人「代官郡触と幕府の畿内近国広域支配」（『待兼山論叢』三一史学篇、一九九七年一二月、のち改稿して本書第一部第一章）、同「近世の地域支配と触」（『歴史評論』五八七、一九九九年三月、のち改稿して本書第一部第二章）。

（3）触留帳と同種のものといってよい御用留（後述）については、たとえば森安彦「『御用留』の性格と内容—武州荏原郡上野毛村『御用留』の検討—」（一）〜（八）（（一）は『史料館研究紀要』一九、一九八八年三月、（二）〜（八）は『同』二一、一九九〇年三月〜二七、一九九六年三月の各号に毎年三月掲載）の研究がある。これは、武蔵国の一村に残された、享保五年（一七二〇）から明治十年（一八七七）までの一〇九冊の御用留を検討したものであるが、基本的な観点は記事内容の分析にある。

（4）宇佐美英機「近世前期京都の触留」（同志社大学人文科学研究所『社会科学』三九、一九八七年三月、のち、宇佐美『近世京都の金銀出入と社会慣習』〔清文堂出版、二〇〇八年〕に収録）。

（5）水本邦彦「土砂留役人と農民―淀川・大和川流域における―」（『史林』六四―五、一九八一年九月、のち、水本『近世の村社会と国家』〔東京大学出版会、一九八七年〕に収録）。

（6）前掲注（1）村田『近世広域支配の研究』第一部第四章「河川支配機構」。初出は村田「近世摂河における河川支配の実態と性格―堤奉行と川奉行を通して―」（『ヒストリア』八五、一九七九年一二月）。

（7）国史大辞典編集委員会編『国史大辞典』第十二巻（吉川弘文館、一九九一年）。茎田佳寿子執筆。

（8）明治大学刑事博物館編『明治大学刑事博物館資料』第9集（明治大学刑事博物館、一九八七年二月）。

（9）河内国交野郡野村安永四年「御公儀触状留帳」（河内国交野郡野村小原家文書、枚方市教育委員会市史資料室所蔵）。

（10）国史大辞典編集委員会編『国史大辞典』第六巻（吉川弘文館、一九八五年）。大野瑞男執筆。

（11）野村小原家文書。

（12）河内国交野郡森村庄屋文書（須弥寺〔大阪府交野市森南〕所蔵、交野市立歴史民俗資料展示室保管）。森村庄屋文書は、交野市文化財事業団編『森村庄屋文書』（交野市教育委員会・交野市文化財事業団、二〇〇七年三月）に目録が掲載されている。

（13）野村小原家文書。

（14）廻状という用語自体は、近世においては回達文書とほぼ同じ意味で使われることがあった。つまり、触状も廻状といわれることがあった。しかし、本章で廻状というときは、回達文書のうちの相互文書に限り、触状は廻状には含めないことにする。

（15）触留帳と触写帳の区別については、村田路人「近世畿内近国地域の支配の特質と触留帳・触写帳・万留帳」（摂津市総務部市史編さん室編『新修摂津市史　史料と研究』二、摂津市、二〇一六年三月）で言及している。

(16) 河内国志紀郡太田村柏原家文書（大阪府立中之島図書館所蔵）の中には、大阪府立図書館編『大阪府立図書館シリーズ第三十一号　柏原家文書目録　付誉田八幡宮文書目録』（大阪府立図書館、一九七二年一月）に見る限りでは触留帳は残されていないが、代わりに「従古来御触書写帳要用部類分書抜幷類品寄」（目録では「覚書」第二冊）が存在する。これは、一九世紀中期までの触（おそらく太田村に回達された触）をテーマごとに分類し、編年的に触の全文または要旨を載せたものである。典型的な触写帳であるが、おそらく、これを作成したことをきっかけに、過去の触留帳が廃棄されたのではないかと考えられる。

(17) 河内国交野郡田口村奥野家文書（枚方市教育委員会市史資料室架蔵）。

(18) 河内国交野郡津田村小崎家文書（枚方市教育委員会市史資料室架蔵）。

(19) 岡松の書状の日付は「五月七日」とあるのみで年の記載がないが、畠山織部義福が家督を継承したのは明和六年四月五日であるので（『新訂寛政重修諸家譜』第二、続群書類従完成会、一九六四年、二五六頁）、明和六年五月七日に出されたものである。

(20)『新訂寛政重修諸家譜』第十（続群書類従完成会、一九六五年）二八一～二八二頁。

(21) 野村明和七年（一七七〇）「御地頭触状留帳」（小原家文書）に記載されている六月七日付長嶋惣助・田中市郎兵衛「覚」は、岩田村・若江村（以上若江郡）、横地村・野口村・常称寺村・藤田村・東村・梶村・石津村・点野村・三井村（以上茨田郡）、野村・養父村・舟橋村（以上交野郡）に回されている。なお、この「覚」は枚方市史編纂委員会編『枚方市史』第九巻史料Ⅳ（枚方市、一九七四年）四六頁にも掲載されている。

(22) これは、小口をかがらず、単に二つの綴じ穴に一本のこよりの綴じ紐を通して綴じた、いわゆる下綴じ形式のものとは区別される。

(23) 大藤修・安藤正人『史料保存と文書館学』（吉川弘文館、一九八六年）第六章「近世文書の整理と目録編成の理論と技法」（大藤修執筆）。

(24) もちろん、このことは横帳形式でなければ文書回達に即応できないということではない。実際、少数であるものの、縦帳形式をとる触留帳も存在する。第二節の1で紹介した河内国交野郡森村の「寛政弐戊年　戊触留」の表題をもつ触留帳はその一例である。下げ紐がある横帳と下げ紐がない縦帳とを比較すれば、当座に回達文書を書き留めるという行為において、前者の方がより機能的ということである。

(25) ここでいう白紙とは、一丁の表・裏ともにまったく文字等が記されていないものをいう。ただし、裏表紙として使用されている丁については、表・裏ともにまったく文字等が記されていないものであっても白紙には含めていない。

(26) 小原家に残る三四点の触留帳のうち、永井氏の支配に関わる回達文書と、広域支配に関わる回達文書を別々に書き留めた最初のものは享保十二年（一七二七）「御公儀触状之留」、最後のものは寛政七年（一七九五）「御公儀様御触書留帳」である。前者の一つ前の時期のものは享保十一年「午之歳御触状留」、後者の一つあとの時期のものは寛政十年「御触書廻状留帳」であるので、別々に作成していた期間の始期は享保十二年、終期は寛政七・八・九年のいずれかということになる。

(27)『新訂寛政重修諸家譜』第十六（続群書類従完成会、一九六五年）一七五〜一七六頁。

(28) 文化三年（一八〇六）七月に長尾役所から久貝氏領村々に宛てて出された雨乞に関する触には、長尾・倉治・津田・藤坂・杉・田口・片鉾の各村から出すべき人足数および「讃良郡五ヶ村」の祈念の仕方についての指示が記されているが、ここにあげられている七カ村が交野郡における久貝氏領である（文化二〜三年「御触書幷諸叓控帳」〈田口村奥野家文書〉）。なお、前掲注(21)『枚方市史』第九巻史料Ⅳ、一五二〜一五三頁に当該の触が掲載されている。

(29) この時期の国役普請制度（筆者はこれを畿内国役普請制度と呼んでいる）は、五畿内の大河川（八川）の年間の総普請費用の一〇分の一を幕府が負担し、残り一〇分の九を五畿内の村々に石高を基準に国役割するというものであった。国役割は、原則として普請が行われた翌年に行われた。前掲注(1)村田『近世広域支配の研究』第一部第三章「国役普請制度の展開」参照。同書第一部第三章の初出は村田路人「摂河における国役普請体制の展開」（脇田修編著『近世大坂地域の史的分析』御茶の水書房、一九八〇年）、同「摂河国役普請制度の再検討」（大阪市史編纂所編『大阪の歴史』四一、一九九四年三月）。

（30）「御触及口達」触三四三一（大阪市参事会編『大阪市史』第三〔大阪市、一九一一年、のち一九六五年、清文堂出版より復刻〕一二三七頁）。「御触及口達」は、大坂の各町に残る触留帳などをもとに、大坂町奉行が出した町触を編年的に収録したものである。
（31）「御触及口達」触三四七二（前掲注（30）『大阪市史』第三、一二六七～一二六八頁）。

第二章　近世初期北河内地域における触写帳
――「河内国交野郡藤坂村寛永後期触写帳」の紹介――

はじめに

河内国交野郡藤坂村（現枚方市）松村家文書の中に、表紙に「津田郷土史」と記された題簽が貼られた帳面がある。縦二三・一センチメートル、横一六・三センチメートルの竪帳で、濃緑色の表紙が付けられている。内容的には二つの部分に分かれ、前半部分は、戦国末期から元禄九年（一六九六）までの、藤井氏および藤坂村に関わる出来事を編年体で記したものである。藤井氏とは、この地の開発に携わったとされる有力者の家筋で、近世に入ってからは、藤坂村の庄屋を務めていた。後半部分は、寛永十六年（一六三九）から同二十年までの間に、藤坂村にもたらされた触や、同村から領主役人や奉行所に対して提出した一札等を写したものである。

「津田郷土史」の存在は早くから知られ、一九五三年刊行の片山長三『長尾史』[2]、一九五七年刊行の同『津田史』[3]に、すでに一部引用されている。一九七七年に刊行された、近世本文編である『枚方市史』第三巻の叙述[4]にも利用され、部分的に史料引用もされている。しかしながら、近世史料編である『枚方市史』第七～九巻[5]（一九七〇～一九七四年）には収録されておらず、その全容は一般には知られていない。

本章は、「津田郷土史」の後半部分を全文翻刻し、史料紹介を行うとともに、寛永後期摂津・河内地域（摂河地域）における触伝達のあり方についても、若干の検討を加えようとするものである。この後半部分は前章で定義づけた触写帳というべきものであり、ここでは、これを仮に「河内国交野郡藤坂村寛永後期触写帳」（以下「触写帳」）と名付けておく。(6) 摂河地域にあっては、一七世紀前半期の触の写が地方文書の中から見出されることは稀で、当時の触の内容や、触伝達のあり方を伝える貴重な史料といえる。

ところで、非領国地域(7)といわれる近世の摂河地域においては、それぞれの領主が自領に対して支配を行うだけでなく、大坂町奉行所・京都町奉行所などの幕府支配機関や、幕府から一定の権限を委任された大名が、所領の別を超えた広域的な支配を及ぼしていた。筆者は、前者を個別領主支配、後者を広域支配としているが、触も、それぞれの支配に対応して二種存在した。筆者は、前者に対応する触を領分触、後者に対応する触を広域触と呼んでいる。また、広域支配には、村・町や同業者仲間、あるいは寺社などに対するもの（広域支配A）と、当該の国や郡に所領を有する個別領主に対するもの（広域支配B）の二種があったが、前者に対応する広域触を広域触A、後者に対応する広域触を広域触Bとしている。このうち広域触Aは、幕領・私領の別なく一郡内の全村を対象に、回達方式により伝達される郡触、郡以外の特定の地域内の全村を対象に出され、やはり回達方式により伝達される特定地域触、同業者仲間や寺社に対して出される特定機関・団体触の三つに分けることができる（本書第一部第二章参照）。

摂河地域における一七世紀前半期の触の性格や伝達のあり方については、朝尾直弘や藤井譲治の研究があるが、(8) 未解明の部分も多い。特に、その時期の広域触の実態については、その存在の有無を含め、ほとんどわかっていない。ここで取り上げる「触写帳」に収録されている触には、これまで知られていなかったものもあり、一七世紀前半期の触および触伝達の研究にとって、この「触写帳」はきわめて貴重である。

なお、「触写帳」の記事の総数は一三である。史料翻刻にあたって、それぞれに【1】【2】等の番号を付けておいた。以下、これらを引用する場合は、この番号を用いることにする。

第一節　「触写帳」成立の背景——藤井氏と藤坂村——

「はじめに」で述べたように、「津田郷土史」は、松村家文書の中に存在するものである。「津田郷土史」の裏表紙の見返しには、後筆で「松村伊左衛門所有」と記されている。松村家は代々伊左衛門を名乗っていたので、これだけでは時期を特定できないが、書体から判断して、この文字が記されたのは近世後半期か明治期と推察される。内容面から、「津田郷土史」は、本来藤井家文書の一部であったと考えるのが自然であるが、かなり以前の段階で松村家のものとなっていたようである。

また、「津田郷土史」という文字が記された題簽が貼られたのも、ここ数十年のうちのことである。表紙はかなり破損が目立つが、題簽はその破損箇所の上に貼られている。実は、先ほど触れた『長尾史』（一九五三年）では「藤坂松村健三郎氏所蔵藤井家記録」として、また、『津田史』（一九五七年）でも「藤坂記録（松村健三郎氏所蔵）」としてこの史料が引用されるのみで、少なくとも一九五〇年代後半までは、史料にタイトルはなかったようである。この史料が「津田郷土史」といわれるようになるのは『枚方市史』第三巻（一九七七年）段階からではないかと思われる。その意味で、この史料を「津田郷土史」とすることには多少のためらいを感じるのであるが、ここでは『枚方市史』第三巻に従い「津田郷土史」と呼ぶことにする。なお、題簽以外の部分は、文字や料紙から判断して、江戸時代、それも一九世紀までは下らない時期のものと考えられる。

「津田郷土史」のうち、藤井氏および藤坂村に関わる出来事を編年体で記した前半部分を、ここではとりあえず「藤井氏および藤坂村記録」と名付けておこう。これは、元禄九年（一六九六）の記事で終わっているが、最後の部分は、紙が破り取られており、もともと同年の記事で終わっていたのかどうかはっきりしない。また、「藤井氏および藤坂村記録」と後半の「触写帳」は、筆跡も料紙の質も異なっており、もとは別個のものを合体させたことがわかる。両者を合わせて製本した際に天地が切り揃えられ、その結果、特に前者は、天地近くに記されていた一部の文字が読めなくなってしまっている。

本来藤井家にあるべきものが松村家にあること、前半部分の最後が欠けていること、別々の文書が一つの帳面にまとめられたことなど、「津田郷土史」についてはは検討すべきことがいくつかあるが、現時点ではいずれも不明とせざるをえない。

さて、「触写帳」を検討するためには、藤井氏について見ておく必要がある。その最も有効な手がかりは、ほかならぬ「藤井氏および藤坂村記録」の記述にある。

同史料では、まず、冒頭の一つ書きで、津田小十郎という者が、河内国飯盛城主三善左近大輔（三好長慶）から津田境内・穂谷・尊延寺領有の安堵状を与えられて津田地域に勢力を張り、津田周防守と名乗ったこと、周防守は長尾・藤坂・津熊に砦を取り立てたが、のち長尾・津熊の砦は攻め落とされたものの、藤坂の砦は藤井甚兵衛が「大力弓ノ上手」であったためにもちこたえたこと、本能寺の変後、明智光秀に味方した津田氏は羽柴秀吉軍に敗れたことなどを記している。次いで、二つ目の一つ書きでは、津田周防守の家臣で田中伝内という者が、津田城南の丸を預かっていたこと、伝内の子は田中次兵衛、次兵衛の子は田中又右衛門で、又右衛門の妻は藤井甚兵衛の娘であること、この又右衛門は乗法の父であることを記している。

このあと、乗法が生まれた文禄二年（一五九三）以降、各年の編年記事が続く。最初の三年分の記載内容は、以下のようである。

文禄二癸巳　乗法生歳　俗名藤井《平とも》猪助又半兵へ、信続と申候
　　　　　　　　　　　男子乗円・玄鎮・了海・勘左衛門・伝兵衛
慶長四己亥　妙法生歳　女子妙喜・妙甫・妙正・妙因・妙曜
　　　　　　　　　津田村大津源左衛門娘
元和二辰　半左衛門殿生　改乗円　三男二女有

すなわち、乗法とは半兵衛（猪助、信続）のことであり、半兵衛は、藤井氏の養子となった。「藤井家系譜」(9)には、半兵衛について、「実ハ田中又右衛門ノ男ニテ季信ノ女ノ所生也、季信嗣子無キ為女孫ヲ養ヒ家督トス」と記されている。季信とは藤井甚兵衛のことである。半兵衛は、母の父藤井甚兵衛のあとを継いだのであった。

半兵衛のあとを継いだのは、ここに名前の見える子半左衛門（元和二年（一六一六）生まれ、乗円）である。「藤井氏および藤坂村記録」の寛永二十年の項には、「藤坂取立ノ本人藤井二郎左衛門、同甚兵衛、同半兵へ、同半左衛門と相続」とある。ここで、「触写帳」中の半兵衛および半左衛門について見ておくと、まず、【1】（寛永十六年四月十七日付）、【6】（同十七年九月十四日付）、【12】（同十九年七月二十五日付）に藤坂村庄屋として半兵衛が登場する。

半左衛門は、【11】【18】（ともに寛永十九年閏九月十六日付）、【10】（同十九年十一月十九日付）、【15】（同二十年正月

十七日付)、【21】(同二十年二月一日付)、【16】(同二十年二月十三日付)、【19】【20】(ともに同二十年二月二十五日付)に名が見え、【21】以外はすべて、庄屋の肩書きを伴っている。つまり、庄屋を務めていた藤井家は、寛永十九年七月末から同年閏九月中ころまでの間に、半兵衛から半左衛門への家督継承があり、庄屋も交代したのである。両人の生年から計算して、半左衛門の家督継承時、半兵衛は五〇歳、半左衛門は二七歳であった。

さて、藤井氏の家系については以上のようであるが、甚兵衛の先代の二郎左衛門が、藤坂村を取り立てたという、先の記述には留意しておく必要がある。「藤井氏および藤坂村記録」の寛永十二年の項には、「抑当村始而取立ハ、当家先祖ニ藤井次郎左衛門景信と云人当地ニ至り、天正年中ニ此天満山を引たいらけ、屋敷・田畠を開、其比大キなる藤ノ木坂口ニ有故ニ藤坂村と名付候、其比同心之仁、浄念・浄西・宗善・教正・宗順・了玄・乗玄、以上七人、其後長尾・津熊より集り、十七名前ト成」とあり、藤井二郎左衛門(次郎左衛門)が、他の七人と協力して天満山を開発し、藤坂村を取り立てたという。

この記述が正確な事実を伝えているかどうかについては、「大力弓ノ上手」の藤井甚兵衛が、藤坂の砦を敵の攻撃から守り抜いたという記述とともに検討の余地があるが[10]、藤井氏は、寛永期に藤坂村庄屋を務めるだけの条件を備えていたことは間違いないだろう。

ところが、「触写帳」のころになると、村方騒動が起こり、庄屋としての藤井氏の立場が揺らいでくる。これについては、「藤井氏および藤坂村記録」の寛永二十年の項の記述をもとに、『枚方市史』第三巻がすでに触れているところである[11]。この項には、おおよそ次のように記されている[12]。

藤坂村の領主となった久貝因幡守正俊が、藤坂村百姓たちに、八田広(長尾)を新田開発してその地に移住するよう命じたが、百姓たちは拒否し、結局、京・枚方・大坂の者が新田を開発することになった。百姓たちは、新田開発人が開発を行うにあたり、さまざまな悪事をなしてそれを妨害したので、久貝氏から四～五人が籠舎を命じられた。百姓側は、庄屋が開発に同意したために自分たちが処罰されることになったとして、神水を飲んで庄屋を忌避したが、藤坂村を取り立てた藤井二郎左衛門から続く藤井氏であり、しかもその仕置も正しかったとして、久貝氏は取り上げなかった（「村ノ衆中神水をのミ、庄屋をきらい候へ共、藤坂取立ノ本人藤井二郎左衛門、同甚兵衛、同半兵へ、同半左衛門と相続、其上仕置正道なる故、殿様御取上不被成候」）。これに対して百姓側は、庄屋が隠している鍬下の土地があるので、七五石の請米で年貢を納めるかわりに、自分たちに庄屋役を仰せつけてほしいと久貝氏に願った。久貝氏は、半兵衛・半左衛門父子を召し出して、鍬下の土地のことを今まで隠していたことは曲事であるとした。父子は、問題の土地については年貢を上納していることを説明したが、久貝氏は、小百姓に訴えられた以上は庄屋の地位にとどまるべきではないとし、年寄吉右衛門に初めて庄屋役をやらせた。また村の高を分割して、藤井氏分と出作分は藤井氏から年貢を上納することとした。その年（寛永二十年）の暮、吉右衛門は藤坂村年貢と七五石の請米を上納した。

この記述も、藤井氏側が記しているので、同氏寄りのものとなっていることは否めないが、半左衛門が、新田開発をめぐる村方騒動の結果、寛永二十年に庄屋役を罷免されたことは間違いない。このことは、「触写帳」の性格を考える上で重要である。すなわち、次節で見るように、半左衛門が庄屋役を罷免された年に「触写帳」が作成されているのであり、それは、庄屋排斥運動に危機感を抱いた半左衛門が、自身や父半兵衛の庄屋としての事績を書き留めておこうという意図より発したものと考えられるのである。

なお、「触写帳」の最後の記事（【23】）は、藤坂村の「拾八人連」（藤坂村を開発した家筋の者たちのことであろう）が「新田衆中」に対して、「広野幷谷〻其外荒地」の開発と、新田灌漑のため八田川の上流に築造する溜池への水の供給、山年貢を納めた上での津田村・藤坂村山内での柴・薪・下木取得などに同意した、寛永二十年付の「新田ニ付永代相定申覚」で、開発人が決定した段階のものである。このあと間もなく、半左衛門は庄屋役を罷免されることになる。

第二節　「触写帳」の成立

「触写帳」は、

寛永二年（二十）

従殿様被仰出指上写下書引替願書と表紙に印し有

未ノ正月吉日

という文言で始まり、改丁して【1】以下の記事が続く。ここから、一見したところ、「触写帳」は、「従殿様被仰出指上写下書引替願書」との表題を有する寛永二年（二十年（一六四三）の誤り）正月吉日付の帳面を写したようであるが、この文字の筆跡と、【1】以下の記事の筆跡は異なっている。また、筆跡だけでなく、料紙の質も異なる。すなわち、「触写帳」は、寛永二十年に作成された原本であり、表紙部分（「触写帳」の表紙部分）のみ付け替えて先の文言を記した可能性がきわめて高いのである。

ちなみに、「津田郷土史」の見返し（表表紙裏に貼り付けられた紙）と、この「触写帳」の表紙の紙、そして「津田郷土史」の裏表紙裏に貼り付けられた紙（現在は裏表紙の紙から剥がれている。また、「松村伊左衛門所有」の文字が記されている）は、同質のもののようである。つまり、もともとあった「藤井氏および藤坂村記録」と「触写帳」本文に、新たに「触写帳」表紙と「津田郷土史」全体の表見返しの紙および裏見返しの紙を付けた上で天地を切り揃え、さらに「津田郷土史」全体の表・裏表紙を付けて、「津田郷土史」の製本が完了したと考えられる。

さて、前述のように、この「触写帳」の記事の数は二三である。表は、その一覧であるが、まず、表題にある寛永二年（二十年の誤り）正月以前の記事が、少なくとも一五点あること、記事の配列が正確に年代順となっているわけではなく、時間的に前後している例が多々見られることを指摘しておこう。また、記事ごとに文字の調子が異なるということもない。これらのことは、触状を受け取ったり、一札などを作成したりするたびに、その写や控を帳面に書き付けていったのではなく、寛永二十年正月に、それまで庄屋のもとにあった触写や一札控等を整理して帳面に写したことを示している。つまり、この帳面は前章で定義づけた触留帳ではなく、触写帳というべきものである。これを「河内国交野郡藤坂村寛永後期触写帳」と名付けたのは、そのような理由に基づく。

もっとも、「触写帳」に寛永二十年正月以降の記事が含まれているように、「触写帳」は一気に完成したのではない。同月に、触写や一札控等をもとにいったん完成させ、それ以後のものは、あとから写したと見られる。現に、【14】以前の記事と【15】以後の記事とでは、全体的に後者の字の方が細かく、文字面から受ける印象はやや異なる。

前節で述べたように、「触写帳」は庄屋排斥運動の中で、庄屋によって作成されたと考えられる。このことは、

表　「河内国交野郡藤坂村寛永後期触写帳」の記載内容

記事番号	年	月日	差出人の役職または身分	宛名の役職または身分	備　考	
1	寛永16	4.17	藤坂村庄屋・年寄	奉行（大坂町奉行）		
2	17	欠	藤坂村庄屋	奉行（大坂町奉行）		
3	17	8. 6	大坂町奉行（曽我・久貝）	交野郡幕領・私領庄屋	大坂町奉行郡触	
4	17	8. 7	大坂町奉行（曽我・久貝）	交野郡寺社方	大坂町奉行特定機関・団体触	
5	17	8. 7	藤坂村領主（久貝）	河内国久貝氏領村々庄屋・百姓	領分触	
6	17	9.14	藤坂村庄屋・年寄・組	領主家臣（上野）		
7	19	閏 9.	（藤坂村）	（藤坂村領主〔久貝〕）		
8	19	12.25	大坂町奉行（曽我・久貝）	交野郡・讃良郡幕領・私領村々庄屋	大坂町奉行郡触	
9	19	7. 2	大坂町奉行（曽我）	（藤坂村領主〔久貝〕役所ヵ）	領分触	
10	19	11.19	藤坂村庄屋ほか	領主家臣（水野）		
11	19	閏 9.16	藤坂村庄屋	領主家臣（西村・水野）		
12	19	7.25	藤坂村領主（久貝）	藤坂村庄屋	領分触	
13	19	6.26	藤坂村領主（久貝）	（藤坂村ヵ）	領分触	○
14	19	11.26	藤坂村十人組	領主家臣（水野・西村）		
15	20	正.17	藤坂村庄屋	領主家臣（水野）		○
16	20	2.13	藤坂村庄屋	領主家臣（水野）		
17	20				心覚え的記事	○
18	19	閏 9.16	藤坂村庄屋	領主家臣（西村・水野）		○
19	20	2.25	藤坂村庄屋	領主家臣（水野）		○
20	20	2.25	藤坂村庄屋	領主家臣（水野）		○
21	20	2. 1	藤坂村庄屋ほか	領主家臣（水野）		○
22	20	2.28	（大坂町奉行〔久貝〕ヵ）	交野郡・讃良郡幕領・私領村々庄屋	大坂町奉行郡触	○
23	20	欠	藤坂村拾八人連	新田衆		○

（注１）備考欄に○があるものは、記事の冒頭部分に○印が付されていることを示す。
（注２）人名のうち、曽我は曽我丹波守古祐、久貝は久貝因幡守正俊、上野は上野五郎兵衛、西村は西村九郎左衛門、水野は水野忠大夫。

「触写帳」の作成にあたって、庄屋側の都合により記事の取捨選択が行われた可能性があることを意味する。それだけに、利用にあたっては、十分な注意が必要である。

第三節　「触写帳」の内容

「触写帳」表紙の文言の意味するところは、「従殿様被仰出」(すなわち触)、「指上写下書」(領主や奉行所に提出した書類の写や下書)、「引替願書」(願書の引替すなわち控)が記事の内容であるということであろう。「触写帳」には、純然たる触だけでなく、さまざまな形式の記事が含まれていることが、この表紙文言だけからも推察される。

事実、表に示されているように、「触留帳」の二三の記事のうち、触の範疇に含めてよいものは【3】【4】【5】【8】【9】【12】【13】【22】の八つである。このうち【9】は、大坂町奉行曽我古祐が久貝正俊(藤坂村領主)に対し、幕府が代官に示した五カ条の「覚」を久貝氏領の所領支配においてもふまえるよう求めたもので、これ自体は触ではない。しかし、【9】のあとに触れ出しの文言が付け加えられ、久貝氏から領内に触れられたものと見られるため、触の中に入れておいた。

その他の一五の記事については、心覚え的な記事である【17】と、新田開発をめぐって藤坂村の「拾八人連」が「新田衆」に入れた覚(【23】)を除き、藤坂村から大坂町奉行や領主(領主役人)に提出した一札や覚などとなっている。このうち、五人組奥書または前書(【1】【2】)、人数改め奥書(【6】)、十人組一札(【14】)は、大坂町奉行や領主から示された雛形に沿って作成したものであろう。

表の備考欄に記したが、【13】【15】および【17】～【23】の九つは、記事の冒頭に○印が付けられている。おおおむね、寛永二十年（一六四三）に入ってからの記事に○印が付けられているといってよいが、【13】【18】のように、寛永十九年段階のものにも○印が付けられている。逆に、【16】のように、寛永二十年段階のものであるにもかかわらず、○印が付されていないものもある。この○印の正確な意味は不明である。

記事の内容の検討に入る前に、藤坂村の領主久貝因幡守正俊について見ておこう。正俊は、「寛政重修諸家譜」の同人の項に(13)、「（略）（元和）五年御上洛のとき二条城にをいて大坂の町奉行を命ぜられ、采地千五百石を加増あり。先に武蔵国にをいて賜ふところの千五百石をあはせて河内国交野《かたの》郡のうちにして三千石を知行す。このとき与力・同心を預けらる。九年、また与力十騎を増あづけらる。寛永二年正月朔日従五位下因幡守に叙任す。十年十二月十六日、同国讃良《さら》郡のうちにして二千石の加恩あり。（略）」と記されている。すなわち、元和五年（一六一九）、大坂町奉行就任を機に、河内国交野郡で三〇〇〇石を与えられ、寛永十年十二月には、同国讃良郡で二〇〇〇石を加増されて、所領高は五〇〇〇石となった。「寛政重修諸家譜」による限り、寛永十年以降、慶安元年（一六四八）に正俊が死去するまで所領の変化はないので、「触写帳」収録記事の時期（寛永十六～二十年）における久貝氏領は、河内国交野郡三〇〇〇石および同国讃良郡二〇〇〇石である。

しかし、正保二年（一六四五）段階の状況を示す「河内国一国村高扣帳(14)」によれば、同氏領は交野・讃良・八上三郡にわたっており、交野郡で七八八七石九斗八升五合、讃良郡で二一一二石一升五合、八上郡で二〇〇〇石、計一万二〇〇〇石となっている。このうちには大坂町奉行所与力の知行地分が含まれるが、その石高は五〇〇〇石であるので(15)、久貝氏は交野・讃良両郡五〇〇〇石のほか、八上郡に二〇〇〇石の所領を有していたと見るべきである。

さて、「触写帳」の記事の内容についての検討に入ろう。「触写帳」の時期は、キリシタンや牢人などの取り締まりおよび人別把握が強化され、全国的な飢饉（寛永飢饉）も発生したことで特徴づけられる。「触写帳」所載記事にもそれが反映しており、【1】～【7】は前者、【8】【9】【12】【13】【14】【15】【17】【20】【22】は後者に関連するものである。

前者に関しては、【1】に「今度吉利支丹御改被成候ニ付」とあるように、寛永十六年にキリシタン改めが行われ、藤坂村では五人組帳を作成して「御奉行」（大坂町奉行）に提出した。その末尾に記された文言が【1】である。板倉重宗の摂津国における所領村の一つであった同国嶋上郡高浜村では、六月十八日付で「摂州御知行所吉利支丹改之帳」を板倉氏に提出している。[16]

【2】～【5】に登場する松平石見守（播磨国山崎藩主池田輝澄（六万八〇〇〇石））および生駒壱岐守（讃岐国高松藩主生駒高俊（一七万一八〇〇石余））は、御家騒動により、ともに寛永十七年七月に改易された。[17] 改易により離散した両家家中の妻子の行方は幕府にとって関心事であり、それが【2】～【5】にも反映しているのである。

後者に関しては、飢饉という非常事態の中で、寛永十九・二十年に幕府が全国に対して頻繁に法令を出したことが知られている。[18] まず、耕作出精を命じ、百姓が損亡でないのに損亡であるとして年貢納入等を渋ることを禁止した【13】は、五月十四日に江戸城において、役人たちに同文の高札案文を下付したことに応じて出されたものであり、高札の文言を写したものであろう。[19]【13】に宛名がないのは、そのためと思われる。また、【9】については先に説明した通りであるが、管見の限りでは、この五カ条の「覚」は新出のものである。

【12】は、これまでもよく知られている二〇カ条の「覚」である。ただし、従来知られている河内国諸村の例は、いずれも幕領宛のものであり、[20] 私領宛の例としては、この【12】は新出史料である。

【8】は、【13】の趣旨を再度徹底させたものである。「去夏中札ヲ立候」とは、その年の六月に【13】の文言

を記した高札が立てられたことをいう。なお、この【8】は、『枚方市史』第三巻にも紹介されているが（同書七四頁）、発給者の「丹波」（曽我古祐）・「因幡」（久貝正俊）の名が落とされており、不完全な形での史料掲載となっている。

本田畠での煙草作と田方綿作の禁止を命じた【22】は、発給者名を欠いているが、大坂町奉行の両名（曽我古祐および久貝正俊）またはそのうちの一名が発給したと見られる。また、日付がないが、これは五名の連署者の発給日と同じ二月二十八日であったため、省略されたものと見られる。この【22】も、従来知られていないものである。

以上は触であるが、触以外のものについて見ておく。【15】は飢人一〇人の書き上げ、【20】は、このうち五人に支給された米二斗五升を、暮れに返済することを領主役人に誓約した一札、【17】は、これら飢人対策の過程を心覚え的に記したものである。領主から下賜された「おしな十れん」、および事実上借米となった米二斗五升を実際に飢人に渡した吉右衛門は、第一節で紹介した年寄吉右衛門のことで、このあと同人は、庄屋役を罷免された半左衛門のあとをうけて藤坂村庄屋となった。【17】の記述は、一般百姓の支持を背景に、村内で実力を蓄えていた吉右衛門と、罷免を前にした庄屋半左衛門の力関係を物語っているようにも思われる。また、【14】は、年貢を払えず欠落した者の年貢は村で弁納することなどを誓約したもので、飢饉時に限って出されるような性格のものではないが、この場合は、やはり飢饉時の政策の一環と考えてよいだろう。

第四節　寛永後期摂津・河内地域における触伝達の特徴

「はじめに」において、摂河地域における触を領分触と広域触に大別し、広域触については広域触Aと広域触Bに分類した。このうち、広域触Aについては、郡触、特定地域触、特定機関・団体触の三つに分類した。また、摂河地域の広域支配の中心は、摂河両国の「奉行」[21]であった大坂町奉行によるものである。「触写帳」段階の大坂町奉行は久貝正俊と曽我古祐であるが、前述のように、久貝は藤坂村領主でもあった。

さて、「触写帳」に記載された八つの触のうち、領分触は【5】【9】【12】【13】、広域触は【3】【4】【8】【22】である。四つの広域触はすべて広域触Aであるが、このうち、【3】【8】【22】はいずれも大坂町奉行郡触、【4】は大坂町奉行が一郡内の寺社に宛てた大坂町奉行特定機関・団体触である。

以上をふまえた上で、摂河地域における現在の触伝達研究の課題を念頭に置きつつ、ここでは、①大坂町奉行郡触の登場時期、②当該期における大坂町奉行郡触の実態、③当該期における大坂町奉行と個別領主の関係、のそれぞれについて検討しておきたい。

まず、①大坂町奉行郡触の登場時期という問題についてであるが、これは従来明確ではなかった。かつて筆者は、一七世紀末〜一八世紀初期の大坂町奉行郡触を分析し、同奉行郡触は、大坂町奉行→回達第一村を支配する領主または代官の用聞→回達第一村、というルートで回達第一村にもたらされたと推測した。用聞とは、個別領主に抱えられ、個別領主支配や大坂町奉行支配の一部を請け負っていた大坂商人のことであるが、この推測の上に立って筆者は、用聞が社会的な存在になる一七世紀後期に、大坂町奉行郡触が登場した可能性があるとした[22]。しかし、「触写帳」の【3】【8】【22】から、遅くとも寛永十七年には、すでに同奉行郡触が存在していたことがはっきりした。ここで、先の筆者の見解は撤回しておきたい。なお、【1】【2】は、「御奉行様」すなわち大坂町奉行に宛てたものであるが、当然これらは、先行する同奉行の触に応じて提出されたと考えられ、その触も郡触の形で出されたのではないかと思われる。

次に、②当該期における大坂町奉行郡触の実態について述べる。【3】は「河州交野郡之内御料・私領在〻庄や」宛であるのに対し、【8】は「河内国交野郡・讃良郡右之郡村〻庄や中」宛、【22】は「河内国交野郡・讃良郡右村〻庄や中」宛となっており、触の対象は交野郡だけの場合と、交野・讃良両郡の場合の両方があった。一つ書きのあとの文言も、【3】と【8】【22】とではかなり違っている。決定的な違いは、【3】が回達最終村から大坂町奉行所への触の返却を求めていないのに対し、【8】【22】は返却を求めていることである。一七世紀末以降の大坂町奉行郡触は、一郡ごとの伝達で、かつ触の返却を求めるというものであるから（本書第一部第二章参照）、【8】【22】は、一七世紀末以降の大坂町奉行郡触の形式に近い。乏しい事例から判断するのは危険であるが、【3】と【8】の間で大坂町奉行郡触の形式も変化し、【8】の段階（寛永十九年十二月）において、ほぼのちの形式に整えられたといえるのではないだろうか。

③当該期における大坂町奉行と個別領主の関係については、まず【9】に注目したい。作付状況の見回りその他を命じた五カ条が、幕府中央から上方の代官に示された。もちろん、上方郡代小堀政一・五味豊直を経て示されたのであろう。これを大坂町奉行曽我古祐が久貝正俊または久貝氏役所にもたらし、五カ条の措置を久貝氏領内でも行うよう命じているのである。久貝氏も大坂町奉行であるが、この場合は河内国に所領をもつ旗本として、大坂町奉行曽我古祐の命を受けたのである。

また、【12】は、個別領主としての久貝氏が藤坂村庄屋に対し、幕領宛に出された二〇カ条の「覚」を小百姓たちに読み聞かせるよう命じたものである。これも、おそらくは大坂町奉行から摂津国あるいは河内国に所領を有する旗本たちに命じたものであろう。

このように、大坂町奉行は、旗本に対しては、それぞれの領内への触伝達を命ずることがあった。これは同奉行の個別領主に対する広域支配権に基づくものである。すなわち、【9】や【12】は広域支配Bの事例に属するものとしてよい。

おわりに

「河内国交野郡藤坂村寛永後期触写帳」の成立事情と内容を紹介し、あわせて寛永後期摂津・河内地域における触伝達の特徴について、若干の検討を加えた。「触写帳」は、藤坂村内における村方騒動の中で、庄屋役罷免の危機にさらされていた藤井氏がまとめたものと考えられる。同史料によって、これまで知られていなかった触の存在や、当該期における触伝達のあり方が明らかになった。以下、今後の課題について若干触れ、本章を終えたい。

第一は、当該期における大坂町奉行郡触の具体的な伝達ルートや伝達の媒介者の解明である。前述のように、一七世紀末以降においては、回達第一村の領主や代官の用聞を介して回達第一村に郡触がもたらされたと考えられるが、用聞が存在していなかったこの時期には、どのような形で回達第一村にもたらされたのだろうか。また、大坂町奉行から回達第一村への伝達の論理はどのようなものだったのか。大坂町奉行郡触の登場過程とあわせ、この問題を追究する必要がある。

第二は、当該期における触の書き留められ方の検討である。この時期は、のちの時期にくらべれば、触が村に回達されてくる頻度が少なかったこともあり、村では前章で取り上げたような触留帳を作成することはなかったであろう。おそらく、村に回達されてきた触は半紙に書き留められ、一件ごとに作成された一紙文書としての触の写が庄屋のもとに蓄積されたものと思われる。触の書き留められ方は、近世を通じて変化するが、その初期段階においてはどのような形をとっていたのか、またそれは触留帳が村々で一般的に作成されるようになる一七世紀末〜一八世紀初期までの間に変化するのか、といったことが問題となろう。また、触写帳も、触の書き留められ方の変化に応じてその性格が変化したことが想像される。

触留帳・触写帳の研究は甚だ遅れており、基本的事実の解明も十分行われているとはいえない。今後、触の書き留められ方や触写帳の作成について、体系的把握を目指したい。

（1）松村家文書は、現在枚方市教育委員会市史資料室に保管されている。
（2）片山長三『長尾史』（長尾文化会、一九五三年、のち、一九九三年に集藍会より復刻）。
（3）片山長三『津田史』（津田小学校創立八十周年記念事業発起人会、一九五七年）。
（4）枚方市史編纂委員会編『枚方市史』第三巻（大阪府枚方市、一九七七年）。
（5）枚方市史編纂委員会編『枚方市史』第七巻（大阪府枚方市、一九七〇年）、同編『枚方市史』第八巻（同、一九七一年）、同編『枚方市史』第九巻（同、一九七四年）。
（6）本章のもととなった村田路人「寛永後期北河内地域の触と触留帳―『河内国交野郡藤坂村寛永十六〜二十年触留帳』の紹介を中心に―」（『枚方市史年報』八、二〇〇五年三月）では、「津田郷土史」後半部分を触留帳として論じたが、本書に収録するにあたり、修正した。
（7）安岡重明「近畿における封建支配の性格―非領国に関する覚書―」（『ヒストリア』二二、一九五八年六月、のち、安岡『日本封建経済政策史論―経済統制と幕藩体制―』〈有斐閣、一九五九年、のち、一九八五年に晃洋書房より増補新版〉

に収録、晃洋書房版では一四二～一四五頁）。

（8）朝尾直弘『近世封建社会の基礎構造』（御茶の水書房、一九六七年）第五章「畿内における幕藩制支配」、藤井讓治「幕藩制前期の幕令―酒造制限令を素材に―」（『日本史研究』一七〇、一九七六年一〇月、のち、藤井『幕藩領主の権力構造』〔岩波書店、二〇〇二年〕に収録）。

（9）前掲注(3)片山『津田史』三二〇頁。

（10）馬部隆弘は、「城郭由緒の形成と山論―『津田城主津田氏』の虚像と北河内戦国史の実態―」（『城館史料学』二、二〇〇四年七月）、「大阪府枚方市所在三之宮神社文書の分析―由緒と山論の関係から―」（『ヒストリア』一九四、二〇〇五年三月）において、この地域に残る由緒書・系図等の信憑性や作成の背景などを詳しく分析し、史料利用に特に注意が必要であることを強調している。

（11）前掲注(4)『枚方市史』第三巻一一六～一二二頁（酒井一執筆部分）。

（12）前掲注(2)片山『長尾史』一五二～一五三頁、前掲注(3)同『津田史』五〇三～五〇四頁に、史料の一部が引用されている。

（13）『新訂寛政重修諸家譜』第十六（続群書類従完成会、一九六五年）一七四～一七五頁。

（14）枚方市史編纂委員会編『枚方市史資料第八集　河内国正保郷帳写』（大阪府枚方市、一九八四年）。翻刻・解題は福山昭による。

（15）「台徳院殿御実紀」巻五十一元和五年九月十日条（『新訂増補国史大系徳川実紀』第二篇、吉川弘文館、一九三〇年、一七六頁）には、「正俊は千五百石加賜せられ三千石になされ、其余与力・同心給料とて、五千石下され八千石になる」とある。

（16）島本町史編さん委員会編『島本町史』史料編（大阪府三島郡島本町、一九七六年）一三七～一四三頁。

（17）『新訂寛政重修諸家譜』第五（続群書類従完成会、一九六四年）六三～六四頁。『同』第二十一（続群書類従完成会、一九六六年）二六九～二七〇頁。

(18) 藤田覚「寛永飢饉と幕政（一）」（東北史学会『歴史』五九、一九八二年一〇月）、同「寛永飢饉と幕政（二）」（東北史学会『歴史』六〇、一九八三年四月）。ともに、のち、藤田『近世史料論の世界』（校倉書房、二〇一二年）に収録。

(19) 高柳真三・石井良助編『御触書寛保集成』（岩波書店、一九三四年）一三七七号。

(20) 松原市史編さん委員会編『松原市史』第三巻史料編1（大阪府松原市、一九七八年）七一四〜七一五頁、羽曳野市史編纂委員会編『羽曳野市史』第五巻史料編3（大阪府羽曳野市、一九八三年）三八〜四〇頁、藤井寺市史編さん委員会編『藤井寺市史』第六巻史料編四上（大阪府藤井寺市、一九八三年）六〜七頁。

(21) 寛永七年（一六三〇）六月二十一日、江戸に滞在していた久貝正俊が大坂に帰るにあたり、将軍家光から職務や心構えを記した「覚」（『徳川禁令考』前集第四、創文社、一九五九年、一九九九号）を渡された。家光黒印が押されたこの「覚」は、「摂津・和泉両国奉行之事」について、「摂津国ハ河内国同前ニ因幡守、和泉国ハ水野河内守可申付事」と記している。周知の史料であるが、摂津・河内両国を久貝が、また、和泉国を水野守信が「奉行」として担当することを確認したのである。このとき大坂町奉行は久貝一人であった。その後、同十一年七月に曽我古祐が大坂町奉行となり（『新訂寛政重修諸家譜』第九、続群書類従完成会、一九六五年、一五〇頁）、大坂町奉行は二人となった。なお、右の「覚」では、第四条目の一つ書きに「一摂津・和泉両国奉行之事」、第五条目の一つ書きに「一摂津国ハ河内国同前ニ因幡守、和泉国ハ水野河内守可申付事」と記されている。この二つの一つ書きはもともと一続きのものであったところ、写される過程で別々になったものと思われる。

(22) 村田路人「近世の地域支配と触」（『歴史評論』五八七、一九九九年三月、のち改稿して本書第一部第二章）。

翻刻「河内国交野郡藤坂村寛永後期触写帳」（【1】以下の史料番号は村田が付したもの）

（表紙）（二三・一cm×一六・三cm）

（題簽）
津田郷土史

（「藤井氏および藤坂村記録」略）

寛永二（二十）年

従殿様被仰出指上写下書 引替願書と表紙に印し有

未ノ正月吉日

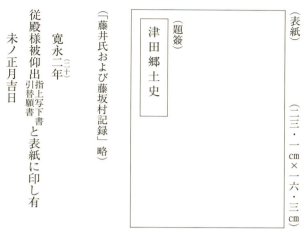

【1】

寛永拾六年きりしたん改五人与奥書

一今度吉利支丹御改被成候ニ付、郷中随分念ヲ入、面〻に手かたをいたさセ指上申候、若下〻ニいたるまて壱人成共かくし置申候お《(を)》、以来聞召被上候者、何様ニも曲事ニ可被仰付候

一寺〻の住候外、代僧之判も一人ニも取不申事

一先年吉利支丹ころひ申候ハんも、郷中御改被成候内にも、一人も無御座候

右之条〻少偽申上候ニおひては、以来聞召被上曲事ニ可仰《(被脱カ)》付候、為後日手形指上如件

寛永拾六年卯ノ卯月十七日

藤坂村庄や
半兵衛
年寄
吉右衛門
同
弥右衛門

御奉行様

【2】

寛永拾七年牢人御改之時被仰出候五人与前書

一寛永弐年卯月被仰出候御法度之旨堅相守、諸牢人其外如何様之ものニも一夜之宿もかし不申候、先年手形指上
　申処実正也
一今度御触被成候枩平石見守（池田輝澄）殿・生駒（生駒高俊）売（壱）岐守殿家中の妻子預り置不申候御事
一度〻御触被成候きりしたん御改之儀、無油断穿鑿仕候御事
右之条〻堅相守可申候、若かくし置、他郷より相聞候者、五人与とも曲事ニ可被仰付候、仍如件
　寛永十七年（ママ）
　　　　　　　　　　　　　　　　　　久貝因幡（正俊）守御知行所
　　　　　　　　　　　　　　　　　　　河州交野藤坂村
　　　　　　　　　　　　　　　　　　　　　　　庄や
　御奉行様

【3】
　　急度申遣候
一枩平石見守（池田輝澄）・生駒（生駒高俊）売（壱）岐守家中の者妻子於預置者、其名字お（を）書付、早〻可申来候事
一惣別誰之家中によらす、牢人於有之者、書付可申来事
一度〻如相触候、きりしたん之穿鑿無油断可仕事
右之通相改、当月中ニ一郷より庄や壱人つゝ委書付可申来候、若隠置、他郷より相聞候者、年寄并五人与可為
曲事者也、但、此折紙郷切に写置、早先〻ゑ届候様に通可申候、以上

辰（寛永十七年）八月六日

丹波（曽我古祐）
因幡（久貝正俊）

河州交野郡之内御料・私領在々庄や

【4】

急度申入候

一枩平（池田輝澄）石見守・生駒（生駒高俊）売（壱）岐守家中のもの之妻子於被預置者、其名字ヲ御書付、早々可被仰越候事

一惣別誰之家中ニよらす、牢人於有之（者脱カ）、是又御書付可（被）差越事

一度々如相触候、きりしたん改之儀油断有間敷事

右之通寺内被相改、当月中ニ書付可被越候、於被隠置者、可為越度候、此折紙所々ニ而写置、其手寄次第先々へ急度可被相通候、以上

辰（寛永十七年）八月七日

曽丹波（曽我古祐）
久因幡（久貝正俊）

河州交野郡之内
寺社方中

【5】

急度申遣候

一松平石見守(池田輝澄)・生駒売(壱)岐守(生駒高俊)家中之ものの妻子於預置候者、名字お(を)書付、早々可申来候事

一惣別誰之家中ニよらす、牢人於有之(者脱カ)、書付可申来事

一度々相触候ことく、きりしたんのせんさく無油断可仕候事

右之通相改、当月中に一郷より庄や一人つゝ、秀(委)書付可申来候、若隠置、他郷ゟ相聞候者、年寄并五人与可曲事(為脱カ)
者也

但、此おりかミ郷切に写、早々先々へ届候様ニ通し可申候、以上

辰(寛永十七年)八月七日　　因幡(久貝正俊)

交野郡

讃良郡

八上郡村々庄や・百姓中

【6】

寛永拾七年人数改之奥書写

右之人数村中一人も残不申、書付指上申候、他所ニ罷越候者隠置、若訴人御座候ハヽ、庄や・年寄・五人与とも
ニ曲事ニ可被仰付候、少も御うらミに存間敷候、仍如件

寛永十七年
辰ノ九月十四日

河州かたの郡藤坂村庄や
半兵へ
としより
吉右衛門
弥右衛門
くミ
新左衛門
多兵へ
喜左衛門
孫兵へ

上野五郎兵衛殿

【7】

覚

一殿様御意にて郷中へ御越衆御扶持方之義、其仁之手形次第ニ相わたし可申候、人足以下むさと出し申間敷候事
一殿様無御意郷中へ御越候衆ニは、扶持方以下少之用も一切参間敷候事
一牢人・殺生人・鳥見、其外無請者ニ一夜之宿も仕間敷候、若御家中衆御恩(忍)ひ御越候とも、其仁ヲ慥ニ不存候

ハヽ、下ゝ迄宿仕ましく候、たとへ御家中衆宿仕候者(共)、其仁の手形ヲ取置候而宿可仕候、他領にて殺生なといたさせ申間敷候事

一御家中衆宿仕候ハヽ、誰之御越ニ而何日之逗留、其内何之申分無御座候との庄や手形相渡し、御代官衆へ差上可申事

右之通、相背候ハヽ、当人之儀ハ不及申ニ、五人組共曲事ニ可被仰付候、仍如件

(寛永十九年)天(閏)

九月日

【8】

覚

一在ゝ当年貢、損亡無之所百性難渋申間敷候、去夏中札ヲ立候といへとも、弥其旨ヲ可存事

一当作毛損亡無之所、年貢侘言申来百性於有之者、籠舎可申付事

右之趣相触候様ニと江戸より申来候間、在ゝ所ゝ堅此旨可相心得者也

(寛永十九年)午霜月廿五日

五味金右衛門(豊直)

小堀遠江守(政一)

石河土佐守(勝政)

曽我丹波守(古祐)

久貝因幡守(正俊)

此書物御料・私領在ゝ村次ニ相届、先ゝより手かたを取置可申候、跡ゟ改ニ可遣候間、若不届置候所之庄や曲事ニ可申付候間、念ヲ入無油断早ゝ相届可申候、不残相届、可遣所無之在所より此方へ可持来者也

（寛永十九年）午十二月廿五日

永井日向守（直清）
同　信濃守（尚政）
板倉周防守（重宗）
丹波（曽我古祐）　判
因幡（久貝正俊）　判

河内国交野郡
讃良郡　右之郡村ゝ庄や中

【9】

覚

一当作毛不残仕付候哉、不作無之様ニ在ゝ見通（廻）り可申付候事
一在ゝ堤川除未（等）当作之さゝわりに成候所、無油断可申付候事
一在ゝ残米有之所之蔵、火用心堅可申付事
一在ゝニて新酒作之儀無用ニ可被申付候事
一在ゝニてうとん・切麦・豆腐等、其外何ニ而も五穀ついゑに成候類不仕様ニ可申付候事
右ハ、当年米大切ニて世上つまり、百性及窮困候付而、此五ヶ条江戸より申来り、御料所御代官衆被申付候間、

因幡殿領分急度可被申付候、以上
（寛永十九年）午ノ七月二日　　　（曽我古祐）丹波

【10】

午年御下札請取申一札之事

一高弐百弐十弐石弐升三合　　藤坂村

此取百九十石九斗八升

右之御下札之通、大小之百性出作まて不残寄合、ろくに免割可仕候、若相違御座候由、以来訴人罷出候者、此判形之者とも如何様にも曲事ニ可被仰付候、此上ハ御年貢米にもミ・ぬか・くたけ無之様ニなわ・たわら念入、来ル極月十日以前ニ急度御皆済可仕候、為後日一札如件

寛永十九年

午ノ十一月十九日　　藤坂村庄や

半左衛門

吉兵へ

吉右衛門

喜左衛門

水野忠大夫殿

【11】

当村高荒之指上跡書

一高弐百弐十弐石弐升三合　藤坂村

内

弐拾八石三斗弐升三合　永荒川成共

残而百九拾三石七斗　同村

内

四拾八石三斗六升　畠方

同

百四拾五石三斗四升　田方

寛永十九年

午ノ閏九月十六日

藤坂村

庄や

半左衛門

西村九郎左衛門殿

水野忠大夫殿　両人上ル跡書

【12】

覚

一在〻耕作当年者別而情を入可申候、不情之輩可為曲事事

一当年在〻ニ而新酒作申間敷候、冬作之儀ハ追而可申付候事

一当年在〻にてうとん・切麦・そうめん・まんちう、其外何ニ而も五穀のついゑに成候物、売買仕間敷候事

一当年在〻に而とうふ仕間敷候事、但大キ成宿津所之儀者、代官・給人ゟ可申付候事

一在〻百性食物之義不及申、当年者大切之儀ニ候間、さこく（雑穀）お（を）用、米多不給やうに可致用捨事

一百性之衣類男女ともニ此以前如御法度、庄や者絹・紬・布・木綿可着、わき百性者布・もめんを可着、右之外、ゑり・帯等ニも仕ましき事

一よめとりなと仕候とも、乗物不可用候事

一百性之屋作不応其身之儀、自今以後仕間敷事

一祭訛（礼）・仏事等ニ至るまて、其所不応其身儀仕間敷事

一荷鞍にもうせんかけ、乗申間敷事

一来年ゟ御領（料）・私領ともニ本田ニたはこ作申間敷由、堅被　仰出候、若作候者ハ、自今以後新地を開キ作り可申事

一所〻御蔵詰致候時、百性手代立合ニて火（欠）米入用等念を入書付置可申候、御蔵衆之納帳に引合、以後可令吟味候、御蔵詰致候時、郷中ゟ罷越候宰領之もの入用等もこまかに書付置可申候、不作法ニいたし、入用多小百性ニ打懸出させ候ハ、、曲事可申付候事

一御年貢米、もミ・ぬか・くたけ無之様ニ俵已下念ヲ入可申事
一郷中公儀諸役之入用、年切庄や・小百姓不残立合相究、其帳に申分無之と連判仕、手代之方へ可申上置候、若
年《ヲ》越勘定仕族於有之者、急度曲事ニ可申付候事
一当年ハ百性草臥申、大切之年ニ候間、在〻にて諸勧進入申間敷事
一当年ハ在〻にて相定之役之外、人足遣申間敷候、若不叶役之儀候て、人足遣候ハヽ、定ことく其御用之品お（を）書
付、手代之者ゟ百性方へ手形出し可置事
一連〻申付ことく、毎年之免わり帳庄や・小百性まて不残立合致判形、其代官へ可上置候事
一田方ニ木わたつくり申ましキ事
一田畑共油の用としてなたね作申ましキ事
一御領（料）所在〻所〻山林可仕所於有之者、木苗を植置、山林を仕立、以来者其村之たすけにも罷成候様ニ可仕候事
前書之通、御蔵入へ相触候間、給人方へも為可存知此旨何も地頭ゟ村中へ書付遣候間、小百性不残庄や所へよひ
よセ、具よミ聞セ、相守此旨候様に可申渡者也
（寛永十九年）午七月廿五日　（久貝正俊）因幡
交野郡藤坂村
庄や半兵衛

【13】
○諸国在〻所〻田畠不荒之様ニ入情、耕作すへし、若立毛損亡無之所申掠、年貢等令難渋於有之者、可為曲事者

也

　六月日

右御老中被　仰出之間、可相守此旨者也

（寛永十九年）午六月廿六日　　（久貝正俊）因幡

【14】

　指上申拾人組一札之事

一御年貢引負欠落仕もの於有之者、地下惣中として弁納仕、急度御皆済可仕候、若御皆済以後欠落仕もの御座候ハ、、此十人与として尋出シ、急度還住令仕遣可申候、幷田地売買以斗代さけ売買仕間しキ事

右之通、少成共違背仕候ハ、、此判形のもの如何様ニも曲事ニ可被仰付候、為後日証文如件

　寛永十九年午十一月廿六日

ふしさか村

十人写（与）

判

水野忠大夫殿

西村九郎左衛門殿

【15】

○指上申飢人之事

喜右衛門・彦左衛門・九左衛門・与作・弥左衛門・猪右衛門・長右衛門・九郎兵へ・初右衛門・久左衛門、以上十人

寛永廿年未ノ正月十七日

藤坂村庄や
半左衛門

水野忠大夫殿

【16】

指上申池之樋目録之事

一樋　三間半　但内のり四寸
藤坂村

同　三本　たて木　但長さ弐間

同　壱本　かさ木　但は丶八寸、長さ五尺

寛永廿年未ノ二月十三日

ふしさか村庄や
半左衛門

水野忠大夫殿

【17】

○正月十七日に飢人之指出多、又二月十六日ニ田ノ口村ニ而御改被成、五人書付上候へハ、二月廿日ニおしな十れん被下候を、吉右衛門へわたし申候、彦左衛門・九左衛門・弥左衛門・井（ママ）右衛門・喜右衛門、右五人飢人ニ弐斗五升御米被下候、同吉右衛門へわたし申候

ふしさか村
半左衛門

【18】

○藤坂村高書指上跡書

一高弐百廿弐石二升三合　ふしさか村

内廿八石三斗弐升三合　永荒・川成共　同村

残而百九十三石七斗八　毛付高

内四十八石三斗六升　畠方

のこり百四十五石三斗四升　田方

寛永十九年午閏九月十六日

西村九郎左衛門殿
水野忠大夫殿

【19】

○津田川堤間数之覚、指上申川堤御修理普請間数之事

千三百六十五間川面之分正中

一千五百九十弐間　津田川堤　ふしさか村

堤八十壱間　但きれ三間、砂入少　同村

間数合千六百七十三間、此人足九十四人

寛永廿年未ノ二月廿五日

ふしさか村
半左衛門

水野忠大夫殿

【20】

○借用申上御米之事　合弐斗五升者　右飢人五人分、但、壱人ニ付五升宛借用申上候所実正也、当暮ニ急度御納
所可仕候、為後日一札如件

寛永廿年未ノ二月廿五日

ふしさか村庄や
半左衛門

水野忠大夫殿

【21】

○未ノ年借用申上こゑ銀指上之事

合弐百七拾匁、此割

三十七匁弐分　新左衛門

卅七匁　吉兵へ

拾七匁八分　弥兵へ　卅三匁八分　可左衛門　卅弐匁五リン　理兵へ　卅六匁六分　清左衛門

卅七匁四分　小左衛門　卅八匁一分五リン　久右衛門

寛永廿年未二月一日　半左衛門・吉右衛門・太郎兵へ・吉兵へ・孫兵へ・甚右衛門

水野忠大夫殿

【22】

○覚

一本田畠にたはこ作り不申候事

一田方にきわた作り不申事

右去年中ふれ候へとも、弥此旨ヲ可相守者也

(寛永二十年)未二月廿八日　五金右衛門(五味豊直)　永信濃守(永井尚政)

石土佐守(石河勝政)　板周防守(板倉重宗)

久貝(ママ)因幡守(正俊)

此書物御料・私領在々村次ニ相届、先々より手かた取置可申候、跡ゟ改ニ可遣候間、若不届置候所之庄や曲事可

申付候間、念を入、無油断早〻相届可申候、不残相届、可遣所無之在所ゟ此方へ可持参者也

河内国交野郡讃良郡右村〻庄や中

【23】

○新田ニ付永代相定申覚

一今度寄(カ)　久貝因幡守様当所之広野幷谷〻其外荒地之分為津田村・藤坂村両村開可申之旨被仰付候へ共、我等共開之儀不成申候間、何方へ被仰付候共御うらミ奉存間敷候と御断申上候ニ付、各〻新田ニ被仰付候、右広野・谷〻其外荒地何様共可有御開候、右之段〻ニ而各御請相(合)之上ハ、向後ゟ少成共開儀ハ不及申、永代异儀少(有)申間敷事

一新田為用水八田川上に溜池被成候間、津田・藤坂より申分有之者、此度可申之由数度被仰下由付、両村之百性大小共寄合致相談候所ニ、池底之地幷此方之田地ニ已来までもかまひ申儀少も無之候、其上池へ水御入之儀、冬・春水ハ不及申、渇水之時雨降候か又ハ何様之儀ニ而成とも八田川へ出水有之を不残池へ御入候共、於此水者、永代异乱妨申間敷候付、川上此方之井水之儀本田やけ不申候ハヽ、川下へ水下し可申事

一当所山林之儀、津田・藤坂山年貢之内、其方よりも新田家数高ニ応し御納候而、柴・薪・したき可有御存(取)候由得其意候、山年貢高相応御納候上ハ、津田・藤坂於山内者何方ニ而成とも、柴・薪・したき此方両村之置(並)に永代可有御存(取)候、勿論、牛馬御飼候事、其外万事右同前之事

右条〻永代之証文両村之庄や・百性不残連判仕、相渡シ申候、仍如件

寛永廿年癸未

新田衆中

まゐる

ふしさか村

拾八人連

（後筆）「松村伊左衛門

所有」

第四部　幕府上方支配機構論

第一章　一七世紀における堺奉行の万事仕置権と触伝達

はじめに

周知のように、徳川政権期の畿内近国においては、一国あるいは複数国に対して包括的な支配権を行使していた幕府役職者が存在した。たとえば、「摂州・河州万事仕置」[1]を行う権限を有していた大坂町奉行はその一人である。この権限の内容は、広域触の発給・伝達権、国役賦課権、寺社支配権その他、多岐にわたるものであったが、筆者は、このような権限を万事仕置権、万事仕置権の対象となる国を万事仕置国と呼んでいる（本書第一部第一章参照）。

万事仕置権については、当該幕府役職者に与えられていた諸権限と、現実に発動・行使されていた諸権限とを区別する必要があるが、ここでは、さしあたり後者について見ていくことにする。

万事仕置権の内容は、この権限を行使していた幕府役職者によって違いがあった。たとえば、大坂町奉行が摂津・河内両国に対して行使していた万事仕置権の内容と、奈良奉行が大和国に対して行使していたそれとは、必ずしも同じではなかった。

畿内近国の支配を担っていた幕府役職者の万事仕置権の具体的内容については、安岡重明の畿内非領国論提起[2]以来、かなり明らかになってきた[3]とはいえ、まだまだ未解明の部分も多い。和泉国を万事仕置国としていた堺奉行の万事仕置権も、その例外ではない(4)。

そこで本章では、堺奉行の万事仕置権を検討する手始めとして、和泉国に対する同奉行の広域触発給・伝達権について分析することとする。対象時期は、とりあえず一七世紀に限定する。分析にあたっては、和泉国南郡岸和田に本拠があった岸和田藩の所領や、幕府代官の支配下にあった村々に伝達された触を中心的に取り上げたい。

徳川政権期における畿内近国地域においては、個別領主支配（領主の所領支配）と広域支配（幕府または幕府から一定の権限を委任された領主による、一定範囲の地域に対する幕領・私領の区別をしない支配）の二種の支配が展開し、触も、それに応じて二種（領分触および広域触）存在したこと、広域支配も広域支配A（村・町や同業者仲間、あるいは寺社などに対するもの）、広域支配B（当該の国や郡に所領を有する個別領主に対するもの）の二種があり、触もそれに応じて二種（広域触A、広域触B）あったことは、これまで繰り返し述べてきたところである。畿内近国地域における触を整理すると、以下のようになる。

領分触（個別領主支配に対応）
広域触（広域支配に対応）
　広域触A（広域支配Aに対応）
　　郡触
　　特定地域触
　　特定機関・団体触
　広域触B（広域支配Bに対応）

本章では、堺奉行が和泉国に出していた広域触は広域触Aだったのか広域触Bだったのかについて検討することになる。それは、いい方を変えれば、堺奉行は和泉国に所領や代官所を有する領主や代官を経由することなく、その所領村々や代官所村々に直接的に広域触を発給・伝達することができたのかどうかを解明することである。

かつて、慶長期に畿内を中心とする一一カ国に置かれた国奉行が当該国に行使していた一国支配権の内容が高木昭作によって明らかにされた(5)。広域触の発給・伝達権も一国支配権のうちに含まれるが、それは、あくまでも領主や代官に対するものであった。つまり、広域支配Bとして国奉行は領主または代官に宛てて触を出したのであり、国奉行が直接領主や代官の支配下の村々に触を発給・伝達することはなかったのである。

大坂町奉行や堺奉行などの万事仕置権は、国奉行の一国支配権を継承したものといってよいが、堺奉行の広域触発給・伝達権は国奉行のそれと同じ性格のものだったのか。これが以下の分析で問題となる。

第一節　堺奉行の和泉国万事仕置権

本節では、考察の前提として、堺奉行の変遷および同奉行の和泉国に対する万事仕置権について整理しておこう。

慶長二十年（一六一五）五月の豊臣氏滅亡時の堺奉行は長谷川藤広である。長谷川は、前年十二月に堺奉行となり、元和三年（一六一七）十月に死去するまでその職にあった(6)。この長谷川のあとを継いだのが喜多見勝忠である。喜多見は、「寛政重修諸家譜」に、「元和二年近江国の郡代となり、摂津国のうちにをいて采地五百石を加増せられ、千石となる。のち、摂津国の郡代にうつり、四年、和泉国堺の政所職となり、摂河泉三国の奉行をかぬ(7)」とあるように、「堺の政所職」であるとともに、「摂河泉三国の奉行」をも兼ねていた。現在のところ、長谷川までの堺奉行が、和泉国または同国を含む複数の国々に対して広域支配を行っていたという事実は確認されていないから、喜多見のときに初めて堺奉行は、堺市中の支配だけでなく、和泉国全体に及ぶような広域支配をも行うようになったと推測される。

もっとも、喜多見が受け持った国が三カ国であったことを考えれば、この喜多見の和泉国に対する広域的な支配権は、のちの堺奉行によるそれとは異なるものであっただろう。また、喜多見が堺奉行在任中であった元和五年八月に、大坂町奉行の成立を見ている[8]。初代大坂町奉行は、久貝正俊と嶋田直時である。彼らは摂津・河内両国の支配を担当することになったが、大坂町奉行成立の前後で喜多見の権限に変化があったことは、容易に推察される。

寛永四年（一六二七）十二月に死去した喜多見のあとを継いで堺奉行になったのは、嶋田直時である。嶋田は大坂町奉行であったが、「寛政重修諸家譜」に、「四（寛永）年より堺の奉行職をかぬ[9]」とあるように、寛永四年に堺奉行を兼任した。嶋田は翌五年十月に死去し、堺奉行職は翌六年二月に水野守信に引き継がれる。水野は同九年まで堺奉行職にあり、同年十二月に大目付となって転出した[10]。

水野が堺奉行職にあった間の寛永七年六月二十一日、江戸滞在中の大坂町奉行久貝正俊が大坂へ帰るにあたり、将軍徳川家光は正俊に「覚[11]」を与えた。そこには、「摂津・和泉両国奉行之事」として、「摂津国ハ河内国同前ニ因幡守（久貝正俊）、和泉国ハ水野河内守（守信）可申付事」と記されている。この段階では、河内国の担当者が久貝であることは自明のことであったが、摂津・和泉両国の担当者については明確でなかったのであろう。ともあれ、この「覚」によって、摂津・河内両国は大坂町奉行久貝、和泉国は堺奉行水野の担当とされたのである。

水野のあと、堺奉行となったのは石河勝政である。「寛政重修諸家譜」によれば、石河の同奉行就任は寛永十年正月十二日である。[12] この年の十二月十六日、石河に対して「和泉国奉行」を命じる老中奉書が発せられている。

（史料1）

一和泉国堺奉行支配

寛永十酉年、石河土佐守（勝政）奉行之節、泉州支配被　仰付候奉書写

一筆令申候、和泉国奉行之事、其方江被　仰付候間、被得其意、万事可被申付候、恐惶謹言

酉十二月十六日　　酒井讃岐守（忠勝）

土井大炊頭（利勝）

酒井雅楽頭（忠世）

これは、文政三年（一八二〇）作成とされる「堺御役所御手鑑写」[13] 中の一項目の記載である。酒井忠勝・土井利勝・酒井忠世連署のこの老中奉書が同史料に載せられていることについては、つとに『堺市史』第三巻本編第三[14]が言及しているが、老中奉書の文面は紹介されていないので、ここに掲げておいた。

この老中奉書にあるように、石河勝政は「和泉国奉行」を仰せ付けられ、「万事」を「申付」ける権限を将軍から得た。ここで注意すべきことは、この奉書の発給は堺奉行就任から一一カ月後のことであり、この段階においては、堺奉行に就任することがそのまま和泉国に対する万事仕置権を認められることではなかったという事実である。

ともあれ、水野に続いて石河も、将軍から和泉国に対する万事仕置権を付与された。その後、承応元年（一六五二）四月に勝政のあとを継いで堺奉行となった石河利政（勝政長男）[15] が同奉行在任中の同三年八月に、老中阿部忠秋・同松平信綱・同酒井忠清が大坂城代内藤忠興および大坂定番保科正貞に宛てて出した「定」[16] 第七条にも、

「摂州・河州万事仕置之儀、如有来曽我丹波守《（古祐）》・松平隼人正《（重次）》可申付之、和泉国ハ石川《（河）》土佐守《（利政）》可申付事」とあり、堺奉行の和泉国に対する万事仕置権が確認されている。なお、曽我丹波守（古祐）・松平隼人正（重次）は、ともに大坂町奉行である。

　このように、堺奉行は、遅くとも水野守信時代の寛永七年以降、和泉国に対する万事仕置権を法的に認められたといってよい。

第二節　畿内近国を対象とした広域触と堺奉行

1　寛永十九年十一月の八人衆触

寛永の飢饉に際して、何度か幕府全国令が出されたことはよく知られている(17)。ここでは、そのうちの一つである寛永十九年（一六四二）十一月の触を検討する。この触を取り上げる理由は、触の写が河内国の村と和泉国の村に残されており、両者を比較することができるからである。

（史料2）

覚

一在〻当年貢、損亡無之所百性難渋申間敷候、去夏中札ヲ立候といへとも、弥其旨ヲ可存事

一当作毛損亡無之所、年貢佗言申来百性於有之者、籠舎可申付事

右之趣相触候様ニと江戸より申来候間、在〻所〻堅此旨可相心得者也

午（寛永十九年）霜月廿五日

五味金右衛門（豊直）
小堀遠江守（政一）
石河土佐守（勝政）
曽我丹波守（古祐）
久貝因幡守（正俊）
永井日向守（直清）
同　信濃守（尚政）
板倉周防守（重宗）

此書物御料・私領在〻村次ニ相届、先〻より手かたを取置可申候、跡ゟ改ニ可遣候間、若不届置候所之庄や曲事ニ可申付候間、念ヲ入無油断早〻相届可申候、不残相届、可遣所無之在所より此方へ可持来者也

午十二月廿五日　丹波（曽我古祐）判
因幡（久貝正俊）判

河内国交野郡
讃良郡　右之郡村〻庄や中

史料2は、河内国交野郡藤坂村に残された、寛永十六～二十年の触等を写した触写帳(18)の記載である。「覚」は幕府中央で出された触で、百姓が凶作であることを理由に、損亡でもないのに損亡と称して年貢納入を渋ることを戒めるとともに、損亡とならなかった地について年貢免除や減免を嘆願する百姓がいた場合は入牢を申し付けるという内容である。この江戸触を、八人衆といわれた五味以下の八名が畿内近国に触れたのであるが、河内国

の交野郡および讃良郡では、史料2のような形で触伝達が行われた。すなわち、八人衆のメンバーでもある大坂町奉行曽我古祐・同久貝正俊が、八人衆の触を受け、両郡の村々に対して、幕領・私領の別を問わない回達方式（「御料・私領在〻村次ニ相届」）によって、両郡内の村々に伝達させたのである。

本書第三部第二章で述べたように、ここでは二郡が単位となっているが、この触は、まさに筆者のいうところの郡触であり、最も早い時期の大坂町奉行郡触の例である。前述のように、大坂町奉行は摂津・河内両国の万事仕置権を有していたから、摂津国においても河内国と同様、一郡単位か複数郡単位かは別として、郡触という形でこの「覚」が伝達されたことは間違いない。

翻って、和泉国ではどうか。『泉佐野市史』に、和泉国日根郡佐野村藤田家文書の一つとして、次の史料[19]が収録されている。藤田家は、代々佐野村の庄屋を務め、岸和田藩の七人庄屋の一人でもあった。

（史料3）

覚

一在々当年貢、損亡無之所百姓難渋申間敷候、去夏中相（札）を立候といへとも、弥其旨を可存事

一当作毛損亡無亡（之）所、年貢詑言申来百姓於有之者、籠舎可申付事

右之趣相触候様にと従江戸申来候間、在々所々堅此者（旨）可相心得者也

午（寛永十九年）

霜月廿六日

五味金右衛門（豊直）

小堀遠江守（政一）

石河土佐守（勝政）

岸和田領内触状

曽我（古祐）丹波守
久貝（正俊）因幡守
永井（真清）日向守
永井（尚政）信濃守
板倉（重宗）周防守

『泉佐野市史』編纂段階での読み誤りと思われる文字がいくつかあるが、史料2のうちの八人衆触と同内容のものである。[20] 和泉国に対しては、河内国よりも一日遅れで八人衆が発給したことがわかる。「岸和田領内触状」という文言は、もちろん後筆であるが、この文言から判断すると、同国では、河内国におけるように郡触方式をとらず、八人衆の触が、岸和田藩の領分触の形をとって村々に伝達されたようである。実際に岸和田藩領の村に伝達された触は、史料3のあとに若干の文言が付け加えられたものであったと思われるが、詳細は不明である。場合によっては、この触も、史料2と同じように堺奉行が中継しており、触末尾には、岸和田藩に触伝達を依頼する文言と、同藩が村々に触の遵守を命ずる文言が記されていたのかもしれない。しかし、いずれにせよ、所領ごとの伝達であり、郡触方式がとられていたのでなかったことは確かである。

以上の検討によって、寛永飢饉の際に、幕府中央の指令を受けて八人衆が発給した同一の触が、河内国と和泉国では、異なる伝達方式をとっていたことが明らかになった。河内国（そして、当然摂津国も）では、大坂町奉行が中継し、広域触Aの一種である郡触方式によって八人衆の触を伝達した。一方、和泉国では、堺奉行の中継の有無は不明ながら、広域触Bとして同国内に所領を有していた各領主に触がもたらされ、それを手にした領主は、これを領分触の形で所領村々に伝達したと考えられる。

2　承応二年十二月の触

承応二年（一六五三）十二月七日、上方郡代五味豊直・同水野忠貞より堺奉行石河利政に対して、次のような指示が出された。

（史料4）

今度琉球人来朝江戸参向之時、伏見ゟ関迄、同上り之時石部ゟ伏見迄送り人馬之割

一高壱万石ニ付人足弐人三分余積
　日数七日分
　此銀拾七匁三分
　　但、一日壱人ニ弐匁四分四厘余積
一高壱万石ニ付馬八分余積
　日数七日分
　此銀弐拾三匁三分
　　但、一日壱疋ニ三匁三分積

右人馬如御上洛之時之、上方御領（料）・私領江可申付之旨、御老中御折帋（カ）参候得共、俄之儀在ゝゟ人馬出シ候㕝不罷成ニ付、於伏見入札申付候処ニ、京都川口屋五郎右衛門・伏見池田屋忠右衛門落札ニ而、右弐人之者肝煎、人馬出シ候、五畿内・近江・丹波御領（料）・私領幷幡（播）磨者御蔵入分江割符如此候、右日牖（傭）銀・駄賃銀、京川口屋五郎右衛門・伏見池田屋忠右衛門江相渡、手形取候様ニ泉州御領（料）・私領江可有御触候、以上

巳（承応二年）
極月七日　　　　五味（豊直）備前守
石河（利政）三右衛門殿　　　　水野（忠貞）石見守

此方小割
一高四千五百八拾五石九斗九升六合
此日用銀七匁九分三りん
但、高壱万石ニ拾七匁三分ツ、
此駄賃銀十匁六分九り
但、高壱万石ニ弐拾三匁三分ツ、
右之通、石州・備州ゟ触状参候間、写取、此方割符之表書斗遣之候、右如書面之、京・伏見両町人ニ相渡、
手形可取置候、油断仕間敷者也
巳
極月十二日　三右　印
上神谷十三ヶ村
庄屋中

これは、和泉国大鳥郡上神谷豊田村小谷家文書中の慶安四年（一六五一）～明暦二年（一六五六）「御触状とめ

かき」[21]の記載の一部である。史料4より、琉球人来朝に伴う人馬役が、上方八カ国（五畿内および近江・丹波・播磨）の幕領・私領に課されたが（ただし、播磨国は幕領のみ）、これは実際には、人馬提供を請け負った京都の川口屋五郎右衛門および伏見の池田屋忠右衛門に対する請負人馬賃（日用銀と駄賃銀）の納入という形がとられたこと、上方郡代五味豊直・同水野忠貞が、堺奉行石河利政に対し、請負人馬賃納入を和泉国の幕領・私領に触れるよう命じたことがわかる。

上方郡代五味・水野は、老中の指示を受けて、上方八カ国の幕領・私領（播磨国は幕領のみ）に対して人馬賃役を賦課するにあたり、和泉国に関しては堺奉行石河に任せたのであった。これは、いうまでもなく、堺奉行の和泉国に対する万事仕置権を前提にしたものである。

では、同奉行は、人馬賃納入を命ずる触をどのような形で和泉国幕領・私領に伝達したのだろうか。「御触状とめかき」によれば、当時、堺奉行石河は、河内・和泉両国のうちにある約三万一〇〇〇石の幕領（石河代官所）を預かる代官でもあり[22]、高四五八五石余の「上神谷十三ヶ村」は、石河代官所の支配単位の一つであった。「此方小割」以下の部分は、石河が代官として支配していた和泉国大鳥郡上神谷一三カ村の庄屋たちに対し、所定の人馬賃を川口屋および池田屋に渡すべきことを命じたものである。

石河が上神谷一三カ村の庄屋たちに対して触を出したということは、人馬賃賦課の触は郡触の形をとらなかったことを意味する。もし、郡触形式によって触が伝達されたのであれば、上神谷一三カ村には、大鳥郡宛の触が回されてきたはずだからである。

このように、人馬賃納入を命ずる堺奉行の触は、郡触として和泉国に回されたのではなかった。とすると、堺奉行石河は、和泉国に所領や代官所（当該代官が支配している村々の意）を有するそれぞれの領主・代官に対して触を出したとしか考えられないのである。つまり、堺奉行としての石河は、広域触Bの形式により人馬賃納入を命じたとしてよい。

第三節　天和三年四月の堺奉行触

前節での検討から、堺奉行は和泉国に対する万事仕置権を有するものの、一七世紀においては、広域触Aの一種である郡触を出すことはなかったとしてよいだろう。実際、堺奉行から郡触が発せられた事実は、管見の限りない。

しかし、このことは、堺奉行は一切広域触Aを出すことがなかったことを意味するものではない。郡触以外の広域触A、すなわち特定地域触については、まだ検討の余地がある。天和三年（一六八三）四月、和泉国国絵図を作成するにあたり、堺奉行稲垣藤九郎重氏は次の触を出した。

（史料5）[23]

　　堺御奉行藤九郎様ゟ触状ひかへ

此触状村次ニ遣候而者、却而可為遅々候、書付之村々ゟ早々可相届者也

四月九日

泉州
　湊村
同
　助松村

同　岸和田村

同　樽井村

庄屋

泉州国絵図相改付、村々幷道筋其外可相尋候間、書付候村又者隣村ゟにても、様子存候庄屋両人宛当地番所へ早々可罷越候、此触状順々廻、触留リ之村ゟ持参可申者也

右之通、去ル五日申越候処、令遅参候、明日中縦及暮候共、急度可罷越候者也

四月九日　藤九郎(稲垣重氏)御印

泉州　箱作村

同　谷川村

同　孝子畑村

庄屋

此状箱作村へ樽井村ひかし久兵衛ノ久四郎ヲ持せ遣し申候

堺御奉行様ゟ下浦へ被為遣候御廻状箱ニ入、慥ニ請取、則箱作村へ為持遣シ申候、以上

(天和三年)
亥四月九日　午上割(刻)

樽井村庄屋
右馬太郎　印

岸和田南町年寄
少右衛門殿

この史料から、以下のことがわかる。すなわち、天和三年四月五日、堺奉行稲垣重氏が和泉国日根郡の箱作村・谷川村・孝子畑村に対し、国絵図作成にあたり、村々や道筋その他について尋ねることがあるので、それぞれの村あるいはその隣村から、事情に通じている庄屋を二名ずつ（計六名）寄越すよう命じた。この通知は、これら三カ村の間では、回達方式で回された。なお、孝子畑村は、正確には孝子村および東畑村・西畑村の三カ村であるが、堺奉行にはひとまとまりのものとして認識されていたようである。

ところが、同月九日になっても、命に応じて堺奉行所に来た者がなかったようで、同日、稲垣は明十日のうちに必ず罷り越すよう、再度触を出した。この二度目の触は、堺奉行所から和泉国日根郡樽井村を経て箱作村へというルートで伝達された。「此触状順々廻」とあるので、箱作村からは、箱作村→谷川村→孝子畑村または箱作村→孝子畑村→谷川村というルートで伝達されたと思われる。当時、樽井村は岸和田藩岡部氏領、箱作村・谷川村・孝子畑村（孝子村・東畑村・西畑村）はいずれも大坂城代太田資次領であった(24)。

九日付の触には、稲垣の添状が付けられた。冒頭部分の、湊村・助松村・岸和田村・樽井村庄屋宛のものがそれで、この触状は村継ぎ方式で伝達すると遅くなるので、この四カ村から直接当該の村々に伝達せよと命じている。この四カ村はいずれも浦であり、湊村は大鳥郡、助松村は泉郡、岸和田村は南郡、樽井村は日根郡にそれぞれ属する。末尾部分で、樽井村庄屋右馬太郎が岸和田南町年寄少右衛門から触を受け取った際の受取状が写されていることから、樽井村までのルートは、堺奉行所→湊村→助松村→岸和田村→樽井村であり、その伝達方法は浦継ぎ方式であったことがわかる。

史料5を見る限りでは、堺奉行の触は箱作村・谷川村・孝子畑村（孝子村・東畑村・西畑村）だけに伝達されたように見えるが、この触が、国絵図作成にあたっての調査の必要上出されたことを考えれば、右以外の村々にも出されたことは間違いない。日根郡では、箱作村・谷川村・孝子畑村が対象村であったということであろう。おそらく、郡ごとに対象村が数カ村ずつあり、大鳥郡の対象村へは湊村から、泉郡の対象村へは助松村から、南郡の対象村へは岸和田村から、日根郡の対象村へは樽井村から、それぞれ村継ぎ方式で伝達されたものと思われる。すなわち、この触は、伝達対象地域の性格による触の分類では、広域触Aのうちの特定地域触に属するものといってよい。

五日付の触で、堺奉行が「当地番所へ早々可罷越候」と命じたのにもかかわらず、村々の中には「遅参」した村（この場合は、まだ来ない村の意であろう）があったことについて、堺奉行はその原因を、村継ぎ方式という触伝達のあり方に求めた。そのため、再度出された九日付の触は、浦継ぎと、浦からの村継ぎを組み合わせることによって、迅速な伝達が図られたのである。

以上のことから、堺奉行は、広域触Aの一種である特定地域触を出すことがあったこと、その伝達方法は、村継ぎ方式、あるいは浦継ぎ方式と村継ぎ方式との組合わせであったことがわかる。しかし、一方で堺奉行は、村継ぎ方式による触伝達を行うことがほとんどなかったことも窺えるのである。村継ぎ方式による触伝達を何度も経験していれば、それがいかに時間がかかる伝達方式であるかを知っていたはずであり、四月五日付の触のような伝達方式を採用することは最初からなかったと考えられるからである。

第四節　元禄期における堺奉行の一時廃止と和泉国の広域触

周知のように、元禄九年（一六九六）二月から同十五年十一月まで堺奉行が廃止され、堺奉行および堺奉行所の機能が大坂町奉行および大坂町奉行所に吸収された。正確には、大坂町奉行の堺奉行吸収は、復活後最初の堺奉行に就任した天野富重が、堺に赴任する同十六年六月まで続く。[25]すでに筆者が論証しているように、[26]これは、元禄期における幕府遠国奉行改革の一環として行われたものであるが、この間、和泉国における広域触の伝達のあり方は大きく変化した。

和泉国大鳥郡上神谷豊田村小谷家文書[27]の中には、「泉州大鳥郡村次之覚」と題する文書が二通残されている。一方は単に大鳥郡八六カ村の名を書き連ねただけのもの、もう一方は、八六カ村それぞれについて、その領主または代官名も記したものである。前者の末尾には、「右村次、去元禄九子ノ七月ニ大坂御番所ゟ御改被成、如此ニ書付指上ケ申候」とあり、後者の末尾には、「子ノ七月九日ニ大坂ニて書写之」とある。両者の村順はほとんど同じであるが、前者では、東下村↓西下村↓今在家村↓山内下村となっているところが、後者では、東下村↓西下村↓山内下村↓今在家村となっている。東下村・西下村・山内下村は、もともと下村として一つの村であり、順序としては後者の方が適当と思われるので、これは修正が加えられた結果としてよいだろう。村順の違いが見られるのはこの部分だけであるが、他にも村名表記が異なっている例が見られる。

以上から、元禄九年七月に大坂町奉行所から村継ぎルートについて改めがあり、和泉国大鳥郡では、郡を構成する八六カ村の村継ぎルートを記した「泉州大鳥郡村次之覚」を大坂町奉行所に提出したこと、ただし、最終的には若干の修正が行われて村継ぎルートが確定したことがわかる。当時、大坂町奉行は摂津・河内両国に対してしばしば郡触を出しており、この村継ぎルートの確定は、大坂町奉行所による堺奉行所の吸収という事態を受けて、大坂町奉行が和泉国にも郡触を伝達するために行った準備作業であったことは、容易に推測がつく。

村継ぎルートの確定は、もちろん他の郡についても行われた。南郡荒木村では、同年十月付の「泉州南郡村次順書覚」[28]が残されている。これは帳面で、表紙には「渡上控、但、子十月五日・六日改之」と記されている。大鳥郡よりも三カ月も遅れて改めがあったというのはやや理解に苦しむが、ともかく和泉国四郡の郡触伝達ルートは、このようにして確定したのである。

村継ぎルートの改めと並行して、大坂町奉行は、和泉国各村に対して村明細帳の提出も命じた。現在、その控が各地に残っている。いずれも元禄九年七月付で、たとえば大鳥郡大鳥村のもの[29]は、古検高・新検高、家数、人数、宮・堂・寺・道場の数と名前を記し、宛名は「御奉行様」(大坂町奉行)となっている。

こうして郡触伝達の準備が整い、復活後最初の堺奉行である天野富重が堺に赴任する元禄十六年六月まで、大坂町奉行の郡触が和泉国各郡に伝達されることになった。一例を次に掲げておこう。

(史料6[30])

覚

捨子之義御制禁に候、依之、寂前も養育成かたきにおゐては、奉公人者其主人、御料者御代官、私領ハ其村之名主・五人組江其品申出之、於其所養育可仕旨相触候処、今以粗捨子致し候段不届に候、若捨子いたし候ハヽ、可為曲事候、弥捨子不仕候様に急度可被申付候、以上

辰ノ七月日
右之通、今度於江戸被　仰出候間、触知せ候、承届候段、庄屋・年寄并寺社家判形いたし、郡切村次順〻ニ
相廻し、触留之村より大坂番所江可持参者也
元禄十三辰
八月廿三日
（大坂町奉行中山時春）半右印
（同　永見重直）甲斐印

泉刕大鳥郡村〻
庄屋
年寄
寺社中

御触状之趣拝見、奉得其意候
渡辺主殿知行所
泉刕大鳥郡豊田村
庄や
太兵衛
年寄
吉左衛門

同断
伊兵衛
真言宗
福徳寺
同
光明寺
同
法安寺
新田三木閉村庄や
吉兵へ
年寄
又兵衛
真言宗
来福庵

捨子禁止を再令した江戸触を大坂町奉行中山半右衛門時春・同永見甲斐守重直が受け、両名の名前で大鳥郡村々に触れたものである。「御触状之趣拝見、奉得其意候」以下の部分は、触の内容を了解した豊田村およびその枝郷である三木閉村の「庄屋・年寄幷寺社家」が、触状に書き込んだ文言や署名を写したものである。

この大坂町奉行郡触は、河内国志紀郡村々に回達されたもの(31)と同文で、日付も同じである。このように、当時、摂津・河内・和泉三国に対して、同時に同文の大坂町奉行郡触が回達されるシステムが整っていたのである。

さて、堺奉行廃止まで和泉国には郡触が伝達されることがなかったのにもかかわらず、大坂町奉行が堺奉行を吸収したことによって、郡触が同国にも伝達されるようになったことをどのように考えればよいのだろうか。

大坂町奉行が堺奉行を吸収したことにより、和泉国に対する万事仕置権は、大坂町奉行が掌握することになった。大坂町奉行は摂津・河内両国に対する万事仕置権を有し、それを法的根拠として両国に対して郡触を伝達していたから、和泉国に対する万事仕置権を吸収・掌握したのであれば、同国にも、摂津・河内両国と同様、郡触を出すことになるのは当然のことであった。

一方、堺奉行は、和泉国に対する万事仕置権を有していたのにもかかわらず、郡触を出すことはなかった。このことは、同じく万事仕置権を有しているといっても、その実際の行使のされ方は、当該奉行によって異なっていたことを示している。前節で確認したように、一七世紀において堺奉行が広域触Aの一種である特定地域触を出すこともあったことをふまえれば、同奉行は同じく広域触Aの一種である郡触を出す能力を欠いていたわけではないが、万事仕置権の発現・行使のあり方は両者で異なっていたのである。

おわりに

一七世紀における堺奉行の一国支配権、すなわち万事仕置権の性格について、触伝達のあり方に着目して検討を加えてきた。本章によって、①同じ幕府全国令が、摂津・河内両国では広域触Aの一種である郡触によって大坂町奉行から村々に伝達されたのに対して、和泉国では広域触Bの形をとって堺奉行から各領主・代官に伝えられたあと、各領主・代官から領分触によって支配下の村々に伝達されたこと、②上方郡代から上方八カ国幕領・私領（播磨国は幕領のみ）に対して琉球人来朝に伴う人馬賃役を賦課するために出された触も、それを受けた堺奉行が、郡触方式によって直接和泉国の村々に伝達したのではなく、同奉行から指示を受けた各個別領主・代官が、領分触によって伝達したこと、③しかし、堺奉行は広域触Aの一種である特定地域触を出す場合があったこと、④元禄期に大坂町奉行が堺奉行を吸収していた間、和泉国には大坂町奉行の郡触が伝達されたこと、⑤これらの事実から窺えるように、万事仕置権の行使のされ方は、摂津・河内両国と和泉国とでは異なっていたこと、が明らかになった。

本章では、摂津・河内両国に対する大坂町奉行の万事仕置権の行使のされ方と、和泉国に対する堺奉行のそれとが異なっていたことを指摘するだけにとどまっており、その違いが何に由来するのかについては分析が及んでいない。また、一八世紀以後の変化についても、具体的な検討は行っていない。今後、これらの課題について追究していきたいと考えている。

（1）承応三年（一六五四）八月に、老中阿部忠秋・同松平信綱・同酒井忠清が大坂城代内藤忠興および大坂定番保科正貞に宛てて出した「定」（『武家厳制録』四六、石井良助編『近世法制史料叢書第三　武家厳制録・庁政談』創文社、一九五九年）第七条。なおこの「定」については第一節で取り上げる。

（2）安岡重明「近畿における封建支配の性格―非領国に関する覚書―」（『ヒストリア』二二、一九五八年六月）、のち、安岡『日本封建経済政策史論―経済統制と幕藩体制―』（有斐閣、一九五九年。のち、一九八五年に晃洋書房より増補新版）第四章「畿内における封建制の構造」。

(3) 主なものとして、朝尾直弘『近世封建社会の基礎構造』(御茶の水書房、一九六七年)第五章「畿内における幕藩制支配」、高木昭作「幕藩初期の国奉行制について」(『歴史学研究』四三一、一九七六年四月、のち、高木『日本近世国家史の研究』〈岩波書店、一九九〇年〉に収録)、藪田貫「『摂河支配国』論―日本近世における地域と構成―」(脇田修編著『近世大坂地域の史的分析』御茶の水書房、一九八〇年、のち、藪田『近世大坂地域の史的研究』〈清文堂出版、二〇〇五年〉に収録)、福島雅蔵「近世後期畿内遠国奉行の一側面―堺奉行の事例を中心に―」(『花園史学』一〇、一九八九年一一月、のち、福島『近世畿内政治支配の諸相』〈和泉書院、二〇〇三年〉に収録)、岩城卓二「近世村落の展開と支配構造―『支配国』における用達を中心に―」(『日本史研究』三五五、一九九二年三月、のち、岩城『近世畿内・近国支配の構造』〈柏書房、二〇〇六年〉に収録)、水本邦彦『近世の郷村自治と行政』(東京大学出版会、一九九三年)、藤田恒春「近世前期上方支配の構造」(『日本史研究』三七九、一九九四年三月)、村田路人『近世広域支配の研究』(大阪大学出版会、一九九五年)、大宮守友「『奈良奉行所記録』解説にかえて―付論　近世前期の奈良奉行―」(大宮編著『清文堂史料叢書第75巻　奈良奉行所記録』清文堂出版、一九九五年)、同『近世の畿内と奈良奉行』(清文堂出版、二〇〇九年)、熊谷光子「大坂町奉行所への諸届と『村々』」(『日本史研究』四二一、一九九七年九月)などがある。

(4) 堺奉行の機能や組織については、『堺市史』第三巻本編第三(堺市役所、一九三〇年)第三章「堺奉行所の組織及び職制」が詳しい。また、堺奉行の職務の一つである和泉国巡見を検討したものに、前掲注(3)福島「近世後期畿内遠国奉行の一側面」がある。しかし、大坂町奉行に較べると、堺奉行の万事仕置権についての研究は遅れている。

(5) 前掲注(3)高木「幕藩初期の国奉行制について」。

(6) 『新訂寛政重修諸家譜』第十三(続群書類従完成会、一九六五年)一二四頁。

(7) 『新訂寛政重修諸家譜』第九(続群書類従完成会、一九六五年)一六三頁。

(8) 大坂町奉行の成立については、『大阪市史』第一(大阪市、一九一三年、のち、一九六五年、清文堂出版より復刻)二八四～二八五頁、渡辺忠司「大坂町奉行と与力をめぐる二、三の問題」(『大阪市史史料第二十三輯　大坂東町奉行所与力公務日記―明和五年正月ヨリ七月迄―』大阪市史編纂所、一九八八年)、同『大坂町奉行所異聞』(東方出版、二〇〇六年）第Ⅰ部第一章「三人の大坂町奉行と史実の『錯誤』」、白川部達夫「大坂町奉行の成立についての二・三の問題」（『日本歴史』四八一、一九八八年六月）などを参照のこと。なお、白川部論文では、寛永期における大坂町奉行の摂津・河内分掌制についても詳しく検討している。

(9)『新訂寛政重修諸家譜』第五（続群書類従完成会、一九六四年）二〇六頁。

(10)水野については、「寛政重修諸家譜」に「五年（元和）二月二日大坂の町奉行となり、寛永六年二月六日より堺奉行をかね、九年十二月十七日大目付にうつる」とあるが（『新訂寛政重修諸家譜』第六、続群書類従完成会、一九六四年、一〇八頁）、水野が大坂町奉行になった事実はないことが『大阪市史』第一段階で明らかにされている。なお、前掲注(8)渡辺『大坂町奉行所異聞』第Ⅰ部第一章「三人の大坂町奉行と史実の『錯誤』」は、水野の大坂町奉行「就任」をめぐる諸記録の混乱について整理をしている。

(11)石井良助編『徳川禁令考』前集第四（創文社、一九五九年）一九九九号。

(12)前掲注(9)『新訂寛政重修諸家譜』第五、四二五頁。

(13)「堺市史史料」十六（幕政十四）、堺市立中央図書館所蔵。

(14)前掲注(4)『堺市史』第三巻本編第三、二二〇頁。

(15)前掲注(9)『新訂寛政重修諸家譜』第五、四二五～四二六頁。

(16)前掲注(1)「定」（「武家厳制録」四六）。

(17)藤田覚「寛永飢饉と幕政（一）」（東北史学会『歴史』五九、一九八二年一〇月）、同「寛永飢饉と幕政（二）」（東北史学会『歴史』六〇、一九八三年四月）。ともに、のち、藤田『近世史料論の世界』（校倉書房、二〇一二年）に収録。

(18)河内国交野郡藤坂村松村家文書（枚方市教育委員会市史資料室架蔵）。この触写帳は、「河内国交野郡藤坂村寛永後期触写帳」として本書第三部第二章で翻刻している（史料番号【8】）。

(19)柴田実編『泉佐野市史』（泉佐野市、一九五八年）五二九頁。

(20)この史料については、前掲注(3)福島「近世後期畿内遠国奉行の一側面」でも言及されている。

(21) 和泉国大鳥郡上神谷豊田村小谷家文書（国文学研究資料館所蔵）。これは小葉田淳編集代表『堺市史』続編第五巻（堺市役所、一九七四年）にも翻刻・掲載されている。史料4は、同書では一〇四〇～一〇四一頁。

(22) 承応三年（一六五四）二月四日、五味豊直と水野忠貞が石河利政に対して「禁中御作事御用竹・縄・藁之割」を発し、竹・縄・藁の納入を命じたが、そこには「役高三万九百七拾石余　和泉・河内」と記されている。前掲注(21)小葉田淳編集代表『堺市史』続編第五巻では一〇四二頁。

(23) 延宝二年（一六七四）～貞享元年（一六八四）「万文章之扣」（泉南市史編纂委員会編『泉南市史』史料編、泉南市、一九八二年）二一七～二一八頁。

(24) 『日本歴史地名大系28　大阪府の地名』（平凡社、一九八六年）一五〇八頁、一五一七～一五一九頁。

(25) 文化十年（一八一三）「手鑑」のうちの「四　堺奉行代々」で、堺奉行が廃止されていた間に大坂町奉行職にあった五名を記したあと、「右之通、元禄九丙子年二月ゟ同十六癸未年六月十日天野伝四郎堺江上津迄、泉州之儀大坂町奉行支配」と記している（三浦周行監修『堺市史』第五巻資料編第二、堺市役所、一九二九年、一一五頁）。

(26) 村田路人「元禄期における伏見・堺両奉行の一時廃止と幕府の遠国奉行政策」（『大阪大学大学院文学研究科紀要』四三、二〇〇三年三月、のち、改稿して本書第四部第二章）。

(27) 注(21)参照。

(28) 岸和田市史編さん委員会編『岸和田市史』第七巻史料編Ⅱ（岸和田市、一九七九年）六六～六八頁。

(29) 元禄九年七月「泉州大鳥郡大鳥村」（小葉田淳編集代表『堺市史』続編第四巻、堺市役所、一九七三年）七四七～七四八頁。

(30) 元禄十三年「御触状之写幷諸事覚帳」（和泉国大鳥郡上神谷豊田村小谷家文書）。

(31) 元禄十三～十五年小山村「辰巳午年御廻状写帳」（藤井寺市史編さん委員会編『藤井寺市史』第六巻史料編四上、藤井寺市、一九八三年）三〇～三一頁。

第二章　元禄期における伏見・堺両奉行の一時廃止と幕府の遠国奉行政策

はじめに

元禄九年（一六九六）二月、伏見奉行と堺奉行が廃止され、それぞれ京都町奉行と大坂町奉行が吸収することになった。伏見・堺両奉行の廃止期間は長くはなく、同十一年十一月には伏見奉行が、同十五年十一月には堺奉行が復活した。

この事実はよく知られており、幕府上方支配における意義づけも試みられている。朝尾直弘は、これを畿内幕領の社会構造の変化に対応した制度改革の一つとしてとらえ、廃止―復活という朝令暮改的な措置は、社会構造の変化に有効に対応できずに動揺していた畿内の幕藩制支配を示すものとしている。(1) 鎌田道隆は、これを享保七年（一七二二）の国分けに向けての試行錯誤であり、京都・大坂への権力集中の試みとした。(2) 周知のように、享保七年の国分けとは、京都町奉行が有していた上方八カ国（五畿内と近江・丹波・播磨三カ国）の地方についての公事・訴訟の裁判権を、この年以降、摂津・河内・和泉・播磨四カ国については大坂町奉行に移し、京都町奉行の裁判権を、山城・大和・近江・丹波四カ国に限定したことである。(3) 藪田貫も、これを享保の国分けの前史ととらえ、京都中心の集権的な上方支配機構が、京都・大坂へ二元化していく過程の中での措置としている。(4)

以上三氏の論に共通するのは、元禄九年から同十五年に至る伏見・堺両奉行の廃止─復活という制度改革が、幕府上方支配が抱えていた諸問題、すなわち、上方幕領支配や、京都町奉行以下の各幕府上方支配機関の権限分掌のあり方の問題への対応として行われたと見ていることである。

一方、大宮守友は、定員が一名から二名に増員されていた元禄九年四月から同十五年十一月までの奈良奉行の勤務状況を明らかにし、同奉行の増員が幕府の遠国奉行政策の一環として行われたことを指摘している[5]。大宮の分析は、もっぱら奈良奉行の増員の問題に限定されてはいるものの、元禄期上方における遠国奉行の制度改革を解くにあたっては、幕府上方支配固有の問題だけでなく、外的契機をも考慮すべきという提言であり、注目すべきものである。

以上、元禄期における伏見・堺両奉行と京都・大坂両町奉行に関わる制度改革についての研究史を振り返ってみたが、実は、いずれの研究も、正面からこの問題を取り上げ、検討したものではなく、わずかに触れているにすぎないのである。伏見に支配権を及ぼしていた伏見奉行、堺および和泉国に支配権を及ぼしていた堺奉行が、一時的ではあれ廃止され、京都町奉行や大坂町奉行がその機能をあわせもったことが、これらの地域、あるいは上方全体の幕府支配にとっていかなる意義を有したのかについてはもちろん、両奉行の廃止に至る経緯や、廃止後復活に至る経緯についても、具体的な分析はない。本章では、とりあえず伏見・堺両奉行の廃止─復活の経緯を、この時期の幕府の遠国奉行政策全体の中で具体的に検討し、この改革の意義を考える手がかりとしたい。

第一節　大坂町奉行加藤泰堅の罷免

伏見・堺両奉行が廃止されるきっかけとなったのは、元禄八年（一六九五）十一月十四日の大坂町奉行加藤泰堅の罷免である。「柳営日次記」同年十一月十四日条には、評定所において、大目付・町奉行・目付列座の上で、加藤に対し次のような申し渡しがあったことが記されている(6)。

大坂町奉行
加藤大和守

其方儀、病後《別段申渡》とハ乍申節ゝ相煩《御用日ニ不参》、御奉公をかゝし《其上御用之儀を》、組之与力まかせに公事・訴詔をとりさばかせ申候儀、且又ゝ同役中相談《先規より無之儀を》不仕、組之与力・同心に町人之手前より音物をとらせ候儀、重ゝ不届ニ被　思召候、急度可被　仰付候得とも　御宥免被成、内藤紀伊《（弌信）》守江御預ケ被　仰付之

病後とはいえ欠勤し、公事・訴訟の取り扱いを配下の与力まかせにしたこと、配下の与力・同心が町人から賄賂をとったことなどが、罷免の理由であった。「寛政重修諸家譜」の同人の項には、「（元禄）八年十一月十四日、泰堅つねに病に託して職務を怠り、専ら配下の与力に委ねをき、しかのみならず配下のものに市人より音物をうくることをゆるすの条、かれといひこれといひ曲事の至りなりとて采地を没収せられ、内藤豊前守弌信にめしあづけらる(7)」とある。

この加藤の罷免事情の詳細については、「御役人代々記」(8)六の大坂町奉行について説明した部分に触れるところがある。長文であるので原文の引用は避け、要旨だけを以下に記す(9)。

相役の松平忠周が江戸に下向し、加藤だけが町奉行所にいたとき、河内国にある柳沢吉保の所領の百姓と大坂町人との間で出入の公事があった。大坂に住むある裕福な町人が死に、実子がなかったので、町役人と町人の手代たちが相談して、町人の甥に跡式を継がせた。ところが、河内国の柳沢氏領の百姓のところに、その町人の娘がおり、百姓は自分の孫であるこの娘に跡式を継がせたいと考え、その旨を主張したが、死んだ町人が住んでいた町の者や、町人の手代たちは、跡式はすでに甥に継がせており、しかもその娘が、死んだ町人の娘であるというたしかな証拠もないとして、公事となった。百姓は大坂町奉行所に訴えたが、病身の加藤は、いつもの通り、長年経験を積んだ与力に審理を任せた。与力は町人たちと百姓を召し出して審理を行った結果、町人たちの申し分に理があると判断し、加藤に報告した。加藤はこれを受けて、町人たちの方を勝ちとする裁決を下した。

この判決に不満を抱いた百姓は、江戸に下って老中に籠訴を行った。そこで百姓は、与力が町人方から賄賂をとって、非を理とし、理を非としたこと、加藤は病気で公事訴訟を聞かず、与力任せにしたために自分は負けたことを訴えた。老中は、柳沢氏の所領の百姓と聞いて厄介に思い、将軍（綱吉）に百姓の主張をそのまま言上した。将軍の命によって、この件を審議した評定所は、いったん加藤の裁決通りの結論を出すが、将軍から差し戻され、最終的には百姓方の勝ちという結論を出してその裁可を得た。職務を与力任せにしたことで勘気をこうむった加藤は、奥州棚倉城主内藤弌信にお預け、与力は私曲の罪科により切腹と仰せつけられた。

以上が、「御役人代々記」六が記す加藤罷免の経緯である。「御役人代々記」（全九冊）には、著者名は記されていないが、文中には、「元禄十年までハ、予御書院番頭にて」（「同」一）、「予か大番頭之時」（「同」四）、「予か大坂在番中、北条安房守殿江参たる折節、御用日にて鈴木飛騨守殿も有合、公事訴詔を聞れ裁断あり、予ニも聞侍れと両人衆申されしまゝ、暫時の間一座し聞たる処」[10]（「同」六）という記述があり、書院番頭を経たのち大番頭として大坂城に勤番し、大坂町奉行北条氏英（在任宝永六年〔一七〇九〕～享保九年〔一七二四〕）・同鈴木利雄（在任正徳二年〔一七一二〕～享保十四年〔一七二九〕）などとも接した経験をもつ人物が書いたものであることがわかる。これらの経歴から考えて、著者は旗本太田資良としてまず間違いないだろう。[11]また、同史料の記述には、各役職について、執筆当時の在職者の名前が書かれているケースが多いが、その在任期間から、「御役人代々記」が書かれたのは、享保七・八年ころと考えられる。[12]

同史料は、老中以下の幕府の各役職について、それぞれの職の由来や格、代々の在職者や役所に関するエピソードなどを記したものである。伝聞に基づく不確かな部分も多いと考えられるものの、先の北条・鈴木に関する記事に窺えるように、自身の体験をもとにした記事もあり、とりわけ著者自身が活躍していた一七世紀後期～一八世紀初期の幕府職制を検討する上で見逃せないものである。

さて、この「御役人代々記」六の記述に関して、摂津国住吉郡平野郷町の宝永元年（一七〇四）「覚帳」[13]に、興味深い記事がある。それは、元禄八年十月二十九日付で、柳沢吉保の所領であった平野庄（この段階では、平野郷町は平野庄と称していた）の銭屋五兵衛と、大坂納屋町の者たちが江戸の評定所に差し出した「差上申一札之事」の写である。これには、五兵衛と納屋町の者たちとの間で起こった出入りの経緯と、五兵衛が遵守すべき裁決の内容が七カ条にわたって記されている。五兵衛の署名のあとには、五兵衛養女はるの母、納屋町年寄・五人組および湊屋善兵衛元手代が、右の旨を承知し、以後出入りが起きないよう相談するとの一筆を書き添えている。この「差上申一札之事」の第一・第二条目を掲げておこう。

一大坂納屋町湊屋善兵衛去年六月相果候処、跡式之義、善兵衛実之娘はる平野庄銭屋五兵衛方江養娘ニ貰置候ニ付、善兵衛外ニ子も無御座候上ハ、右之娘はるニ善兵衛跡式被仰付可被下候、左候ハ、五兵衛方ゟ娘相返シ可申由、去年大坂御奉行所江御訴訟申上候処、御詮儀之上御訴訟御取上無御座、善兵衛母春清当正月相果候節遺言之由ニ而、善兵衛妹聟木曽屋治兵衛悴孫兵衛ニ善兵衛跡式為取、家財之内孫兵衛弟妹なとニもわけとらセ、且又納屋町表六間之家屋敷幷商物善兵衛手代久兵衛ニとらセ候由、然処私義御当地江相詰、右之段御訴訟申上候得者、御詮儀之上娘はる義善兵衛実子無紛相極、家屋敷・家財・金銀不残娘はるニ被下候旨当月十四日被仰渡難有奉存候事

一娘はる当年六歳ニ罷成候ニ付、五兵衛方ニ而養育仕、十四・五歳ニ罷成候ハ、相談仕、相応之者聟ニ取、大坂御奉行所江相窺相続為仕可申旨被仰付奉畏候事

すなわち、元禄七年六月に死去した納屋町湊屋善兵衛の跡式について、善兵衛実子はるを養娘として養育していた平野庄の銭屋五兵衛が、はるに跡式を継がせたいと思い、同年に大坂町奉行所に訴訟したが、同人の主張は取り上げられなかった。町奉行所の裁決は、元禄八年正月に死去した善兵衛母春清の遺言に従って、跡式は善兵衛妹聟木曽屋治兵衛の伜孫兵衛にとらせ、家財は孫兵衛の弟や妹にも分与し、納屋町の家屋敷と商い物は善兵衛手代久兵衛にとらせるというものであった。五兵衛は江戸に出て訴訟を行った。同八年十月十四日、はるは善兵衛実子に間違いなく、善兵衛の家屋敷・家財・金銀すべてをはるに継がせる、はるは当年六歳であるので、五兵

衛方で養育させ、同人には一四・五歳になった段階で相応の者を聟にとらせ、大坂町奉行所の了解の上で相続させる等の裁決が下されたのである。

先の「御役人代々記」六の記述と、この「覚帳」の記述とを較べてみると、訴訟の内容については、ほとんど一致していることに気づく。異なる点は、百姓が、前者では河内国の柳沢吉保領の者となっているのに対して、後者では摂津国の同氏領の者であること、死んだ大坂の町人の娘は、前者では百姓の孫となっているのに対して、後者では百姓の養娘となっていることだけである。あとの点についていえば、娘（はる）は実際には百姓（五兵衛）の孫で、養女という形をとっていたのかもしれない。いずれにせよ、「御役人代々記」が加藤罷免のきっかけとなったとする訴訟は、内容といい、時期といい、「覚帳」に記された訴訟であることは間違いないであろう。なお、元禄八年十月二十九日付の一札が、宝永元年の「覚帳」に写されているのは、このころ、はるが一四・五歳に成長して聟をとることになったからである。「覚帳」によれば、同年十一月四日、五兵衛や納屋町の町人たちが大坂町奉行に対して、はるの結婚を認めてほしい旨を願っている。また、この「差上申一札之事」のあとに十一月二十一日付で記された文言（「右之通御江戸　御評定所江差上申一札之写相違無御座候、以上」）から、この一札の写が、同月二十一日に同奉行に提出されたものと見られる。

第二節　京都・大坂両町奉行の増員と伏見・堺両奉行の廃止

前節で見たように、大坂納屋町の町人たちと平野郷町の銭屋五兵衛との間に起こった争論をきっかけに、大坂町奉行加藤泰堅は罷免されることになるのであるが、その後の展開について、以下見ていこう。

元禄九年（一六九六）正月十一日、加藤の後任として、永見重直が大坂町奉行に任命された[14]。四日後の十五日には、保田宗郷も大坂町奉行となる。この日には、滝川具章も京都町奉行になっている。保田・滝川ともに「新規」の任命であった。また、伏見奉行青山幸豊が駿府城代に転出した[15]。

当時、京都町奉行は小出守里と松前嘉広の二人であったが、滝川が任命されたことによって三名となった。また、前述のように、加藤が罷免されたとき、相役の大坂町奉行は松平忠周であったが、永見・保田と相次いで同奉行に任命されたため、これも三名となった。同じ日に両町奉行ともに一名の増員となったのである。

ところで、両町奉行の定員増の意図は、いかなるものであったのだろうか。ここで、ふたたび「御役人代々記」六の記述を検討してみよう。加藤は内藤弌信のもとへお預け、与力は切腹と仰せつけられたと記したあと、同史料は次のように続ける[16]。

其砌ニ、遠国奉行二人なれハ壱人となる事あり、其壱人病気ならハ又も如此の事あるへし、自今三人にて勤め然るへしと御沙汰にて、元禄九年正月十一日ニ保田美濃守殿を大坂町奉行被　仰付、是より三人に成たり（五）

定員二人の遠国奉行は、一人が（江戸出府により）奉行所を留守にすれば相役一人となり、その一人が病気になれば、今回のような事態がふたたび起こる可能性があるため、三人体制をとるよう仰せつけられたというのである。この「御役人代々記」の著者の説明を裏付ける史料は、管見の限り存在しないが、前節での検討をふまえれば、「御役人代々記」の記述は信頼するに足ると考えてよいだろう。加藤事件を教訓に、幕府は、常時二人の奉行が奉行所に詰めておく態勢をとるようにしたわけであり、それは、幕府の遠国奉行政策の転換を示すものであった。

　二月二日、堺奉行佐久間信就が罷免されるとともに、伏見・堺の両奉行が廃止され、所属の与力・同心は、それぞれ京都町奉行・大坂町奉行に付けられることになった。また、伏見・堺が、それぞれ京都町奉行・大坂町奉行の支配となった。「柳営日次記」同日条の本文には、「於之（ママ）間老中列座ニ而、向後伏見者京町奉行支配、堺者大坂町奉行支配ニ可仕旨、両所之町奉行江被　仰付之」と記すだけであるが、書き込み部分には、次のような記述がある。

佐久間丹後守堺奉行御免

小出淡路守・滝川丹後守へ伏見向後京町奉行支配被　仰付候覚

覚

一京都町奉行三人之内、両人ツヽ、向後御役所可罷在事

一伏見京都町奉行之支配被　仰付間（候脱カ）、折〻見廻、諸事念入可申付事

一只今迄京都之与力少給付、向後大坂之並被　仰付事

一与力廿五騎充二組、同心七十人充二組在勤之両人ニ而支配可仕事

右之通被　仰出候

永見甲斐守・保田美濃守へ堺向後大坂町奉行支配被　仰付候覚

覚

一大坂町奉行三人之内、両人充向後御役所ニ可罷在事
一堺大坂町奉行支配被　仰付候間、折々見廻、諸事入念可申付事
一堺付之与力・同心大坂町奉行組ニ被　仰付候事
一与力三十ｃ《三》騎充二組、同心七十人充二組在勤之両人ニ而支配可仕事
　右之通今度被　仰出候[17]

京都・大坂両町奉行ともに、三人のうち二人は任地にいることとされ、伏見は京都町奉行が、また堺は大坂町奉行が支配し、時々見分するよう命じられたことがわかる。また、伏見・堺両奉行付属の与力・同心は、それぞれ京都町奉行・大坂町奉行に付属することとなった。京都町奉行は、与力東西各二〇騎、同心各五〇人[18]、伏見奉行は与力一〇騎、同心五〇人[19]であったが、伏見奉行の廃止により、京都町奉行付属の与力は各二五騎、同心各七〇人となった。また、大坂町奉行は、与力東西各三〇騎、同心各五〇人[20]、堺奉行は与力一〇騎、同心五〇人[21]であったが、堺奉行の廃止により、大坂町奉行付属の与力は各三三騎、同心各七〇人となった。伏見奉行の廃止に伴い同心一〇人、堺奉行の廃止に伴い与力四騎と同心一〇人が削減されたことになる。

以上のような経緯で、京都・大坂両町奉行の定員増と伏見・堺両奉行の廃止が行われたのであるが、ここで注意しておかねばならないことは、奉行の定員増は、京都・大坂両町奉行だけに止まらなかったことである。図は、「柳営日次記」および「寛政重修諸家譜」により、元禄八年から同十六年までの各遠国奉行の任免状況をまとめたものである[22]。以下、この図を見ながら、遠国奉行の動向を辿ってみたい。

まず、同九年二月十二日、伊勢の山田奉行岡部勝重および遠江国新居関の番を任とする荒井奉行松平忠明が

「願に依りて」御免となった[23]。ついで、二月十四日には、岡部の後任の山田奉行に長谷川勝知が就任するとともに、久永勝晴が「新規」に山田奉行となった。また、松平の後任として、成瀬重章が荒井奉行となるとともに、佐野政信が「新規」に荒井奉行に任じられた[24]。こうして、定員一名であった山田・荒井両奉行が、それぞれ一名増となった。

四月七日には、奈良奉行神尾元知と下田奉行高林利之が、「依願御役御免」となり[25]、数日後には、ともに定員一名であった両奉行を、それぞれ一名増員している。すなわち、下田奉行については、四月十一日に、山口直之と蔭山親広を高林の後任とし[26]、奈良奉行については、四月十四日に、内田守政と妻木頼方を神尾の後任としたの[27]である。

以上のように、元禄九年正月から四月にかけ、幕府は遠国奉行の定員を見直し、定員二名の奉行だけでなく、定員一名の奉行も一名増員するという定員増政策を行った。一名増員により定員二名となった奉行の場合は、「御役人代々記」六に「御役所の明さるやうニ、一年代に可勤之と被　仰出[28]」(奈良奉行についての解説部分)、「御役所の明さるやうニ可勤と被　仰出[29]」(下田奉行についての解説部分)とあるように、常時どちらかの奉行が勤務する態勢をとることをねらったものである。また、定員二名の奉行にせよ、一名の奉行にせよ、増員することによって、常時誰かが江戸に在府することになった。この元禄九年の遠国奉行改革は、それぞれの任地における奉行の支配や奉行所の事務遂行をより十全のものとするとともに、江戸常駐によって幕府中央と遠国奉行との連絡を緊密にすることに目的があったものと思われる。なお、さらに付け加えるならば、この増員は単なる増員ではなく、人事の刷新を伴うものであった。奈良・山田・荒井・下田の各奉行職については、いずれも、それまでの奉行を罷免した上で、新たに二名の奉行を任命していることは、先に見た通りである。

図　元禄八～十六年の遠国奉行就任者

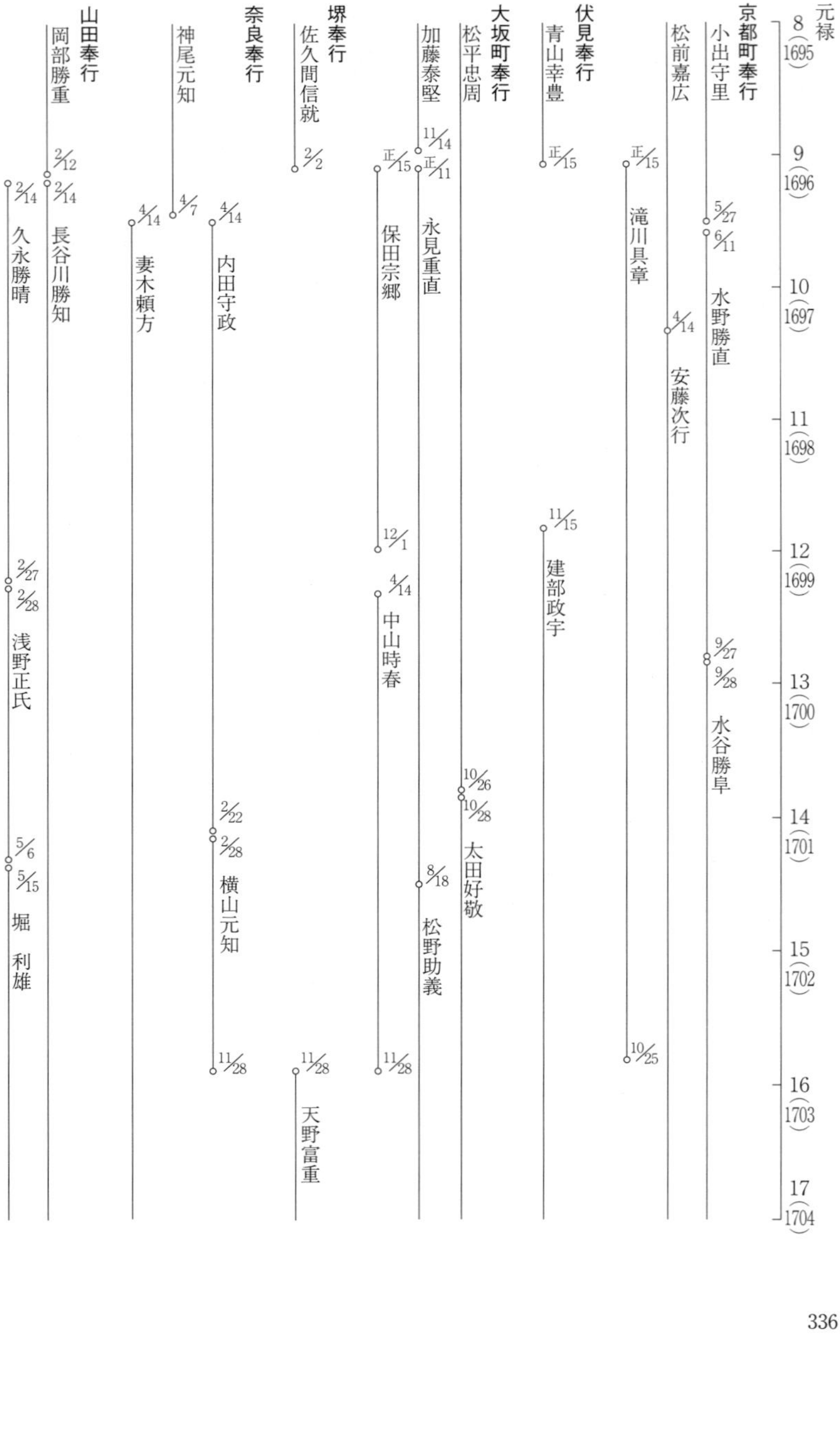

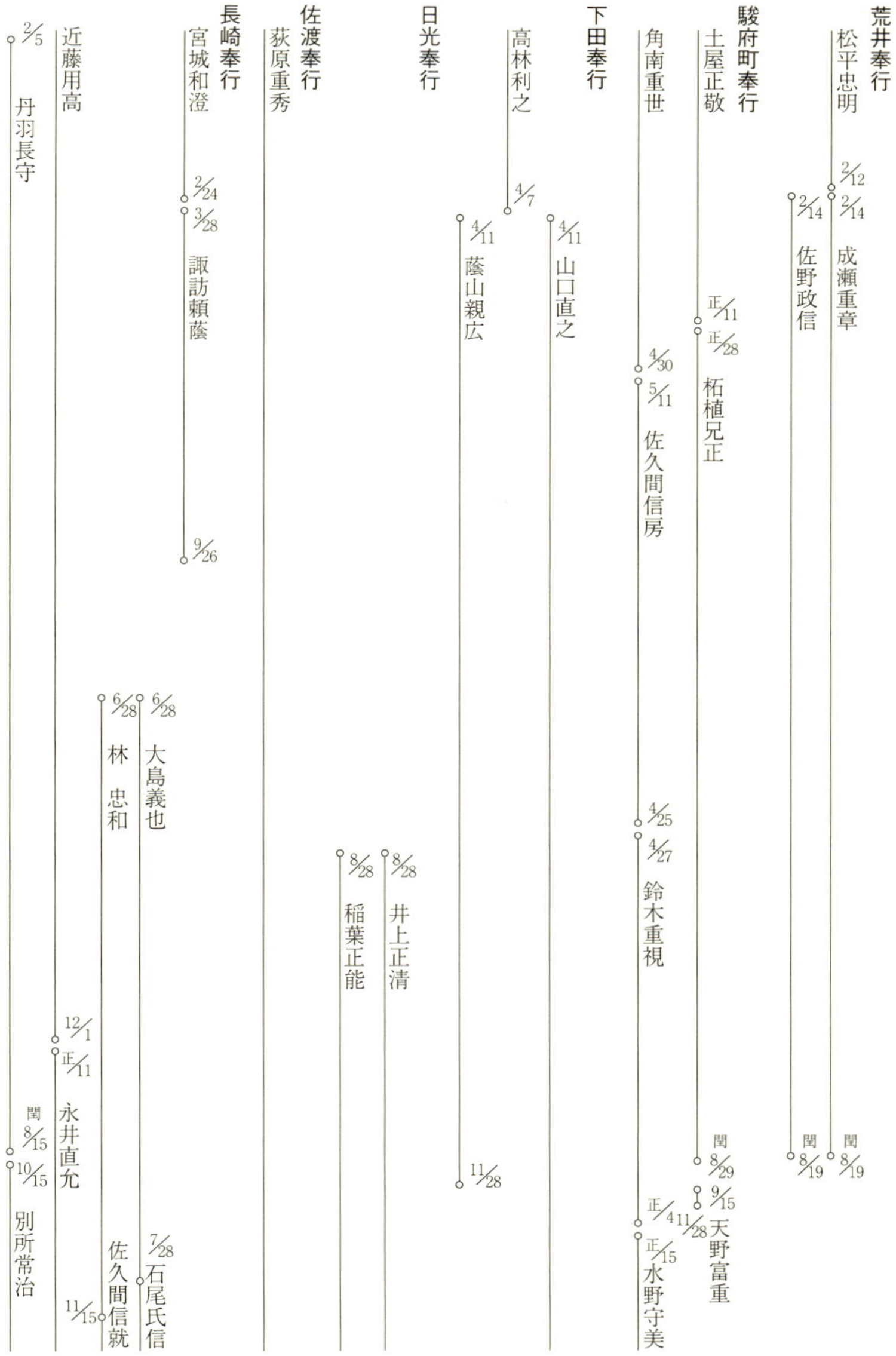

（注）「柳営日次記」および「寛政重修諸家譜」による。奈良奉行内田・妻木は神尾の後任、下田奉行山口・蔭山は高林の後任であるが、長崎奉行大島・林は新規の任命である。

もっとも、図にあるように、増員はすべての遠国奉行について行われたわけではない。駿府町奉行は定員二名であったが、増員されなかった。佐渡奉行は定員一名で、元禄三年十月七日に勘定吟味方（のちの勘定吟味役）荻原重秀が兼任して以降、同人がその職にあった。荻原は同九年四月十一日に勘定頭（勘定奉行）となったが、引き続き佐渡奉行を兼ね、正徳二年（一七一二）九月十一日に勘定頭を罷免されるまで同奉行を兼任した[30]。この間の佐渡奉行は荻原一人であり、増員はなかった。荻原は、利得を得るため自ら望んで佐渡奉行を兼ねたといわれている[31]。同奉行を増員すれば、勘定吟味方または勘定頭として在府し続ける荻原と、任地にあって勤務し続ける相役奉行という分担方式になり、荻原の利権獲得の障害になるだろう。そのため同奉行の増員がなかったものと考えられる。

このように、すべての遠国奉行について増員措置がとられたわけではないが、右の例は例外的なものであり、全体的に見れば、定員増へと遠国奉行政策が転換したと見てよいだろう。ともあれ、京都・大坂両町奉行の増員は、遠国奉行全般にわたる一連の定員増政策の一つと位置づけねばならないのである。

ところで、遠国奉行政策の転換が行われた元禄九年正月から四月にかけての時期には、幕府の地方職制上、見逃せない動きがあった。それは、相模国の三崎奉行と走水奉行、および駿河国の清水奉行（清水船手）の廃止である。この三奉行は、通常いわれるところの遠国奉行、すなわち図に載せた各奉行よりは格下の遠国役人である[32]。三奉行とも、それぞれ定員一名であったが、同年二月二十一日、三崎奉行根来長清、走水奉行青山幸隆、清水奉行中川忠雄が「御役御免」となり[33]、翌二十二日にはこの三奉行が廃止された[34]。三崎・走水両奉行の与力・同心は、ともに召し放たれ、両地は代官支配となった。また清水奉行の船と水主は、駿府町奉行の付属となった[35]。遠国奉行の定員増とあわせて、一部の遠国役人の整理・統合が行われたのである。

以上のことをふまえて伏見・堺両奉行の廃止を考えるならば、京都・大坂両町奉行の定員増とセットで行われたこの措置は、両町奉行の定員を増やすためにとられた、奉行職の整理・統合策と考えるのが自然ではないだろうか。また、伏見・堺両奉行をそのままにしておいて定員増を行えば、定員一名の奉行職は二名とするという原則のもとでは、伏見・堺ともに二名としなければならない。上方の四奉行で一挙に四名の増員（四月に定員増となった奈良奉行を加えれば、五奉行で五名の増員）を行うことは、やはり異常であろう。ここは、京都・大坂にそれぞれ近接する伏見・堺の両奉行の廃止でバランスを保つしかなかったのではないだろうか。

大坂町奉行加藤泰堅の罷免をきっかけとして、幕府は、遠国奉行がそれぞれの任地で十分職務を果たし、かつ幕府中央との連絡が密にできるように定員増を図ったが、そのことが伏見・堺両奉行の廃止をもたらしたといえる。このように考えるならば、朝尾・鎌田・藪田のように、これを、当時の幕府上方支配がはらんでいた固有の矛盾を解決するためにとられた措置とする見方は、再考を要することになろう。あくまでも、両奉行の廃止は、元禄九年における幕府の遠国奉行政策の転換の結果ととらえるべきである。

もっともこのことは、幕府が当時の伏見・堺両奉行の機能や、その支配対象地域の実情とはまったく無関係に、奉行職の廃止を決定したことを意味するものではない。伏見の支配にとって、また堺および和泉国の支配にとって、独立した役職としての伏見奉行や堺奉行が必須のものであったならば、幕府はそれらを廃止することはなかったであろう。両奉行の機能を、それぞれ京都町奉行と大坂町奉行に吸収させても差し支えないと判断したからこそ、幕府は両奉行を廃止したのである。とすれば、幕府にそのような判断をさせた、両奉行および支配対象地域をめぐる当時の状況が問われねばならない。しかし、それにもかかわらず、両奉行の廃止には、これとは別の次元の論理が強力に働いたとするのが妥当ではないかと思われるのである。

第三節　伏見・堺両奉行の復活と京都・大坂両町奉行の減員

前節で見たように、元禄九年（一六九六）における幕府の遠国奉行政策の転換の中で、京都・大坂両町奉行の定員増と伏見・堺両奉行の廃止が行われたのであるが、その後の動きについて、やはり図を見ながら検討していこう。

元禄十一年十一月十五日、廃止後わずか三年たらずで伏見奉行が復活し、建部政宇が同奉行に任ぜられた(36)。同月十八日には、もともと伏見奉行付属であった与力一〇騎・同心四〇人が、京都町奉行から伏見奉行に戻された(37)。ただし、伏見奉行に任ぜられたのは一名だけで、定員一名の奉行職は二名とするという原則は、ここでは適用されなかった。その意味では、元禄九年の遠国奉行改革の趣旨は、早くも崩れたことになる。

だが、遠国奉行全体として見れば、元禄十五年までは、改革の趣旨はおおむね維持されていた。長崎奉行は定員三名であったが、同十二年六月二十八日に大島義也と林忠和が同奉行に任命されたことで、定員四名に増えている(38)。また、伏見奉行の復活にもかかわらず、京都町奉行の定員が三名のまま維持されたことは、二名は任地に、一名は江戸にという原則が守られていたことを意味する。

伏見奉行の復活は、同奉行が、元来西国守衛の役割をも担っていると認識されていたことと無関係ではないようである。寛政期に著された「京兆府尹記声」は、「今ゟ百年斗り以前の事なりしが、暫《しばら》くは京都町奉行三人に仰付られ、伏見表へ壱ケ月替りニ勤役せし事之有けるが、西国の御備へ故いかゞなりとて以前の如く大名役にそ成ける(39)」と記している。伏見奉行の廃止後、京都町奉行が一カ月交代で伏見に詰めるという態勢をとることになったが、これは西国守衛という観点からは問題があったというのである。つまり、民政を主たる任務とし、しかも小身の京都町奉行では、伏見奉行の役割・権限を完全にはカバーできなかったということである。ともに廃止された堺奉行とは違って、伏見奉行がいち早く復活したのは、このことによると思われる。

「京兆府尹記斐」がいうように、復活後の伏見奉行は「大名役」となった。復活後最初の伏見奉行となった建部政宇は、播磨国林田に陣屋を有する一万石の大名で、[41] 以後も、多くは一万石余りの大名か、大名並の格を有する旗本が同奉行に任ぜられている。[42] 廃止時までの歴代の伏見奉行については、万石以上の者が任ぜられた例はないから、「以前の如く」という表現は正しくないが、[43] 復活を機に「大名役」となったことには意味があるように思われる。すなわち、京都町奉行を増員したままでの伏見奉行復活は、京都町奉行の増員とセットで伏見奉行が廃止された以上認めがたいが、同奉行に新たな性格づけを行えば、それも可能であったということである。つまり、同奉行を、西国守衛をも任務とする大名役という、他の遠国奉行にはない性格をもった特別の遠国奉行として位置づけ直すことによって、元禄九年の遠国奉行改革との両立を図ったのではないだろうか。そう考えれば、改革着手後わずか三年たらずの段階にもかかわらず、定員二名でなく定員一名として復活したこともうなずける。

もっとも、「西国の御備へ」という役割が、もともと伏見奉行に課されていた任務であったのか、また、京都町奉行が同奉行を吸収したことによって、幕府が西国守衛に不安を感じたという事実が本当に存在したのかについては、現段階では明確にすることはできない。伏見の支配にとって、やはり伏見奉行がなくてはならないものと認識されたが、尋常の方法では復活させることができないため、あえて「西国の御備へ」という役割を創出した可能性もある。これらは今後の検討課題としたいが、廃止されたことによって、かえって伏見奉行の軍事的役割が認識されたことは事実であろう。

さて、元禄九年以来の遠国奉行の定員増政策が大きな変化を見せるのは、同十五年閏八月から十一月にかけての時期である。まず、閏八月十九日に荒井奉行が廃止され[44]、十月二十五日には、京都町奉行滝川具章が「御役不相応ニ付」罷免となり[45]、同町奉行の定員はふたたび二名に戻る。「柳営日次記」同日条の書き込み部分には、

一京都町奉行水谷信濃守江左之通達之

安藤駿河守
水谷信濃守

右両人京都住宅仕、三四年置ニ致参府、四五ケ月在府仕候様ニ可致候、且又与力・同心先規之通、両組ニ分ケ支配仕候様ニと被　仰出候、可被得其意候、以上

右之通、於竹之間信濃守へ以書付相模守（老中土屋政直）申渡、尤老中列座

と記されている。三～四年間任地にあり、その後四～五カ月間在府することとしたのである。

次いで十一月二十八日には、大坂町奉行中山時春が勘定頭（勘定奉行）に転出するとともに、駿府町奉行天野富重が堺奉行となり、堺奉行が約六年一〇カ月ぶりに復活する。同時に、奈良奉行・下田奉行がそれぞれ一名減となる。「柳営日次記」同日条の本文（ただし、中山・天野の肩書および「病気ニ付」等の小字は書き込み部分）には、次のようにある。

御勘定頭

井戸対馬守跡　　大坂町奉行 中山半右衛門

五百石御加増

堺奉行　　駿府町奉行 天野伝四郎

御役料七百俵被下之

与力・同心被　仰付、元禄九年止、今日再被　仰付之

右於御前被　仰付之

一奈良奉行横山左衛門病気ニ付御役御免、向後壱人被勤ニ被仰付之罷成候付而也

一下田奉行蔭山数馬御免、向後壱人勤ニ罷被成ニ　仰付之而也

奈良奉行横山元知および下田奉行蔭山親広は、両奉行をそれぞれ以後定員一名とするために、罷免されたのである。このことから、京都町奉行滝川具章の罷免も、同人が「御役不相応」であったことが事実であるとしても、まず同町奉行の定員減を意図したことによるのではないかと考えられる。また、「柳営日次記」同日条の書き込み部分には、

覚

一堺奉行天野伝四郎へ左之書付渡之

与力　六騎

同心　四十人

右之通堺奉行組被　仰付之
一右与力・同心ハ前方堺附より大坂町奉行組へ入候分、今度差返候間、可被存其旨候
一御役料七百俵被下候
以上
十一月廿八日
但、堺奉行者七年以前子二月、大坂町奉行支配ニ被　仰付之処、此度如先規被　仰付之

と記されている。堺奉行の復活に伴い、かつて堺奉行に付属し、元禄九年以来大坂町奉行付属となっていた与力六騎、同心四〇人が堺奉行に戻されたのである。

翌二十九日、大坂・堺・奈良・駿府・下田の各（町）奉行の勤務のあり方が定められた。

一京都・大坂・奈良・駿府・下田へ以継飛脚左之通達之
大坂江
大坂町奉行如先規両人ニ而可相勤旨被　仰出之、組茂与力三十騎充、同心五十人充、都合六十騎百人ニ被　仰付之間、可存其旨、然者太田善太夫・松野河内守儀、向後大坂住宅仕、三四年置致参府、四五ケ月在府仕候様可致之、与力・同心右之員数両組江分け、支配可仕、且又今度天野伝四郎堺奉行被　仰付依彼組与力・同心ハ先年堺附より大坂町奉行組江入分、此度堺附被　仰付之間、与力六騎、同心四十人ハ堺奉行へ可差返之、尤大坂町奉行より堺支配仕儀相止之条、可存其趣之由大坂之面々江以覚書達之、

此旨京都江も申遣之

奈良江

奈良奉行如先規向後一人ニ而可相勤旨被　仰付、勤方之儀者、役所住宅仕、三四年置致参府、四五ヶ月在府仕候様ニと被　仰出之間、可存其趣由、妻木彦右衛門江以覚書達之

駿府江

駿府町奉行向後一人ニ而可相勤旨被　仰出之、組者与力六騎、同心六十人ニ被　仰付之条、可存其趣旨、然者鈴木兵九郎儀、向後役所住宅仕、三四年置致参府、四五ヶ月在府仕様可致之、且又右之外相残与力四騎、同心四十人者御扶持被　召放之間、其段可申渡由駿府之面〻江以覚書達之

下田江

下田奉行向後一人ニ被　仰付之、勤方之儀者、役所住宅仕、三四年置致参府、四五ヶ月在府仕様被　仰出之条、可存其趣由、山口勘兵衛へ以覚書達之

これは、「柳営日次記」同日条の書き込み部分の記述である。奈良・下田の両奉行をそれぞれ定員一名に減員することは、前日に、在府中の横山元知と蔭山親広に罷免が申し渡された際に明らかになっていたが、ここで現地の両奉行に対しても、その旨を記した覚書が発せられたのである。また、大坂町奉行と駿府町奉行に対しても、定員一名減が伝えられた。大坂町奉行付属の与力・同心は、堺奉行廃止以前と同様、それぞれ六〇騎、一〇〇人となった。駿府町奉行は、前述のように、元禄九年に定員増が行われたのではなかったが、このとき一名減となった。駿府町奉行天野富重が、復活したばかりの堺奉行に転出したあとを補わなかったのである。なお、この

とき与力・同心の数も削減された。

このように、幕府は、元禄十五年の十月から十一月にかけ、定員三名の遠国奉行（京都町奉行・大坂町奉行）は二名に、定員二名の遠国奉行（駿府町奉行・奈良奉行・下田奉行）は一名に減員するという措置をとった。そして、そのいずれもが、三〜四年任地にあり、その後江戸に下って四〜五カ月在府するという勤務形態をとるよう定められた。この新たな勤務形態は、減員という条件のもとで、それまでと同じく任地で「御役所の明さるやうニ」（「御役人代々記」六）職務を果たすことができるように考え出された方式といえる。減員して定員二名となった奉行はまだしも、定員一名となった奉行は、従来通りの江戸出府を行う限り、任地で腰を落ち着けて職務を遂行することはできない。幕府は、勤務全体の中における江戸出府・江戸滞在の占める比重をできるだけ小さくすることで、この問題を解決しようとしたのである。

第二節で、元禄九年の改革の目的は、遠国奉行がそれぞれの任地で十分職務を果たし、かつ幕府中央との連絡を密にすることにあったのだろうと述べたが、まずは前者を実現することに重点が置かれたことは間違いないだろう。とするならば、元禄九年の改革と一見相反するように見えるこの元禄十五年の改革であるが、実際には元禄九年の改革の基調を維持し続けたといってよい。

では、幕府が、元禄九年以来の遠国奉行の定員増政策をふたたび転換させて、奉行職の廃止（荒井）と減員（京都・大坂・奈良・駿府・下田）を行ったのはなぜか。筆者は、これに答えるだけの十分な材料をもちあわせていないが、元禄九年以来増加傾向にあった遠国奉行全体の定員の総数を、できるだけ本来の数に戻すとともに、奉行配置のあり方を、それぞれの任地や奉行支配の実情に即して再編しようとしたのではないかと考える。

ここで、元禄九年の改革直前から同十五年の改革直後までの遠国奉行の定員総数の変化に注目してみたい。表

表　遠国奉行の定員総数の推移（元禄９～15年）

年月日	人数（人）	備考
元禄９年（1696）正月朔日	16	元禄９年の改革直前
５月朔日	20	元禄９年の改革直後
11年（1698）12月朔日	21	伏見奉行復活直後
12年（1699）７月朔日	22	長崎奉行増員直後
13年（1700）９月朔日	24	日光奉行新設直後
15年（1702）12月朔日	18	元禄15年の改革直後

は、元禄九年の改革直前、同直後、伏見奉行復活直後、長崎奉行増員直後、日光奉行新設直後、元禄十五年の改革直後の各時期の遠国奉行の定員総数を示したものである。元禄九年の改革直前については、改革が始まった月の朔日時点、その他については、それぞれの事柄があった翌月の朔日時点とした。図の奉行数と一致しない年があるのは、そのとき、欠員の生じている奉行職があったからである。元禄九年の改革の前後では、定員総数は一六と二〇で、伏見・堺両奉行の廃止はあったものの、大幅な増加となっている。その後、元禄十一年十一月の伏見奉行の復活、同十二年六月の長崎奉行の増員（一名）、同十三年八月の日光奉行の新設（定員二名）と続き、定員総数は二四にまで増加した。

他方、廃止されたままになっていた堺奉行については、元禄九年に大坂町奉行がこれを吸収して以来、大坂町奉行所の事務量や和泉国および堺に対する支配などに関して、さまざまな矛盾が露呈し、復活が図られつつあったのではないか。しかし、定員総数はすでに元禄九年の改革直後に較べ、すでに四名も上回っている。これに加えて堺奉行を復活させようとすると、五名の増員となる（二名制としての復活であれば六名）。そこで、同十五年に改めて奉行職の再編が行われ、廃止または減員しても差し支えないと考えられた奉行職に手がつけられたのではないだろうか。こうして、荒井奉行は廃止、京都・大坂・駿府の各町奉行と奈良・下田の両奉行は減員、堺奉行は復活、伏見・山田・日光・佐渡・長崎の各奉行は現状維持という措置がとられ、定員総数が一八にまで減少したと考えられるのである。

おわりに

元禄期における伏見・堺両奉行の廃止―復活の経緯について検討してきた。両奉行の廃止は、当時の幕府上方支配が抱えていた諸矛盾への対応策として打ち出されたものではなく、大坂町奉行加藤泰堅の罷免に端を発した元禄九年（一六九六）の遠国奉行改革の結果として行われたことは間違いないだろう。そこに、京都・大坂への権力集中の積極的な意図を読み取ることは困難であるように思われる。廃止後数年にして両奉行が相次いで復活したことが、そのことを物語っているのではないか。両奉行の廃止は、まずは元禄期幕政史の問題としてとらえねばならないのである。[46]

一方、復活については、両奉行が廃止され、その機能が京都・大坂両町奉行に吸収されたことによって生じたさまざまな不都合を解消するための措置と考えるべきであろう。両奉行は、幕府上方支配にとって、やはり不可欠のものであったのである。そして、堺奉行復活のもくろみは、廃止のときとは逆に、元禄十五年の幕府の遠国奉行改革の起点となったのではないかと推測される

幕府の上方支配において、元禄期は享保期に優るとも劣らぬ重要な意味をもっている。本章で取り上げた伏見・堺両奉行の一時廃止と京都・大坂両町奉行の一時増員も、もちろん大きな事件であるが、他にも注目すべき動きが多数見られる。年表風にいくつかを記すならば、元禄十一年七月には、幕府は上方八カ国代官に対し、以後勘定奉行に伺うことがあれば京都町奉行にも伺うようにと申し渡し、[47]京都町奉行の上方八カ国代官統轄機能の強化が図られた。同十二年四月には大津蔵奉行が廃止され、[48]同十四年十一月には、幕府から京都所司代に達すべ

きことは、今後大坂城代にも達すとして、大坂城代の地位引き上げが図られている[49]。また、京都町奉行が、本来の機能に加えて代官としての機能をもたされ、上方幕領を預かるようになったのも元禄期という[50]。

右に述べたことのうち、いくつかはすでに知られていることであるが、これらの事実に示されているように、元禄期は幕府上方支配機構の再編期であった。そしてそれは、当然のことながら上方地域に対する支配の変化をもたらした。和泉国に関していえば、堺奉行の廃止期間中、堺はもとより和泉国村々が大坂町奉行の支配下に入ることになった。その結果、堺には大坂なみの支配が行われるようになり[51]、和泉国村々には摂津・河内両国と同様、大坂町奉行の郡触（郡を対象に、領主の別なく村から村へ回達される触）が回されるようになった[52]。郡触についていえば、それまで、堺奉行は同国に郡触を出すことはなかったから、大坂町奉行の堺奉行吸収は、単なる支配の主体の変更以上の意味をもっていたといえるのである[53]。

現在のところ、元禄期の幕府上方支配機構の再編やその影響に関する本格的な研究は皆無といってよい。果たすべき課題は多いが、今後この問題について検討を深めていきたいと考えている。

（1）朝尾直弘『近世封建社会の基礎構造』（御茶の水書房、一九六七年）第五章「畿内における幕藩制支配」。
（2）鎌田道隆『季刊論叢日本文化4　近世都市・京都』（角川書店、一九七六年）第四章「寛文の改革」。
（3）享保の国分けについては、村田路人「享保の国分けと京都・大坂町奉行の代官支配」（大阪大学文学部日本史研究室編『近世近代の地域と権力』清文堂出版、一九九八年、のち、本書第四部第三章）で若干検討している。
（4）藪田貫「『摂河支配国』論―日本近世における地域と構成―」（脇田修編著『近世大坂地域の史的分析』御茶の水書房、一九八〇年、のち、藪田『近世大坂地域の史的研究』〔清文堂出版、二〇〇五年〕に収録）。
（5）大宮守友「『奈良奉行所記録』解説にかえて―付論　近世前期の奈良奉行―」（大宮編『清文堂史料叢書第75刊　奈良

奉行所記録』清文堂出版、一九九五年、のち、大宮『近世の畿内と奈良奉行』（清文堂出版、二〇〇九年）に収録）。

（6）「柳営日次記」（国立公文書館内閣文庫所蔵）は、周知のように幕府日記の転写本で、「徳川実紀」編纂用に用いられたものである。もともとの記述の写（以下、「本文」と呼ぶ）に加えて、他史料からの引用記事など、さまざまな書き込みがある。この申し渡しの行間の文言も、「徳川実紀」編纂時の書き込み部分である。なお、小宮木代良が、「『御実紀』引用『日記』の検討」（『日本歴史』四八六、一九八八年一一月）、「家綱将軍初期（慶安四年四月より万治三年）における幕府記録類について」（『東京大学史料編纂所研究紀要』一〇、二〇〇〇年三月）などで、「柳営日次記」等「徳川実紀」引用の幕府日記についての検討を行っている。なお、両論文とも、のちに小宮『江戸幕府の日記と儀礼史料』（吉川弘文館、二〇〇六年）に収録された。

（7）『新訂寛政重修諸家譜』第十三（続群書類従完成会、一九六五年）一七頁。なお、『新訂寛政重修諸家譜』は、第一～第六が一九六四年に、第七～第十八が一九六五年に、第十九～第二十二が一九六六年に、それぞれ刊行されている。以下出典表記にあたっては、出版社・刊行年を略す。

（8）東京都公文書館所蔵の筆写本。これは、戦前の東京市史編纂時に、当時の大蔵省が所蔵していた「御役人代々記」を筆写したものである。ここでは、同館所蔵のマイクロフィルムを利用した。「御役人代々記」は全九冊から成り、大蔵省編『日本財政経済史料』巻四（財政経済学会、一九二二年）に部分的に引用されている。ただし、東京都公文書館所蔵の筆写本とは、表記が異なる部分もある。

（9）この部分は、前掲注（8）大蔵省編『日本財政経済史料』巻四、三六八～三六九頁に掲載されている。

（10）前掲注（8）大蔵省編『日本財政経済史料』巻四では三七二頁。

（11）「柳営補任巻之四」（『大日本近世史料　柳営補任一』東京大学出版会、一九六三年）の「御書院番頭」の項によれば、元禄十年（一六九七）に書院番頭を退いた人物は、水野重矩・太田資良・稲葉正倚・岡部正敦・安藤信富の五名である。この五名を『新訂寛政重修諸家譜』で調べると、その後大番頭を勤めたのは、水野・太田・稲葉の三名に絞られる。彼らの没年は、順に正徳二年（一七一二）、享保十二年（一七二七）、正徳四年であり、「御役人代々記」に記述のある享保期まで生きた太田が残る。太田は五〇〇〇石の旗本で、天和三年（一六八三）定火消、元禄三年（一六九〇）小姓組番頭、同六年（一六九三）書院番頭、同十年側衆と歴任し、同十一年まで側衆を勤めたのち、正徳五年に大番頭となり、享保七年まで同職にあった（『新訂寛政重修諸家譜』第四、三八二〜三八三頁）。

(12) 執筆当時の京都町奉行として、諏訪頼篤（在任正徳四年〔一七一四〕〜享保八年〔一七二三〕）と河野通重（在任享保六年〜同九年）、佐渡奉行として小浜久隆（在任享保六年〜同十年）・山岡景顕（在任享保七年〜同十一年）の名をあげている。なお、「御役人代々記」は、太田が大番頭を辞職したのを機にまとめたものか。

(13) 平野郷町杭全神社所蔵。ここでは大阪市史編纂所所蔵の写真版を利用した。

(14) 「柳営日次記」元禄九年正月十一日条本文。

(15) 「柳営日次記」元禄九年正月十五日条本文。

(16) 「御役人代々記」六。前掲注(8)大蔵省編『日本財政経済史料』巻四では三六九頁。

(17) なお、「御当家令条」巻二十一には、この二つの「覚」を合体させた上で、いくつかの条文の削除・追加を行ったような形をとる「覚」が収録されている（『御当家令条』二六五、石井良助校訂『近世法制史料叢書2　御当家令条・律令要略』創文社、一九五九年）。七カ条から成り、文末に「元禄九也子二月」とある。「柳営日次記」の京都町奉行宛「覚」第四条および大坂町奉行宛「覚」第四条には、いずれも付けたりがないが、この七カ条の「覚」には、それぞれ「附、伏見附之内ニて、同心拾人伏見可相残事」、「附、堺附之内ニて、与力四騎、同心拾人堺に可相残事」と記されている。

(18) 「京都御役所向大概覚書」二のうち「京奉行屋鋪并組屋敷間数之事」（岩生成一監修『清文堂史料叢書第5刊　京都御役所向大概覚書』上巻、清文堂出版、一九七三年）、「御役人代々記」六（前掲注(8)大蔵省編『日本財政経済史料』巻四では三五〇頁）。

(19) 「御役人代々記」六。前掲注(8)大蔵省編『日本財政経済史料』巻四では四〇六頁。

(20) 「覚書」（大阪商業大学商業史博物館所蔵）のうち、宝永六年（一七〇九）三月「与力由緒書」。

(21) 「御役人代々記」六。前掲注(8)大蔵省編『日本財政経済史料』巻四では三八一〜三八二頁。

(22) 遠国勤務の諸役人のうち、ふつう遠国奉行といわれるものは、元禄期であれば図に掲載した諸奉行を指す。老中支配で、江戸城での控えの間は芙蓉の間、多くは諸大夫であった。延享元年（一七四四）六月「当時殿中席書」（『御触書寛保集成』岩波書店、一九三四年、二一号）には、「芙蓉之間」として、一一の遠国奉行を含む二四の役職が列挙されている。一一の遠国奉行を席次順に書き上げると、伏見・長崎・京都町・大坂町・山田・日光・奈良・堺・駿府町・佐渡・浦賀の各奉行となる（ただし、この席次は時代により若干違いがある）。この段階では、荒井奉行は廃止されており（後述）、下田奉行は浦賀に移って浦賀奉行と改称している。

(23) 「柳営日次記」元禄九年二月十二日条本文。

(24) 「柳営日次記」元禄九年二月十四日条本文。

(25) 「柳営日次記」元禄九年四月七日条本文。

(26) 「柳営日次記」元禄九年四月十一日条本文。

(27) 「柳営日次記」元禄九年四月十四日条本文。

(28) 「御役人代々記」六。前掲注(8)大蔵省編『日本財政経済史料』巻四では四一八頁。

(29) 「御役人代々記」六。前掲注(8)大蔵省編『日本財政経済史料』巻四では四三六頁。

(30) 『新訂寛政重修諸家譜』第十、一四三頁。

(31) 「御役人代々記」六は、「此人（荻原―引用者、以下同）ハ松平美濃守殿（柳沢吉保）江取入たる人なれハ、徳用あらんため佐渡奉行を望れ」と記している（前掲注(8)大蔵省編『日本財政経済史料』巻四では四九一頁）。

(32) 廃止時の奉行である根来長清（三崎）・青山幸隆（走水）・中川忠雄（清水）が、就任前または就任直後に布衣を着することを許されていることから知られるように（『新訂寛政重修諸家譜』第十六、三五二頁、『同』十二、一〇一頁、『同』五、三九頁）、三奉行とも、諸大夫ではなく、布衣の役職であった。また、「御役人代々記」六によれば、清水奉行の江戸城での控えの間は躑躅の間であった。三崎・走水の両奉行も、少なくとも万治二年（一六五九）段階では同じく躑躅の間であった。同年九月、諸士着座の席が定められたが、躑躅の間の項に、三崎奉行松崎権左衛門（吉次）・走水奉行佐野与八郎の名が見える（『御触書寛保集成』一九号）。

(33)「柳営日次記」元禄九年二月二十一日条本文。

(34)「柳営日次記」元禄九年二月二十二日条本文および書き込み部分。本文部分は「清水奉行者駿府町奉行支配、三崎奉行ハ《ママ》走水奉行之跡者御勘定頭支配可仕旨被仰付之」と記されている。「三崎奉行ハ」のあとの文言が欠けているが、三崎奉行については廃止後の措置に関する情報が十分得られていなかったものと思われる。

(35)「御役人代々記」六。

(36)「柳営日次記」元禄十一年十一月十五日条本文。

(37)「柳営日次記」元禄十一年十一月十八日条書き込み部分。

(38)「柳営日次記」元禄十二年六月二十八日条本文。このとき両名は、「向後四人ニ而隔年ニ長崎可相勤候」と申し付けられた。

(39)岡藤利忠著「京兆府尹記叓」巻之壱（国立公文書館内閣文庫所蔵）のうち、「伏見奉行職掌」の項。同史料は、寛政十一年（一七九九）三月の「序」をもつ。

(40)このころまでの京都町奉行は、四〇〇〇石の旗本が就任したこともあるが、おおむね一〇〇〇石台の旗本が任ぜられており、伏見奉行とは大きな開きがあった。『国史大辞典』4（吉川弘文館、一九八四年）「京都町奉行」の項の歴代京都町奉行一覧および注(43)参照。

(41)『新訂寛政重修諸家譜』第七、八一～八二頁。

(42)建部以降、仮に安永期までの伏見奉行を列挙してみると、順に石川総乗・北条氏朝・小堀政峯・菅沼定用・堀直寛・久留島光通・本多忠栄・小堀政方となる。「寛政重修諸家譜」によれば、このうち一万石未満は、石川（七〇〇〇石）・菅沼（同）・本多（九〇〇〇石）の三名で、菅沼は「譜第万石以上の末に列し、帝鑑間に候す」（祖父定実の項、『新訂寛政重修諸家譜』第五、三〇二頁）家柄であった。

(43)伏見奉行が元禄期に見るような姿になるのは、京都代官や京都町奉行の設置等、幕府上方支配機構の再編が行われた寛文期である。「寛政重修諸家譜」によれば、以後、廃止時までの歴代伏見奉行の所領高は、順に水野忠貞五〇〇〇石、仙石久邦六〇〇〇石、戸田忠時六〇〇俵および一〇〇〇石、岡田善次六〇〇〇石、青山幸豊四〇〇〇石である。「御役人代々記」六は、小堀政一を初代伏見奉行と理解しているが（前掲注(8)大蔵省編『日本財政経済史料』巻四では四〇六頁）、同人の所領高は一万二四六〇石であった（『新訂寛政重修諸家譜』第十六、一〇八頁）。「京兆府尹記事」の著者も、小堀のことを念頭に置いて「以前の如く」と記した可能性はある。なお、寛文期における幕府上方支配機構の再編については、前掲注(1)朝尾『近世封建社会の基礎構造』第五章「畿内における幕藩制支配」、前掲注(2)鎌田『季刊論叢日本文化4　近世都市・京都』第四章「寛文の改革」、藤井譲治「京都町奉行の成立過程」（京都町触研究会編『京都町触の研究』岩波書店、一九九六年、のち、藤井『近世史小論集―古文書と共に―』〈思文閣出版、二〇一二年〉に収録）を参照のこと。

(44)「柳営日次記」元禄十五年閏八月十九日条本文。

(45)「柳営日次記」元禄十五年十月二十五日条本文。

(46)なお、本章のもとになった「元禄期における伏見・堺両奉行の一時廃止と幕府の遠国奉行政策」（『大阪大学大学院文学研究科紀要』四三、二〇〇三年三月）に対し、鈴木康子が「貞享・元禄期長崎奉行制度の変化―長崎奉行定員の推移と叙爵を中心として―」（『花園大学文学部研究紀要』三七、二〇〇五年、のち、鈴木『長崎奉行の研究』〈思文閣出版、二〇〇七年〉に収録）において批判を加えている。すなわち、長崎奉行については、貞享三年（一六八六）における奉行三人制の採用、元禄三年（一六九〇）の同奉行川口源左衛門の従五位下叙爵、同十二年における奉行四人制の採用という流れで制度改革が行われたことをあげ、遠国奉行制度全体が元禄九年に刷新されたわけではないというのである。しかし、同奉行の奉行四人制の採用は元禄九年の遠国奉行改革の流れに沿ったものであることは明らかである。もっとも、貞享三年における奉行三人制の採用については、元禄九年の改革を先取りしたものであることは確かであり、両者の関連を検討する必要がある。

(47)「柳営日次記」元禄十一年七月二十八日条書き込み部分。元禄十一年七月〜十二月「日記下」（国立公文書館内閣文庫所蔵）同日条。

(48)「柳営日次記」元禄十二年四月十日条書き込み部分。

(49)「柳営日次記」元禄十四年十一月二十八日条書き込み部分。

(50)「御役人代々記」六。前掲注(8)大蔵省編『日本財政経済史料』巻四では三五二頁。京都町奉行の幕領預かりは、地方文書からも確認できる。摂津国西成郡十八条村の元禄十六年十二月「摂州西成郡十八条村未年小入用帳」および宝永元年（一七〇四）九月「摂州西成郡十八条村申年小入用帳」（いずれも十八条村藻井家文書、大阪市史編纂所所蔵の写真版による）のそれぞれの提出先から、十八条村は元禄十六年まで久下作左衛門代官所であったが、翌宝永元年、京都町奉行水谷勝阜の預所になったことがわかる。なお、本書第一部第二章の表1に示されているように、宝永五年（一七〇八）段階においては、相給村も含め、摂津国住吉郡のうちの八カ村が京都町奉行中根正包の預所であった。

(51)たとえば元禄十年（一六九七）十一月、堺の町々に対して、湯桶をたき、銭をとって人を入れることや、辻々で田楽・麺類を売ったり、あるいはうなぎなどを焼いて売ったりすることが禁止された（「自元禄四年至宝永三年公儀触書留」、「堺市史史料」二十四、堺市立中央図書館所蔵）。これらの行為は、当時の堺ではふつうに行われていたようであるが、大坂では禁止されており、それに準じて堺でも禁止の措置がとられたのである。

(52)前章でも述べたように、元禄九年七月、郡触回達の準備として、大坂町奉行所は和泉国の各郡から触順の書き上げを提出させている。和泉国大鳥郡上神谷豊田村小谷家文書（国文学研究資料館所蔵）の中には、その控である「泉州大鳥郡村次之覚」が残されている。また、同家文書中の触留帳には、堺奉行が廃止されていた間に、大坂町奉行から回達された郡触が書き留められている。なお、郡触については、本書第一部第一～第三章を参照のこと。

(53)大坂町奉行の堺奉行吸収が和泉国支配において有した意味については、本書第四部第四章において、元禄期の堺奉行廃止期間中と享保七年（一七二二）の国分け以後とを対比させつつ検討している。

第三章　享保の国分けと京都・大坂両町奉行の代官支配

はじめに

周知のように、享保七年（一七二二）、上方八カ国（摂津・河内・和泉・播磨・山城・大和・近江・丹波）における、地方《じかた》についての公事訴訟（水論・山論・境論など）の裁判管轄の範囲に変更があった。すなわち、この八カ国は、それまで京都町奉行の管轄するところであったが、以後、摂津・河内・和泉・播磨の四カ国は大坂町奉行の管轄となり、京都町奉行の管轄範囲は山城・大和・近江・丹波の四カ国に限定されることになったのである。これは享保の国分けといわれ、一八世紀初期に進行しつつあった京都町奉行の権限縮小と大坂町奉行の権限拡大という、幕府の畿内近国広域支配体制の変化を象徴するものとして位置づけられてきた(1)。

ところで、上方八カ国における、京都町奉行の地方についての公事訴訟の裁判権が、同奉行の上方八カ国代官支配と結び付いていたことに関しては、従来ほとんど注意されてこなかった(2)。本論中で詳しく述べるが、大坂町奉行に国分けを申し渡した老中たちは、申し渡しの中で、それまで京都町奉行が上方八カ国の地方についての公事訴訟の裁判を行ってきたのは、上方八カ国代官が同奉行の支配下にあったからという認識を示しているのである。

この事実は、幕府の畿内近国広域支配に関して、直ちにいくつかの課題をわれわれに投げかけることになる。

京都町奉行の上方八カ国代官支配とは、具体的にどのようなものだったのか、いかなる意味において、京都町奉行の代官支配が、同奉行の地方についての公事訴訟の裁判権の根拠となっていたのか、国分けによって、摂河泉播四カ国が大坂町奉行の管轄範囲になった結果、京都町奉行の代官支配に変化が生じたのか、国分けにより、大坂町奉行は、新たに上方八カ国代官を支配するようになったのか、等々の課題である。これらの課題を一つずつ解決していかねば、幕府の畿内近国広域支配の側面における国分けの意義を見極めることはできないであろう。

享保の国分けそのものは周知の事実であるにもかかわらず、右の諸点については、ほとんど検討が行われていない。それどころか、このような課題の提起すらされていないというのが現状である。享保の国分けは、近世畿内近国支配論としては、ほとんど未検討のまま放置されているといってよいのである。

本章は、右のような研究状況に鑑み、国分け後の大坂町奉行と上方八カ国代官との関係という側面から、享保の国分けを検討するものである。

第一節　上方八カ国代官

これまで、上方八カ国代官という呼称を説明ぬきで用いてきたが、このような呼称で括ることのできる代官集団が存在したのだろうか。また、それは、どのような存在だったのだろうか。

京都町奉行所では、何度か職務マニュアルというべきものが作成された。そのうち、享保の国分けが行われた享保七年（一七二二）に最も近い時期のものは、同二年（一七一七）ころ作成（ただし、その後若干追加）の「京都御役所向大概覚書[3]」である。同史料には、「正徳四午年改八箇国御代官面〻支配高之事」および「正徳四午年御

表1　正徳4年（1714）段階における上方八カ国代官

代官名	陣屋	代官所所在国	その他支配地
小堀仁右衛門	（京）	山城・河内・摂津・丹波・丹後	禁裏御料・法皇御料等
辻弥五左衛門	南都	大和・和泉	
古郡文右衛門	大津	山城・大和・和泉・河内・摂津・近江	大津町
細田伊左衛門	大坂	大和・和泉・河内・摂津・播磨	小豆島
高谷太兵衛	大坂	大和・河内・摂津	塩飽島・直島・満濃池領
石原新十郎	大坂	大和・摂津・播磨・伊予	
久下藤十郎	大坂	和泉・摂津・河内・播磨	
平岡彦兵衛	大坂	大和・和泉・河内・摂津・播磨・備中・伊予	
桜井孫兵衛	今井町	大和・美作	
竹田喜左衛門	京	大和・河内・摂津・近江	
鈴木九太夫	京	大和・河内・摂津・播磨	
石原清左衛門	京	大和・河内・近江	
多羅尾四郎右衛門	信楽	近江	
角倉与一	京	山城・摂津・近江・丹波	
増井弥五左衛門	京	山城・大和・播磨	
上林門太郎	宇治	山城・河内	宇治町
上林又兵衛	宇治	山城・大和・摂津・近江	

（注）『京都御役所向大概覚書』上巻による。下線を引いた国は上方八カ国以外の国。（　）内は表作成者による。

代官面〻知行御切米高・住所・年付之事、付、外支配之事」という項目がある[4]。前者は、「八箇国御代官」それぞれの上方八カ国内における代官所を書き上げたもの、後者は、この「八箇国御代官」それぞれの知行または切米高、陣屋所在地、年齢、上方八カ国以外の代官所、代官所以外の支配所、役職を書き上げたものである。表1は、この両項目の記載内容をもとに作成したものである。

また、同史料には、「正徳四午年五畿内・近江・丹波・播磨国高幷御蔵入高之事」や「八ケ国御蔵入御成箇厘付之事、但正徳四午、同五未両年分[5]」など、八カ国幕領に関する項目もある。

これらのことから、京都町奉行は、上方八カ国幕領の把握に努めていたこと、「八箇国御代官」という代官集団が存在し、京都町奉行の支配のもとにあったことがわかる。では、どのような代官をもって「八箇国御代官」としていたのだろうか。上方八カ国内に代官所を有していた代官のことか。それとも、陣屋が八カ国内にあった代官のことか。表1では、いずれの代官も八カ国内に代官所と陣屋を有しているが、元禄七年（一六九四）ころ編纂の京都町奉行所職務マニュアルである「京都役所方覚書」[6]によれば、当時の「八ケ国御代官」のうち、鈴木八右衛門は近江・伊勢に代官所を有し、陣屋は伊勢国四日市にあった。[7]つまり、「八ケ国御代官」なり「八箇国御代官」と称せられるものは、陣屋の所在地に関わりなく（といっても、鈴木のような例は例外的であるが）、少なくとも上方八カ国内に代官所を有する代官のことであった。上方八カ国の幕領は、京都町奉行の管轄するところであり、その結果、八カ国幕領支配を任された代官は、どこに陣屋を構えていようが、京都町奉行によって統轄されていたと理解すべきであろう。ここでは、この代官集団を上方八カ国代官と呼んでおきたい。

第二節　国分けと論所検使

「京都役所方覚書」や「京都御役所向大概覚書」が、京都町奉行所の職務マニュアルとすれば、「町奉行所旧記」[8]は、一九世紀初期に大坂町奉行所で編纂された、同奉行所の職務マニュアルである。この「町奉行所旧記」には、国分けに関する当時の史料がいくつか収録され、朱筆の注記もある。以下、「町奉行所旧記」の記載から、国分けと上方八カ国代官との関係を見てみよう。[9]

享保七年九月二十四日、老中安藤重行・同水野忠之・同戸田忠真が大坂町奉行北条氏英・同鈴木利雄に国分けを申し渡した。その文言は、「五畿内・近江・丹波・播磨八ケ国之御代官共、唯今迄京都町奉行支配ニ候故、八ケ国御料・私領共ニ、地方ニ付候公事訴訟幷寺社共ニ京都町奉行裁許いたし候得共、自今者八ケ国を四ケ国宛ニ分、（以下略）」というものであった。京都町奉行の上方八カ国における地方についての公事訴訟の裁判権が、同奉行による上方八カ国代官の支配より発していたことが読み取れる。

ところで、このときには、八カ国をどのように分けるのかについての指示がなかったため、十月二十一日、京都所司代松平忠固が北条・鈴木に対し、大坂町奉行の裁判管轄範囲が摂津・河内・和泉・播磨四カ国であることを伝えた(10)。

翌享保八年二月、江戸滞在中の大坂町奉行北条は、勘定奉行および勘定吟味役に論所検使についての願いを行い、それを受けて、勘定奉行・勘定吟味役は次のような廻状を「五畿内御代官」（以下、単に五畿内代官と表記する）に回している。

摂州　河州　泉州　播州

右四ケ国地方ニ付候公事訴訟、大坂町奉行所にて裁許可仕旨旧冬被　仰出候付、右国〻論所等江御代官手代検使ニ遣候儀唯今迄京都町奉行ニ而被申付候通、諸事被相心得候様ニ五畿内御代官へ此段被仰渡置候様ニいたし度存候、以上

卯《享保八年》二月　　北条安房守

辻六郎左衛門

（他六名略）

右之通、北条安房守断候間、自今京都町奉行衆より被申付候通ニ諸事可被相心得候、以上

会田伊右衛門殿

（他七名略）

追而此廻状順廻之上初筆之方ニ可被留置候、以上

省略した人名については、発給者は、署名順に杉岡弥太郎（能連）・萩原源左衛門（美雅）・筧播磨守（正鋪）・駒木根肥後守（政方）・大久保下野守（忠位）・水野伯耆守（守美）の六名、宛名の代官は、順に久下藤十郎・石川伝兵衛・平岡彦兵衛・石原清左衛門・増井弥五左衛門・角倉与一・上林又兵衛の七名である。辻（守参）・杉岡・萩原は勘定吟味役、筧・駒木根・大久保・水野は勘定奉行である。

それまで、上方八カ国の論所、すなわち係争地へ検使として代官手代を派遣していたのは京都町奉行であった。しかし、摂河泉播四カ国が大坂町奉行の管轄となったことにより、同奉行には検使を派遣する権限が新たに付与される必要があった。北条は、このことを代官たちに承知してもらうため、勘定奉行に代官たちへの指示を依頼したのである。「町奉行所旧記」の朱筆注記によれば、この勘定奉行・勘定吟味役廻状は会田以下八代官に回され、玉虫左兵衛・桜井孫兵衛の両代官には、北条から廻状写を差し越された鈴木が、京都町奉行にそれを渡し、同奉行から両代官に達してもらったという。両代官が別扱いとなったのは、彼らが「京都町奉行支配」（朱筆注記）であったからである。元来、両代官だけでなく、会田以下八代官も京都町奉行の支配下にあったはずであるが、この段階では、両代官以外は勘定所の直接支配のもとにあった。この変化は、国分けに伴うものと考えられるが、今は詳らかにしえない[11]。

それはともかく、この史料から、地方についての公事訴訟の裁判権が、論所への検使派遣の権限を前提としていたことは明らかであろう。大坂町奉行の地方についての公事訴訟の裁判権は、少なくとも検使派遣という側面

において、五畿内代官を支配していることを前提として、はじめて行使しうるものであった。国分けに際して、老中が大坂町奉行に述べた「八ケ国之御代官共、唯今迄京都町奉行支配ニ候故」という文言は、実は京都町奉行の検使派遣権を念頭に置いたものだったのである。

ところで、この史料によれば、大坂町奉行に新たに付与されたのは、検使派遣という側面における五畿内代官に対する支配権であり、上方八カ国代官に対するそれではなかった。ここで五畿内代官とされているのは、会田以下八代官と玉虫・桜井の計一〇名である。宛名には、上方八カ国代官で近江国信楽に陣屋があった多羅尾四郎右衛門の名はない。その他、内山七兵衛も、上方八カ国代官の一人であったと考えられるが[12]、やはり同様である。これは、見過ごすことのできない事実である。もちろん、大坂町奉行が勘定奉行に対して代官への指示を依頼した際、対象代官を上方八カ国代官ではなく五畿内代官としていたため、このような結果となったのであるが、国分けを行ったとはいえ、検使派遣に関して、大坂町奉行は、京都町奉行が有していた権限をそのまま付与されたわけではなかったのである。

第三節　大坂町奉行による検使派遣の実際

前節で見たように、国分けに伴い、大坂町奉行は五畿内代官の手代を論所に派遣する権限を与えられたのであるが、本節では、実際に行われた検使派遣の具体例からこの点を検討したい。

表2は、元禄末から明和期まで、摂河泉播の論所に、京都町奉行または大坂町奉行から派遣された検使の一覧で、手に入れることのできた地方史誌類に収められている史料から作成した。もちろん、ここにあげたものは、

表2　論所検使一覧（元禄期末〜明和期）

	年　月	争論内容	区分	検使または地改見分役人名
①	元禄12(1699)12月	摂津国河辺郡山論	A	遠山四郎右衛門（大）、石原新左衛門（代）
②	宝永元(1704)7月	和泉国泉郡水論	B	長谷川六兵衛(代)手代、西与一左衛門(代)手代
③	3(1706)3月	河内国河内郡水論		辻弥五左衛門（代）手代、古川武兵衛（代）手代
④	4月	摂津国川辺郡水論		同上
⑤	6月	摂津国嶋下郡水論	B	万年長十郎（代）手代、西与一左衛門（代）手代
⑥	7(1710)12月	和泉国泉郡水論	B	辻弥五左衛門（代）手代、桜井孫兵衛（代）手代
⑦	12月	摂津国河辺郡・豊島郡水論	B	同上
⑧	正徳元(1711)12月	播磨国多可郡山論	B	竹田喜左衛門（代）手代、能勢又太郎（代）手代
⑨	2(1712)6月	摂津国武庫郡水論		窪嶋作右衛門（代・見）手代、平岡彦兵衛（代・見）手代
⑩	4(1714)11月	摂津国河辺郡水論	B	石原新十郎（代）手代、角倉与一（代）手代
⑪	享保3(1718)6月	摂津国河辺郡・武庫郡水論	B	桜井孫兵衛（代）手代、久下藤十郎（代）手代
⑫	7(1722)6月	河内国丹北郡水論	B	諏訪頼篤（京町）与力、河野通重（京町）与力
⑬	12(1727)8月	和泉国泉郡水論	D	久下藤十郎（代）
⑭	15(1730)2月	播磨国揖東郡水論	D	稲垣種信（大町）与力、松平勘敬（大町）与力、平岡彦兵衛（代）手代、斎藤喜六郎（代）手代
⑮	寛保元(1741)12月	摂津国有馬郡・武庫郡郡境山論	C	長田平十郎（大）、匹〔疋〕田庄九郎（代）
⑯	2(1742)4月	丹波国桑田郡・摂津国能勢郡国境山論	C	同上
⑰	寛延元(1748)10月	摂津国豊嶋郡山論	D	渡辺民部（代）手代、萩原藤七郎（代）手代(※)
⑱	3(1750)2月	摂津国兎原郡・武庫郡郡境・庄境論	C	稲垣藤左衛門（大）、奥谷半四郎（代）
⑲	宝暦2(1752)12月	摂津国川辺郡水論		多羅尾四郎右衛門(代)手代、渡辺民部(代)手代※
⑳	10(1760)12月	河内国大和川筋水論		多羅尾四郎右衛門（代）手代、飯塚伊兵衛（代）手代※
㉑	明和6(1769)5月	摂津国能勢郡山論		内藤十右衛門(代)手代、稲垣藤左衛門(代)手代※
㉒	8(1771)5月	摂津国河辺郡水論		多羅尾縫殿(代)手代、岩出伊右衛門(代)手代※

（注）年月欄は、⑨を除き、裁許絵図裏書・裁許状・差入一札・取替一札等の日付。⑨は実際に見分が行われた時期。区分欄は、裁許絵図裏書または裁許状の発給者。A（京都所司代＋京都町奉行）、B（京都町奉行）、C（大坂城代＋大坂町奉行）、D（大坂町奉行）。空欄は、史料が裁許絵図裏書・裁許状以外の場合。検使または地改見分役人名欄の（大）は大番、（代）は代官、（京町）は京都町奉行、（大町）は大坂町奉行、（代・見）は代官見習。※印は地改見分役人。（　）を付したものは推定。争論内容欄の郡名は史料の表記に従った。

出典は、①『宝塚市史』5、118頁、②『和泉市史』2、556頁、③『枚岡市史』4、452頁、④『尼崎市史』6、311頁、⑤『新修神安水利史史料』116頁、⑥『和泉市史』2、565頁、⑦『伊丹市史』4、403頁、⑧『西脇市史』史料編、362頁、⑨『西宮市史』5、895頁、⑩『尼崎市史』6、313頁、⑪『尼崎市史』6、252頁、⑫『松原市史』5、220頁、⑬『和泉市史』2、591頁、⑭『太子町史』4、124頁、⑮『西宮市史』5、857頁、⑯『能勢町史』3、454頁、⑰『箕面市史』史料編3、285頁、⑱『西宮市史』5、860頁、⑲『尼崎市史』6、317頁、⑳『柏原市史』4、84頁、㉑『能勢町史』3、477頁、㉒『尼崎市史』6、278頁。

実際に派遣された検使の一部にすぎないが、おおよその傾向は知りうるであろう。

まず、表2から、この時期の検使の派遣状況を概観しておきたい。地方についての公事訴訟とは、具体的には水論・山論・地境論などである。論所への検使は、（Ⅰ）大番と代官（①⑮⑯⑱）、（Ⅱ）代官（⑬）、（Ⅲ）代官手代または代官見習手代（②〜⑪、⑰、⑲〜㉒）、（Ⅳ）町奉行所与力（⑫）、（Ⅴ）町奉行所与力と代官手代（⑭）の五タイプに分けられる。Ⅰタイプは、単なる民事訴訟ではなく、幕府の国家支配に関わる国境・郡境論の際に派遣されるもので、裁許絵図裏書にも、京都町奉行または大坂町奉行に加えて京都所司代または大坂城代が署名している。幕府の国家支配に関わらぬ争論の場合は、その他の四タイプのうちのいずれかであったが、最も一般的であったのはⅢタイプであり、他は例外的であった。この場合の裁許絵図裏書は、京都町奉行または大坂町奉行が行った。

また、③④、⑥⑦から、検使が同時期に複数箇所の論所を見分することがあったことがわかる。これは、むしろ一般的で、正徳四年（一七一四）七月に、大番三田宇右衛門と代官桜井孫兵衛が京都所司代松平信庸および京都町奉行山口直重に差し出した起請文には、「今度城州・江州・摂州論場所〻為検使私共被遣候、御為第一奉存[13]」とあり、その見分範囲も広かった。その他、一八世紀中期になると、派遣役人は検使と称さず、地改役人といわれるようになることも、表2から指摘できる。

右に述べたことは、従来の研究でも部分的に触れられているが[14]、全体的な分析は今のところ行われていない。今後検討の必要があるが、ここでは、国分け後、大坂町奉行が実際に派遣した検使の具体的内容という点に絞って見ていきたい。

表1に示されているように、上方八カ国代官の中には、大坂に陣屋をもつ代官がいた。これは大坂代官といわ

れるものである。大坂町奉行が検使を派遣する場合、大坂代官またはその手代を派遣することがあったかどうか、まず検討してみたい。

旧著『近世広域支配の研究』でも指摘したが[15]、大坂代官についての本格的研究はなく、就任者の名前および在職期間も、一部を除いてはわかっていない。しかし、それを知る手がかりが、不十分ながらもある。一つは、堤奉行に就任した者に着目することである。かつて明らかにしたように[16]、寛永期以降幕末まで摂津・河内両国の諸河川を支配していた堤奉行は、宝永期以降は、享保の一時期を除いて大坂代官が兼任するものであった。定員は二名で、大坂代官全員が堤奉行を経験するわけではないし、堤奉行を辞めたあとも大坂代官にとどまっていることがありうるので、堤奉行一覧がそのまま大坂代官一覧になるわけではないが、有力な手がかりにはなりうる。もう一つは、一七世紀後期以降たびたび刊行された大坂行政要覧の類である。これには、大坂代官の名前が、陣屋の所在などとともに記されている。ただ、この種の史料は、刊行年がはっきりしないものがあるとともに、信憑性についても、疑問がないわけではなく、扱いに注意を要する。

堤奉行については、旧著で在職者一覧を作成しているので、表2の時期の在職者を、ここでもあげておいた。表3がそれである。表の堤奉行のうち、享保四~五年の鈴木運八郎・佐藤甚右衛門・斎藤喜六郎・室田金左衛門は、勘定所の御勘定であり、このころ幕府中央から派遣され、大坂周辺の幕領を一時的に支配していたものである。したがって、これは除外して考えねばならない。また、表4は、『大坂武鑑』などの大坂行政要覧類に記載された代官の一覧である。この両表を対照させれば、元禄~明和期の大坂代官の大部分を知ることができる。

さて、表2の検使を、国分け以前と以後とに分けて見ていくが、その前に確認しておきたいことは、表2の注にも記したように、年月欄の年月が、⑨を除き、裁許絵図裏書や裁許状等の日付であることである。つまり、⑨

表3　元禄～安永期の堤奉行

辻弥五左衛門〔元禄5（1692）〕～〔同12（1699）〕	万年長十郎〔元禄7（1694）〕～〔正徳2（1712）〕
小野朝丞〔元禄13（1700）〕～同16（1703）	
長谷川六兵衛　元禄16（1703）～〔宝永5（1708）〕	
細田伊左衛門〔宝永6（1709）〕～正徳6（1716）	高谷太兵衛〔正徳4（1714）〕～〔享保元（1716）〕
鈴木九太夫　享保元（1716）	
桜井孫兵衛　享保元（1716）～同7（1722）	鈴木運八郎　享保4（1719） 佐藤甚右衛門　享保4（1719）
	斎藤喜六郎　享保4（1719）～〔同5（1720）〕 室田金左衛門　享保4（1719）～〔同5（1720）〕
	間宮三郎左衛門〔享保6（1721）〕～同7（1722）
久下藤十郎　享保7（1722）～〔同20（1735）〕	石川伝兵衛　享保7（1722）～〔同12（1727）〕
	斎藤喜六郎〔享保13（1728）〕
	平岡彦兵衛〔享保16（1731）〕～〔同19（1734）〕
疋田庄九郎〔元文2（1737）〕～〔寛保元（1741）〕	布施弥市郎〔元文2（1737）〕～同3（1738）
	千種清右衛門　元文3（1738）～〔同4（1739）〕
	池田喜八郎〔元文5（1740）〕～寛保3（1743）
渡辺民部　寛保2（1742）～宝暦4（1754）	奥谷半四郎　寛保3（1743）～寛延2（1749）
亀田三郎兵衛　宝暦4（1754）～同6（1756）	小川新右衛門　寛延2（1749）～宝暦6（1756）
内藤十右衛門　宝暦6（1756）～明和7（1770）	萩原藤七郎　宝暦6（1756）
	飯塚伊兵衛　宝暦6（1756）～〔宝暦6（1756）〕
	萩原藤七郎〔宝暦8（1758）〕～〔同10（1760）〕
多羅尾縫殿　明和7（1770）～安永3（1774）	辻六郎左衛門　明和5（1768）～安永7（1778）

（注）村田路人『近世広域支配の研究』（大阪大学出版会、1995年）による。ただし、享保13年摂津国住吉郡平野郷町「覚帳」（平野郷町杭全神社所蔵）により、石川伝兵衛と平岡彦兵衛の間に斎藤喜六郎を補った。〔　〕を付したものは、諸史料に現れる最も早い年、または最も遅い年。〔　〕のないものは、就任または辞職の年がはっきりしているもの。

表4　大坂行政要覧類に見る大坂代官

年	史料名	所蔵	代官名
元禄16(1703)	『公私要覧全』	商	遠藤新兵衛　久下作左衛門　石原新左衛門 万年長十郎
宝永6(1709)	『公私要覧全』	商	細田伊左衛門　久下作左衛門　万年七郎右衛門 石原新左衛門　万年長十郎　岡田庄太夫 近山清右衛門
正徳4(1714)	「京都御役所向大概覚書」		細田伊左衛門　久下藤十郎　高谷太兵衛 石原新十郎　平岡彦兵衛
享保13(1728)	『浪花袖鑑全』	大	平岡彦兵衛　久下藤十郎　斎藤喜六郎
14(1729)	『大坂袖鑑全部』	商	平岡彦兵衛　久下藤十郎　千種清右衛門
15(1730)	『大坂袖鑑全部』	中	平岡彦兵衛　久下藤十郎　千種清右衛門
元文元(1736)	『大坂袖鑑全』	商	平岡彦兵衛　疋田庄九郎　千種清右衛門
5(1740)	『大坂袖鑑全』	商	池田喜八郎　疋田庄九郎　千種清右衛門
延享元(1744)	『大坂延享武鑑』	大	奥谷半四郎　渡辺民部　千種清右衛門
3(1746)	『延享大坂武鑑』	商	奥谷半四郎　渡辺民部　萩原藤七
5(1748)	『改正増補難波丸綱目』上之一	大	奥谷半四郎　渡辺民部　萩原藤七郎
宝暦期	『宝暦大坂武鑑』	大	飯塚猪兵衛　亀田三郎兵衛　萩原藤七
宝暦期	『改正増補難波丸綱目』	商	飯塚猪兵衛　内藤重右衛門　萩原藤七郎
明和期	『大坂武鑑』	大	飯塚伊兵衛　内藤重右衛門　平岡彦兵衛
明和期	『大坂武鑑』	商	飯塚伊兵衛　内藤重右衛門　辻六郎左衛門
安永2(1773)	『大坂武鑑』	商	稲垣藤左衛門　多羅尾縫殿　辻六郎左衛門

(注) 所蔵欄の「商」は大阪商業大学、「大」は大阪市史編纂所、「中」は大阪府立中之島図書館。宝永6年の近山清右衛門は、史料では近山清左衛門となっているが、表のように訂正しておいた。『延享大坂武鑑』は延享4年刊行の可能性もある。

以外については、実際に検使が派遣されたのは、表2に記されている年月よりも少し前のことであった。このことを念頭に、検使として派遣された代官、手代が検使となった場合はその手代の代官を順に検討していこう。まず、国分け以後について検討する。

表3および表4から、⑬の久下藤十郎、⑭の平岡彦兵衛、⑮⑯の疋田庄九郎、⑰の渡辺民部・萩原藤七郎、⑱の奥谷半四郎、⑲の渡辺民部、⑳の飯塚伊兵衛、㉑の内藤十右衛門、㉒の多羅尾縫殿は、派遣当時大坂代官であったことが確実である。多羅尾氏は代々近江国信楽代官であったが、この縫殿は大坂代官であった。これらを除くと、⑭の斎藤喜六郎、⑲⑳の多羅尾四郎右衛門(縫殿の父)、㉑の稲垣藤左衛門、㉒の岩出伊右衛門が残る。斎藤は、表3・表4では

享保十三年段階で大坂代官であるので、手代派遣時も大坂代官であった可能性が高い。稲垣も、表4によれば、安永二年段階では大坂代官であったので、これも同様であろう。

残るは多羅尾四郎右衛門と岩出である。前述のように、多羅尾四郎右衛門の子の縫殿は大坂代官であったが、四郎右衛門については確認できない。表4の宝暦期の代官名を見る限りでは、大坂代官ではなかったように思われる。岩出についても今のところ何ともいえない。

以上の分析から、国分け後は、ほとんど、大坂代官または大坂代官の手代が検使として派遣されたとしてよい。多羅尾四郎右衛門と岩出伊右衛門の扱いが問題となるが、彼らが大坂代官でなかったとすれば、寛延期までは、検使はもっぱら大坂代官またはその手代に限定されていたが、その後、大坂代官でない代官、それも五畿内代官でもない上方八カ国代官やその手代も派遣されるようになった、とまとめることができる。なお、文化三年（一八〇六）五月に起こった河内国石川郡山城村と同郡北大伴村の水論では、「大坂御代官木村周蔵様御手代木佐森良助様、京都御代官木村宗右衛門様御手代林和四郎様御両所へ、大坂西町奉行所ゟ地改御見分被仰付[17]」とあるように、大坂代官手代に加え、「京都御代官」の手代も派遣されている。

国分け以前についてはどうだろうか。表2の代官の中では、②の長谷川六兵衛、⑤の万年長十郎、⑩の石原新十郎、⑪の桜井孫兵衛および久下藤十郎は大坂代官であったことが確実である。①の石原新左衛門は、「京都役所方覚書[18]」によれば、元禄七年（一六九四）段階に大坂代官であるので、表4とあわせ判断すれば、当時も大坂代官であったと考えられる。その他の代官のうち、大坂代官でなかったことが確実なのは、③④⑥⑦の辻弥五左衛門、⑩の角倉与一であるが、それ以外もおそらく大坂代官でなかったと思われる。つまり、国分け以前では、論所がたとえ摂河泉播のうちであっても、必ずしも大坂代官やその手代が派遣されるとは限らなかったのである。

おわりに

享保の国分けは、裁判管轄の問題であると同時に、京都・大坂両町奉行の代官支配の問題でもあった。大坂町奉行は、京都町奉行が検使派遣という側面において有していた上方八カ国代官に対する権限を、そのままの形で付与されたのではなかった。付与されたのは、五畿内代官の手代を派遣する権限であった。しかも、大坂町奉行は、国分け後しばらくの間は、五畿内代官のうち、大坂代官以外の代官やその手代を派遣することはなかったのである。

ところで、代官やその手代を検使として派遣する権限は、京都町奉行が有していた代官に対する支配権の一部にすぎない。その意味では、大坂町奉行に付与された代官についての権限とは、あくまでも検使派遣という側面におけるものであり、きわめて限定されたものであった。また、いうまでもないことであるが、管轄範囲が八カ国から四カ国になったものの、国分け以後も、京都町奉行は上方八カ国代官やその手代を検使として派遣する権限をもち続けた。享保の国分けといえば、幕府畿内近国広域支配の中での大坂町奉行の権限強化というイメージを抱きやすい。そのこと自体は誤りではないが、実態を正しくとらえた上で評価しなければならないのである。

大坂町奉行の検使派遣のあり方は、その後変化を見せる。時期についてはなお厳密な検討が必要であるが、おそらく宝暦期以降、大坂代官以外の上方八カ国代官の手代も派遣されるようになるのである。これは、大坂町奉行の代官支配の変化を反映するものと考えてよいだろう。幕府の改革は国分けで完結したのではない。その後の変化を視野に入れつつ検討することも、これからの国分け研究に必要なことである。

（1）林屋辰三郎責任編集『京都の歴史』六（京都市史編さん所、一九七三年）三六～三九頁、八八～八九頁、鎌田道隆『季刊論叢日本文化4　近世都市・京都』（角川書店、一九七六年）一四九～一五二頁、藪田貫「『摂河支配国』論―日本近世における地域と構成―」（脇田修編著『近世大坂地域の史的分析』御茶の水書房、一九八〇年、のち、藪田『近世大坂地域の史的研究』〔清文堂出版、二〇〇五年〕に収録）、神保文夫「近世私法史における『大坂法』の意義について―大坂町奉行所の民事裁判管轄に関する一考察―」（平松義郎博士追悼論文集編集委員会編『法と刑罰の歴史的考察』名古屋大学出版会、一九八七年）など。なお、近年では小倉宗が幕府上方支配機関相互の指揮・監督関係という観点から享保の国分けを論じている（小倉「近世中後期の上方における幕府の支配機構」『史学雑誌』一一七―一一、二〇〇八年一一月、のち、小倉『江戸幕府上方支配機構の研究』〔塙書房、二〇一一年〕に収録）。

（2）筆者は、「代官郡触と幕府の畿内近国広域支配」（『待兼山論叢』史学篇三一、一九九七年一二月、のち改稿して本書第一部第一章）で、正徳～享保期、摂津・河内・和泉の国々では、上方八カ国代官がそれぞれ一郡を担当し、同奉行の触を伝達するという触伝達形式が存在したことを明らかにした。この論文は、今後の畿内近国広域支配論には、京都町奉行の上方八カ国代官支配という視点を取り入れることが必要であることを示したものでもあった。

（3）「京都御役所向大概覚書」は、岩生成一監修『京都御役所向大概覚書』上巻および下巻（清文堂出版、一九七三年）に収録されている。

（4）前掲注（3）岩生監修『京都御役所向大概覚書』上巻、二九四～二九九頁。

（5）前掲注（3）岩生監修『京都御役所向大概覚書』上巻、二九三～二九四頁、三〇〇～三〇二頁。

（6）京都町触研究会編『京都町触集成』別巻一（岩波書店、一九八八年）。

（7）前掲注（6）京都町触研究会編『京都町触集成』別巻一、一六五・一八四頁。

（8）ここでは大阪市史編纂所所蔵の写本によった。なお、これは全文、『大阪市史史料第四十一輯　大坂町奉行所旧記（上）』（大阪市史料調査会、一九九四年六月）および『同第四十二輯　大坂町奉行所旧記（下）』（大阪市史料調査会、一九九四年八月）に収録されている。

（9）以下、「町奉行所旧記」一の「地方之公事訴訟大坂御支配ニ成候書留」の項。前掲注（8）『大坂町奉行所旧記（上）』では二一～二五頁。

（10）これを受けて、両大坂町奉行は十一月二十九日、四カ国村々に裁判管轄範囲の変更を触れている（奥田家文書研究会編『奥田家文書』四、大阪府同和事業促進協議会・大阪部落解放研究所、一九七一年、一三七頁、箕面市史編集委員会編『箕面市史』史料編五、箕面市、一九七二年、五二頁）。

（11）この後享保十九年八月、京都町奉行支配の代官である小堀仁右衛門と鈴木小右衛門は、代官所の公事訴訟および自身に関わることは、それまで通り京都町奉行に達し、取箇・在方御普請・夫食・種貸など地方に関わることは、以後京都町奉行に達することなく、直接勘定奉行に達するようにすることが定められた（石井良助編『徳川禁令考』前集第二〈創文社、一九五九年〉八四二号）。

（12）享保七・八・九各年の『武鑑』（深井雅海・藤實久美子編『江戸幕府役職武鑑編年集成』八、東洋書林、一九九七年、所収）には、いずれも五畿内代官として内山七兵衛の名が記されている。

（13）前掲注（3）岩生監修『京都御役所向大概覚書』上巻、四一六～四一七頁。

（14）小早川欣吾「『論所』に関する訴訟手続について―近世に於ける民事訴訟の一類型として観たる―（一）・（二）」（『法学論叢』三七―一・四、一九三七年七月・一〇月、のち、小早川『近世民事訴訟制度の研究』〈有斐閣、一九五七年、のち一九八八年、名著普及会より増補版〉に収録）、川島孝「近世中期の水論について―摂河両国の事例―」（『島根医科大学紀要』八、一九八五年一二月）、熊谷光子「近世黒鳥村の山論・水論」（『旧和泉郡黒鳥村関係古文書調査報告書―現状記録の方法による―』和泉市教育委員会、一九九五年）。

（15）村田路人『近世広域支配の研究』（大阪大学出版会、一九九五年）一七二頁。

（16）前掲注（15）村田『近世広域支配の研究』一七三～一八一頁。

（17）野村豊『水利史料の研究―南河内に於ける水利問題の歴史地理学研究―』（大阪府農地部耕地課、一九五三年）二〇七頁。

（18）前掲注（6）京都町触研究会編『京都町触集成』別巻一、一八三頁。

第四章　享保期における幕府上方支配機構の再編

はじめに——畿内近国地域の特徴と幕府上方支配機構——

これまでたびたび述べてきたように、畿内近国（五畿内に周辺の近江・丹波・播磨三カ国を加えた八カ国。上方八カ国）においては、個別領主支配と広域支配という二種の支配が展開していた。個別領主支配は、それぞれの領主が自身の所領に対して行う支配である。広域支配は、幕府機関や幕府からある種の権限を委ねられた機関による、一定の地理的範囲（国や郡、また特定河川沿岸などの特定地域）に対する所領の違いを超えた支配である。広域支配には、村・町や同業者仲間、あるいは寺社などに対するものと、当該の地理的範囲内に所領を有する個別領主に対するものの二種があり、本書では、前者を広域支配A、後者を広域支配Bとしている。

さて、右のような特徴をもつ畿内近国の支配に関わっていた幕府機関——ここでは、特にこれを幕府上方支配機関と呼ぶことにする——としては、京都町奉行や大坂町奉行などの遠国奉行と幕府代官があった。遠国奉行は、個別領主の一つである幕府の一機関として、それぞれの赴任先である幕府直轄都市を支配する（個別領主支配）とともに、広域支配をも担っていた。幕府代官は、管轄下の幕領の支配（個別領主支配）がその基本的任務であったが、それだけでなく、ある種の広域支配にも携わっていた。また、京都町奉行は、上方の代官集団を統轄していた。

本章では、享保改革の中で、これら幕府上方支配機関相互の関係が、どのような背景のもと、いかに変化したのかを見ていきたい。享保期における幕府中央の行政機構改革については、これまでの研究である程度明らかになってはいるものの、[1]地方の行政機構改革に関しては、未解明の部分が多い。[2]しかし、その実態をふまえねば、享保改革期の幕府行政機構改革の全体像を把握することはできない。とりわけ畿内近国は、関東と並んで政治的にも経済的にも重視されていた地であり、この地域の幕府行政機構改革の実態を体系的に把握することは、他地域にもまして重要な作業といえる。

享保改革期には、特に、京都町奉行と上方の代官集団との関係、大坂町奉行と京都町奉行との関係、そして大坂町奉行と堺奉行との関係に、大きな変化が見られる。このそれぞれの関係の変化が幕府上方支配機構再編の柱であったといってよい。本章では、これらの変化、とりわけ京都町奉行と代官集団との関係の変化に重点を置いて論じていくこととする。

第一節　京都町奉行の上方八カ国代官統轄機能

1　上方八カ国代官

京都町奉行所が、職務遂行の参考とするために編纂した「京都御役所向大概覚書」三（享保二年〔一七一七〕ころ作成、その後若干追加）には、「正徳四午年改八箇国御代官面〻支配高之事」という項目があり、一七名の代官のそれぞれの支配高が記されている。[3]すなわち、享保初年、当時「八箇国御代官」と一括される代官の一群が

表1　正徳4年（1714）段階における上方八カ国代官

代官名	陣屋	代官所所在国	その他支配地
小堀仁右衛門	（京）	山城・河内・摂津・丹波・丹後	禁裏御料・法皇御料等
辻弥五左衛門	南都	大和・和泉	
古郡文右衛門	大津	山城・大和・和泉・河内・摂津・近江	大津町
細田伊左衛門	大坂	大和・和泉・河内・摂津・播磨	小豆島
高谷太兵衛	大坂	大和・河内・摂津	塩飽島・直島・満濃池領
石原新十郎	大坂	大和・摂津・播磨・伊予	
久下藤十郎	大坂	和泉・摂津・河内・播磨	
平岡彦兵衛	大坂	大和・和泉・河内・摂津・播磨・備中・伊予	
桜井孫兵衛	今井町	大和・美作	
竹田喜左衛門	京	大和・河内・摂津・近江	
鈴木九太夫	京	大和・河内・摂津・播磨	
石原清左衛門	京	大和・河内・近江	
多羅尾四郎右衛門	信楽	近江	
角倉与一	京	山城・摂津・近江・丹波	
増井弥五左衛門	京	山城・大和・播磨	
上林門太郎	宇治	山城・河内	宇治町
上林又兵衛	宇治	山城・大和・摂津・近江	

（注）『京都御役所向大概覚書』上巻による。下線を引いた国は上方八カ国以外の国。（　）内は表作成者による。

あった。「八箇国御代官」とは、その支配所のうちに上方八カ国の幕領を含む代官のことで、本書では、彼らのことを「上方八カ国代官」と呼んでいる[4]。

表1は、右の「正徳四午年改八箇国御代官面〻支配高之事」から、正徳四年（一七一四）段階の上方八カ国代官一覧を作成したものである。代官数は一七名、その半数以上は、京または大坂に陣屋があった（京六名、大坂五名）。大坂・南都（奈良）・大津・信楽・宇治に陣屋があるものは、陣屋の所在地名を冠して、それぞれ大坂代官・奈良代官・大津代官・信楽代官・宇治代官と称したが、京都に役所のあるものについては、京都代官と称したのは小堀仁右衛門だけである。京都代官は、寛文四年（一六六四）に設置された代官職で、山城国の大河川の普請の指揮や禁裏御料の管理、御所の造営などにも携わり、他代官とは一線を画する存在であった。延宝八年（一六八〇）以降は、小堀氏の世襲するところとなっていた[5]。

さて、すでに指摘があるように[6]、上方八カ国代官は、京都町奉行の統轄を受けていた。それは、基本的には、同奉行が上方八カ国幕領管理の責任者であったためである。この統轄のあり方が、享保改革の中で変化していくのであるが、まずは、享保改革期以前における、京都町奉行の上方八カ国代官統轄機能を見ていくことにしよう。享保改革の一環としての幕府上方支配機構再編がいつから始まるかは、それ自体大きな問題であるが、あとで見るように、一応享保七年（一七二二）と考えられるので、できるだけ、その直前の時期である正徳〜享保初年（一七一〇年代）の状況を紹介する。先の「京都御役所向大概覚書」は、まさにその時期における京都町奉行の職務内容を窺わせる史料である。

前述のように、上方八カ国代官は、個別領主支配の一つである幕領支配とともに、ある種の広域支配（広域支配A）をも担っており、京都町奉行は、この両面において代官統轄機能を発揮していた。以下、幕領支配、広域支配の順に検討していく。

2　幕領支配における京都町奉行の上方八カ国代官統轄

京都町奉行の上方八カ国代官統轄について、幕領支配の側面では、（イ）上方八カ国幕領年貢の収納、（ロ）幕領役の賦課、（ハ）幕令の伝達、の三つについて、代官統轄機能が窺える。以下、順に見ていきたい。

（イ）上方八カ国幕領年貢の収納

「京都御役所向大概覚書」三の「八ヶ国御成箇極之事」[7]という項に、京都町奉行が上方八カ国幕領年貢高を決定し、勘定所に報告する際の手続きが記されている。

（史料1）

八ヶ国御取箇極之儀、例年十月十九日又ハ廿一日より御代官面〻手代、指出目録持参、請取之、同廿五日比年番方江御代官中招之、寄合之上御取箇遂吟味相究、寄帳・大目録其外書付等認、十一月初比差出帳面一所ニ箱入ニシテ御勘定所江差出ス、此時御老中江書状・覚書幷御勘定頭中江書状相添、且又翌年二月比迄ニ郷帳取集、御勘定所江差下ス、両度共所司代宿次証文を以指下候

すなわち、①十月十九日または二十一日から各代官の手代が京都町奉行に指出目録を持参する、②十月二十五日ごろ、年番の京都町奉行が代官たちを招集し、協議した上で年貢高を決定する、③十一月初めごろ、年貢高決定にあたって作成された寄帳・大目録その他の書付と、代官手代が持参した指出目録を箱に入れ、勘定所に提出する。このとき、老中宛の書状と覚書、勘定頭（勘定奉行）中宛の書状を添える、④年貢収納後翌年二月ごろまでに、各代官が作成した郷帳を京都町奉行が取り集めて勘定所に提出する、という手続きであった。ここには京都町奉行が上方八カ国幕領年貢高決定の責任者であることが明確に示されている。

その他、年貢収納に関しては、年貢として納める米や大豆の拵え（俵詰）について、京都町奉行が代官に対して細かい指示を行ったことが確認できる。

（史料2）(8)

近年御年貢米・大豆拵悪敷、別而米方不宜、腐米大分出来候間、自今米拵入念候様ニ急度御申付可有之候、尤、中札等古来ゟ入来候処、不同有之候、此度中札案文別紙遣之候間、俵毎ニ紙札入之、（以下略）

（享保三年）十月四日

（二条蔵詰米中札案文略）

右之通、京都従　御郡代所被仰触候ニ付、致写相廻候間、米・大豆拵之義弥以入念、御案文之通中札相違無之様ニ仕、俵毎ニ紙札入之、上札前〻之通可被相心得候、（略）

十月七日　服部権平印

猶〻大豆中札之義ハ前〻通可被申付候、以上

北庄村
荒開
中筋村
（桜井孫兵衛代官所一五カ村略）
右村〻庄屋
年寄中

服部権平は代官桜井孫兵衛の手代で、宛名の北庄村以下の村々は桜井孫兵衛代官所である。享保三年（一七一八）十月四日、京都郡代すなわち京都町奉行が、近年は年貢米の拵えが悪く、大量の米が腐れ米となるので、今後は念を入れて米の拵えを行うよう、代官所村々に厳しく申し付けよと代官桜井に命じた。このとき、俵ごとに入れる中札（米主・升取・米見・庄屋の名を記したもの）の案文も示している。これを受けた桜井代官役所では、同月七日付で、桜井手代の服部が桜井代官所村々に、このことを触れたのである。

表2　上方八カ国における幕領役（享保初年段階）

役の種類	賦課対象	備　考
六尺給米	八カ国幕領	
御蔵前入用銀	八カ国幕領	元禄2年（1689）より始まる。
伝馬宿入用米	八カ国幕領	宝永4年（1707）より始まる。
大坂城修復役	摂津・河内・和泉・播磨幕領	
大坂蔵修復役	摂津・河内・和泉・播磨幕領	大坂城内外にあった幕府の米蔵・糒蔵や塩噌蔵の修復役。
大坂城鉄砲合薬製造役	八カ国幕領	享保4年(1719)より毎年の役となる。
二条城修復役	山城・大和・丹波幕領	
二条蔵修復役	山城・大和・丹波幕領	二条城内外にあった幕府の米蔵・糒蔵の修復役。
大津蔵修復役	近江幕領	大津にあった幕府の米蔵の修復役。
御所・御殿作事役	八カ国幕領	禁裏・院中の御所や女御などの御殿の作事役。

注　『京都御役所向大概覚書』上巻、村田路人『近世広域支配の研究』（大阪大学出版会、1995年）より作成。

（ロ）幕領役の賦課

上方八カ国幕領村々には、幕府からさまざまな役が課されていた。表2は、享保初年段階の役の内容である[9]。全国の幕領に課された高掛三役（六尺給米・御蔵前入用銀・伝馬宿入用米）以外は、この地に特有の役であるが、すべてがひとしく八カ国幕領にかかったというわけではない。大坂城修復役や大坂蔵修復役は摂津・河内・和泉・播磨四カ国幕領、二条城修復役や二条蔵修復役は山城・大和・丹波三カ国幕領、大津蔵修復役は近江国幕領だけにかかった。

以上の諸役と、享保四年（一七一九）以降の大坂城鉄砲合薬製造役は、毎年かそれに準ずるほどの賦課頻度の高いものであったが、御所・御殿作事役は臨時的なものであった。

ここに掲げた役のうち、一七世紀末以降に登場した御蔵前入用銀と伝馬宿入用米は、京都町奉行の手を介さず、勘定所から直接各代官に代官所村々への賦課指示が行われた。それ以外の役は、いずれも同奉行が各代官に代官所村々への賦課を指示している（ただし、大坂城修復役については、同奉行と大坂町奉行が連名で賦課指示を行った）。以下に、一例をあげておこう。

（史料3）[10]

覚

一三拾壱匁九分弐り　　北庄村

一四匁四厘　　荒開

（一六カ村分の銀高書上げ略）

右ハ、大坂　西御丸・玉造御蔵、浜御春屋御條（修）復御入用人足七百九拾弐人之賃銀五百七拾八匁壱分六り、摂刕・河州・泉刕・播刕御代官所御割符、御郡代所ゟ被仰越候間、村〻割賦如此候、（以下略）

（享保二年）十一月廿八日　服部権平印

右村〻

庄屋中

すなわち、享保二年（一七一七）、大坂城西の丸および同玉造の蔵と、大坂市中にある春屋の修復のために、人足七九二人が動員された。京都町奉行は、この人足賃五七八匁一分六厘を摂河泉播四カ国幕領に課すことを代官たちに伝えた。これを受け、十一月二十八日、代官桜井孫兵衛手代服部権平は、和泉国にある桜井代官所の各村に、それぞれの村高に応じた額の銀を納めるよう命じたのである。

（ハ）幕令の伝達

全国の幕領・私領を適用範囲とする幕府全国令が上方八カ国幕領にもたらされる場合、幕府中央→それぞれの上方八カ国代官→各代官所村々というルートによる伝達もあったが、幕府中央→京都町奉行→それぞれの上方八カ国代官→各代官所村々というルートによっても伝達された。[11] 史料4は、その一例である。

（史料4）

覚

一唐船持渡之諸色抜荷仕売買之者、今以不相止不届ニ候、向後買元不慥、疑敷品有之候者、不可相求、（以下略）

一（略）

右之趣堅被申渡置、外ゟ相知さる以前、面〻領知支配下ゟ相改出し候様ニ、無油断可被申付候、若違犯之者有之時ハ、窺之上、仕置可申付候、以上

戌（享保三年）六月

右之御書付京都御郡代所ゟ被遣候ニ付、写差越候間、村中大小百姓、其村居住之寺社方迄読聞せ、急度相守可申候、此帳面順〻相廻し、庄屋・年寄致印形、留り村ゟ可相返候、以上

戌七月　（桜井）孫兵衛

和泉国御代官所村〻

庄屋

年寄

享保三年（一七一八）六月、幕府は諸領主に中国船よりの抜け買いなどに関する触を出したが、これは京都町

奉行にももたらされ、同奉行は、上方八カ国代官に、この触をそれぞれの支配所の村々に伝えるよう指示した。代官桜井孫兵衛はこれを受け、同年七月に和泉国の桜井代官所村々に触を出した。

以上、（イ）（ロ）（ハ）の三側面について、幕領支配における京都町奉行の上方八カ国代官統轄機能を見た。もちろん、この統轄機能はこれら三側面のみについて見られるものではない。そのことは、次の史料5[12]に示されている。

（史料5）

享保十九甲寅年八月闕日
京都代官所事務ノ儀ニ付達書

一京都町奉行支配御代官小堀仁右衛門・鈴木小右衛門、御代官所公事訴訟幷自分江懸リ候儀者、只今迄之通京都町奉行江相達、御取箇・在方御普請・夫食・種貸、其外地方江附候御用向者、向後町奉行江不及相達、御勘定奉行江両人より直ニも相達、御勘定奉行取計可申事

これは、享保十九年八月に、「京都町奉行支配御代官」である小堀仁右衛門と鈴木小右衛門について、それぞれの代官所における公事訴訟や自身に関わることは、これまで通り京都町奉行に達し、年貢・在方御普請・夫食・種貸など在方に関わる事柄は、同奉行に達することなく勘定奉行に直接達するようにした際のものである。上方八カ国代官はすべて京都町奉行の支配下にあるにもかかわらず、この両代官に限って「京都町奉行支配御代官」とあるのは奇異に見えるが、これはまさに享保改革の結果を反映するものである。このことについては後述するが、享保初年段階では、享保十九年以前の両代官のあり方が上方八カ国代官一般のあり方と考えられ、京都

町奉行は、各代官を通してそれぞれの代官所内の公事・訴訟や、河川・用悪水路普請、夫食・種貸など、村々支配に関わる事柄をも把握していたと思われる。

このように、上方八カ国の幕領を支配する京都町奉行は、その側面において上方八カ国代官を支配・統轄していた。実際に幕領支配業務を行っていたのは上方八カ国代官であるから、それは当然のことであったといえよう。幕府の上方八カ国幕領支配という面から見ると、御蔵前入用銀および伝馬宿入用米の賦課のように、勘定所が上方八カ国代官を直接支配する部分もあったが、多くは京都町奉行を介する形で支配が実現していたといえる。

ここで、当時の上方八カ国幕領をめぐる勘定所と京都町奉行との関係を窺わせる史料があるので、紹介しておこう。上方八カ国代官の人事に関して、京都町奉行の意思が勘定所のそれに優先した事例である。

（史料6）[13]

細田伊左衛門元御代官所、当分太兵衛被致支配候様ニ申遣候処、先達而京都町奉行衆ゟも、最寄ニ候間、両人ニ而当分致世話候様ニ被申渡候由被申越候間、両人申合候而跡役出来候迄ハ可被致支配候、以上

（正徳六年）
五月廿一日

竹村惣左衛門（勘定吟味役竹村嘉躬）
杉岡弥太郎（同　杉岡能連）
水野伯耆守（勘定奉行水野守美）
大久保下野守（同　大久保忠位）
伊勢伊勢守（同　伊勢貞敕）
水野因幡守（同　水野忠順）

高谷太兵衛殿

石原新十郎殿

右之通被仰付候間、村〻可得其意候、為其如此候、以上

（正徳六年）
申六月六日　高谷太兵衛印

泉刕
村〻

追而此廻状村下庄屋致印形、早〻相廻し、留り村ゟ可相返候、以上

正徳六年（一七一六）四月に代官細田伊左衛門が退任し、(14) 細田が支配していた和泉国の一九カ村は、翌月より当面、代官高谷太兵衛が支配することになった。(15) これは勘定奉行と勘定吟味役の指示に基づくものであったが、これとは別に、京都町奉行から高谷と代官石原新十郎に、二人で当分世話するようにとの指示が出されていた。このことを知った勘定奉行および勘定吟味役は、五月、高谷と石原に対して、京都町奉行の指示通りにするよう命じた。これが史料6の「右之通被仰付候間」の前までの部分である。次の代官が正式に決まるまでの当面の預かりの場合に限られるのであろうが、京都町奉行が代官人事に関し、一定の権限を有していたことを示す例である。

3　広域支配における京都町奉行の上方八カ国代官統轄

広域支配（広域支配A）の側面では、（イ）国役の賦課とそれに伴う郡触の伝達、（ロ）論所裁判、において、京都町奉行は上方八カ国代官統轄機能を果たしていた。

（イ）国役の賦課とそれに伴う郡触の伝達

京都町奉行は、上方八カ国幕領・私領に対する役も課していた。一七世紀においては、そのような役はいくつか見られたが、享保初年段階には、朝鮮通信使来朝に伴う役だけになっていた[16]。これは、朝鮮通信使が来朝した際に動員された人馬または人足の費用が、通信使の通行ルートにあたる国々に国役（国を単位に、幕領・私領の区別なく石高基準に課される役）として賦課されるもので、通信使が帰国して数年後に課された。京都町奉行は、勘定所の指示を受け、上方八カ国の幕領・私領に人馬賃銀または人足賃銀を課すのであるが、その際、上方八カ国代官を利用した。正徳元年（一七一一）に来朝した朝鮮通信使のための人足賃が、国役として摂津国豊嶋郡村々に賦課されたときの状況を紹介しておこう。

通信使一行が上方にまだ達していない同年八月、代官平岡次郎右衛門と、その子で代官見習であった同彦兵衛が、摂津国豊嶋郡幕領・私領村々に、次のような触を出した[17]。

（史料7）

当秋朝鮮人来聘之御用幷人馬之儀ニ付、五畿内・近江・丹波・播磨村高御用ニ付、摂津国豊嶋郡御領（料）・私領幷寺社領共江御触書壱通、帳面壱冊箱ニ入、我等共御代官所向寄村ゟ相廻候様ニ、安藤駿河守殿（京都町奉行安藤次行）・中根摂津守殿（同中根正包）ゟ御申渡候間、村ゝ庄屋・年寄得其意、御触書委細致拝見、村切遂吟味、別帳面ニ高幷地頭・御代官之名記之、御下書之通庄屋・年寄致印形、無申迄候得共、一郡之内村数不落様ニ入念、宛寄へ段ゝ相廻シ、勿論御触書幷帳面共不損候様ニ大切ニ心得、先ゝへ相渡シ可申候、（以下略）

卯八月

平岡彦兵衛印

平岡次郎右衛門印

摂津国豊嶋郡
御（料）領・私領幷寺社領村々
庄屋
年寄

まず、京都町奉行安藤次行・同中根正包が摂津国豊嶋郡幕領・私領村々に対して、村高と領主の名を書き上げて提出するよう命じる触を出した。ただし、それは、京都町奉行から直接豊嶋郡村々に伝達されたわけではなかった。同郡では、代官平岡父子が、豊嶋郡幕領・私領村々に、箱に入った京都町奉行の触と村高・領主名記入用の帳面を村から村へと回すよう命じている。すなわち、代官平岡父子が介在して、京都町奉行の触が豊嶋郡全村に回されたのである。そのことを平岡父子に命じたのは、もちろん京都町奉行である。筆者は、郡内全村に対し、村から村へと回達方式で伝達される形式の触を郡触と名付けているが[18]、この京都町奉行の触も、また、その回達を命じた代官平岡父子の触も、ともに郡触にほかならなかった。

四年後の正徳五年八月、先の村高調査に基づいて、人足賃銀の国役割が行われた。このときも京都町奉行は、豊嶋郡の各村の負担銀額を記した割賦帳を平岡彦兵衛（この段階では、次郎右衛門はすでに死去しており、見習いであった彦兵衛が代官職を継いでいた）に渡し、豊嶋郡村々への回達を命じている[19]。

このように、朝鮮通信使来朝に伴う国役賦課は、代官が介在することによって実現していた。享保度来朝（享保四年〔一七一九〕）の場合も、まったく同様の形で国役賦課が行われている[20]。本来幕領を支配することが任務であった代官が、一つの郡の全村に、国役賦課に関わる触（京都町奉行がその郡の村々に出した郡触と、その触の回達を命じた代官の郡触）を回すというのは、きわめて特異というべきである。ではなぜ、このような形で国役賦課が行われたのだろうか。

それは、京都町奉行が摂津・河内・和泉・播磨四カ国に対する国役賦課権および国役負担を命じる触の発給・伝達権は有していたものの、その触を伝達する実際的な手立てをもちあわせていなかったからである。史料7に「我等共御代官所向寄村ゟ相廻候様ニ、安藤駿河守殿・中根摂津守殿ゟ御申渡候間」とあるように、国役賦課に関わる触の回達を担当した代官平岡父子は、豊嶋郡に代官所を有しており、触は、代官からまずその代官所のうちの一村に渡され、その村を起点に他村へ回されたことがわかる。触は、最初の村に渡すことさえできれば、そこから他の村々へ順次回していくことは、さほど困難ではない。摂津・河内両国には大坂町奉行が日常的に郡触を回していたし、用水利用などをめぐって、領主の異なる村々間で廻状が回達されることも珍しくなかったからである。京都町奉行は、直接触を伝達することのできない国には、郡ごとにその郡に代官所を有する代官を選び、代官と回達第一村との支配関係を利用して、国役賦課に関わる郡触を伝達させたのである。

（ロ）論所裁判

京都町奉行は、享保七年（一七二二）まで上方八カ国、同年以降は山城・大和・近江・丹波四カ国における論所裁判権を有していた。ここでいう論所とは、水論・山論・境論など、用悪水や土地をめぐる訴訟のことをいう。[21] 摂津国の村同士が用水権をめぐって争った場合でも、同年までは、大坂町奉行所ではなく、京都町奉行所に訴え出ることになっていた。[22] もちろん、同じ領主のもとにある村同士の争論は、その領主が裁判を行ったが、所領錯綜傾向が見られた上方八カ国では、異なる領主のもとにある村々間の争いが多く、京都町奉行所に訴訟がもちこまれることがしばしばあった。

京都町奉行は、裁判を進めていく過程で、上方八カ国代官やその手代を係争地に検使として派遣した。たとえば、史料8に見るように、天和三年（一六八三）には、代官服部六左衛門が、二条城警備の大番である辻忠兵衛・荻原左兵衛とともに、摂津・河内・丹波・播磨の七カ所の係争地へ検使として派遣されている。

（史料8）[23]

覚

一弐拾壱人扶持　安藤丹波守組　高七百五拾石余　辻忠兵衛

一拾人扶持　北条伊勢守組　高弐百俵　荻原左兵衛

一拾弐人扶持　高三百石　御代官　服部六左衛門

右三人、今度摂州・河州・丹波・播磨之内、論所七ヶ所江為検使被遣付而、御扶持方被下候、道中上下彼地逗留中、書面壱倍扶持之積、面々手形ニ以前田安芸守（京都町奉行前田直勝）・井上志摩守（同井上重次）裏判可被相渡候、以上

天和三亥

閏五月十五日　山城印（老中戸田忠政）

豊後印（同　阿部正武）

二条

御蔵衆

これは、老中戸田忠政および同阿部正武が二条蔵奉行に対して、派遣中の検使に対する扶持米の支給を命じたものである。大番と代官が派遣されるのは、幕府の国家支配にも関わる国境・郡境論の場合で、通常の論所裁判では代官または代官手代が派遣された[24]。京都町奉行は、論所裁判という、幕領・私領を問わぬ広域支配を行うにあたり、支配下にある上方八カ国代官を検使という形で利用していたのである。

4　元禄十一年（一六九八）の改革

これまで見てきたような京都町奉行の上方八カ国代官統轄機能は、さかのぼれば寛文八年（一六六八）の同奉行設置、さらにはその前身である上方郡代の時代にまでいきつくが、元禄十一年（一六九八）が一つの画期となっている。この年七月、幕府は上方八カ国代官たちに対する三カ条の覚[25]を定めた。

（史料9）

一上方筋御代官江申渡之趣、以書付松平紀伊守（京都所司代松平信庸）江達之

　上方筋御代官江申渡覚

一上方筋御代官御勘定奉行中江相伺儀者、郡代之事候間、向後弥京都町奉行中江も可相窺之事

一御取毛之儀、一人前〻御預り場所、自今以後ハ其年之検見之趣ニ而存寄之通書付、京都町奉行中江可被差出之候、なかま申合、差出ニハ不及事

一（略）

右之趣者（を）以今度米倉丹後守（若年寄米倉昌尹）上京之節、所司代にて御代官江誓詞可被申付候間、向後弥御勘定奉行中諸事可被相談候、以上

七月廿八日

三カ条のうちの第一条は、「上方筋御代官が勘定奉行中に伺うことがあれば、（京都町奉行は）郡代であるから、今後いよいよ京都町奉行中にも伺うこと」、第二条は、「御取毛（年貢高）について、代官一人で前々から支配している地は、今後は、その年の検見の結果により思うところを書きつけ、京都町奉行中に提出すること。仲間（の代官）同士で相談し、差し出すにはおよばない」というものである。

「右之趣者《を》以」以下の文言にあるように、このあと、若年寄米倉昌尹が上京したおり、[26]京都所司代邸において上方八カ国代官が起請文をしたためた。「京都御役所向大概覚書」三には、この年八月二十五日に、上方八カ国代官の一人である小堀仁右衛門が、所司代松平信庸、京都町奉行水野勝直、同安藤次行に提出した起請文の写が載せられている。[27]一一カ条の起請文の第五条には、「御取毛之儀者善悪共ニ同役共方を不承合一分〱之御預り場所、其年〻之位を以相考、存寄之通書付之、直に町奉行中江相伺可申候」との文言も含まれており、三カ条の覚の趣旨が反映したものになっていることが確認できる。上方八カ国代官は、全員京都所司代と京都町奉行に起請文を提出したと見られる。

元禄十一年七月～十二月「日記下」の記述や起請文の内容から、京都町奉行は代官を統轄する郡代でもあるので、上方八カ国代官は、勘定奉行に伺うべきことは京都町奉行にも伺うことを義務づけられ、同時に、前々から同じ代官が支配してきた地は、以後毎年検見を行い、他の代官たちと相談せず京都町奉行に収納すべき年貢高を報告するようになったことが知られる。つまり、京都町奉行の上方八カ国代官統轄機能が強化されたのである。

当時は、幕領支配の改革に熱心であった将軍徳川綱吉の治世であり、幕府中央への年貢の滞納などを理由とする代官処罰が相次いだ時期である。元禄期だけでも、二一名もの代官が死罪・流罪を含む処罰を受けている[28]。幕府は、京都町奉行に上方八カ国代官の支配を強めさせることで、彼らに対する中央統制を図ったといえよう。

また、年貢高について、「仲間（の代官）同士で相談し、差し出すにはおよばない」という指示にも注意しておく必要がある。上方八カ国幕領の年貢高は、各代官からの報告に基づいて、最終的には京都町奉行が決定したが、このころは、京都町奉行に報告するにあたり、代官同士で話し合いがもたれるのが一般的であったようである。先の小堀の起請文の第五条の文言がそのことを裏付けている。話し合いの範囲がどの程度のものか判明しないが、代官の集団的な意思が上方八カ国幕領支配に何らかの形で反映していたといえる。元禄十一年の改革は、上方八カ国代官の中の集団的な意思を、京都町奉行の権限を強化することによって、できるだけ排除しようとするものでもあった。

第二節　「京都町奉行―上方八カ国代官体制」と享保改革

1　代官数の減少

以上のように、京都町奉行は、上方八カ国幕領支配の責任者であるとともに、上方八カ国幕領・私領支配にも関わっていた。そして、その支配を遂行していくにあたって、同奉行の統轄下にあった上方八カ国代官を、さまざまな形で利用していた。本節では、このような「京都町奉行―上方八カ国代官体制」ともいうべき支配の仕組みが、享保改革の中でどのような再編を受けたのかについて見ていくこととする。

表3　享保15年（1730）段階における上方八カ国代官

代官名	代官所所在国
小堀仁右衛門	山城・摂津・河内・丹波・大和
原新六郎	大和
鈴木小右衛門	山城・大和・河内・摂津・近江
久下藤十郎	摂津・河内・和泉
平岡彦兵衛	摂津・河内
石原清左衛門	和泉・播磨
千種清右衛門	摂津・播磨・河内・但馬
多羅尾治左衛門	大和・近江
幸田善大夫	大和
上林又兵衛	山城・摂津・河内
角倉与一	大和・河内
中嶋内蔵助	播磨・但馬

注　享保16年（1731）「去戌年御取箇相極候帳」による。
　　下線を引いたものは上方八カ国以外の国。

その前に、代官数が減少したことを確認しておきたい。享保十六年（一七三一）二月に勘定所で作成された「去戌年御取箇相極候帳[29]」によれば、同十五年段階の代官数は一二名である（表3）。表1にあるように、正徳四年（一七一四）段階では一七名であり、約三割減となっている。

上方八カ国代官の全体数の減少に伴い、大坂代官の数も減少している。「元禄覚書　人」のうち「十八　御代官面々知行高幷八ヶ国之外支配[30]」によれば、元禄十三年（一七〇〇）段階の大坂代官は五名、正徳四年段階でも五名（表1）であるが、享保十三年刊「浪花袖鑑」（大阪市史編纂所所蔵）によれば三名となっている。このころには、大坂代官は三名が定制となっており、役所も三カ所（鈴木町北側・鈴木町南側・本町浜）に固定された[31]。

代官数の減少の理由の一つに、享保四年の宇治代官上林門太郎家の代官職取り上げがある。同家は代々宇治に居住し、上林又兵衛家とともに居所の固定された代官家であったが、門太郎久豊について、「寛政重修諸家譜」に「享保四年六月十二日、先祖より多分の負金あるのところ、年々の上納遅延にをよび、剰久豊も負金あるの旨曲事の至りなるにより、厳科に処せらるべしと雖も宥免ありて改易せしめられ」とあるように、代官職を取り上げられた。久豊は、同六年五月に改易を赦されるが、代官職に復帰することはなかった[32]。これにより、二名であった宇治代官は一名となった。

2　幕領支配における変化

前節では、（イ）上方八カ国幕領年貢の収納、（ロ）幕領役の賦課、（ハ）幕令の伝達、の各側面において、上方八カ国幕領支配という面における京都町奉行の上方八カ国代官統轄機能を確認した。ここでは、享保改革によって、この統轄機能がどう変化したのかを見てみよう。

まず（イ）であるが、先の史料5で見たように、享保十九年八月、幕府は「京都町奉行支配御代官」である小堀仁右衛門・鈴木小右衛門に対する京都町奉行の支配のあり方に変更を加えた。すなわち、両人は、支配地内の公事・訴訟や本人に関わる事柄については、従来通り京都町奉行に達し、取箇・在方御普請・夫食・種貸・その他、地方に関する御用向きについては、以後町奉行に達するには及ばず、勘定奉行に直接達し、勘定奉行が取り計らうこととしたのである。

前述のように、小堀は特に京都代官といわれた代官である。また、鈴木は大津に役所のあった大津代官である。享保十九年段階では、この両名は「京都町奉行支配御代官」であり、公事・訴訟関係の事柄も、年貢・普請など通常の地方支配に関する事柄も、すべて京都町奉行に報告する義務があったが、この年より、後者についてはその義務がなくなり、直接勘定奉行に報告することになったのである。事実、同年八月、大津代官鈴木小右衛門の用聞（代官や領主に抱えられ、それぞれの個別領主支配および大坂町奉行の広域支配の一部を請け負った大坂町人[33]）である河内屋吉右衛門が、鈴木の代官所村々に対し、廻状をもって次のように触れている。

（史料10[34]）

一村々悪作有之、当御検見御願被成候村方ハ、早々御注進可被成候、是迄者京都御窺ニ候所、当年ハ御検見

江戸御窺ニ相成候様ニ内証承候故申廻シ候、随分早〻御願不被成候而ハ間遠ニ可成奉存候、為御心得如斯ニ候、此廻状昼夜不限御廻シ、留り村ゟ御戻し可被成候、以上

八月廿八日

河内や

吉右衛門印

九月一日蒲田村ゟ請取、南宮原村へ使

すなわち、検見願いについてはこれまで京都伺いであったが、今年は江戸伺いになったので、検見を希望する村があれば早々に出願されたいという内容である。これは、京都町奉行の両代官に対する支配が制限され、その分勘定奉行の直接支配部分が増大したことを物語る。

ところで、右の措置が、「京都町奉行支配御代官」である京都代官と大津代官に関してのものであったということは、当時、他の上方八カ国代官は「京都町奉行支配御代官」でなかったことを示す。両代官を「京都町奉行支配御代官」として、他の代官たちと区別するようになった時期を示す史料はないが、享保八年二月、大坂町奉行に上方八カ国代官やその手代を論所検使として派遣する権限を付与するための書付が、勘定奉行・勘定吟味役から上方八カ国代官に出された際（後述）、この両代官（このときの京都代官は玉虫左兵衛、大津代官は桜井孫兵衛）だけは、京都町奉行支配ということで、同奉行から書付が渡されているから、このときにはすでに両代官は「京都町奉行支配御代官」として区別されていた。なお、この年の九月には、両代官の支配所の中小河川の定式普請の入用銀が、幕府の大坂金蔵から出されるようになっており[35]、幕府はこのころから京都・大津両代官を特別な位置に置き始めたことは間違いない。

それはともかく、問題は、享保十九年段階で両代官を除く上方八カ国代官が、年貢・普請などに関する事柄について、京都町奉行の監督を受けていたかどうかである。残念ながら、この点も史料的に確かめることができない。しかし、両代官に与えられた名称が「京都町奉行支配御代官」であったことを考えれば、享保十九年以前のある段階——おそらくは、両代官が「京都町奉行支配御代官」になった時点——で、両代官以外の上方八カ国代官は、勘定奉行に直接年貢・普請などに関する事柄を報告してその指示を受けるようになり、同年に至って、「京都町奉行支配御代官」である両代官も、勘定奉行直結という形になったと想定するのが自然ではないだろうか。両代官が「京都町奉行支配御代官」となったのは、それまで等しく「京都町奉行支配御代官」であった上方八カ国代官のうち、両代官を除く代官たちが、年貢・普請などについて勘定所の直接支配を受けるようになったためであろう。

　次に（ロ）であるが、これは享保十九・二十年に明らかな変化が認められる。摂津国西成郡十八条村の各年の触留帳によって、このことを確認しておこう。

（史料11）[36]

覚

（略）

一弐匁八分六リ　　十八条村

右者大坂　御城内外御修復竹・縄・藁代銀、和泉・河内・摂津・播磨四ケ国御蔵入役高江相掛、書面之銀高京都町奉行中ゟ被仰越候ニ付、割賦如此ニ候、当月廿日迄大坂御破損奉行衆へ相断、請負人江相渡、手形取置可申候、此廻状村下庄屋致印形、早〻相廻し、留り村ゟ可相返候、以上

寅
七月三日　鈴小右衛門印
七月十日南宮原村ゟ受取、蒲田村へ即刻渡候
（以下略）

（史料12[37]）

覚

一大坂御城内御修復縄・竹代銀割賦覚
摂津
河内国
一銀四百四匁八分
此懸り
高三万弐千五百弐拾九石八斗六升二合三勺
但高百石ニ付
壱匁弐分四厘四毛
右割賦
一三匁八分弐厘　十八条村
入用帳付出ス
右者大坂御城内御修復縄・竹代銀、摂津・河内・和泉・播磨四ケ国役高御割賦御勘定所ゟ被仰触候間、書面之通令割賦候、早ゝ取立、河内屋吉右衛門へ可相渡候、吉右衛門ゟ御破損奉行中へ相達、請負人へ相渡、手形取立候様ニ申渡置候、此廻状村下庄屋致印形、早ゝ相廻シ、留りゟ可相返候、以上

正月廿六日
鈴木小右衛門様（ママ）
正月卅日かまたゟ受取
河内屋吉右衛門へ渡シ

すなわち、大坂城修復役は享保十九年七月段階では、京都町奉行の指示を受け、代官鈴木小右衛門から十八条村に賦課が行われているが、翌年正月の賦課は、勘定所の指示によって行われているのである。

また、大坂城鉄砲合薬製造役は、享保十八年九月に代官鈴木小右衛門が代官所村々に触れた「覚」[38]には、「右者大坂　御城内御鉄炮合薬諸入用、五畿内・近江・丹波・播磨八ケ国御蔵入江相懸リ候由京都町奉行中ゟ被　仰触、割賦書面之通候」とあるのに対し、翌年九月二十六日に鈴木が代官所村々に触れた「大坂御城内御鉄炮合薬諸御入用銀▨五畿内・近江・丹波・播磨八ヶ国御蔵入へ割賦（候脱カ）」[39]には、「右ハ大坂　御城内御鉄炮合薬諸入用銀、五畿内・近江・丹波・播磨八ヶ国御蔵入役高へ相掛り由御勘定所ゟ被仰触」とある。

これに対して、大坂蔵修復役は賦課頻度がやや低下しており、何年から変化したという言い方はできないが、やはり同じころに同様の変化が認められる。享保十九年四月に鈴木が十八条村に課した難波米蔵普請人足賃は、京都町奉行の指示によるものであったが[40]、元文四年（一七三九）正月に、当時の十八条村代官千種清右衛門が同村に課した難波米蔵修復人足銀は、江戸表すなわち勘定所からの指示によるものであった[41]。

（ハ）については、幕府全国令の伝達のあり方に変化が認められる。和泉国大鳥郡中筋村の正徳五年～享保七年「公儀御用触留帳」には、京都町奉行経由で伝達された触が数多く見られるが、享保二十年～元文五年の触留帳[42]にはまったく見出せない。また、和泉国大鳥郡南王子村の享保七～八年の「御触書留帳[43]」には、幕府全国令が三例書き留められているが、触を出した代官石原清左衛門に至る伝達ルートが、触の文言からはわからない一例を除き、京都町奉行を経由していない。すなわち、享保八年三月に幕府中央で出された切れや疵のある金貨の通用に関する全国令、および同年七月に出された内藤斎宮なる人物の指名手配の全国令は、ともに江戸から直接代官石原清左衛門にもたらされ、同人から支配所村々に触れられた。以上のことから、享保七年か翌八年より、京都町奉行を経由しない触伝達形式が一般的になったといえよう。

以上、幕領支配における変化を見てきたが、それを一言でいえば、京都町奉行の代官統轄機能が低下する一方、上方八カ国代官と勘定所との直接的なつながりが強まったということになる。第一節で述べたように、「京都町奉行―上方八カ国代官体制」が強化されるのは元禄十一年（一六九八）である。これは、元禄期の幕領支配機構改革の一環であったが、そこで目指されたのは、京都町奉行の上方八カ国代官統轄機能を強めることによって、代官に対する幕府の統制を強め、同時に、上方における代官の集団的な意思の排除を進めることであった。享保期における改革は、これとは対照的に、むしろその統轄機能を弱め、上方八カ国代官と勘定所とを直結させることによって、彼らを中央統制のもとに置こうとしたといってよいだろう。そして、その画期としては、京都代官と大津代官が「京都町奉行支配御代官」となり、他の上方八カ国代官と区別されるようになった時点――享保七年ころか――と、享保十九～二十年の二つを想定することができる。

ところで、上方八カ国代官の勘定所直結という変化には、享保七年ころより全国的に施行されたとされる定免法の採用が大きく影響していると考えられる。史料1および史料9に示されているように、各代官は検見の結果を京都町奉行に提出し、最終的には同奉行が各代官支配所の年貢高を決定していた。ところが、定免法が採用されると、災害などで村が破免検見を希望した場合を除き、この手続きは不要になる。幕領年貢収納面での同奉行の求心力は、必然的に低下せざるをえない。なお、破免検見によって年貢高を決定する場合も、京都町奉行が主導性を発揮するのは、「京都町奉行支配御代官」である京都代官と大津代官に限定されたようであり、その彼らについても、先に見たように、享保十九年から、検見に関しては江戸伺いになるのである。

3　広域支配における変化

広域支配（広域支配A）の側面では、（イ）国役の賦課とそれに伴う郡触の伝達、（ロ）論所裁判、のそれぞれにおいて、京都町奉行の上方八カ国代官統轄機能が窺えたが、まず（イ）に関しては、朝鮮通信使来朝に伴う国役賦課のあり方に変更があり、それに伴って統轄機能を発揮する機会が減少したことが指摘できる。すなわち、正徳度来朝の次の享保度来朝（享保四年〔一七一九〕）に伴う国役割（同六年）は、正徳度と同様の手続きで行われたが、その次の寛延元年（一七四八）の来朝に伴う賦課（同二年）は、摂津・河内・和泉・播磨四カ国については大坂町奉行が行うようになっており[44]、必然的に代官による京都町奉行郡触の回達は不要となったのである。

ここで注意しなければならないのは、国役の賦課主体としての大坂町奉行の登場である。このことが、京都町奉行の上方八カ国代官統轄機能に一定の変化をもたらしているのであるが、これは、朝鮮通信使の来朝に伴う国役割だけのことではなかった。享保七年に始まる国役普請役の賦課においても、同様のことが指摘できるのである。

先にも少し述べたように、摂津・河内両国では、毎年、両国の大河川（淀川・神崎川・中津川・大和川・石川）の堤普請のために、大坂町奉行が一〇〇石あたり五人または八人の割で、摂河幕領・私領村々に国役普請人足役を課していた。また山城国でも、京都町奉行が、木津川・宇治川筋の堤川除普請を行うにあたり、山城国に国役普請人足役を賦課していた[45]。この国役普請制度が、享保七年に大きく変わることになる。すなわち、毎年、摂津・河内・山城三カ国に存在する大河川（淀川・神崎川・中津川・大和川・石川・桂川・木津川・宇治川）の堤川除普請に要した費用の一〇分の一を幕府が支出し、残りを五畿内幕領・私領村々に国役割するという形に変更されたのである。それまで、摂津・河内両国と山城国で別々に行われていた国役普請を統合するとともに、国役の賦課範囲を拡大して五畿内国役割とし、さらに普請人足の賦課という形から普請費用の賦課という形に変更したのである[46]。

新たに登場した国役普請役の賦課の第一回目は享保七年十一月で、京都町奉行が郡触によって賦課した。朝鮮通信使の来朝に伴う国役に見られるように、上方八カ国を賦課対象とする国役は、京都町奉行が賦課してきたから、国役普請役の場合も同奉行が賦課を行うことになったのは、ごく自然の成り行きであったといってよい。役賦課の郡触は、摂津・河内・和泉三カ国では、朝鮮通信使の来朝に伴う国役と同様、上方八カ国代官がそれぞれ一郡を担当し、各代官が郡触の回達を命じるという形をとった。京都町奉行は、ここでも上方八カ国代官を利用して国役賦課を実現したわけである[47]。

国役普請役は、翌享保八年には、十二月に役高調査が行われただけで賦課には至らず、第二回目の賦課は、翌九年閏四月になされた[48]。以後、毎年国役賦課が行われるようになるが、第二回目以降は、山城・大和両国は京都町奉行、摂津・河内・和泉三カ国は大坂町奉行がそれぞれ賦課主体となった。享保八年十二月の役高調査のための郡触も、大坂町奉行が発している。摂河泉三カ国が京都町奉行の担当でなくなったことにより、国役賦課の郡触の回達のために、同奉行が上方八カ国代官を利用する必要もなくなった。

以上の経緯を振り返ると、朝鮮通信使の来朝に伴う国役賦課のあり方の変化は、享保八年の国役普請役の賦課主体の変更を受けてのことであったと推測できる。同時に、国役の賦課とそれに伴う郡触の伝達という面における京都町奉行の上方八カ国代官統轄機能の変化の画期も享保八年であったとしてよいだろう。ただ、京都町奉行が、郡触伝達対象国でない国々に郡触を伝達するにあたって、上方八カ国代官を利用するという形自体は、以後も残る。享保十四年五月、並河誠所が『五畿内志』編纂のために畿内各地を回るにあたり、京都町奉行が摂津などに、誠所の史料収集活動に便宜を図るようにという郡触を出すが、これは、上方八カ国代官によって郡内村々への回達が命じられた[49]。しかし、京都町奉行の郡触伝達対象国でない国々における、代官による郡触回達は、管見の限りこれが最後である。

次に、(ロ)論所裁判、という面についてであるが、京都町奉行が上方八カ国代官やその手代を係争地へ検使として派遣するという点では、基本的には変化がない。ただ、享保七年に論所の裁判管轄の範囲が変更され、それまでは京都町奉行が上方八カ国を担当していたが、この年以降、山城・大和・近江・丹波四カ国は京都町奉行が、また、摂津・河内・和泉・播磨四カ国は大坂町奉行が、それぞれ担当することになる。いわゆる享保の国分けである。国分けによって、大坂町奉行にも、代官や代官手代を検使として派遣する権限を付与する必要が生じた。翌享保八年二月、大坂町奉行の願いをいれ、勘定奉行および勘定吟味役は連署をもって、多羅尾四郎右衛門と内山七兵衛を除く一〇名の上方八カ国代官に、今後は、大坂町奉行からの論所(係争地)派遣命令に従うよう命じている[50]。多羅尾・内山の両名が除かれた理由は詳らかでない[51]。

以上、広域支配の面における変化について見た。国役賦課主体の変化を背景に、京都町奉行が上方八カ国代官を通して広域支配を行う機会は減少しており、このことは、前者の後者に対する統轄機能の後退をもたらしたといってよいだろう。そして、その画期は、享保八年に求めることができる。

第三節　享保の国分けと大坂町奉行

1　大坂町奉行の権限拡大

前節で、享保期の改革によって、京都町奉行の上方八カ国代官統轄機能が低下したことを指摘したが、その中で、それと密接な関係をもちつつ大坂町奉行の存在が浮上してきたことにも注意しておく必要がある。朝鮮通信使の来朝に伴う国役の賦課は、摂河泉播四カ国については大坂町奉行が行うようになり、国役普請役の賦課も、摂河泉三カ国については、やはり大坂町奉行が賦課主体となる。また、享保七年（一七二二）の国分けによって、論所の裁判管轄が変更され、摂河泉播四カ国は大坂町奉行が担当することになるとともに、同奉行に、上方八カ国代官やその手代を係争地に検使として派遣する権限が付与された。このように、畿内近国における享保改革は、京都町奉行の権限縮小と大坂町奉行の権限拡大を伴うものであった。

だが、大坂町奉行の権限拡大は、以上のことにとどまらなかった。国分けまで、元禄の一時期を除き、同奉行は和泉国には郡触を伝達することがなかったのであるが、国分けをきっかけに同国にも郡触を伝達するようになる。同様に、播磨国も、同奉行の郡触伝達対象国に組み入れられるようになる。京都町奉行の権限縮小と大坂町奉行の権限拡大という変化は、おおまかには、京都町奉行が有していた権限の、大坂町奉行への部分的移管といってよいが、これらの事実に見るように、京都町奉行がもともと有していなかった権限までも、大坂町奉行が新たに獲得したという側面もあった。また、国分けに伴って、大坂町奉行は、上方八カ国代官やその手代を係争地に派遣する権限が付与されたが、いうまでもなく、これによって京都町奉行の検使派遣権が失われたわけではない。京都町奉行の権限が相変わらず保持される一方で、大坂町奉行に対しても検使派遣権が与えられたのである。

　さて、和泉国への大坂町奉行郡触の伝達であるが、国分け後最初の郡触は、ほかならぬ国分け周知のための触であった。次の史料13がそれである。

（史料13[52]）

和泉国御料・私領地方ニ付候公事訴訟、寺社共ニ只今迄京都奉行所ニ而裁許有之通、向後於大坂奉行所可令裁許之旨、従江戸被仰下候間、可存其旨候、右之趣承届候段、庄屋・年寄・寺社家判形いたし、村次順〻相廻シ、触留の村ゟ大坂奉行所江（可脱カ）持参者也

寅（享保七年）十一月廿九日　　飛騨印

安房印

右御触書趣奉承知候、以上

石原清左衛門殿御代官所泉州泉郡

南王子村

庄屋印

年寄印

この触の「和泉国」の語を「摂津国」や「河内国」に置き換えたほかはほぼ同文の郡触が、やはり十一月二十九日付で摂津・河内両国に出されている[53]。和泉国は、大坂町奉行の郡触伝達対象国ではなかったため、十月には、京都町奉行の命を受けた代官が、代官所村々から近隣の村々に国分けを知らせるよう、支配下の村々に触れているのであるが[54]、以後裁判を担当することになる大坂町奉行としては、自身の手で国分けを知らせようとしたのであろう。しかし、郡触伝達対象国でない国に郡触を伝達するのは、大きな飛躍というべきであり、ここに享保改革期の幕府上方支配機構再編の特徴が窺える。

実は、和泉国に大坂町奉行の郡触が伝達されたのは、このときが最初ではない。先にも少し触れたように、元禄の一時期に触が伝達されているのである。これは、元禄期の幕府上方支配機構の再編に伴うものであるが、ここで、享保期の再編の特徴を際立たせるために、元禄期の再編について見ておきたい。

2　元禄期の幕府上方支配機構再編

元禄九年（一六九六）正月、京都町奉行・大坂町奉行ともに、二名の定員が三名となった。同年二月には、伏見奉行と堺奉行が廃止され、配下の与力・同心がそれぞれ京都町奉行と大坂町奉行に付属することになった[55]。この措置は一時的なもので、伏見奉行は同十一年十一月に、また堺奉行は同十五年十一月に復活する。京都・大坂両町奉行が、それぞれ伏見・堺両奉行の権限を吸収したわけである[56]。

そのきっかけは、元禄八年十一月、大坂町奉行加藤泰堅が罷免されたことにある。病気と称して配下の与力に職務を任せきりにしただけでなく、配下の者が町人から音物を受けることを許したからという[57]。「御役人代々記」[58]は、相役の松平忠周が江戸に出府していた間に、病気の加藤が、ある訴訟事件の処理を与力任せにしたことが明るみに出、加藤と与力が処罰されることになった経緯を記したのち、そのとき「遠国奉行は二人であるので、(相役の奉行の出張などにより)一人になることもあり、その一人が病気になれば今後も同様のことがあるだろう。以後三人で勤めるのがよい」との沙汰が将軍からあり、翌年正月より三人になったと述べている。各一名増員となった京都・大坂両町奉行に対しては、元禄九年二月に、今後三人のうち二人は役所にいるよう命じられている(59)。

こうして、京都町奉行・大坂町奉行ともに定員が三名となった。こののち、同二月には山田奉行と荒川奉行が、四月には奈良奉行と下田奉行が一名ずつ定員増となり(60)、この改革は全国の遠国奉行に及ぼされることになる。定員は、元禄十五年に、おおむね旧に復するのであるが、元禄期における幕府の遠国奉行改革として、綱吉政権期幕政の中に正当に位置づける必要がある。

それはともかく、京都・大坂両町奉行の定員増と間髪を入れず伏見・堺両奉行を廃止したのは、もともとの四奉行の総定員数六名(伏見・堺ともに各一名であった)を維持しつつ、遠国奉行問題を解決しようとしたことを示している。つまり、二人は任地にあり、一人は江戸に、という原則に基づいた京都・大坂両町奉行の定員増の直接的な結果として、伏見・堺両奉行が廃止され、それが京都・大坂両町奉行の権限拡大をもたらしたわけである。その意味では、元禄期の京都・大坂両町奉行の権限拡大は、幕府が最初から意図したものではなく、偶然的な要因によるところが大きいといえよう。

さて、堺奉行が廃止されていた元禄九年から同十五年までの間、和泉国には大坂町奉行の郡触が伝達された。和泉国大鳥郡上神谷豊田村小谷家文書中には、元禄十二年以降の時期の触留帳が残されているが、享保七年(一七二二)以前で、大坂町奉行の郡触が見出せるのは、堺奉行廃止期間中だけである。元禄九年七月、大坂町奉行は、和泉国各村から村明細帳を提出させるとともに(61)、各郡から触の伝達ルートを記した「村次之覚」を差し出させているが[62]、これは、郡触の伝達その他の権限を和泉国に及ぼすための準備措置であった。

堺奉行廃止以前、和泉国に同奉行の郡触が伝達された形跡はない。堺奉行は、承応三年（一六五四）八月の大坂城代・大坂定番宛老中「定」[63]第七条に、「摂州・河州万事仕置之儀、如有来、曽我丹波守（大坂町奉行曽我古祐）・松平隼人正（同松平重次）可申付之、和泉国ハ石川（河）土佐守（堺奉行石河利政）可申付事」とあるように、和泉国の「万事仕置」を任せられていた。この万事仕置権の中には、郡触発給・伝達権も含まれるが、堺奉行はその権限を発揮していなかった。潜在的な支配権として、郡触発給・伝達権を保持していたといってよい。

堺奉行の廃止によって、同奉行が有していた万事仕置権が大坂町奉行の手に移ることになった。大坂町奉行は、摂津・河内両国に対して郡触を出していたから、和泉国の万事仕置権の掌握をきっかけに、それまで堺奉行が潜在的に保持していた郡触発給・伝達権を行使し、和泉国にも郡触を出すようになったと考えられる。

3　享保期幕府上方支配機構再編の意義

これに対して、享保の国分けを契機とする和泉国への大坂町奉行郡触の伝達は、かなり様相を異にする。堺奉行は変わりなく存在し続けており、和泉国の万事仕置権は同奉行のもとにあったはずである。その上で同国への郡触発給・伝達権を獲得したことは、堺奉行が有していた和泉国の万事仕置権への大坂町奉行の食い込みといえる。その意味では、堺奉行の和泉国万事仕置権を全面的に吸収した元禄期よりも、その一部を吸収したにとどまった享保期の方が、大坂町奉行の権限はより強化されたといってよい。

国分け後、和泉国では、論所裁判をはじめ、郡触の発給・伝達、国役普請役および朝鮮通信使来朝に伴う国役の賦課も大坂町奉行が行うことになり、同国は摂津・河内両国なみの地位に近づいていく。堺奉行と大坂町奉行との間で交わされた職務上の問答を記した、文化二年（一八〇五）成立の「大坂堺問答」は、このような変化を指して、「其後、泉州之儀も当表支配国之儀ニ付」と表現している。[64]「其後」とは国分け後、「当表」とは大坂町奉行のことである。もちろん、和泉国の寺社の管轄権など、ある種の一国支配権は堺奉行の手に残るが、堺奉行の存在にもかかわらず和泉国をその「支配国」としてしまうような大坂町奉行の権限強化が、国分けをきっかけに行われるようになるのである。

従来、国分け後の大坂町奉行の権限拡大については、もっぱら京都町奉行との関係で述べられてきた。確かに、国分け自体は、それまで京都町奉行が掌握してきた上方八カ国に対する論所裁判権を、同奉行と大坂町奉行とが四カ国ずつ分け合うことであり、国役（国役普請役と朝鮮通信使来朝に伴う国役）賦課についても同様のことがいえるのであるが、和泉国への郡触発給・伝達権の獲得に見られるように、今後は、堺奉行との関係においても論じる必要があろう。

おわりに

以上、享保改革期における幕府上方支配機構の再編について見てきた。京都町奉行の上方八カ国代官統轄機能を弱め、勘定所と各代官とを直結させるとともに、大坂町奉行の権限を飛躍的に高めたところに、その特徴を見出すことができる。すでに指摘されているように、[65]各代官に対する勘定所支配の強化は、享保期の幕府行政機構改革の主要なものの一つであるが、上方八カ国代官の場合、まず京都町奉行の代官統轄機能を弱めておく必要があった。その意味では、これは享保改革期の代官政策の一環と見なしてよい。しかし、大坂町奉行の権限強化は、元禄期の再編のように、全国的な遠国奉行改革の結果とはいえず、畿内近国地域の幕府支配体制を見直すことを意図して、京都町奉行や堺奉行との関係を大幅に変更したものであった。また、偶然的な要素が大きい元禄期の再編とは違い、最初から大坂町奉行の地位を引き上げることを明確に意図したものであった。こののち、大坂町奉行は、摂津・河内・和泉・播磨四カ国を「支配国」として、幅広い支配権を及ぼしていくことになるのである。

（1）大石慎三郎『享保改革の経済政策』（御茶の水書房、一九六一年、のち一九六八年増補版）、辻達也『享保改革の研究』（創文社、一九六三年）、大石学『享保改革の地域政策』（吉川弘文館、一九九六年）、同『近世日本の統治と改革』（吉川弘文館、二〇一三年）など。

（2）本章のもとになった村田路人「幕府上方支配機構の再編」（大石学編『日本の時代史16　享保改革と社会変容』吉川弘文館、二〇〇三年）のあと、小倉宗が「近世中後期の上方における幕府の支配機構」（『史学雑誌』一一七―一一、二〇〇八年一一月、のち、小倉『江戸幕府上方支配機構の研究』〈塙書房、二〇一一年〉に収録）において、享保七年（一七二二）のいわゆる享保の国分けにより、京都所司代と大坂城代をそれぞれ頂点とする二つの支配機構が成立したとしている。

（3）岩生成一監修『京都御役所向大概覚書』上巻（清文堂出版、一九七三年）二九四～二九七頁。

（4）村田路人「享保の国分けと京都・大坂町奉行の代官支配」（大阪大学文学部日本史研究室編『近世近代の地域と権力』清文堂出版、一九九八年、のち改稿して本書第四部第三章）。

（5）鎌田道隆『季刊論叢日本文化4　近世都市・京都』（角川書店、一九七六年）第四章「寛文の改革」。

（6）鎌田道隆『記録　都市社会史八　京　花の田舎』（柳原書店、一九七七年）第一章「京都町奉行」。

（7）前掲注（3）岩生監修『京都御役所向大概覚書』上巻、二九九頁。

（8）和泉国大鳥郡中筋村正徳五年（一七一五）～享保七年（一七二二）「公儀御用触留帳」（森杉夫「堺廻り農村の御用留帳（二）」『堺研究』一九、一九八八年三月、八〇～八一頁）。

(9)「京都御役所向大概覚書」三および村田路人『近世広域支配の研究』（大阪大学出版会、一九九五年）第一部第二章「大坂城・蔵修復役と支配の枠組み」による。
(10)中筋村正徳五年～享保七年「公儀御用触留帳」（前掲注(8)森「堺廻り農村の御用留帳（二）」五六頁）。
(11)中筋村正徳五年～享保七年「公儀御用触留帳」（前掲注(8)森「堺廻り農村の御用留帳（二）」七一～七二頁）。
(12)石井良助編『徳川禁令考』前集第二（創文社、一九五九年）八四二号。
(13)中筋村正徳五年～享保七年「公儀御用触留帳」（森杉夫「堺廻り農村の御用留帳（一）」『堺研究』一八、一九八七年三月、四〇頁）。
(14)『新訂寛政重修諸家譜』第十五（続群書類従完成会、一九六五年）一〇一頁。
(15)中筋村正徳五年～享保七年「公儀御用触留帳」（前掲注(13)森「堺廻り農村の御用留帳（一）」三七頁）。
(16)前掲注(9)村田『近世広域支配の研究』第一部第二章「大坂城・蔵修復役と支配の枠組み」。
(17)摂津国豊嶋郡瀬川村宝永元年（一七〇四）～享保十二年（一七二七）「日記」。箕面市瀬川公民館所蔵。
(18)村田路人「代官郡触と幕府の畿内近国広域支配」（『待兼山論叢』三一史学篇、一九九七年一二月）、同「近世の地域支配と触」（『歴史評論』五八七、一九九九年三月）。それぞれ改稿して本書第一部第一章および同第二章。
(19)前掲注(17)瀬川村宝永元年～享保十二年「日記」。
(20)本書第一部第一章。
(21)小早川欣吾『近世民事訴訟制度の研究』（有斐閣、一九五七年、のち一九八八年、名著普及会より増補版）第五「論所に関する訴訟手続」。なお、「論所」という言葉は、争論の対象となっている場所、すなわち係争地のことを指す場合もある。本章では、混乱を避けるために、係争地の意味で使用する場合は、「論所（係争地）」、あるいは単に「係争地」と表現することにする。
(22)享保七年（一七二二）十月二十一日付で、京都所司代松平忠周が大坂町奉行北条氏英および同鈴木利雄に対して与えた指示に、「唯今迄、五畿内・近江・丹波・播磨八ヶ国地方ニ付候公事訴訟幷寺社等迄も、当地町奉行所ニ而裁許申付候得共」とある（大阪市史編纂所所蔵の写本である「町奉行所旧記」）。なお、『大阪市史史料第四十一輯　大坂町奉行所旧記（上）』（大阪市史料調査会、一九九四年六月）では二二頁。
(23)「元禄覚書　人」のうち「廿八　所司代列判物其外列判諸裏判」（新撰京都叢書刊行会編『新撰京都叢書』第一巻、臨川書店、一九八五年）二一三頁。
(24) 本書第四部第三章。
(25) 元禄十一年七月～十二月「日記下」（国立公文書館内閣文庫所蔵）。
(26)「寛政重修諸家譜」には、米倉昌尹について、「この日、（元禄十一年八月二日）山城国淀川の普請をよび京・大坂・堺・奈良、東山・東海の両道巡見のことをうけたまはり、かの地に赴くいとま申のとき」とある（『新訂寛政重修諸家譜』第三、続群書類従完成会、一九六四年、二八八頁）。
(27) 前掲注(3)岩生監修『京都御役所向大概覚書』上巻、三九七～三九九頁。
(28) 前掲注(1)辻『享保改革の研究』六五頁。
(29) 大野瑞男『江戸幕府財政史料集成』上巻（吉川弘文館、二〇〇八年）五六～六八頁。
(30) 前掲注(23)新撰京都叢書刊行会編『新撰京都叢書』第一巻、一九八～二〇〇頁。
(31) 前掲注(9)村田『近世広域支配の研究』第一部第四章「河川支配機構」、宮本裕次「江戸時代前期の大坂代官」（『大阪城天守閣紀要』二九、二〇〇一年）。
(32)『新訂寛政重修諸家譜』第十九（続群書類従完成会、一九六六年）一三八～一三九頁。
(33) 前掲注(9)村田『近世広域支配の研究』第三部第一章「用聞の諸機能と近世支配の特質」。
(34) 摂津国西成郡十八条村享保十九年触留帳。大阪市史編纂所所蔵の同村藻井家文書写真版による。以下、十八条村の触留帳については、この写真版による。
(35)「竹橋余筆別集」巻七（村上直校訂『竹橋余筆別集』近藤出版社、一九八五年、二〇一頁）。
(36) 十八条村享保十九年触留帳（藻井家文書）。

(37) 十八条村享保二十年「御用御触写」(藻井家文書)。
(38) 十八条村享保十八年「御用御触状之写」(藻井家文書)。
(39) 十八条村享保十九年触留帳(藻井家文書)。
(40) 十八条村享保十九年触留帳(藻井家文書)。
(41) 十八条村元文四年「御用触状写」(藻井家文書)。
(42) 森杉夫「堺廻り農村の御用留帳(三)」(『堺研究』二〇、一九八九年三月)〜同「堺廻り農村の御用留帳(六)」(『堺研究』二三、一九九二年三月)。
(43) 『奥田家文書』第四巻(大阪府同和事業促進協議会・大阪部落解放研究所、一九七一年)一三二〜一五四頁。
(44) 寛延二年(一七四九)九月大坂町奉行久松定郷・同小浜隆品触(「自天和三年至寛延三年　触書」、摂津国西成郡江口乃里文書、大阪市史編纂所所蔵の写真版を利用)。
(45) 「京都御役所向大概覚書」三のうち、「十七　山城大川筋之事」(前掲注(3)岩生監修『京都御役所向大概覚書』上巻、三一三頁)。
(46) 前掲注(9)村田『近世広域支配の研究』第一部第三章「国役普請制度の展開」。
(47) 本書第一部第一章。
(48) 河内国古市郡駒ケ谷村宝永五年(一七〇八)〜享保十五年(一七三〇)「大坂御番所従御触状留帳」。
(49) 本書第一部第一章。
(50) 「町奉行所旧記」。前掲注(22)『大阪市史史料第四十一輯　大坂町奉行所旧記(上)』では二四〜二五頁。
(51) 以上、本書第四部第三章による。
(52) 和泉国泉郡南王子村享保七年(一七二二)〜八年「御触書留帳」。前掲注(43)『奥田家文書』四、一三七頁。
(53) 前掲注(17)摂津国豊嶋郡瀬川村宝永元年〜享保十二年「日記」、前掲注(48)河内国古市郡駒ケ谷村宝永五年〜享保十五年「大坂御番所従御触状留帳」。

(54) 前掲注(52)和泉国泉郡南王子村享保七年～八年「御触書留帳」。前掲注(43)『奥田家文書』第四巻、一三四頁。
(55) 「柳営日次記」（国立公文書館内閣文庫所蔵）元禄九年正月十五日条、同年二月二日条、「御当家令条」二六五（石井良助編『近世法制史料叢書第二　御当家令条・律令要略』創文社、一九五九年）。
(56) 村田路人「元禄期における伏見・堺両奉行の一時廃止と幕府の遠国奉行政策」（『大阪大学大学院文学研究科紀要』四三、二〇〇三年三月、のち改稿して本書第四部第二章）。
(57) 『新訂寛政重政諸家譜』第十三（続群書類従完成会、一九六五年）一七頁。
(58) 東京都公文書館所蔵の筆写本。ここでは、同館所蔵のマイクロフィルムを利用した。なお、「御役人代々記」は大蔵省編『日本財政経済史料』巻四（財政経済学会、一九二二年）にも部分的に収録されている。同書では三六八～三六九頁。
(59) 「柳営日次記」元禄九年二月二日条。
(60) 「柳営日次記」元禄九年二月十四日条、同年四月十一・十四日条。
(61) 小葉田淳編集代表『堺市史』続編第四巻（堺市役所、一九七三年）七四七～七四八頁。
(62) 和泉国大鳥郡上神谷豊田村小谷家文書（国文学研究資料館所蔵）。
(63) 「武家厳制録」四六（石井良助編『近世法制史料叢書第三　武家厳制録・庁政談』創文社、一九五九年）。
(64) 安竹貴彦編『大阪市史史料第四十四輯　大坂堺問答』（大阪市史編纂所、一九九五年）一二頁。
(65) 前掲注(1)大石『享保改革の地域政策』。

終章　本書の成果と今後の課題

一　各章の概要

近世畿内近国支配の特質について、「触の伝達メカニズムとその構造」および「幕府上方支配機構とその構造」の二側面から論じてきた。まず各章で明らかにしたことを簡単にまとめておこう。

第一部「広域支配と触伝達」では、主として広域触Aの伝達メカニズムおよびその構造を明らかにした。

第一章「代官郡触と幕府の畿内近国広域支配」では、本格的な研究が皆無であった代官郡触を取り上げた。京都町奉行は、摂津・河内両国など、大坂町奉行の万事仕置国に対して朝鮮通信使来朝に伴う国役などを賦課することがあったが、その際、国役負担を命じる郡触を各郡に発した。この京都町奉行郡触は、郡ごとに定められた担当代官が京都町奉行郡触の伝達を命じる郡触（代官郡触）によって、担当郡の村々に伝えられた。これは、当時上方八カ国代官が京都町奉行の支配下にあったことによる。同奉行は大坂町奉行の万事仕置国に対し、国役賦課権および国役負担を命じる触の発給・伝達権は有していたものの、これらの国々に対して触を伝達する実際的な手立てを有していなかった。この問題を解決するため、同奉行は、郡内に代官所（支配地）を有する代官に命じて、当該郡の村々に京都町奉行の郡触を伝達させたのである。つまり、京都町奉行は、その広域支配を実現させるために、同奉行の上方八カ国代官統轄機能を利用したといってよい。なお、この章では、代官郡触の実際の回達ルートを明らかにするとともに、それが通常の大坂町奉行郡触の回達ルートとは異なっていたため、村々では回達をめぐる混乱が見られたことにも言及した。

第二章「郡触の伝達論理と支配地域」では、元禄～享保期に摂津国住吉郡の村々に伝達された諸種の郡触を発給主体により分類した上で、各種郡触の回達ルートの詳細、伝達の論理、伝達に対する地域の関わり方を明らかにした。発給者から回達第一村への伝達は、いずれの郡触であっても、回達第一村とその村の領主または代官との間の支配関係に依拠する形で行われた。このことは、郡触伝達という広域支配（広域支配A）は個別領主支配権に依拠することによってはじめて実現可能であったことを物語るものである。また、郡触は、伝達対象さえ明示されていれば、地域の判断によって、回達第一村から回達最終村まで確実に回達された。郡触の伝達は、地域自身が有する伝達能力に依拠することによっても実現していたのである。

第三章「近世の地域支配と支配研究の方法」では、一八世紀初頭の摂津・河内両国で展開していた広域支配のうち、大坂町奉行と堤奉行の連携による国役普請人足役の賦課、および大坂町奉行による郡触伝達を取り上げ、それらの実現メカニズムとその構造的特質を明らかにした。その結果、いずれの支配も、広域支配A、同B、個別領主支配の組合わせによって実現していたこと、結局のところ、広域支配は、摂津国または河内国に所領を有する各領主の個別領主支配権に依拠しつつ実現していたことが明らかになった。なお、この章では、歴史分析の方法に関わって、特殊な事例の中にこそ一般化を導く鍵が隠されていることを指摘した。

第二部「非領国地域における領分触伝達の特質」では、所領の錯綜した大坂周辺地域に出された、ある共通する事柄に関わる領分触の伝達メカニズムを取り上げた。ここでは、領分触に非領国地域なりの特徴が見出せるのかどうか、また代官が出した触については、代官ごとの差異が見られるのかどうかを問題にした。

第一章「非領国地域における鳴物停止令―触伝達の側面から―」では、将軍などの国家的重要人物の死に際し、所領錯綜地域ではどのように音声規制（鳴物停止）が行われていたのかという問題関心から、大坂周辺地域における鳴物停止令の伝達メカニズムを検討した。その結果、①鳴物停止令は領分触として出され、広域触として出されることはなかった、②①により、広域的に統一的な音声規制を行うことはできなかったが、実際には、個別領主は、大坂町奉行が大坂に出した鳴物停止令（大坂鳴物停止令）に準拠して自領に触れたため、統一的な音声規制が事実上実現していた、③大坂鳴物停止令の情報を領主役所にもたらしたのは、領主に抱えられた用聞（用達）であった、等が明らかになった。非領国地域にあっては、全人民にとって共通する事柄については、広域支配に頼らずとも、個別領主支配の枠内で、ある程度均質的な支配を実現させることが可能だったのである。

第二章「勘定奉行神尾春央巡見先触の伝達をめぐって―摂津・河内の事例から―」では、勘定奉行神尾春央の巡見（延享元年〔一七四四〕）にあたって代官から出された巡見先触の伝達のあり方を検討した。この巡見の目的は、幕領の実情調査を行うとともに、年貢納入等に関する指示を与えることであったが、神尾一行は私領も通過するため、先触は私領にも伝えられる必要があった。摂津・河内両国で確認される神尾巡見先触は、（A）特定区間内の巡見予定村々（原則として幕領）に伝えることを目的として出されたもの、（B）特定区間内の通行予定ルート上にある私領村々に伝えることを目的として出されたもの、（C）自身の代官所の中を神尾一行が通る予定になっている代官が、その代官所の村々に宛てたもの、の三種であった。神尾巡見先触の伝達という共通する事柄について、同じく幕領支配を担当しているとはいえ、私領への伝達方法など、それぞれの代官がとった措置には違いがあった。

第三部「触留帳と触写帳」では、触留帳と触写帳を史料学的観点にも留意しつつ取り上げた。

第一章「触の書き留められ方―触留帳論の試み―」では、触は村落構成員に知らされたのかどうかを確認する前提作業として、村に回達されてきた触は、その村で洩れなくかつ正確に書き留められたのか否かについて検討した。その際、同一回達ルート上にある二つの村に残された触留帳に記された触の文言を比較検討するという方法をとった。その結果、触は必ずしも正確に触留帳に書き留められたとは限らないことが明らかになった。この章では、触状などの回達文書が村に回達された当座にその文面を書き留めた触留帳と、触留帳などに書き留められた触その他の文書の文言を、のちになって別の帳面に写した触写帳とを区別すべきであること、両者を区別するには、文字の墨の色や濃淡、文字の線の太さ、あるいは筆跡・筆遣いなど、いわば文字の調子が有効な手がかりとなりうることなどもあわせて述べた。

第二章「近世初期北河内地域における触写帳―『河内国交野郡藤坂村寛永後期触写帳』の紹介―」では、寛永後期に河内国交野郡藤坂村で作成されたと考えられる触写帳の史料紹介を行った。この触写帳は、藤坂村内で発生した庄屋排斥運動に危機感を抱いた庄屋藤井氏がまとめたものと考えられる。写された触（記事総数一三一点のうち八点を占める）のうちには大坂町奉行郡触三点が含まれていることから、同奉行郡触の登場は少なくとも寛永十七年（一六四〇）にまでさかのぼることが明らかになった。

第四部「幕府上方支配機構論」では、堺奉行・大坂町奉行・京都町奉行・上方八カ国代官などの幕府上方支配機関を取り上げ、その広域支配権の内容や各機関の権限上の相互関係などを幕政の動きと関連させつつ検討した。

第一章「一七世紀における堺奉行の万事仕置権と触伝達」では、和泉国に対する一国支配権を有していた堺奉行が行使していた万事仕置権のうち、広域触発給・伝達権の性格について検討した。その結果、一七世紀段階の和泉国では、堺奉行は、広域触Bや特定地域触を出すことはあったものの、大坂町奉行のように郡触を出すことはなかったこと、元禄期に堺奉行が廃止され、大坂町奉行にその機能が吸収されていた間、和泉国には大坂町奉行の郡触が伝達されたことなどが明らかになった。

第二章「元禄期における伏見・堺両奉行の一時廃止と幕府の遠国奉行政策」では、元禄九年（一六九六）～同十一年の伏見奉行廃止と京都町奉行による同奉行機能の吸収、同九年～同十五年の堺奉行廃止と大坂町奉行による同奉行機能の吸収を取り上げた。これまでこの上方支配機構改革は、幕府が上方支配を遂行する上で抱えていた諸問題を解決するためになされたという見方が一般的であったが、ここでは、同時期に他の遠国奉行でも定員の変更などが行われていたことを明らかにし、両奉行の廃止・復活は幕府の全国的な遠国奉行改革の一つとして行われたものであるとした。また、この改革の発端となった大坂町奉行の罷免の内実を、摂津国住吉郡平野郷町に残された「覚帳」から明らかにした。

第三章「享保の国分けと京都・大坂両町奉行の代官支配」では、京都町奉行は上方八カ国代官統轄機能により、代官を論所に検使として派遣する権限を有していたこと、享保七年（一七二二）の国分けにより、上方八カ国のうち、摂津・河内・和泉・播磨四カ国の地方についての公事訴訟の裁判権が京都町奉行から大坂町奉行に移行したことに伴い、大坂町奉行にも検使派遣権が付与されたこと、ただし、それは、国分け後しばらくの間は、大坂代官やその手代を検使として派遣する権限にとどまっていたこと、また、同奉行に新たに付与された代官に関わる権限は、あくまでも検使派遣権に限定されていたことを明らかにした。

第四章「享保期における幕府上方支配機構の再編」では、享保改革期に、①京都町奉行と上方の代官集団である上方八カ国代官、②大坂町奉行と京都町奉行、③大坂町奉行と堺奉行、のそれぞれの関係に大きな変化が見られることをふまえ、それぞれの変化の具体相とその背景を明らかにした。その結果、この時期、「京都町奉行―

上方八カ国代官体制」が揺らぎ、勘定所と代官が直結するようになること、享保の国分けをきっかけとして、大坂町奉行の権限が拡大し、和泉国にも同奉行の郡触が伝達されるようになること、元禄期に堺奉行が一時廃止された際にも和泉国に大坂町奉行の郡触が伝達されたことがあったが、その段階とは比較にならないほど、享保期における同奉行の権限拡大は大きなものであったことが明らかになった。

二　本書の成果

以上、各章の概要を記した。本書の成果はこの概要に尽きるが、これをふまえ、改めて整理し直すと、以下のようになる。

成果の第一は、畿内近国において展開していた広域支配を分析する新たな手法を示したことである。いわば方法論的成果というべきものであるが、この手法は、具体的には、①広域支配には、村・町や同業者仲間、あるいは寺社などに対するもの（広域支配A）、当該の国や郡に所領を有する個別領主に対するもの（広域支配B）の二種があることをふまえ、検討の対象となっている広域支配がいずれに属するのかを見極める、②旧著『近世広域支配の研究』（大阪大学出版会、一九九五年）と同様、広域支配分析の基本的な視角・方法を「支配の実現メカニズム」に置くが、これに構造的特質という観点を加える、というものである。①に関しては、広域支配Aは個別領主の所領内の村・町などに直接及ぶのに対し、広域支配Bは個別領主に対するものであり、その所領内の村・町などにそれを及ぼすには、当該の個別領主を介する必要があった。同じく広域支配といっても、両者は性格が大きく異なるのである。

一九七六年に発表された高木昭作「幕藩初期の国奉行制について」(1)は、国役―国奉行制論を提起した画期的な業績であるが、高木はその「はじめに」において、「江戸幕府の国奉行制に関しては、その畿内支配の特質を明らかにする観点から安岡重明氏・朝尾直弘氏の、国役普請との関連から佐々木潤之介氏・原昭午氏の先行する業績がある」と述べている。このことからも知られるように、かつては両者の区別はなされていなかった。序章の研究史整理でも述べたように、安岡は広域支配Aを、朝尾は広域支配Bを取り上げていたのである。ちなみに、高木が分析対象とした国奉行が国全体に及ぼしていた支配は広域支配Bであった。

成果の第二は、成果の第一で述べた方法を用いることにより、畿内近国地域において展開していた広域支配の実現メカニズムとその構造的特質が明らかになったことである。

広域支配Aに属する郡触の発給・伝達についていえば、まず、郡触の伝達ルートと伝達の論理が明らかになった。伝達ルートについては、摂津国住吉郡平野郷町がたまたま大坂町奉行郡触の回達最終村の一つ手前の村（平野郷町は法制的には村とされていた）であったこと、通常の村とは異なり、同郷町では御用留というべき「覚帳」に郡触を写す際に、回達第一村以降同郷町までの全回達ルートを記す場合が多かったことに助けられ、住吉郡における郡触伝達ルートのほぼ全容が明らかになった。

伝達の論理に関しては、広域支配機関が郡触を村々に回達させる際、まずクリアーしなければならなかった問題は、回達第一村にいかに伝達するかということであった。代官郡触の場合は、代官と回達第一村との間の支配関係が利用された。大坂町奉行郡触の場合は、①大坂町奉行から回達第一村の領主の用聞へ、②回達第一村の領主の用聞から回達第一村へ、という順で回達第一村に達したことはほぼ確実であるが、②の部分は、やはり領主と回達第一村との間の支配関係が利用されたものであった。

一方、郡触伝達の構造的特質については、広域支配A、同B、個別領主支配の組合わせにより伝達が実現していたことが明らかになった。代官郡触伝達における代官↓回達第一村の部分および大坂町奉行郡触伝達における前記②の部分は個別領主支配に属する。代官郡触伝達における前記①の部分は広域支配Bに属する。国役普請人足役の賦課についても、広域支配A、同B、個別領主支配の組合わせ構造が窺える。これらのことは、広域支配実現における個別領主支配の枠組みの重要性を物語るものである。大坂町奉行が摂津・河内両国あるいは摂河泉播四カ国に対する広域支配権を有していたといっても、実際には個別領主支配の枠組みを利用しなければ、その実現は不可能であった。

畿内近国地域における個別領主支配と広域支配は、相互に無関係の、並立する存在のように受け取られがちであるが、後者は前者を前提としてはじめて実現していたのである。この点はすでに旧著『近世広域支配の研究』で強調したところであるが、「支配の実現メカニズムとその構造」という視角・方法による本書の分析により、改めて確認することができたと考える。

なお、代官郡触伝達の構造的特質について付言しておくならば、これは、摂津国や河内国などには実際的な伝達の手立てを有していない京都町奉行の郡触を伝達するためのものであった。すなわち、代官郡触という触形式が存在した背景には、同奉行が上方八カ国代官を統轄しているという「京都町奉行―上方八カ国代官体制」の存在があった。代官郡触という形式の触の存在は、当時の幕府上方支配機構のあり方と深く結び付いていたのである。この両者の結び付きは、幕府上方支配の全体構造の一部をなすものであるが、これを明らかにしたことも、本書の成果の一つである。

成果の第三は、大坂周辺地域における個別領主支配は、ある局面においては非領国地域なりの特徴が窺えることを明らかにしたことである。本書では、国家的重要人物の死に際し、各領主は大坂鳴物停止令に準拠する形で自領に鳴物停止令を出したことを紹介したのであるが、他にも同様の例があるものと思われる。

成果の第四は、不十分ではあるものの、幕領支配における代官所ごとの差異を明らかにしたことである。本書では、勘定奉行神尾春央の巡見先触が、各代官所においてどのように触れられたのかを検討したが、代官所ごとの支配の違いの解明という試みは従来なされていなかった。代官は、一定範囲の幕領の支配を任された幕府役人であるが、それぞれ一定の裁量権をもって代官所支配にあたっていた。本書では、その裁量権について、共通する事柄に対して各代官がいかに対処したのかという観点から検討を加えた。

成果の第五は、「触はどのように触留帳に書き留められたのか」という触留帳論の試みを行ったことである。このような試みは、おそらく本書が初めてであろう。本書では、触留帳について、その定義づけを行い、触写帳との区別を厳格に行うべきことを強調するとともに、史料学的な観点からも一定の考察を加えた。

本書の触留帳論は、何よりも、「村では回達されてきた触状の文面を、洩れなくかつ正確に書き留めたのか」という点の確認を念頭に置いたものである。そしてその問いかけは、「触は、果たして村落構成員に伝えられたのか」を知るためのものであった。では、なぜ触が村落構成員に伝えられたかどうかを問題にする必要があるのかといえば、それは、触が伝達されたとしても、果たしてそれによって本当の意味で支配が実現・完結したのか否かを見極める必要があるためである。本書では、同一回達ルート上にある二つの村に残された触留帳の記載の比較検討という方法を用いて大坂町奉行郡触の書き留められ方を検討したが、触状の文面を正確に書き留めていない例があることを確認した。これでは村落構成員に触の内容を伝えることはできない。「触の書き留められ方」という、支配の前提的な部分にも注意を向けなければ、支配の実現を正しくとらえることはできないのである。

成果の第六は、遠国奉行が有する万事仕置権の行使のされ方は、遠国奉行によって異なることを明らかにしたことである。本書では、郡触の発給・伝達権の行使のされ方について、堺奉行と大坂町奉行とでは異なることを確認した。なお、ここであえて「万事仕置権の行使のされ方」としていることに注意されたい。この表現には、支配機関が有する支配権は、必ずしもすべてが行使されるとは限らないという意味を込めている。支配機関が、ある種の支配権については保持はしているものの、それを行使しないということもある。本書では、支配権そのもののとらえ方についても見直しの必要があることを提起したと考えている。

成果の第七は、元禄期および享保期に行われた幕府上方支配機構の再編について、実態を明らかにするとともに、先行研究とは異なる分析方法を示したことである。

まず、元禄期における幕府上方支配機構の再編については、伏見・堺両奉行の一時廃止を新たな視角からとらえ直した。この機構改革自体は従来もよく知られており、その位置づけもある程度なされているが、本書では、この改革を当時の幕府の全国的な遠国奉行改革の中に位置づけた。この点が従来の研究とは異なるところである。

享保期における幕府上方支配機構の再編については、京都町奉行の上方八カ国代官統轄機能を軸に論じた点が本書の特徴である。享保改革の中で、この機能に基づく「京都町奉行―上方八カ国代官体制」が揺らぎを見せ、勘定所と上方八カ国代官が直結するようになるが、これは京都町奉行の上方八カ国代官統轄機能を弱め、彼らを中央統制のもとに置くという幕府の意図によるものであった。また、上方八カ国における京都町奉行の地方についての公事訴訟の裁判権の根拠となっていたのは、同奉行の上方八カ国代官統轄機能と結び付いた検使派遣権（上方八カ国代官を論所に検使として派遣する権限）であった。享保の国分けによって、この検使派遣権が、不十分ながら大坂町奉行に対しても与えられることとなった。享保期における京都町奉行の地位低下と大坂町奉行の地位向上については、従来も指摘されてきたところであるが、本書では、従来とは異なる視角からの分析を試みたのである。

三　今後の課題

本書の成果のまとめをふまえ、最後に今後の課題について記しておきたい。

第一は、畿内近国地域における広域支配と他地域におけるそれとを比較し、前者の位置づけを試みることである。所領が錯綜し、広域支配が展開していたのは畿内近国地域だけではなかった。たとえば、三河国は所領錯綜傾向が強く、代官による広域触の伝達も見られた(2)。しかし、同国における広域支配のあり方は、畿内近国とは大いに趣を異にしていた。たとえば、畿内近国では広域支配の担い手の中心は遠国奉行であったが、三河国では地元大名や代官であった。各地の広域支配を比較検討し、畿内近国地域における広域支配をいわば畿内近国型広域支配として把握した上で、その特質を探る必要がある。

第二は、所領が異なることによって、広域支配の貫徹度や実現のあり方がどのように異なっていたのかを検討することである。この点については、序章の二で述べたように、八木哲浩が早くに意識し、幕府領国的性格が強い地域と、尼崎藩のような畿内に城地をもつ大名の所領との差異を指摘していた。その後も、いくつかの研究が行われたとはいうものの、その研究蓄積はあまりにも少なく、まだ比較検討できる段階にはない。今後のさらなる検討が望まれるところである。

第三は、大坂町奉行などの遠国奉行による、一国あるいは複数国にわたる広域支配権である万事仕置権の具体的な現われ方を遠国奉行ごとに比較し、その違いが何に由来するのかを究明することである。たとえば、第四部第四章でも触れたように、一七世紀段階において、大坂町奉行はその万事仕置国である摂津・河内両国に対して郡触を伝達していたが、堺奉行はその万事仕置国である和泉国に対して郡触を伝達することはなかった。ところが、堺奉行が廃止され、大坂町奉行がその機能を吸収していた時期、すなわち和泉国が大坂町奉行の万事仕置国に組み入れられていた時期（元禄九年〔一六九六〕～十五年）、大坂町奉行は和泉国に郡触を伝達していた。堺奉行あるいは和泉国にとって、郡触という触形式は必ずしも必要ではなかったが、大坂町奉行は、万事仕置国である限り、郡触を伝達すべきと考えたのである。このように、同じく万事仕置権を有しているといっても、その現われ方は遠国奉行によって違いがあった。なお、万事仕置権の現われ方の比較検討という作業は、そもそも広域支配とは何か、いかなる理由・事情によりそれが登場したのかを解明することにもつながるものである。

第四は、畿内近国地域における個別領主支配の研究を広域支配との関わりにおいてさらに深めることである。個別領主支配の研究は、一九九〇年代末頃よりさかんになってきたとはいえ、まだまだ十分とはいえない。まして、広域支配との関わりという側面については、未解明の部分が多い。個別領主支配に視点を据えた近世畿内近国支配論の構築が必要である。

なお、この点に関わって、広域支配Aを検討する際には、広域支配権の個別領主支配権に対する侵害という視角ではなく、被支配者に及ぼされる支配の全体的内容という視角から考えるべきであることを述べておきたい。そもそも近世においては、領主が誰であれ、個々の村や町、あるいは個々の百姓や町人などが受ける支配の中身はほぼ共通しており、個別領主でカバーしきれない部分を幕府機関やそれに準ずるものが担っていると理解した方がよい。広域支配Aの主体と個別領主とは、一定の矛盾関係をはらみながらも、両者で支配を分け合っていたというのが実体に近いように思う。被支配者にとって支配とはいかなるものかという視角から近世支配をとらえ直す必要がある。

第五は、触伝達や触留帳についての研究をさらに深化させることである。筆者の研究を含め、これまでの触伝達研究は、触が村に達するまでの部分の分析に偏っており、村落構成員への触周知については研究が行われていない。本書においても、触が触留帳にどのように書き留められたのかについての検討に留まっている。また、触留帳論の試みは始まったばかりである。触留帳に触を書き留めたのは誰か、誰が触留帳に触を書き留める「権限」を有していたのか、触留帳の作成が一般化するのはいつ頃かなど、解明すべき課題は多い。

（1）高木昭作「幕藩初期の国奉行制について」（『歴史学研究』四三一、一九七六年四月、のち、高木『日本近世国家史の研究』〔岩波書店、一九九〇年〕に収録）。

（2）愛知県史編さん委員会編『愛知県史　資料編22　近世8　領主2』（愛知県、二〇一五年）第一章「非領国地域としての三河」所収史料。なお、村田路人「『非領国』と広域支配」（『愛知県史のしおり』資料編22近世8領主2、愛知県総務部法務文書課県史編さん室、二〇一五年三月）参照。

あとがき

本書は、旧著『近世広域支配の研究』（大阪大学出版会、一九九五年）に続く、近世畿内近国支配に関わる二冊目の著書である。旧著を刊行してから実に二三年余りが経過している。この間、近世治水史研究に集中していた時期があるとはいえ、あまりにもまとめるのが遅すぎたと、我ながらあきれるばかりである。

本書に収録した論文は、序章の一部と終章が新稿であるほかは、すべて既発表のものであるが、いずれの論文にも可能な限り手を入れ、体系化を図った。長期にわたって発表した諸論文を著書にまとめる場合、基本的には発表当初のまま収録し、補注などでその後の自身の見解の変化や、学界における当該テーマの研究動向などを補うという方法と、一書としての体系性を重視し、できるだけ既発表論文に手を入れるという方法がある。前者は合理的で無理のない方法であるとはいえ、体系性を欠く憾みがある。後者は体系性はあるものの、発表当時の課題意識や、当該テーマに関わる当時の学界の研究状況に規定された過去の仕事を現在の地点にスライドさせるのは、そもそも無理がある。一概にいずれの方法がよいともいえないが、今回も旧著と同様、後者を選択した。

本書の各章の初出論文は以下の通りである。

序章　「近世畿内近国支配論を振り返って―広域支配研究の軌跡―」
（『歴史科学』一九二号、二〇〇八年五月）　※一部新稿

第一部
第一章「代官郡触と幕府の畿内近国広域支配」
（『待兼山論叢』第三一号史学篇、一九九七年一二月）
第二章「近世の地域支配と触」
（『歴史評論』第五八七号、一九九九年三月）
第三章「日本近世の地域支配―大坂町奉行による摂津・河内支配を手がかりに―」
（秋田茂・桃木至朗編『歴史学のフロンティア―地域から問い直す国民国家史観―』大阪大学出版会、二〇〇八年一〇月）

第二部
第一章「非領国地域における鳴物停止令―触伝達の側面から―」
（大阪市史編纂所編『大阪の歴史』第五六号、二〇〇〇年一〇月）
第二章「勘定奉行神尾春央巡見先触の伝達をめぐって―摂津・河内の事例から―」
（『枚方市史年報』第四号、二〇〇一年三月）

第三部
第一章「触の書き留められ方―触留帳論の試み―」
（『枚方市史年報』第二〇号、二〇一八年三月）
第二章「寛永後期北河内地域の触と触留帳―『河内国交野郡藤坂村寛永十六～二十年触留帳』の紹介を中心に―」

（『枚方市史年報』第八号、二〇〇五年三月）

第四部

第一章「一七世紀における堺奉行の『万事仕置』権と触伝達」

（研究代表者藤本清二郎編『畿内譜代大名岸和田藩の総合的研究―平成14年度～平成17年度科学研究費補助金基盤研究（B）（1）研究成果報告書―』二〇〇六年三月）

第二章「元禄期における伏見・堺両奉行の一時廃止と幕府の遠国奉行政策」

（『大阪大学大学院文学研究科紀要』第四三巻、二〇〇三年三月）

第三章「享保の国分けと京都・大坂町奉行の代官支配」

（大阪大学文学部日本史研究室編『近世近代の地域と権力』清文堂出版、一九九八年一二月）

第四章「幕府上方支配機構の再編」

（大石学編『日本の時代史16　享保改革と社会変容』吉川弘文館、二〇〇三年九月）

終章　新稿

旧著刊行後、自らのテーマとして設定したのは「支配機構論をふまえた畿内近国非領国地域における支配実現の特質の解明」であった。具体的には、幕府上方支配機構のあり方と関わらせつつ、畿内近国地域における個別領主支配および広域支配の実現の特質を解明することであった。その際、どのような方法を用いるかが問題となるが、個別領主支配であれ、広域支配であれ、私の場合、もともと触に興味があったこともあり、触の発給・伝達を中心的に取り上げることにした。

このテーマで発表した最初の論文は、「代官郡触と幕府の畿内近国広域支配」（一九九七年）である。この論文は、京都町奉行の郡触を、代官がやはり郡触によって村々に回達させていたことに注目したものであるが、執筆を進める中で、京都町奉行の上方八カ国代官統轄機能が、当時の畿内近国地域における幕府広域支配を考える上できわめて重要であることを改めて認識した。こうして、京都町奉行の上方八カ国代官統轄機能を軸に、一七世紀後期から一八世紀初期にかけての時期における幕府上方支配機構や触伝達の特質の解明に努めることにした。「享保の国分けと京都・大坂町奉行の代官支配」（一九九八年）、「近世の地域支配と触」（一九九九年）、「幕府上方支配機構の再編」（二〇〇三年）、「一七世紀における堺奉行の『万事仕置』権と触伝達」（二〇〇六年）は、いずれもそのような問題関心によって執筆したものである。

これらの論文は、広域支配の側面から畿内近国地域における支配実現の特質に迫ったものであるが、個別領主支配の側面からの検討も試みた。試行錯誤を重ねる中で、国家的重要人物の死に際して出される鳴物停止令の比較検討が分析方法としてふさわしいと考えるに至った。「非領国地域における鳴物停止令―触伝達の側面から―」（二〇〇〇年）は、そのような方法を用いて執筆したものである。

右のような研究を進める一方で、私は、このテーマを追究するためには、腰を落ち着けて支配機構論に取り組む必要があると感じていた。そのような意識のもとに執筆したのが「元禄期における伏見・堺両奉行の一時廃止と幕府の遠国奉行政策」（二〇〇三年）である。支配機構論の専論であるが、堺奉行廃止につながる大坂町奉行罷免のきっかけとなった事件に関わる記述を、地方文書である平野郷町「覚帳」の中に見出したときは、支配機構分析における地方文書の意義について改めて考えさせられた。

その後二〇〇六年一二月、大阪歴史科学協議会の月例会において、近世畿内近国支配論の研究史について報告する機会を得た。それを原稿化したものが「近世畿内近国支配論を振り返って―広域支配研究の軌跡―」（二〇〇八年）である。私は、かねがね近世史の学界において半ば定式化されていた近世畿内近国支配論の研究史理解に違和感をもっていたが、この論文では、その研究史理解の「歪み」を私なりに正したつもりである。

二〇〇〇年代の後半から、私は近世治水史の研究に重点を置くようになり、畿内近国支配論から少し遠ざかることになったが、近世治水史研究が一段落した二〇一〇年代後半から再び触の研究に取り組むようになった。その背景には、「非領国地域における鳴物停止令―触伝達の側面から―」以来、触の比較検討という方法の有効性を痛感していたこと、かねてより触留帳論というべき研究が必要と思っていたことがある。この研究は、なかなか思うように進まなかったが、二〇一八年に至って、ようやく「触の書き留められ方―触留帳論の試み―」を発表することができた。

取り上げていないものもあるが、本書は、以上のような経緯を経て生み出された論文を集め、体系化したものである。できるだけ各章間で齟齬が生じないように努めたが、まだまだ十分なものとはいえない。また、論じ切れていない部分も多い。多くの点で不満は残るが、ともかくも、現時点における私の近世畿内近国支配論として世に問うことにした。

旧著刊行の翌年の一九九六年四月より、職場が京都橘女子大学（現京都橘大学）から大阪大学に変わった。来年の二〇二〇年三月には定年を迎える。その意味で、本書は私の大阪大学時代の研究の集大成であるといってよい。なお、近世治水史研究については、近いうちに別に一書をまとめるつもりである。

本書刊行まで、大阪大学大学院文学研究科日本史研究室の同僚の先生方には大変お世話になった。本書を刊行することができたのも、私の研究を暖かく見守って頂いたおかげである。また、同研究室の学生・院生の皆さんからも、ゼミや講義を通して得ることが多かった。これらの方々にお礼を申し上げたい。

また、研究活動の場であった大阪歴史学会近世史部会、日本史研究会近世史部会、大阪歴史科学協議会の方々、史料調査でお世話になった各史料所蔵機関および史料所蔵者の方々にもお礼を申し上げる。

本書の出版にあたっては、塙書房の寺島正行氏からさまざまなご助言を頂いた。氏は、早くから本書刊行のお話を頂きながら、なかなか本をまとめようとしない私を粘り強く叱咤激励された。寺島氏には感謝の言葉もない。

なお、本書の出版に対し、独立行政法人日本学術振興会　平成三〇年度科学研究費助成事業（科学研究費補助金）（研究成果公開促進費）（ＪＳＰＳ科研費　ＪＰ一八ＨＰ五〇八八）を頂くことができた。記して感謝申し上げる次第である。

二〇一九年一月一〇日

村田路人

村　田　路　人（むらた　みちひと）

略歴
1955年　大阪府に生まれる
1977年　大阪大学文学部史学科卒業
1981年　大阪大学大学院文学研究科博士後期課程中退
大阪大学文学部、京都橘女子大学文学部を経、
現在、大阪大学大学院文学研究科教授　博士（文学）〔1994年〕

主要著書
『近世広域支配の研究』（大阪大学出版会、1995年）
『日本史リブレット93　近世の淀川治水』（山川出版社、2009年）
など

近《きん》世《せい》畿《き》内《ない》近《きん》国《ごく》支《し》配《はい》論《ろん》

2019年2月28日　第1版第1刷

著　者　村　田　路　人
発行者　白　石　タ　イ
発行所　株式会社　塙　書　房
〒113-0033　東京都文京区本郷6丁目8-16
電話　03(3812)5821
FAX　03(3811)0617
振替　00100-6-8782

亜細亜印刷・弘伸製本

ISBN978-4-8273-1302-4　C3021

索　引

あ

い

う

え

お

か

き

く

け

こ

さ

し

す

て

と

な

に

も

や

ゆ

よ

り

ろ

わ